KB051224

삶의 진정성

Sex, Money, Happiness and Death

삶의 진정성

Sex, Money, Happiness and Death

맨프레드 케츠 드 브리스 지음

김현정 · 김문주 옮김

리더의 성, 돈, 행복 그리고 죽음에 관한 인생 탐구

더블북

리더의 성, 돈, 행복 그리고 죽음에 관한 인생 탐구

삶의 진정성

초판 1쇄 발행   2018년 10월 1일
초판 2쇄 발행   2018년 11월 12일

지은이 | 맨프레드 케츠 드 브리스
옮긴이 | 김현정, 김문주
펴낸이 | 하인숙

펴낸곳 | ㈜ 더블북코리아
출판등록 | 2009년 4월 13일 제2009-000020호

주소 | (우)07983 서울시 양천구 목동서로 77 현대월드타워 1713호
전화 | 02-2061-0765
팩스 | 02-2061-0766
이메일 | doublebook@naver.com

ⓒ 맨프레드 케츠 드 브리스, 2018
ISBN 979-11-85853-55-0   03320

나의 아이들에게.

너희들 덕분에 나는 살아가면서 늙는 것이 아니라

삶의 흥미를 잃을 때만 늙는다는 것을 이해할 수 있었다.

그리고 나의 어머니께.

제 토대를 마련해주셨죠.

　심리학자 헨리 머레이Henry Murray와 인류학자 클라이드 클럭혼Clyde Kluckhohn은 반세기 전에 공저인 〈성격: 자연, 사회, 문화 속에서 Personality: in Nature, Society, and Culture〉를 통해 다음과 같이 매우 통찰력 넘치는 의견을 내놓았다. "모든 사람은 어떤 면에서는 다른 사람들과 모두 같고, 다른 사람들과 일부 같으며 다른 사람들과 전혀 다르다." 나는 내 책 〈삶의 진정성〉의 한국어판 발간을 앞두고 그 말에 대해 생각했다. 나는 이 책에 담긴 에세이들이 한국의 독자들에게 어떤 의미를 가질 것인지 스스로에게 물었다. 이 책에서 논의되는 주제들을 한국의 리더들은 어떻게 받아들일 것인가?

　이 책은 2009년에 쓰였지만 독자들의 호평 덕에 2015년에 개정판이 출간됐다.

　초판 서문에서 언급했듯 이 책은 내가 이끈 INSEAD의 고위경영자 세미나인 '리더십의 도전Challenge of Leadership'에 참석했던 이들의 이야기를 바탕으로 한다(거의 삼십 년 전 일이다). 세미나 참석자들이 활동하는 지역, 출신지는 모두 달랐지만 이들이 힘겨워하는 주제들은 놀라울 정도로 유사했다(그리고 여기서 나는 시대를 초월하는 머레이와 클럭혼의 명언을 다시 한 번 떠올렸다).

오랜 시간이 흘렀음에도 불구하고, 우리는 세계 어느 구석에서 태어났던 간에 이 책에서 논의된 주제들에 대해 고민하며 산다. 성과 돈, 행복, 죽음에 관련한 문제들에서 자유로운 사람은 세상 어디에도 없을 것이다.

이 책은 분명 인류의 보편적인 문제를 다루고 있다. 그럼에도 불구하고, 나는 솔직히 이 주제들이 한국 사회에서 얼마나 관심을 불러일으킬 수 있을 지 예측하기 힘들다. 그 어떤 나라보다 빠른 속도로 경제적 기적을 이뤄온 한국은 이러한 주제들에 어떻게 반응할 것인가? 한국의 발전은 하나 이상의 측면에서 믿기 어려울 정도의 성공 신화라 할 수 있다. 나는 지난 몇십 년 간 한국이 얼마나 극적인 변화를 겪어왔는지 살펴보았다. 기록적인 기간 내에 한국은 상대적으로 빈곤한 국가에서 아시아의 호랑이로 거듭났다. 그러나 점점 더 많은 사람들이 이러한 눈부신 성장의 궤도에 아무런 대가 없이 오를 수 있던 것이 아님을 깨닫게 됐다. 이러한 변신 과정에서 한국인이 치러야 하는 대가는 매우 높았다. 한국인들은 금전적 번영을 좇던 만큼 경제적 호황을 누릴 수 있었다. 그러나 돈에 대한 추구는 '일중독 문화(이렇게 표현하는 것이 가장 나을 것 같다)'로 이어졌다. 엄청난 경제적 성공을 거둔 대신 행복의 추구는 우선순위에서 밀려났다. 게다가 출산율은 곤두박질했다. 이 현상에 대해서도 다양한 설명이 가능하다. 이 책에서 다룬 주요 주제들과 관련해 아주 단순하게 이야기하자면, 돈의 추구는 성적 만족도를 떨어뜨렸으며 행복에도 기여하지 못했다. 대신 고도의 스트레스와 죽음에 대한 편견을 가져왔다.

한국은 국민들의 주목할 만한 노동관 덕에 오늘날 이 자리까지 올 수 있었다. 그러나 나는 '열심히 일하는 것'과 '스마트하게 일하는 것'을 구분해야만 한다고 믿는다. 그러므로 다음과 같은 의문을 떠올릴 필요가 있다. 어느 시점에서 과로가 역기능을 불러일으키는가? 어느 시점에서 과로가 치명적인 결과를 가져오는가?

내가 이해한 바에 의하면 '과로사'라는 표현은 일본에서 만들어졌음에도 불구하고 한국이야말로 과로 문제에 있어서 명실상부한 세계 챔피언이다. 한국은 세계에서 가장 긴 근로 시간을 가진 나라다. 한때 한국인들은 그 통계를 자랑스럽게 생각했지만 이제는 그 이면의 터무니없이 비싼 대가를 깨닫는 듯하다. 다행히도 한국 정부 역시 이러한 위험을 인지하기 시작했다. 최근 한국 국회가 주당 근무시간을 최대 68시간에서 52시간으로 단축하는 법을 통과시킨 결정은 바람직한 신호라고 본다.

그러나 지금도 평균적인 한국인들은 지나치게 열심히 일을 한다. 게다가 도를 넘어선 과로는 상당히 일찍부터 시작된다. 한국 교육이 세계적으로 꽤 높은 수준에 있다는 것은 누구나 알고 있지만, 이러한 긍정적인 결과는 충격적일 정도로 부정적인 역효과를 가져왔다.

한국은 세계 그 어느 나라보다 교육적인 성공과 사회 경제적 지위를 동일시한다. 명문대학교를 졸업하는 것은 곧 미래의 성공을 의미한다. 그리고 이는 매우 어린 나이에 기대 이상의 성과를 거둬야 한다는 엄청난 압박으로 이어진다. 한국 학생들은 최고가 되기 위해 먹고 먹히는 경쟁에서 이겨야 한다는 강박을 가지고 있다. 청소년들에게 가해지는 이러한 압박에는 부모들이 가지는 어마어마한 수준의 기대가 결합된다. 자녀의 성공을 보장하기 위해 이 '호랑이 부모'들은 자녀들에게 적극적으로 개입한다. 그러나 이러한 양육 방식의 결과로 한국의 아이들은 자유와 자기 주도적 선택, 행복의 추구와 점점 멀어지고 있다.

반대로 아이들은 사랑받기 위해서는 생산성과 성과, 그리고 복종이 가장 중요하다는 암시적 메시지를 받게 됐다. 핀란드는 아이들이 행복을 추구하고 자아실현을 할 수 있도록 돕고 격려하는 교육 천국으로 여겨진다. 반면에 한국의 교육제도는 극도로 스트레스를 주고 권위주의적이며 유달리 경쟁적이라고 알려져 있다. 시험의 합격에만 중점을 둔다면 오늘날 사회에서 성공하기 위해 매우 필요한 특징인 용기와 창의성, 팀워크 같은 자질을 갖출 수 있을까?

우수한 시험 합격률과는 별도로, 행복의 공식 상에서 보면 한국은 불행한 어린 학생들을 배출해내는 데에 1등이다. 최근(2017년)의 '청년 웰빙 지수Youth Wellbeing Index'에 따르면 선진국 어린이 중 한국의 어린이가 가장 불행한 것으로 나타났다. 이 반갑지 않은 수치는 교육적 억압에서 오는 스트레스로 인한 것이다. 이러한 통계를 보며 나는 한국이 OECD 가입국 가운데 가장 높은 자살률을 기록하는 이유를 알 수 있었다. 10살부터 30살 사이 한국인들의 사망 원인 1위가 '자살'이라는 것은 충격적이다. 한국의 교육제도는 기대 이상의 성과를 내는 학생들을 길러내고 있지만 동시에 건강과 행복에 관련한 엄청난 대가를 치루고 있다.

불행히도 스트레스에 취약해질 수밖에 없는 이 패턴은 성인기에도 계속 이어진다. 과도한 노동관으로 인해 한국은 우울, 이혼, 알코올중독에 있어서 OECD 가입국 가운데서도 높은 순위를 기록하고 있다. 게다가 출산율은 선진국 가운데 가장 낮은 수준으로 떨어졌다. 낮은 출산율 때문에 한국은 세계에서 가장 빨리 고령화 사회로 접어들고 있다. 이런 수치들은 한국이 앞으로도 지금처럼 높은 성장률을 유지할 수 있을지 의문을 가지게 한다.

나는 한국 국민들이 교육적 성과와 경제성장에 많은 관심을 기울이는 동안 정신건강과 스트레스, 가족의 화합, 사회적 신뢰, 행복, 그리고 일과 여가의 균형 같은 중요한 사회 지표에는 얼마나 많은 관심을 기울이는지 궁금해졌다. 그런 가치들은 주변부로 밀려나버린 것인가? 다행히도 최근 한국의 리더들은 이 문제에 대해 인식하고 해결책을 찾아 나선 것으로 보인다. 이제 많은 한국 사람들은 효율과 사익을 초월한 사회적 가치, 즉 '행복의 추구'를 우선시하는 것 역시 경제적 관점에서 의미 있다는 것을 깨닫고 있다.

변화를 일으키는 과정은 결코 쉽지 않을 것이다. 그러나 한국이 그동안 이뤄낸 눈부신 성과를 생각할 때 앞으로도 마주하게 될 도전과제도 거뜬히 해결할 수 있을 것이라 확신한다. 그리고 종국에는 머리와 심장이 좀 더 조화를 이루는 사회, 사람들이 더 많은 행복을 찾을 수 있는 그런 사회를 창조해낼 수 있으리라 믿는다. 어쩌면 생계를 꾸려나가느라 바빠서 진짜 삶을 살아가야 함을 잊어서는 안 된다는 것을 깨달을 때가 온 것 같다. 결국 진정한 삶에서 가장 중요한 것은 삶의 질이며 일과 친구와 가족 사이에서 어떻게 조화를 이뤄나가는가다.

한국이 직면해 있는 이러한 도전과제를 극복하려면 진정성 있는 '진짜 리더'가 필요하다. 이 책이 한국의 리더들의 고민을 일부나마 해소하고, 좋은 리더를 키우는 데에 도움이 되었으면 더할 나위 없이 기쁠 것이다.

2018년 8월, 파리에서
맨프레드 케츠 드 브리스

바보는 현자에게서 아무 것도 배우지 못한다.
그러나 현자는 바보에게서 많은 것을 배운다.
_무명씨

한 시간 동안 행복해지고 싶다면, 낮잠을 자라.
하루 동안 행복해지고 싶다면, 낚시를 가라.
한 달 동안 행복해지고 싶다면, 결혼을 하라.
일 년 동안 행복해지고 싶다면, 재산을 상속받아라.
일생 동안 행복해지고 싶다면, 다른 이를 도와라.
_중국 속담

이 책이 처음 출간된 지 어느덧 6년이 흘렀다. 책을 다시 한 번 읽어
보며 나는 당시 내가 파고들었던 생각들에 더욱 동조하게 됐다. 삶과
죽음에 대한 고찰들은 내가 글을 쓰던 그때도 그랬듯 오늘날에도 여전
히 유의미하게 남아 있다. 그래서 몇 년 동안 그 많은 책들을 써왔음에
도 불구하고 이 책을 가장 아끼는 것인지도 모른다.

나이가 들어감에 따라 나는 이 책에서 다루는 주제들 중 일부에 특히
더 많은 의미를 부여하게 되었다.
이 에세이들을 쓰던 당시의 나는 인간의 일생 중 '임서기 林棲期(힌두

교에서 51세에서 75세 사이에 가정을 떠나 숲속에서 혼자 살도록 하는 시기 – 옮긴이)'에 있었던 것 같다. 그리고 거스를 수 없는 시간의 흐름 속에서 이제 나는 '산야사Sanyasa' 혹은 '유랑기流浪期(힌두교에서 75세에서 100세 사이를 이르는 말로 모든 것을 내려놓고 길을 떠도는 시기 – 옮긴이)'로 접어들게 됐다. 이러한 인생의 단계에서 나는 사회적 의무를 내려놓았고, 욕망과 공포, 희망, 임무, 책임으로부터는 더 멀어졌으며, 즐거웠던 옛 시절을 회상하고픈 충동을 가지게 됐음을 깨달았다. 분명 나는 내게 부여된 유통기한을 지나버린 것만 같다. 그리고 그 어느 때보다 인생의 모든 것은 그저 덧없을 뿐이라고 생각하게 됐다.

가까운 사람들의 죽음은 나 역시 살아갈 날이 얼마 남지 않았음을 일깨워준다. 이제 나는 의미를 추구하는 것이 집착이 되어버리는 인생의 단계에 접어들었다는 것을 깨닫는다. 그리고 인생이란, 어떤 의미를 부여하느냐에 따라 다르게 인식된다는 것도 알게 되었다.

이 책 가운데 '4부. 죽음에 관한 고찰'을 쓸 당시의 내 생각은 어머니와 할머니의 죽음으로부터 많은 영감을 받았다. 책이 출간된 후 아버지 역시 101세로 생을 마치셨다. 아버지의 죽음은 모든 것에는 끝이 있다는 진리를 다시 한 번 떠올리게 했다. 아버지를 애도하면서 나는 아버지가 매우 장수하셨으며 의미 있는 인생을 사셨다는 사실을 계속 떠올렸다. 한편으로는 마지막 몇 해 동안 아버지가 사셨던 삶의 질을 생각하면 지나치게 오래 사셨던 것은 아닌지 하는 의구심이 들기도 했다. 그러나 아버지의 죽음 덕에 누구나 이 세상에서 최후를 맞이하게 된다는 사실을 다시 강렬하게 떠올릴 수 있었다. 또 그러한 사건들을 통해 우리의 내면세계를 뒤흔들어놓는 방식을 묘사하는 것이 얼마나 어려운지, 그리고 죽음이 진정으로 어떠한 느낌인지 표현하는 것이 얼마나 어려운지를 깨닫게 됐다. 가까운 사람의 죽음과 관련해 인지적 현실과 정서적 현실은 매우 다르다.

이 책에 실린 에세이들을 통해 나는 독자들에게 머리의 지혜와 심장의 지혜가 있음을 알려주려 노력했다. 세월이 흐르면서 교육자, 정신분석가, 경영 코치로서의 경험들 덕에 나는 연구할 만한 수많은 소재들을 얻을 수 있었다. 그러나 인생의 후반부에 접어들어서야 그에 대한 통찰력을 얻을 수 있었다.

때로 지혜는 그것이 더 이상 소용이 없는 순간에 찾아온다. 시간이 흐르면서 나는 늙고 현명해지기 위해서는 젊고 어리석은 시간을 보내야만 한다는 사실을 받아들이게 됐다. 그러므로 세월이 흐른 후 우리가 한때 가졌던 것들에 대해 감사하게 되기 전에, 우리가 현재 가진 것들에 감사해야 한다. 그리고 즐길 수 있을 때 즐겨야만 한다. 우리에게 얼마나 많은 시간이 남아 있는지 알 수 없기 때문이다. 뻔한 소리처럼 들릴 수도 있지만, 행복해질 수 있는 가장 좋은 방식은 내가 붙잡으려 애쓰던 것들을 그냥 놓아버리는 것이다.

나는 경영대학원에 소속되어 있다. 내가 이 책을 썼던 본래 이유 가운데 하나는 경영대학원을 더욱 의미 있게 만들고 싶다는 욕망, 그리고 사람들에게 기술을 제공하는 것 이상으로 나아가고 싶다는 욕망이었다.

인생의 경험은 지혜를 전하는 반면, 교육기관들은 지식을 제공하는 경향이 있다. 나는 이러한 한계를 넘고자 사람들을 성장시키기 위해 가능한 전체론적으로 접근하려 했다. 나는 단순히 기술자들을 훈련시키는 것이 아닌, 진정한 리더를 육성하고 싶다. 가치와 비전을 가진 리더, 현명한 리더, 더 나은 일터를 만들고 싶어 하는 리더, 그리고 사회적으로 책임을 느끼는 리더를 키우고 싶다. 여전히 강제수용소와 같은 조직들이 존재하는 한 이러한 바람은 변치 않을 것이다.

현명한 리더는 그들이 속한 조직과 사회에 긍정적인 폭포효과를 미침으로써 더 나은 세계를 만드는 데 일조할 수 있을 것이다. 이 변화는 내면으로부터 시작되어 외연까지 확장된다.

리더는 리더를 키워내야만 한다. 우리는 어떤 지위에 있든 간에 더 나은 세상을 위해 자기 자신과 다른 사람들을 변화시켜야만 하는 책임이 있다. 이는 쉬운 일이 아니다.

공자는 "우리는 세 가지 방식을 통해 지혜를 배울 수 있다. 첫째는 반성을 통해서다. 이는 가장 고귀한 방식이다. 둘째는 상상을 통해서다. 이는 가장 쉬운 방식이다. 그리고 셋째는 경험을 통해서다. 이는 가장 쓰디 쓴 방식이다."라고 말했다.

리더의 위치에 있는 사람은 대부분 큰 무대에서 움직이게 된다. 그래서 매우 눈에 띌 수밖에 없다. 이들에게 선과 악을 구분할 수 있는 지혜가 없을 때 사람들은 혼란스러워할 것이다. 지금의 리더들은 후대를 위해 치열하게 고민해야 한다. 전 세계 어느 국가, 어느 사회를 막론하고 그 어느 때보다 우리 아이들을 위해 더 나은 세상을 만들어야 하는 책임이 막중하다.

안타깝게도 매일 우리가 접하게 되는 뉴스들은 현명한 지도자가 그다지 많지 않다는 것을 보여준다. 세계 곳곳이 폭력과 절망으로 가득차 있다. 너무 많은 리더들이 사회적 책임보다 개인적 영달을 우선시한다. 이들은 마법과도 같은 세상을 약속하지만 실제로는 자신들의 이익을 우선으로 추구한다. 희망의 상인이 되는 대신 탐욕의 상인이 되고 만다. 이러한 암울함 때문에 나는 이 책을 통해 성과 돈, 행복, 죽음의 역할과 함께 이타적인 동기에 대해 탐구했다. 나는 용기 있고 유능하며 현명한 리더들이 더 나은 세상을 위해 변화할 수 있는 기회를 잡을 때 진보가 이뤄질 수 있다고 강력하게 믿는다. 우리 모두는 스스로 변화를 만들어낼 수 있다는 희망을 놓지 말아야 한다. 그 반대는 절망과 음울함밖에 없기 때문이다.

마하트마 간디는 이렇게 말했다. "눈에는 눈으로 응수할 때, 온 세상은 장님이 되어버릴 것이다." 그는 복수가 답은 아니며 탈리오 법칙lex talionis(피해자가 입은 피해와 동일한 손해를 가해자에게 가하는 보복의 법칙 – 옮긴이)은 더 나은 세상을 만들 수 있는 방식이 아님을 알고 있었다. 용서는 그 반대일 때보다 스트레스를 덜 받을 수 있는 방식임이 분명하지 않은가?

용서는 망각보다 훨씬 더 어렵다. 그러나 용서란 더 나은 세상을 위한 '씨네 콰 넌sine qua non(필수조건)'임을 스스로 떠올리는 것이 필요하다. 용서를 통해 과거를 바꿀 수는 없으나 미래를 위한 희망을 만들어 낼 수는 있다. 결국 용서는 상대방보다 나 자신을 위한 일이라는 점을 기억해야만 한다.

지금 이 책을 다시 읽으며 나는 내가 알고 있는 것이 거의 없음을 깨닫는다. 이런 기분을 느끼는 것이 나 혼자만은 아닐 것이다. 수많은 철학자들이 이와 같은 의문을 두고 고군분투해왔다. 소크라테스조차 "나는 내가 아는 것이 없다는 것을 안다."고 말했다. 나 역시 나이가 들수록 스스로가 무지한 존재임을 더욱 더 깨닫고 있다. 운이 좋으면 지식은 줄어들지라도 지혜는 붙잡을 수 있을지도 모른다.

인간은 성공보다 실패를 통해 지혜를 얻는다. 그렇게 가치 있는 것은 절대 쉽게 오지 않는다는 것을 깨닫게 된다. 모든 것을 저절로 얻게 된다면 그것은 당신이 잘못하고 있다는 의미다. 슬픔 없는 지혜란 없다. 지혜란 인생의 후퇴와 실망, 그리고 상실들을 경험하는 방식에서 나오기 때문이다. '어떻게 살아야 하는가'에 답하기 위해서는 평생이 필요하다.

고대 그리스의 유명한 일화를 통해 이 새로운 서문을 끝맺으려 한다. 이 일화는 여전히 우리가 성, 돈, 행복, 그리고 죽음과 조우하기 위한 가장 좋은 방식을 보여주는 예시로 손꼽힌다. 고대 그리스에서 가장 별난 철학자 가운데 한 명인 디오게네스에 관한 이야기다. 디오게네스의 삶은 검소 그 자체였다. 전설에 따르면 그는 다른 사람들로부터 구걸 받아 생활하고 거리에 놓인 커다란 통 속에서 자며 소지품이 거의 없었다. 언젠가 그는 컵 하나를 얻게 됐지만 한 소년이 손으로 물을 받아 마시는 모습을 보고는 그 컵을 던져버렸다고 한다. 컵 없이도 얼마든지 살아갈 수 있음을 깨달았기 때문이다.

디오게네스가 알렉산더 대왕과 만나게 된 이야기는 시대를 초월해 그를 기억하게 만든다. 알렉산더 대왕은 디오게네스에 관한 소문을 전해 듣고는 그를 만나보고 싶어 했다. 전설에 따르면 이 둘이 만났을 때 디오게네스는 자신이 기거하는 통 바깥에서 햇볕을 쬐고 있었다. 그리고 알렉산더 대왕의 그림자가 드리우고 나서야 왕의 존재를 깨닫는다. 알렉산더 대왕은 디오게네스에게 원하는 것이 있냐고 묻는다. 디오게네스는 이렇게 답한다. "그럼요. 잠깐 한 발 물러서주시겠습니까? 제 볕을 가로막고 계시는군요." 알렉산더 대왕은 이러한 대답에 큰 감명을 받고 이렇게 선언한다. "내가 알렉산더 대왕이 아니라면 디오게네스가 되고 싶군." 그러자 디오게네스는 "제가 디오게네스가 아니라면 저는 알렉산더 대왕이라는 것만으로 만족할 것 같습니다만."이라고 응수한다.

이 일화가 오래도록 호소력을 지니는 것은 아마도 세상에서 가장 강한 남자의 존경도 묵살해버리는 디오게네스의 그 전설적인 태도 때문일 것이다. 결국 아주 용감한 사람만이 권력자에게 진실을 말할 수 있다. 그러나 이는 알렉산더 대왕으로 대표되는 힘과 권력, 물질적 부가 디오게네스의 볕이 상징하는 진실 혹은 진정성으로 향하는 길 위에 막고 서 있었다는 의미이기도 하다. 이러한 관점에서 디오게네스는 전혀 다른 빛을 통해 인간이 추구하는 대상, 즉 성과 돈, 행복, 죽음 등에 관련한 것들을 바라보았다고 할 수 있다.

이 책을 통해 내가 다루려 했던 딜레마는 인간이 조건을 받아들이는 방식이었다. 어떻게 해야 우리는 개인적이고 자기애적인 욕구와 사회적 선善 사이에서 올바른 균형을 이룰 수 있는가? 디오게네스의 일화가 묘사하듯 현자는 권력과 야망, 또는 명성을 필요로 하지 않는다. 그리고 부유한 자는 가장 많이 가진 자가 아니라 가장 적게 필요로 하는 자다.

인생에서 필요로 하지 않는 대상을 어찌 부족해할 수 있겠는가. 우리는 살면서 너무나 필요하다고 생각했던 것이 사실은 필요 없는 것이었다는 사실을 자주 깨닫는다. 심지어 필요한 것이 거의 없는 경험을 하기도 한다.

우리가 진심으로 원하는 대상을 진심으로 필요로 하게 될 때 인생에서 성공할 수 있다. 문제는, 그러한 지점에 어떻게 다다를 수 있는가다.

2015년, 파리에서
맨프레드 케츠 드 브리스

차례

제2부 돈에 대한 고찰

제3부 행복에 대한 고찰

제4부 죽음에 대한 고찰

프롤로그

인생이 비극적인 이유는 빨리 끝나버려서가 아니라
인생이 시작될 때까지 너무 오래 기다려야 하기 때문이다.

W.M.루이스

인생에서 중요한 것이 세 가지 있다.
첫째는 친절해야 한다는 것이다.
둘째로는 친절해야 한다는 것이다.
그리고 셋째 역시 친절해야 한다는 것이다.

헨리 제임스

어떤 사람의 진정한 가치는
자신에게 전혀 도움이 되지 않는 사람에게
어떻게 대하는지에 달렸다.

새뮤얼 존슨

더 나은 모습으로 변화하기를 원한다면
그 변화를 당신 손으로 직접 끌어내야 한다.

클린트 이스트우드

나는 경영과 리더십을 가르치는 교수지만 얼마 전에야 학술적인 경영저널에 실린 경영 연구의 대다수가 중복되고 난해하며 간혹 지나치게 지루하기도 하다는 사실을 깨달았다.

내가 경영 실무자들에게 학술지에 실리는 연구 결과가 업무에 얼마나 도움이 되는지 물었을 때 돌아오는 대답은 그다지 고무적이지 않았다. 그들은 대부분의 연구가 아무 의미 없다고 답했다.

수많은 경영학자들은 경험에서 배우는 것들, 즉 진짜 사업의 세계에서 일어나는 일들을 우선순위로 생각하지 않는 듯하다. 이 때문에 이론을 따르면 현실이 더 나아져야 함에도 불구하고 실제로는 그렇지 못하다. 수많은 경영 관련 연구들은 고위경영자들에게 고작 안주거리 취급을 당할 뿐이다.

중국 고전 〈채근담〉에는 "너무 맑은 물에는 고기가 살지 못한다."라는 말이 있다. 이것이 바로 경영 분야의 수많은 연구 결과가 안고 있는 문제다. 고결하기만 한 경영이론은 수많은 요소들이 얽히고설킨 현실의 경영문제를 제대로 다루지 못하는 경우가 많다. 그렇기에 학자들이 실험을 통해 어떤 독창성을 뽐냈든 그리고 그 결과가 경영 실무자들에게 잠재적으로 어떤 유용성을 지녔든 논외가 되고 만다. 실질적으로 발표된 논문들 중 대부분은 사업을 운영하는 경영자들에게 딱 오늘의 운세를 읽는 것만큼 도움이 될 뿐이다. 차라리 오늘의 운세가 가끔은 약간은 실용적인 조언을 담고 있다는 점에서 더 유용하다고 할 수 있을 정도다.

상아탑에 갇히다

많은 고위경영자들이 모 저널에 자신의 논문을 내고 싶어 안달한다. 자신의 논문이 실리면 마치 승진과 종신 재직권을 얻은 양 기세등등해진다. 학술지에 실린 논문은 경영학자들의 데이터 가공 능력에 대한 정확한 평가가 될지 몰라도 경영 실무자들에게는 아무런 시사점을 주지 못한다.

의학이나 공학과 마찬가지로 경영학 역시 지식의 선봉에서 연구를 하고 더 나은 조직을 만드는 데 도움이 되어야 한다. 경영학계는 실무자들을 이해시킬 방법을 찾기 위해 노력하고, 실무자들이 더욱 효율적인 조직을 만드는 것에 도움이 되는 실용적인 지식들을 교류해야 한다. 그러나 학계와 실무자들은 전혀 딴 길을 걷는 경우가 대부분이다.

현실에 발붙인 실무자들이 상식적으로 추구하는 것들은 학문적으로 인정을 받지 못하고 있다. 수많은 경영학자들이 내놓는 연구논문의 흐름에서 상식은 배제된다. 이로 인해 경영자들은 더욱 고립된 채, 그들의 문제를 해결하기 위해 노력하고 진정으로 도와줄 사람들 대신 실무와는 거리가 먼 의제들을 쥐고 있는 집단의 이야기를 듣게 된다.

더욱 비극적인 점은 많은 경영자들이 쉽게 사기에 걸려든다는 것이다. 나날이 복잡해지는 글로벌 경제문제를 해결할 수 있기를 절실히 바라면서도 학계로부터는 도움을 받을 수 없다는 점을 깨달은 경영자들은 경영의 주술사들을 추종하게 된다. 경영자들은 당면한 문제들을 신속히 해결해주겠다는 주술사의 달콤한 말을 덥석 믿어버린다. 학계에 대한 환멸을 느낀 경영자들은 그렇게 주술사들과 위험한 동행을 시작한다.

왜 훌륭한 경영자들이 그토록 쉽게 주술사들의 꾐에 넘어가는가? 늘 강도 높은 불안을 짊어지고 사는 경영자들은 어디든 자신이 의지할 곳을 찾기 때문이다. 그게 아니라면 왜 이토록 많은 경영이론들이 유행하고, 심각하게 받아들여지겠는가? 왜 합리적인 경영자들이 주술사들로부터 조언을 얻기 위해 안달을 내겠는가? 1분 경영, 목표관리MBO, 식스시그마6SIGMA, 업무처리리엔지니어링BPR, 전사적 품질경영, 그리고 벤치마킹과 같은 '만병통치약'은 경영자들에게 매우 매력적으로 들린다. 주술사들은 극도로 복잡한 문제에 겉보기에는 단순해 보이는 대답들을 제시하며 구원의 손길을 뻗어주겠노라 장담한다. 하지만 실제 상황은 다르게 흐른다. 그 위대한 대책의 대부분은 약속한 바에 미치지 못한다.

결국 경영자의 눈에서 콩깍지가 벗겨진다. 그리고 "임금님이 벌거벗었다!" 하고 손가락질하는 아이의 말에 부끄러움을 느꼈던 우화 속의 임금님처럼, 번뜩 현실에 눈을 뜨게 된다. 문제는 이미 경영자들이 수천 명의 삶에 영향을 미치는 결정을 내리고 난 후라는 것이다.

경영학 교수로서 나는 상아탑에 들어앉은 고위경영자들, 허풍선이 영업사원, 그리고 불량상품을 팔고 다니는 경영의 달인들을 많이 보아왔다. 나는 이들의 작업을 좀 더 의미 있게 만들려면 어떻게 해야 할지 고민했다. 꼭 이런 식으로만 진행되어야 하는가? 경영실무자들과 더 가깝고 호의적인 관계를 형성할 방법이 없는가? 변화를 기대하는 것 자체가 무리가 아닐까?

이쯤 해서 나 역시 과연 내가 현 상황을 비판할 자격이 있는 사람인지 의문을 느끼고 있다는 사실을 고백해야겠다. 나 자신도 소위 말하는 '달인'들 가운데 한 명이 아니라 말할 수 있을까?

나는 매우 실용적인 사업가 집안에서 태어났다. 그 영향으로 나는 늘 타당성을 추구해 왔다. 내가 연구를 하면서 개념적인 아이디어를 다룰 때면 가족들은 늘 자신들의 사업에 도움이 될 만한 부분이 없을지 묻곤 했다. 나는 가족들이 내 연구에 꾸준히 관심을 가져주기를 바랐기 때문에 최대한 그들이 납득할 만한 대답을 찾기 위해 노력했다. 이러한 배경은 나를 집착에 가까울 만큼 타당성에 신경 쓰는 사람으로 성장시켰다. 내가 경영자들에게 합리적인 조언을 하려고 노력하는 것도 이러한 맥락에서 설명할 수 있다.

개인적으로 타당성을 추구하는 탐구가 항상 쉽지는 않았다. 나는 경제학을 공부하던 중 경제적 인간Homo Economucus(쾌락과 고통에 대해 합리적이고 이상적이며 즉각적으로 계산하는 존재)에 관해 알게 되면서, 사람들이 진짜로 어떻게 움직이는지 이해할 수 있는 좀 더 현실적인 방식을 찾기 시작했다. 경제적 인간의 개념에 대한 불만이 계기가 되어 경영과 조직행동을 연구하게 된 것이다.

그러나 내가 보기에는 이 분야도 인간에 대한 개념을 지나치게 단순화한 것처럼 보였다. 조직행동의 전통적인 연구방향은 인간이 아닌 구조와 체계에 좀 더 초점을 맞추고 있었기 때문이다. 다시 한 번 실망한 나는 정신분석과 정신의학, 그리고 심리요법의 세계로 접어들었고 말그대로 '다른 사람을 돕는 직업'을 가지게 되었다.

나의 선택은 사람들의 행동을 더욱 잘 이해할 방법을 찾았다는 점에서 매우 탁월했다. 나는 이 새로운 세계에서는 현실적인 문제들을 무시할 수 없다는 것을 깨달았다. 이는 이론과 실제를 결합할 수 있는 이상적인 방법을 찾아야 함을 의미했다. 나는 사람들이 가진 심각한 문제들을 직접 대면했고, 무엇이 사람들을 움직이게 하는지 깊이 고민했다.

보이는 것이 전부는 아니다

뒤늦게 나는 경영학과 심리요법의 두 세계 안에서 모두 활동하는 것이 내게 엄청난 장점이 된다는 것을 깨달았다. 두 분야 모두에 친숙한 나는 일종의 다리 역할을 하게 된 것이다. 나는 이 과정에서 전통적인 조직의 문제에 관한 통찰력을 얻을 수 있었을 뿐 아니라 그 문제점을 분석할 때 차별화된 시각으로 볼 수 있게 되었다. 결과적으로 나는 인간에 대해 입체적인 관점을 가지게 됐다.

나는 심리요법, 정신의학, 그리고 정신분석을 연구하면서 눈에 보이는 문제가 전부가 아니란 것을 배웠다. 흔히 어떤 문제에서 가장 곤란한 부분은 눈에 보이지 않는 경우가 많다. 나는 다양한 클라이언트들을 상대하면서 무의식중에 이뤄지는 행동에 관심을 기울여야 한다는 것을 배웠다. 그리고 합리적으로 보이는 많은 행동들이 사실은 비합리적이라는 점도 배웠다. 이렇게 습득한 임상 중심적인 문제해결법, 즉 마음의 귀로 듣는 법은 일반적인 시각에서는 이해하기 어려운 행동들을 이해할 수 있는 추가적인 도구가 되어주었다.

그 결과 나는 조직 구성원의 내면세계를 구성하는 핵심인 독특하고 때로는 비합리적인 처리과정을 고려하지 않고서는 그 조직은 성공적으로 성과를 낼 수 없다는 것을 깨달았다. 나는 그동안의 임상경험을 바탕으로 미쳐 날뛰는 600파운드짜리 고릴라(영어표현 가운데 '아무도 건드리지 못하는 절대강자'를 뜻하는 '800파운드 고릴라'에서 파생된 표현으로 '커다란 존재감을 지닌 대상이나 문제'를 의미한다. – 옮긴이)를 잡아내듯 진짜로 조직의 문제를 야기하는 고질적이고 근본적인 심리적 갈등을 짚어낼 수 있었다. 나는 사람들의 약점에 대한 깊은 통찰력을 갖출 수 있게 됐다. 그리고 여러 지지이론들을 가감해서 듣는 법을 배웠다. 인류학자 애슐리 몬터규Ashley Montagu가 말했듯 "인간은 이성이란 미명 하에 비합리적으로 행동할 수 있는 유일한 존재"이기 때문이었다.

무의식적인 역학관계가 조직에 유의미한 영향을 미칠 수 있다는 것을 깨닫게 되면서, 나는 리더와 그의 팔로워들이 이러한 역학관계를 인식하고 대처할 수 있도록 돕고 싶었다. 이들에게 명시적 행동과 잠재적 행동 양쪽에 더 나은 통찰력을 제공함으로써 처한 문제를 해결하는 데에 도움을 주고 싶었다. 또한 경영실무자들이 교활한 영업사원의 거짓된 약속을 꿰뚫어보고, 현혹되지 않길 바랐다. 이러한 취지에서 나는 지난 몇 년간 수많은 책과 기사를 썼다.

　나의 또 다른 목표는 내 동료 학자들이 고관대작처럼 굴지 않도록 설득하는 한편, 경영학 교수들이 경영자들을 사로잡을 수 있는 현실적인 이슈에 초점을 맞추도록 하는 것이다. 우리 학자들이 경영자들 앞에 서서 효용성 없는 이야기만 늘어놓고 있다는 것을 깨달은 순간 나는 부끄러움에 고개를 들 수 없었다. 경영학자들의 역할은 현장에서 맞닥뜨리는 진짜 문제를 다루는 것이다. 그러기 위해서는 학교라는 울타리에서 벗어나 경영자들이 하는 이야기에 진심으로 귀를 기울이고, 조직을 운영하는 데 가장 중요한 것이 무엇인지 고민해야 한다.

　경영자들이 처한 진짜 문제를 다룰 때 나는 겉으로 드러난 문제 뿐 아니라, 내면까지 탐구할 수 있게 돕는다. 실제로 내가 만나본 많은 고위경영자들은 자신을 옭아매는 굴레에서 벗어나 본질을 들여다보고 싶어 했다. 그들에게 도움이 되는, 의미 있는 일을 하는 것이 나의 역할이다.

　또한 나는 인시아드INSEAD의 글로벌 리더십 센터장으로서 경영자들의 가장 긴급하고 중요한 문제들을 다룬다. 잘 훈련된 코치들로 구성된 정예부대가 지원하는 리더십 코칭은 우리 학교의 메인 프로그램이다. 매년 수천 명의 경영자들이 이 리더십 코칭 프로그램을 접한다. 코치와 경영자들은 배움과 교류를 통해 그들을 진짜로 힘들게 하는 것들에 대해 토의하고, 문제의 해결책까지 논의한다. 이러한 교류는 재무, 마케팅, 기술경영, 혹은 기타 경영문제에 대한 심층적인 지식을 쌓는 것만큼 중요하며, 조직 내외의 갈등을 해결할 좋은 기회가 된다. 이 프로그램에서 논의된 이슈들은 때때로 다른 교수진들에게도 영향을 미쳐 더 좋은 대안을 찾게 한다.

또 다른 600파운드짜리 고릴라

정신분석가와 심리치료사, 그리고 리더십 코치로 활동하면서 나는 종종 경영학 교수로서는 알지 못했던 정보들을 얻는다. 그중 하나가 경영자들의 존재론적인 고민이다. 때로는 전형적인 조직문제보다 인생 문제들이 경영자를 더욱 힘들게 한다.

경영자들은 나에게 자기들이 왜 이 일을 하고 있는지 설명한다. 그리고 자신들의 공포와 욕망, 돈에 대한 걱정, 행복 추구, 실망, 심지어 죽음에 대한 두려움까지 털어놓는다. 이러한 이슈들은 경영의 영역에서 벗어난 것처럼 보이지만 사실은 경영자들에게 매우 중요한 것들이다.

이러한 문제들을 마주했을 때 나는 가능한 그들 스스로 움직일 수 있도록 돕는다. 그러나 대부분의 경우 사람들은 스스로 찾아낸 답에 만족하지 못하고 내게 다시 조언을 부탁한다. 나는 사람들에게 그들이 필요로 하는 모든 답은 자신의 내면에서 찾을 수 있으니 내면의 소리를 들을 수 있도록 침착함을 유지하라고 말한다. 물론 이 조언이 언제나 성공적이지는 않다. 깊은 내면의 소리를 늘 자연스럽게 들을 수 있는 것은 아니기 때문이다. 그러니 우리의 일상이나 일의 방향을 바꾸기 전에 가만히 서서 현재 벌어지고 있는 일들에 관심을 기울여야 한다. 이는 왜 달리는지, 어디를 향해 달리는지, 그리고 애초에 왜 달리게 되었는지와 같은 어려운 질문을 스스로에게 던져야 한다는 의미다. 우리가 익숙지 않은 길을 택할 수 있을 만큼 용감하다면 꽤나 우울한 답을 발견하게 될 수도 있다. 특히 그토록 빨리 달리게 된 이유가 단지 '공포' 때문이었다면 더더욱 그럴 것이다.

제자리에 서서 진짜 나 자신이 누구인지를 찾는 일에는 용기가 필요하다. 나는 경영자들에게 더 나은 쪽으로 변화하고 싶다면 반드시 스스로, 직접 나서야 한다고 말한다. 그러나 이 조언이 늘 받아들여지는 것은 아니다. 대부분의 경영자들은 가능한 의존적인 상황에 남아 있기를 선호한다. 하지만 이들이 알아야 할 사실이 있다. 내가 스스로 해낸 일만이 미래를 바꿀 수 있다는 점이다. 경영자는 이 세상을 어떻게든 변화시킬 책임이 있다는 사실을 받아들여야 한다. 그 소명을 위해 자신의 삶을 스스로 이끌어야 한다. 단번에 해결책을 제시하는 기적의 약 같은 건 존재하지 않는다.

내가 풀어야 할 또 다른 과제는 경영자들로 하여금 권력과 지위의 상징이 인생의 전부는 아니라는 사실을 깨닫게 만드는 것이다. 어떻게 해야 경영자들이 돈보다 시간이 소중하다는 것을 깨닫게 될까? 지위는 추구하기 어려운 것이고 인기란 우연처럼 얻어지는 것이며 부富는 변덕스러운 것이다. 오직 개성만이 오래 지속된다. 따라서 나는 이들에게 물질이 인생에서 가장 중요한 것은 아니라는 점을 알려주려 노력한다. 인생에서 진정 중요한 것은 의미 있는 인간관계를 맺고, 변화를 일으키고, 의미를 만들어내는 것이다. 인생을 잘 살기 위해서는 우리보다 오래 지속될 무엇인가에 시간을 써야 한다. 그래서 경영자라면 내가 세상을 떠나도 남을 수 있는 것, 오랫동안 가치를 전할 수 있는 것을 찾아야한다. 마하트마 간디Mohandas Gandhi는 "내 인생이 내가 전하려는 메시지다."라는 말을 했다. 그의 말처럼 경영자라면 삶과 성취를 통해 몸소 보여주는 가치가 있어야 한다. 내면과 외면이 공명해야 함은 물론이다.

리더의 마음속에는

나는 인시아드 글로벌리더십센터장으로서의 내 역할과는 별도로 개인적으로 '리더십의 도전Challenge of Leadership'과 '변화 컨설팅 및 코칭 Consulting and Coaching for Change'이라는 두 가지 워크숍에 참여하고 있다. 내가 가르쳤던 학생 중 하나는 이 워크숍들을 '정체성 실험실'이라고 불렀다.

이 워크숍에서 나는 참가자들이 자아탐구의 여정을 무사히 마치도록 인도한다. 어려움을 겪는 특정 이슈에 대해서는 더욱 치열하게 토론한다. 이렇게 자신의 내면을 들여다 본 참가자들은 워크숍이 진행되는 도중이나 그 직후에 인생에서 중요한 결정을 내리는 경우가 많다.

투쟁이라는 과정을 통해야만 가장 밑바닥의 진실을 볼 수 있다. 그 여정에는 수많은 장애물이 존재한다. 리더들은 흔히 현재 벌어지고 있는 진짜 상황을 들여다보는 것을 꺼려한다. 또 모든 사람들이 자신이 보게 된 그 진실을 좋아하는 것도 아니다. 심리학자 칼 융Carl Jung은 이러한 저항이 가지는 의미를 매우 잘 알고 있었다. 자서전 〈기억, 꿈, 성찰Memories, Dreams, Reflections〉에서 그는 "마음속 가장 깊은 곳에 자리한 경험, 그리고 인격의 가장 핵심까지 도달할 때마다 대부분의 사람들은 공포를 이기지 못하고 도망쳐버린다…… 이러한 내적 경험, 즉 정신적인 모험을 하는 것은 어쨌든 대부분의 사람에게 낯선 일이다. 이 경험이 정신적 현실psychic reality(본인에게 주어진 현실을 과거의 경험, 무의식, 감정 등 경험적 배경에 따라 구성하는 것 – 옮긴이)을 구성하는 일을 포함할 수도 있다는 가능성은 이들에게는 저주가 된다."라고 썼다. 그러나 나는 꿋꿋하다. 어떤 방어적인 반응이 불쑥 튀어나오더라도 쉽게 포기하지 않는다. 극작가 헨릭 입센의 말을 빌리자면 "자기 자신을 속이는 것은 쓸모 없기" 때문이다.

나는 리더들에게 새로운 땅을 발견하는 것이 아니라 새로운 눈을 가지는 것이야말로 발전으로 나아가는 진정한 길이라는 것을 알려주기 위해 최선을 다하고 있다. 리더들은 이 여정에 동참할 수 있을 정도로 용감해야할 뿐 아니라, 스스로 이 발견의 주체가 되어야 한다. 나는 리더들에게 미래는 저 멀리 어딘가에서 그들을 기다리고 있는 것이 아니라고 설명한다. 우리는 상상과 행동을 통해 스스로 미래를 개척해야 한다. 우리 모두에게는 독특하고 중요한 재능이 있으며 각자가 가진 특별함을 발견할 의무가 있다.

　화가 폴 고갱Paul Gauguin의 삶은 인생의 과제이자 우리 모두가 떠나야 하는 여정에 대해 생각해볼 수 있는 좋은 사례다. 폴 고갱의 인생은 '변화' 그 자체다. 4년간의 페루 생활을 포함해 모험심이 넘쳤던 초년기 이후 그는 증권거래소에서 근무를 하고 덴마크 여성과 결혼해 다섯 아이를 갖는 등 안정적인 삶을 꾸린다. 이 기간 동안 고갱은 자신이 미술에 재능이 있다는 것을 발견했지만 기본적으로는 주말에만 그림을 그리는 화가로 남아 있었다. 그러나 물질적인 부와 사업의 세계에 환멸을 느끼고 고향인 프랑스보다 더욱 순수한 사회를 찾아 나선다. 그는 아내와 아이들을 떠나 타히티 섬으로 향한다. 그리고 그곳에서 화가로서의 두 번째 삶을 시작한다. 처음 타히티에 도착했을 때 그는 행복했다 그러나 1897년이 되면서 매독에 걸렸고 자살충동을 느꼈으며 딸의 죽음 때문에 심각한 우울증에 시달렸다. 그는 존재의 의미를 찾기 위해 고군분투했다. 말년의 고갱은 인간의 본질에 대해 고찰했다. 이 시절은 그의 가장 유명한 작품인 〈우리는 어디서 왔는가? 우리는 누구인가? 우리는 어디로 가는가?Where do we come from? Who are we? Where are we going?〉에 잘 묘사되어 있다. 고갱은 이 그림을 자신의 유서라고 보았다. 그는 이 그림 속에 그의 느낌과 철학, 그리고 인간의 삶이 끝난 다음에는 무엇이 오는 지에 대한 생각을 담으려 노력했다. 이 그림을 완성하고 고갱은 "나는 더 나은, 아니 심지어 비슷한 그림조차 그리지 못할 것이다."라고 썼다. 이 그림 속에 담긴 인물들은 모두 타히티 사람들이다. 이들은 넓은 화면 안에 제멋대로 누워서 특별하고도 의미 있는 몸짓을 하고 있다. 그 몸짓은 우리로 하여금 인간의 조건에 대한 상징적인 질문들을 떠올리게 한다.

고갱을 통해 '인생의 여정이란 무엇인가?'에 대해 생각하게 된다. 고갱은 인생의 여정을 어떻게 떠날 것인지에 대한 질문을 던졌을 뿐 아니라 실제로 자신이 생각하는 바대로 살았다. 나는 선생이자 컨설턴트, 치료사, 또는 리더십 코치로서 리더들의 이야기를 들어주는 과정에서 그들이 번번이 자신의 삶을 퇴보시키려 하는 것을 목격했다. 이들은 더 행복해지기 위해 오늘을 희생하고, 더 많은 일을 하기 위해 악착같이 돈을 벌어들인다. 그러나 중요한 것은 우리가 하루하루 경험해가는 삶이다. 인생의 목표는 먼 미래가 아닌, 살아 있는 지금을 위한 것이어야 한다. 훗날을 위한 계획을 세우느라 인생을 허비해서는 안 된다. 우리는 지금 이 순간을 사랑해야 한다.

사도 마태는 "내일을 걱정하지 마라. 내일의 걱정은 내일 할 것이다. 그날의 괴로움은 그날로 충분하다."라고 말했다. 인생은 오직 지금 이 순간에만 존재한다. 과거는 지나갔고 미래는 아직 오지 않았다. 지금 이 순간 자기 자신을 마주하지 않는다면 영영 인생을 살 수 없다.

인생은 있는 그대로 살아야 한다. 차근차근 하루씩 인생의 모든 나날을 살아가야 한다. 인생은 경주가 아니라 한 걸음 한 걸음을 음미해야 하는 여정이다. 우리는 다시 뒷걸음질 쳐 새로운 인생을 시작할 수는 없다. 그러나 매일 새로운 끝을 향해 새로운 출발을 할 수는 있다. 매일 우리가 선택하는 길이 모여 우리의 인생을 결정한다.

우리 생의 마지막에 도달할 그곳이 천국인지 지옥인지는 우리가 가는 방향에 의해 결정되지 않는다. 그곳에 도착했을 때 우리가 어떤 사람인지에 의해 결정될 뿐이다.

실존적인 길의 선택: 로드맵

나는 하고 있는 일이 무엇이든 그 분야에 관련된 개념들을 바탕으로 늘 움직여왔다. 그러나 이 책에서는 경영자들을 어려움에 빠트리는 단순한 경영적인 문제들에서 벗어나 좀 더 실존적인 성격의 문제들을 다루는 새로운 시도를 했다.

이 책에는 내가 임상학자로서 경영자들로부터 받는 질문들을 정리했다. 내가 만나는 사람들은 보통 전문적인 조언을 주려는 이들을 경계하는 경향이 있지만, 내가 자신들이 고민하고 있는 조직의 문제를 이해하고 그들의 언어로 이야기하면 마음을 열고 어려움을 털어놓는다.

조직적인 문제에 대해 조언을 하는 것과 '인생'에 대해 조언을 하는 것은 분명 다르다. 어떤 사람들은 나의 참견을 주제넘다고 생각할 수도 있다.

이러한 문제에 대해 조언을 하는 것이 과연 가능한 일인가? 인생에 대한 조언이라는 것이 실효성이 있는가? 인생의 중요한 과제들을 해결하기 위해서는 시행착오를 겪어야만 하는가? 많은 질문이 있겠지만 분명한 사실은 어떤 인생의 문제든 해결하기 위해서는 일단 삶을 살아야만 한다는 점이다. 우리는 이 세상에 존재해야만 한다. 그리고 경험을 통해 배워야만 한다.

성공보다는 실패에서 더 많은 것을 배우게 된다는 말은 너무 뻔하게 들릴 지도 모르겠다. 그러나 나는 우리의 인격이 성공보다는 실패에 의해 형성된다는 것을 배웠다. 고난은 좀 더 편안한 환경에서는 잠잠하게 숨어 있었을 재능들을 일깨우는 역할을 한다. 실수를 저지르는 것보다 나쁜 일은 그 과정에서 교훈을 얻지 못하는 것이다. 찬찬히 생각해보면 지혜는 우리가 도달하지 못할 대단한 것이 아니라 실패로 인한 고통을 치유하는 과정에서 얻는 깨달음이라는 사실을 알 수 있다.

이 책의 내용은 리더들과 경영자들이 나에게 털어놓은 이야기 중에 울림을 주었던 것들로 구성되었다. 당연히 모두 경영적인 문제가 아닌 그 뒤에 숨은 이야기들이다. 대부분은 인간의 조건에 관한 것들인데, 내가 마음속 깊은 곳에서부터 떠올린 생각들과 경영자들이 해결책을 찾기 위해 했던 질문들이 책의 주요한 내용이다.

성적 욕망에 대해 다루고 있는 1부가 가장 길다. 성性은 그 자체로도 매우 복잡하고 진화심리학까지 포괄하는 광범위한 주제지만, 인간이라면 누구나 이 생물학적이고도 사회적인 욕망과 다투고 있기에 언제나 매력적이다. 몇 년 간 나는 매혹에 항거할 수 있는 안전망은 별로 없다는 것을 깨달았다. 좋건 싫건 간에 성욕은 언제나 우리와 함께 해왔다. 경영자들이 나에게 해준 이야기들에 귀를 기울이면서 나는 욕망에 대처하는 일이 얼마나 어려워질 수 있는지를 알게 됐다. 욕망은 우리가 다른 경우에는 하지 못했을 종류의 일을 저지르게 만드는 촉매가 된다.

2부는 돈을 다룬다. 경영학 교수이자 컨설턴트, 심리분석가, 심리치료사, 그리고 리더십 코치로 일하면서 나는 언제나 돈 문제와 조우한다. 말도 안 되게 돈이 많은 사람들을 만나면서 나는 돈이 이들에게 어떤 의미인지, 그리고 얼마나 깊이 그들의 인생에 관여했는지에 관해 매료됐다.

잘 나가는 투자가이자 내 학생이었던 이와의 대화를 통해 나는 이 장에 대한 영감을 얻을 수 있었다. 그는 수업이 끝난 뒤 나를 좇아와 "얼마나 돈이 많아야 충분할까요?"라고 물었다. 나는 그 질문의 모순에 충격을 받았다. 그가 당시 회사에서 가장 돈을 많이 받는 사람이라는 것을 알고 있었기 때문이다. 분명 그는 얼마를 갖든 절대 충분하다고 생각하지 않을 것이다. 때때로 사람들은 자존심과 자기 자본을 혼동하곤 한다.

3부는 행복에 관해 다룬다. 책을 구성하는 내용 가운데 가장 오래된 부분이며 몇 년 전 내가 쓴 〈행복의 공식The Happiness Equation〉을 바탕으로 하고 있다. 이 에세이는 내가 리더십 워크숍 마지막 시간에 CEO들에게 던진 질문들에 대한 반응에서 영감을 받아 쓴 것이다. "모교에서 졸업 연설을 한다고 상상해보십시오. 학생들에게 무슨 이야기를 할 건가요? 어떤 주제를 다루겠습니까? 당신 인생에서 가장 중요한 이슈는 무엇인가요?"

가장 많은 답은 '행복해지는 방식'이었다. 행복에 대한 CEO들의 생각을 되씹어보며 나는 짧은 글들을 썼고 이는 결국 더 긴 에세이가 됐다. 당시 나는 우울증 증상에 시달리고 있었는데, 아마도 그건 행복에 대한 글을 쓰는 이들이 겪는 자연스러운 일인 것 같다. 나는 걱정할 필요가 없었다. 철학자 버트런드 러셀Bertrand Russel 역시 행복에 대한 에

세이를 쓸 때 매우 안 좋은 상태에 처해 있었으니까. 사실 그의 걸작 중 다수는 그가 자신을 둘러싼 세계로부터 벗어나려고 노력할 때 탄생했다.

마지막 4부는 죽음을 다루고 있다. 나는 이 파트를 내 어머니의 죽음을 기다리면서 쓰기 시작했다. 한때 나는 이 과정을 그만둘까 생각하기도 했지만 그 후 어머니가 돌아가셨다. 나는 몇 년 전부터 어머니의 죽음에 대해 마음의 준비를 해왔지만 진짜로 그 일이 벌어졌을 때 생각했던 것보다 훨씬 큰 충격을 받았다. 이 경험을 통해 나는 어머니는 세상에 단 하나뿐이라는 절대적인 사실, 어머니와 아이의 관계가 지닌 힘과 중요성을 깨달았다. 어머니의 죽음 이후 나는 4부를 다시 썼다. 이 부분을 완성하면서 나만의 방식으로 슬픔을 추스를 수 있었다.

죽음은 결국 끝이며 당연히 책의 마지막이 되어야 하지만, 그렇게 책을 끝내는 것은 너무 암울하다고 생각했다. 그래서 맺음말에 진정성과 이타주의, 지혜, 인간의 의미 탐구에 대해 썼다. 그리고 "무엇보다 이를 명심하라−스스로에게 참되어야만 한다."는 윌리엄 셰익스피어의 격언을 인용했다. 진정성 있는 삶을 살지 못한다면 무슨 일을 하든지 의미 없게 느껴질 것이고 불안과 지루함, 절망에 빠지게 될 것이다.

러시아 소설가 표도르 도스토예프스키Fyodor Dostoevskii는 한때 인간의 가장 깊고 어두우며 내밀한 마음속에 존재하는 뼈대에 대해 연구를 한 적 있다. "나는 아픈 사람이다. 나는 악한 사람이다. 나는 가장 불쾌한 사람이다."라며 그의 소설 속 이름 없는 해설자는 성마른 목소리로 외친다. 〈지하생활자의 수기Notes from Underground〉는 고통 받는 영혼의

무자비한 자기시험이자 한 인간의 광적인 고백이다. 철학자 프리드리히 니체는 도스토예프스키가 마음을 탐구하는 모습에 깊은 감동을 받고 "도스토예프스키는 나에게 뭔가를 가르쳐줄 수 있는 몇 안 되는 심리학자 중 하나다."라고 말했다. 또 다른 철학자인 장 폴 사르트르Jean-Paul Sartre는 이에 동의하고 도스토예프스키의 '지하생활자'가 실존주의 철학의 선구자이자 대변인이라는 것을 발견했다. 사르트르는 그 책과 등장인물이 사람의 필연적인 비합리적 본성에 대해 분명히 인식하고 있다는 점에서 매우 중요하다고 봤다. 〈지하생활자의 수기〉는 등장인물이 수많은 모순되는 충동에 의해 움직인다고 묘사함으로써 도스토예프스키의 심리학적 기술을 분명히 드러내준다. 그 무엇보다도 그는 사람의 행동은 계산할 수 없다고 주장한다. 인간은 복잡하고도 비합리적인 감정에 의해 움직이며 이를 바탕으로 선택을 한다. 그리고 가장 고귀한 행동과 가장 천박한 행동을 동시에 할 수도 있다.

도스토예프스키처럼 나는 사람들에게 그 모든 약점과 어리석음을 포함해 그냥 있는 그대로의 모습을 보여주고 싶다. 나는 진짜 사람들에 관해 다루고 그들 인생의 진짜 이슈들을 되짚어보고 싶다. 나는 상아탑에만 갇혀 있는 학자의 길을 따르고 싶지 않다. 설사 내가 논의하려는 주제들이 더 난해한 연구의 영역에 걸쳐 있는 경우에도 마찬가지다. 책을 통해 나는 혼란에 빠진 사람들에게 결코 그들이 혼자가 아님을 보여주고, 다른 사람들 역시 동일한 문제를 지니고 있음을 알려주고 싶다. 정확히 말하자면 나는 내게 와서 도움을 청하는 경영자들에게 더욱 큰 도움이 되고 싶다.

나는 선생으로서의 내 역할에는 한계가 있다는 것을 안다. 중국 속담에 "스승이 문을 열어줄 수는 있으나 그 문 안으로는 당신 스스로 들어가야 한다."는 말이 있다. 나는 나아갈 길을 보여줌으로써 경영자들을 도울 수 있지만, 종국에는 그들 스스로 움직여야만 한다.

그렇다. 행동을 할지 말 지는 오로지 자신만이 결정할 수 있다. 배움을 얻고 싶다면 자존감에 상처 입는 것을 감내할 각오가 되어 있어야 한다. 적어도 이 책을 읽는 동안은 익숙한 것에 머무르려는 방어기제가 작동하지 않게 잠시 꺼 두자.

시인 새뮤얼 테일러 콜리지Sammel Taylor Coleridge는 "조언은 눈과 같다. 부드럽게 내리고 오래 머물다가 마음 속 더 깊은 곳으로 녹아든다."라고 말했다. 나 역시 내 생각들을 충분히 부드럽게 전달하고 싶다. 그래서 이 책에 참고문헌을 빼곡히 채워 넣는 대신 글을 상대적으로 짧고 단순하게 유지했다. 이는 내 학문 동료들이 분개할 수도 있는 접근법이다. 하지만 이번 책에서만큼은 반대를 무릅쓰고 새로운 시도를 했다. 내가 전통적이고 학자적인 입장에서 이 이슈들을 다뤘다면, 독자들에게 가까이 다가가기도 어렵고, 이 중요한 주제들을 잘 이해할 수 있도록 설명하지도 못했을 것이다. 따라서 나는 좀 덜 형식적인 접근법을 취했다. 내가 평소의 엄중함을 잠시 내려놓더라도 독자들이 나를 용서해주길 바란다.

이 책에서 제시되는 아이디어들은 삶과 죽음, 반성에 대한 내 고찰의 결과물이며, 경영자들이 직접 들려준 매우 생생한 개인적인 이야기들을 바탕으로 한다. 나는 경영자들의 스토리에 몇 년 간 읽어온 심리분석, 사회심리학, 발달심리학, 가족체계이론, 인지이론, 정신건강의학, 진화심리학, 그리고 심리요법 책들의 내용을 더해 이 책을 완성했다.

내 모든 고찰은 외부와 단절된 상태에서 솟아난 것이 아니다. 따라서 어떤 부분에서는 분명한 한계점이 있을 수 있다. 그 중에서도 서구중심적인 편견에 대해 언급해야 할 것 같다. 보편성과 중립성, 객관성을 유지하려 노력했지만, 내가 가진 세계관은 서구를 선진세계라 여기는 교육의 산물이다. 따라서 내 사고 중 일부는 다른 문화적 문맥에서는 타당하지 않을 수도 있다.

책을 완성하며 나 스스로에게 지금 이 시점에 이 글을 쓰게 된 이유가 무엇인지 물었다. 아마도 내가 만물의 비극적인 무상함에 대해 알게 되는 나이에 도달하게 됐기 때문일지도 모른다.

우리는 모두 언젠가는 죽는 것을 알고 있다. 문제는 탄생과 죽음 사이의 그 시간, 우리가 '삶'이라 부르는 그 시간들을 어떻게 쓸 것인가이다. 인생에서는 그저 일이 벌어지도록 내버려두는 순간도 있고 자신이 직접 어떤 일이 일어나도록 이끄는 순간도 있다. 나는 우리가 지난 날에 대한 후회가 아닌, 미래에 일어날 꿈에 초점을 맞추어 주도적으로 움직임으로서 늘 젊음을 유지할 수 있다고 믿는다.

그런 면에서 이 책은 앞을 내다보고 나만의 꿈을 담아내려는 내 개인적인 시도이기도 하다.

제 1 부

성에 대한 고찰

Sex Money
Happiness &
Death

1장

도덕적 죄악의 그늘 안에서

소유하는 것보다 욕망하는 것이 훨씬 낫다.
욕망의 순간은 가장 특별하다. 뭔가가 벌어질 것 같다고 느끼게 되는 그 욕망의 순간.
그 때가 바로 가장 고양되는 순간이다.

아누크 에메

섹스가 그저 섹스일 수는 없다.

셜리 맥클레인

나는 섹스에 대해 아무것도 모른다.
왜냐하면 언제나 결혼한 상태였기 때문이다.

자자 가보

바니타스 바니타툼(Vanitas Vanitatum, 라틴어로 '헛되고 헛되도다'라는 뜻 – 옮긴이)!
이 세상에서 그 누가 행복한가? 그 누가 욕망을 지녔는가?
아니면 욕망을 지녔다 해도 그 누가 만족하는가?

윌리엄 메이크피스 새커리

여행을 하던 두 승려가 강을 건너고 있었다. 승려들이 강 건너편에 거의 다다랐을 즈음, 한 젊은 여성이 그들을 불렀다. 그녀는 물살이 무서워서 강을 건널 수 없다고 말했다. "두 분 중한 분이 저를 건너편까지 좀 데려다주시겠어요?" 그녀가 부탁했다. 승려 중 한 명은 주저했으나 다른 한 명은 온 길을 되돌아가 그녀를 한쪽 어깨에 메고 강을 건넜다. 건너편 땅에 도착한 여성은 승려에게 고맙다고 말하고 가버렸다.

승려 둘은 여행을 계속했으나 둘 중 한 명은 평정심을 찾지 못했다. 마침내 침묵을 지키기 어려웠던 이가 불쑥 말했다. "스님, 우리는 스승님으로부터 그 어떤 여성과도 접촉하지 말라고 배우지 않았습니까. 하지만 스님은 어찌 그 여성을 어깨에 태워 강을 건너셨습니까?"

두 번째 승려가 말했다. "나는 그 여성분을 강 건너편에 내려놓고 왔습니다. 하지만 스님은 여전히 그 여성을 업고 있군요."

이 불교 설화의 핵심은 욕망에 대한 의문이다.

욕망이란 무엇인가? 우리는 왜 욕망하는가? 우리는 왜 우리가 하는 일을 욕망하는가? 욕망의 결과는 무엇인가? 그리고 우리는 어떻게 욕망에 대처하는가? 간단한 질문이지만 이에 대답하는 것은 모두 또 다른 문제다. 욕망은 손에서 빠져나가는 모래와 같다. 어느 곳에나 존재하지만 이를 단단히 쥐고 있기란 쉽지 않다.

아메리칸 헤리티지 사전American Heritage Dictionary에서 '욕망desire'이란 단어를 찾아보면 '요구, 갈망, 또는 갈망의 대상이 되는 것, 성적욕구, 또는 열정'이라고 정의되어 있다. 또한 사전에 따르면 욕망은 우리에게 만족이나 즐거움을 가져다주는 무엇인가에 대한 갈망, 또는 지금은 닿을 수 없지만 앞으로 언젠가 이룰 수 있는 무엇인가를 향한 강렬한 – 보통은 반복적이거나 지속적인 – 소망을 의미한다. 그러한 욕망은 판타지적인 요소를 지니기도 한다. 우리는 욕망하는 대상을 갖길 원하고, 마침내 손에 넣었을 때를 상상하며 짜릿함을 느낀다. 때로 이런 판타지는 현실과 혼동을 일으키기도 한다.

이쯤에서 우리가 자신의 욕망이 의미하는 바를 파악할 수 있는지 실험해보자.

성적 욕망과 같은 당신만의 욕망은 무엇인가? 당신이 지닌 가장 거친 성욕에 대해 묘사하라고 한다면 어떻게 묘사하겠는가? 이를 분명히 묘사할 수 있는가, 아니면 그 욕망이 어떤 것인지 구체화하는 것이 어렵다고 느끼는가? 당신의 욕망을 서술하는 데 불편함을 느끼는가? 욕망 그 자체를 규정하기 어렵다는 것을 깨달았는가? 당신이 상상도 할 수 없는 무엇인가를 갈구하고, 욕망하는가?

이 간단한 질문들에 답하는 것도 쉽지 않을 것이다. 이를 통해 우리는 자신의 욕망을 정확히 설명하는 것이 불편하거나 어려운 일이라는 것을 깨닫게 된다.

우리는 욕망하던 것을 얻으면 매력을 잃고 더 이상 그것을 바라지 않게 된다. 우리가 욕망하며 상상했던 완벽함은 현실에 없다. 그렇기 때문에 예전부터 사람들은 '소유하는 것보다 욕망하는 것이 낫다'고 말해왔다. 영원할 수 있는 것은 오직 무형의 아이디어, 개념, 믿음, 그리고 판타지 뿐이다.

이 장의 처음에 인용했던 아누크 에메의 주장처럼 욕망을 실현하기 직전의 그 특별한 순간에 가장 고양될 수 있는가? 이것이 바로 제임스 러셀 로웰James Russell Lowel이 "우리가 갈망하는 대상, 그것이 바로 우리 자신이다. 그리고 우리는 단 하나의 초월적인 순간을 위해 갈망한다."라고 말한 바로 그 의미인가?

욕망에 관한 가장 큰 역설은 우리가 욕망하던 것을 손에 쥔 순간부터 만족감이 떨어지기 시작한다는 점이다. 미완성으로 남아 있는 욕망에 대한 판타지가 현실보다 훨씬 매력적이다. 어쩌면 판타지의 단계에 머물러있는 것이 더 나을 수도 있다. 적어도 우리는 우리가 지닌 판타지 속에서 일어나는 일들은 원하는 대로 바꿀 수 있을 테니 말이다.

아마도 인생 최고의 연애는 우리가 겪어보지 못한 그 연애일 것이다. 그에 비해 현실은 우리에게 찬물을 끼얹는다. 우리가 상상했던 것과는 전혀 거리가 멀기 때문이다. 우리는 잠재적인 실망을 인지하는 순간, 판타지의 세계에 머물러 있는 쪽을 선택하게 된다.

욕망은 어떤 좌절을 겪든 계속 인생을 살아가게 만드는 힘이 있다. 이는 공기와도 같다. 항상 그 존재를 인지하는 것은 아니며 어쩌면 당연하게 받아들이기도 하지만 그 힘은 언제나 그곳에 있다. 우리가 어떤 방식으로 욕망을 경험하든 간에 그 기쁨은 욕망하는 행위 자체에서 나오는 것이다. 욕망을 달성하는 기쁨은 그저 스쳐지나가는 순간에 불과하다. 로버트 루이스 스티븐슨Robert Louis Stephenson은 이에 대해 "도착하는 것보다 희망에 차서 여행을 하는 것이 더 좋다."라고 말했다. 극작가 조지 버나드 쇼George Bernard Shaw 역시 비슷한 의견을 냈다. 그는 "인생에는 두 가지 비극이 있다. 하나는 마음 속 욕망을 충족하지 못하는 것이다. 다른 하나는 충족하는 것이다."

욕망은 인류의 본질이다. 살아 있다는 것은 욕망할 수 있다는 의미다. 이는 이성이 아닌 정서적인 힘이다. 욕망은 통제하기 어려우며 그 자체로 생명을 지녔다. 우리는 언제 욕망할 것인지 결정할 수 없다. 그리고 우리가 욕망을 선택하는 것이 아니라 욕망이 우리를 선택한다. 유명한 성욕의 화신 카사노바는 이 여자 저 여자와 잠자리를 함께 하는 자신의 사랑에 대해 설명하면서 이렇게 말했다. "아아, 우리는 아무런 이유 없이 사랑을 하지. 그리고 우리가 사랑을 다 나누고 나면 왜 사랑에 빠졌는지는 아무래도 상관없어져."

놀랍게도 우리는 최근에 들어서야 욕망이 무엇인지 깊이 이해하게 됐다. 신경학자, 발달심리학자, 인지심리학자, 정신생리학자, 그리고 진화심리학자들이 해온 연구는 욕망을 결정하는 생리적·발달적 기제의 일부를 해석하는 데에 중요한 역할을 하고 있다.

나는 여기에 하나를 추가하고 싶다. 욕망은 매우 다양한 관점에서 논의되어야 하기 때문이다.

이번 장에서 나는 인간의 가장 중요한 욕망에 집중하려 한다. 바로 '성적 욕망'이다. 성욕은 인간의 성기를 흥분시키는 본질적인 발화장치다. 나는 여러 경영적 결단을 포함해 모든 인간의 행동이 이러한 욕망에서 비롯된다고 본다. 한치 앞도 볼 수 없는 인간의 세계에서 단 하나 변함없는 것이 있다면 그것은 성욕이다. 비존재非存在를 존재存在로 만들어주는 것이 바로 우리의 성적으로 동기화된 욕구 체계다. 그리고 세상이 굴러가도록 만드는 것이 바로 성욕이다. 다만 이 장에서 내가 다루려는 대상은 이성애에 한정한다. 이제는 동성애적 욕구에 대한 수많은 문학작품이 존재하지만 이 책의 분량 상 동성애적 욕망까지 다루려면 엉성한 처방을 내리는 데 그칠 수밖에 없기 때문이다. 이 주제는 그보다는 나은 대접을 받아야 하므로 이 책에서는 보류하겠다.

아담과 이브의 유산

성적 욕망에 대한 인간의 태도를 이해하려면 그 기원부터 살펴볼 필요가 있다. 우선 구약성서의 창세기에서 이야기하는 아담과 이브의 이야기로 시작하는 것이 낫겠다.

이 이야기는 남성으로부터 여성을 만들어냈기 때문에 문제가 발생할 수밖에 없다는 교훈을 담은 성차별적인 원형설화인가? 아담과 이브가 에덴동산에서 쫓겨난 이유는 무엇인가? 그들의 죄는 무엇이었는가? 이들은 금단의 열매를 맛보도록 유혹한 뱀 때문에 쫓겨났는가? 정말로 사과가 문제인가?

　이 잘 알려진 이야기의 '실상'은 꽤 터무니없다. 따라서 눈에 보이는 것이 전부가 아닐 것이다. 사과가 진정으로 의미하는 바는 무엇인가? 우리는 이를 탐구하기 위해 과학자가 될 필요는 없다. 형벌의 본질을 고려했을 때 '금단의 열매'를 먹는 행동은 분명 중추적인 인간의 행위를 상징할 것이다.

　이 이야기에 대한 이성적인 설명 가운데 하나는 이것이 성욕을 다룬다는 것이다. 아담과 이브가 낙원에서 쫓겨난 것은 성관계를 허락받지 못했음에도 서로 탐닉했기 때문이라는 단순한 이야기로 해석될 수 있다. 즉, 그들은 규칙을 어긴 것이다. 그러나 이 이야기에는 그 이상의 것이 담겨있다. 이 이야기는 모든 성욕에는 대가가 따른다는 경고를 담고 있는 교훈도 된다. 순수의 상실, 즉 성을 경험하면 에덴동산에서 추방된다는 것이다.

　창세기에 실린 이 가혹한 도덕적 이야기와는 대조적으로 고대 그리스와 로마인들은 육욕의 즐거움을 경배했다. 몸을 성욕을 표현하고 충족하기 위한 도구로 보았으며, 유대교와 기독교 공통의 전통에서 특징적으로 나타나는, 죄책감으로 고통 받는 자의식이 전혀 없었다. 노골적으로 에로틱했던 당시 예술과 문학이 그 진정한 증거다. 역사적으로 서구사회가 성욕에 대해 가장 개방적이었던 시기다.

　성적 욕망에 자유분방한 태도를 보인 것은 서구문화뿐만 아니었다. 다른 수많은 문화들도 마찬가지였다. 카주라호의 사원군Khajuraho temple(인도 카주라호에 위치한 힌두 사원들로 남근과 수간을 비롯한 에로틱한 조각들로 유명하다 – 옮긴이)과 같은 힌두교의 에로틱한 조각을 비롯해 중국과 일본의 에로틱한 예술과 문화도 이를 드러내고 있다.

그러나 이러한 성적인 분방함은 오래 지속되지 못했다. 고대의 시기가 지나고 기독교가 종교 및 사회의 주류세력이 되면서 유럽에는 암흑의 나날들이 시작됐다. 기독교는 반反 쾌락주의적인 메시지를 전파했고 성욕을 죄악시했다. 몇 세기 동안 시대정신은 성욕 때문에 사람들이 지옥으로 끌려간다는 개념에 점령당했다. 성직자들은 누가복음을 인용해 "우리 모두는 눈물의 계곡에 살고 있는 죄인"이라는 메시지를 반복적으로 전달했다. 육욕의 기쁨에 대한 인간의 집착은 내세에 대한 걱정으로 대체됐다. 앞으로 살펴보겠지만, 19세기 후반에 다다라서야 사회적으로 성애의 중요성을 사회적으로 인지하게 된다. 그리고 좀 더 노골적이며 죄책감을 동반하지 않는 역할을 되찾게 된다.

중세시대에 성욕은 죄의 증거로 비춰졌다. 성의 유혹은 피해야 할 대상이었다. 아담과 이브의 추락에 대한 이야기를 바탕으로 초기 성직자들은 인간을 성적 유혹에 나약하고 쉽게 넘어가는 존재로 보았다. 심지어 이들은 모든 죄가 중독적이며, 이러한 중독의 종착역은 영원한 지옥살이라고 생각했다. 이런 가운데 여성은 극단적인 유혹의 상징이 됐다. 성직자들은 여성이 고통과 기쁨 사이에 선택을 해야 한다면 쾌락의 길을 선택할 것이며 이는 지옥으로 이어진다고 믿었다. 이들의 논리에 따르면 결국 아담을 유혹한 것은 이브였다. 이브의 성적 매력 때문에 아담은 이성적인 생각에 집중하지 못했고 끔찍한 결말을 맞이하게 되었다는 것이다.

임상적인 입장에서 성직자들이 여성의 유혹적인 힘에 대해 강조한 이유는 여성의 성기에 대한 오랜 남성적 두려움 때문이다. 여성의 질은, 간섭이 많으면서 억압적인 어머니이자, 보호와 파괴의 능력을 모두 지닌 신화 속 위대한 어머니, 그리고 메두사와 같이 아름답지만 생명을 앗아갈 수 있는 여성에 대해 남성이 지닌 모순적인 감정을 대표하는 상징물이 됐다.

남성은 여성을 위험한 존재로 인식했을 뿐 아니라 남성과 여성을 구분하는 주요 요소인 여성의 질, 수많은 남성적 판타지의 대상과 혼란스럽게 연관 짓고 있었다. 그렇기 때문에 게걸스레 남성의 성기를 잡아먹는 여성들에 대한 이야기가 신화와 설화에 자주 나타나는 것이다. 이 이야기들의 내용을 살펴보면 적어도 남성의 관점에서는 여성의 구멍을 보거나 만지거나 그에 들어가는 행위를 공포스럽게 생각했음을 알 수 있다. 남성의 무의식 속에서 섹스는 죽음과 동일시되며 모든 오르가즘은 '잠시 동안의 죽음'이 된다. 이와 같이 남성의 상상 속에서 저 안에 감춰진 기이한 자궁은 생식력 뿐 아니라 피와 죽음의 상징이 된다. 더불어 질은 경탄과 위협의 기관이며, 남성을 매혹하는 동시에 뿌리치는 특별한 신체부위가 된다. 원시부족들이 행한 여성에 대한 다양한 의례와 의식들이 이를 증명한다. 기독교의 수도승들에게 지옥의 입과 여성의 질은 비슷한 상징이 됐다. 그리고 엄청난 불안의 원인이 됐다. 그렇게 성욕은 불안으로 가득 채워졌다.

이런 불안을 통제하기 위한 확실한 전략은 우리의 감각적인 본능을 폄하하는 것이었다. 섹스는 어둡고 위험하고 추잡한 행위였다. 여성의 생식기는 성적 즐거움으로 향하는 관문일 뿐 아니라 잠재적으로 남성을 사형시키는 집행인이었다. 질 안으로 들어가는 행위는 불가사의하고 쾌락적인 반면에 두려운 현실에 다가가는 행위임을 암시하게 됐다. 그리고 이는 여러 문화권에서 찾아볼 수 있는 오랜 미신인 바기나 덴타타Vagina Dentata, 즉 '이빨 달린 질'을 설명한다.

이 미신은 거세불안에 대한 원초적인 남성들의 공포를 상징한다. 성교 중에 남성들은 힘이 빠지거나 발기불능이 되는 것 뿐 아니라 성기를 잃을 수도 있다는 걱정을 한다. 여기에 '자궁으로의 회귀'라는 무의식적인 판타지는 여성과의 결합으로 인한 성기 소멸이라는 공포에 더해져더욱 강력해진다. 남성은 가끔 여성에 의존하는 것을 두려워한다. 다정함과 친밀감 때문에 그들은 엄마의 지배를 받는 힘없는 신생아 상태로되돌아가게 되지 않을까 우려한다. 이러한 '공생의 불안'은 남성들이 성애와 사랑, 친밀감을 뒷으로 인식하게 만든다.

초기 성직자들은 정신분석가나 정신의학자는 아니었을 것이다. 그들은 상징적인 언어를 심도 깊게 해석하는 데는 재주가 없었지만 직감적으로 이빨 달린 질을 두려워하는 남성의 오랜 공포를 영악하게 파악하고 있었다. 이들은 남성이 성적인 충동을 의지로 조절하지 못한 것이인간의 가장 큰 실수라고 판단했다. 그들에게 아담과 이브의 신화는 생식기를 지적인 통제가 아닌 육욕에 반응하도록 내버려둬서 발생한 끔찍한 결과를 묘사하는 이야기였다. 성직자들이 문자 그대로 받아들인이러한 경고성 신화는 남성이 성을 매우 조심스럽게 다루고, 성욕을 조절하도록 만들었다. 욕망에 대한 육체의 나약함을 생각할 때 '관능'과

연관 짓지 않기 위해서는 초인적인 노력이 필요했다. 그래서 당시에는 몸을 '마음과 영혼의 감옥'이라고 봤다. 신도들에게는 현세가 아닌 내세에서 더 나은 삶이 기다리고 있다고 주입시켰다. 천국은 성욕을 통제하는 자에게 주어지는 약속이었고, 인류의 쾌락주의적 성향은 받아들여지지 않았다. 그렇게 성직자들은 아담이 명예를 잃었듯 성욕은 그저 고통을 가져올 뿐이라고 신도들을 세뇌했다.

당시 성직자들은 자신들이 설파한 '죄에서 완전히 벗어난 세계'가 어떤 모습일지 생각해봤을까? 그 세계는 끔찍한 진공상태가 아닐까? 그러한 세계에 대해 성직자들은 뭐라고 말했을까? 모든 사람이 경건한 삶을 살게 될 때 교회는 더 이상 필요없어질 지 모른다. 분명 그들은 점차 카산드라(그리스 신화에서 아폴로의 구애를 받아들이지 않은 죄로 아무도 그녀의 말을 믿지 않는 형벌을 받은 예언가로 트로이의 멸망을 예언했다 – 옮긴이)의 역할을 할 수 없게 될 것이다. 인류에 죄가 없다면 교회가 할 일은 남아있지 않을 것이다!

재미를 배제한 섹스

14세기 북아프리카의 주교이자 학자였던 성 아우구스티누스 St.Augustinus는 합리주의자에 가까웠다. 따라서 성욕을 인정하되 엄격한 제한을 두어야 한다고 주장했다. 그 자신도 자신의 정부情婦에 대한 욕정과 아들에 대한 헌신 사이에서 갈등했기 때문에 이러한 결론에 도달하는 것이 쉽지 않았을 것이다.

성 아우구스티누스는 자기 자신의 개종을 묘사한 저서이자 기독교 적 신비주의에 관한 고전 〈고백론Confessions〉에서 "저에게 정조와 금욕 을 내리시되 아직은 때가 아닙니다."라고 말하며 어떻게 신에게 기도했 는지에 대해 썼다. 결국 그는 깨우침의 단계에 이르렀고 그렇게 되자 그는 섹스라는 거룩하지 못한 행위의 유일한 목표는 출산이라고 주장 했다. 성 아우구스티누스는 남성과 여성이 아이를 가질 준비가 됐을 때 남성은 섹스를 하기 위해서 자기 몸에 의지를 불어넣어 기능적이지만 욕정적이지 않은 발기를 해야 한다고 조언했다. 그러나 성 아우구스티 누스는 성행위를 꼭 해야만 한다는 것에 안타까워하며 성행위자들이 그 행위를 즐겨서는 안 된다고 분명히 못박았다. 결혼한 부부는 성관계 를 가져야만 한다는 것을 "반드시 슬퍼하면서 대를 이어야" 했다. 아우 구스티누스는 생식 외의 다른 목표를 가지고 생식기를 사용하는 것은 자연스럽지 못하다 보았고, 쾌락을 위한 섹스는 본질적으로 악마의 행 위라고 묘사했다. 물론 인류에게 가장 권장되는 상태는 순결이었다.

성 아우구스티누스는 지속적인 발기나 몽정, 발기불능, 조기사정, 또는 오르가즘을 느끼는 도중 통제력을 잃는 등의 행동을 통해 남성의 신체가 의지와는 상관없이 움직일 수 있다는 것을 깨달을 만큼 현실적 이었다. 그러나 그는 불행히도 모든 성적 일탈 가운데 순결이 가장 이 상하다는 것을 깨달을 정도로 현실적이지는 못했다.

지금에 와서 우리는 성 아우구스티누스의 경고를 비웃지만 당시 사 회적 맥락을 이해한다면 생각이 달라질 것이다. 사람들은 성직자의 저주 섞인 말의 지배를 받는 것 말고도 섹스와 관련한 또 다른 요인들을 고려해야만 했다. 우선 카사노바와 같이 난잡한 귀족층이나 성매매가 이뤄지는 사회적 음지 등의 예외를 제외하고, 대중들의 가정에서 사생활이라는 것이 존재하지 않았다. 가족 구성원끼리 방과 침대를 공유하는 상황, 성관계 도중 누군가 볼 수도 있는 상황은 성적 만족을 떨어뜨렸다. 게다가 당시 사람들은 물과 접촉하면 위험하다고 믿었다. 물에 닿으면 감기에 걸리거나 모공이 모두 열려 감염에 취약해질 것이라 생각한 것이다. 대부분의 사람들 몸에서 악취가 풍겼다. 성욕은 옴이나 이, 파리와 타협해야 했다. 게다가 섹스는 질병, 임신과 출산 중 사망까지도 각오해야 하는 행동이었다. 당시 여성의 10~15퍼센트가 아이를 낳다가 죽었다. 이런 이유들이 성관계의 모든 행위마다 짙은 어둠을 드리웠다.

성 아우구스티누스는 그 후 몇 세기 동안 성욕을 향한 태도가 가야할 길을 규정했다. 그의 길고 긴 그림자는 학계의 후예들에게까지 드리워졌다. 그의 영향 하에서 성직자들은 원죄에 대한 설교를 계속했다. 아담과 이브에게서 시작되는 원죄는 성행위를 통해 부모로부터 아이에게로, 세대와 세대를 거쳐 대물림됐다. 아담의 타락 이후 우리는 모두 죄를 지었다는 메시지였다. 성 아우구스티누스의 저술을 필두로 주류 문학은 성욕과 씨름을 벌이다가 결국 이기지 못하는 사람들을 다뤘다. 성인들은 육체의 쾌락을 향한 무절제한 갈망인 성욕을 이겨낸 교훈적인 인물로 추앙받았다.

예를 들어 6세기 성 그레고리오 대교황Pope Gregory the Great은 죽음에 이르는 7대 죄악 가운데 하나로 색욕을 꼽았다. 아우구스티누스와 마찬가지로 그레고리오 교황은 "합당한 육체적인 교합이란 욕망을 만족시키기 위해서가 아니라 자손을 생산하기 위해서만 이뤄지는 것"이라고 주장했다. 색욕은 사람들이 스스로의 쾌락을 이기적으로 추구하기 위한 도구로서 상대방을 바라보게 만든다는 점에서 대죄가 됐다. 색욕 때문에 사람들은 신이 아닌 다른 곳에 정신을 팔게 됐다. 이기적인 색욕의 추구는 인간이 이 세상에서 행해야 할 진정한 의무를 잊게 만들고 천국에 들어가지 못하도록 방해하는 행위였다.

선조들과 마찬가지로 그레고리오 교황은 욕정을 통제하지 못할까봐 두려워했다. 그리고 이러한 식으로 죄들을 분류하고 알리면 교회 신도들을 이 통제할 수 없는 기본적인 욕구로부터 보호할 수 있다는 것을 깨달았다. 일곱 가지 대죄와 형벌을 나열한 그의 목록은 우리의 삶이 신성한 권위로부터 파생된 규칙에 의해 지배받는다는 점을 일깨웠다. 이 일곱 가지 대죄에는 '죽음에 이르는'이란 수식어가 붙었다. 따라서 사람들은 그 죄로 인해 영혼에 끔찍한 손상을 입을 수 있다고 믿었다. 세대가 거듭되면서 사람들은 성에 대한 교회의 부정적인 태도에 세뇌됐고 그 계속되는 과정은 성욕에 대한 양가감정 뿐 아니라 성 장애에 대한 태도에도 기여하게 됐다.

그레고리오 교황이 죄의 분류체계를 수립한 뒤 700년이 흘렀지만 여전히 성 아우구스티누스의 유령은 가장 중요한 자리를 차지하고 있었다. 그리고 단테 알리기에리Durante Alighieri는 자신의 걸작품 〈신곡〉에서 이러한 죄의 개념에 대해 자세히 서술했다.

세 편의 서사시 가운데 하나인 '연옥'편에서 단테는 일곱 가지 대죄 각각에 순위를 매겨 가장 높은 순위는 천국에 가깝도록, 그리고 가장 낮은 순위는 지옥에 가깝도록 배치했다. 색욕을 두고 단테는 인간이라는 피조물의 아름다움, 거기에서 오는 매혹이 주는 건설적인 힘과 주제 넘는 성욕이 보여주는 파괴적인 힘 사이의 관계를 탐구했다. 그러나 죄에 대한 단테의 관점은 근엄한 성직자들보다 좀 더 미묘했다. 그는 사랑과 색욕 간에는 아슬아슬한 선이 존재한다고 봤다. 지옥에 떨어진 이들은 욕정에 가득 차서 이성을 엉뚱한 욕망보다 경시한 이들이었다. 그는 가장 기본적인 충동을 통제하는 데에 실패한 호색가와 간통을 저지른 자, 그리고 기타 잘못을 저지른 자들을 이 카테고리 안에 넣었다.

〈신곡〉에서 단테는 색욕을 어디쯤에 두어야할지 확신하지 못했던 것이 분명하다. 지옥에서 색욕이 사탄으로부터 가장 멀리 떨어진 자리에 놓였다는 점은 가장 가벼운 죄라는 의미였다. 반면에 단테가 나열한 죄의 목록에서 색욕은 가장 처음에 올라와 있다. 그리고 색욕은 일반적으로 원죄, 즉 아담과 이브가 에덴동산에서 추방당한 일과 성을 연결해 생각하도록 만든다. 단테는 욕정을 자제하지 못한 이들을 벌할 수 있는 창의적인 해답을 상징적으로 도출해낸다. 이 불운한 영혼들은 강력한 바람에 영원히 두들겨 맞으며 방향을 잃고 헤매게 되는 것이다. '연옥' 편에서는 성욕에 끌려 다니던 영혼들이 회개를 위해 자신들의 음탕하고 성적인 생각을 몰아내기 위한 단계들을 거쳐야만 한다. 욕망에 대한 단테의 이러한 부정적인 묘사는 그 이후에도 계속됐다.

단테의 서사시야말로 중세 말과 르네상스 초기에 인간의 삶이 극도로 엄격했음을 적나라하게 보여주는 것이었다. 그 진앙지는 가톨릭 교회가 휘두르는 무소불위의 권력이었다. 그리고 혼인의 신성함이 그 교리의 중심에 함께 있었다. 기독교는 욕망을 욕정이라고 비난하고, 또 다른 육체적 쾌락이 주는 즐거움을 폭식이라고 비난했다. 현생 이후의 내세에 관해 널리 알리기 위해서였다. 금식과 금욕의 목표는 육체를 억압하고 정신적인 승리를 거두는 것이었다. 이에 따라 신도들은 다음 생에서 기쁨을 누리기 위해 현생의 기쁨을 포기해야 했다.

　불행히도 성직자들은 성의 기능 자체와 여기에 작용하는 심리는 별개라고 보았다. 이들은 인간이 단순히 신체적 부위의 합이 아니라는 인식을 거부했다. 그들은 욕망이 활기차고 긍정적인 힘이며 심지어는 즐거움이 될 수 있다는 사실을 보려하지 않았다. 물론 당시는 진화심리학, 발달심리학, 정신역학심리학 또는 가족체계이론과는 거리가 먼 시기다. 따라서 성직자들은 인간의 생리구조에 있어서 성생활의 중요성을 결코 인정하지 않았다. 이들은 성애, 성별, 개성이 인간발달에 미치는 영향을 무시했다. 또한 성교와 사랑을 나누는 것을 구분하지 못했다. 성직자들이 지닌 관용과 수용의 한계 내에서는 결혼제도 내에서의 성을 단지 가벼운 죄로 여겨주는 것이 전부였다. 이들에게 죄란 에덴동산에 있던 금단의 열매였다. 그리고 이를 섹스와 동일시하면서 아담과 이브가 에덴동산에서 추방당한 이야기는 욕망에 탐닉한 결과를 보여주는 끔찍한 예라고 주장했다.

　성직자들은 생리生理에 대해 제한적이고 부정적인 태도를 지녔다. 따라서 생리현상을 부인하기보다는 활용하는 것이 나을 수도 있다는 점을 고려하지 못했다. 아니, 오히려 그 반대였다. 성직자들은 권력을 지닌 위치에 있었고 우리의 생리적인 유산을 무시했다. 교회는 그 후에도 몇 세기 동안이나 욕망에 대한 사람들의 태도에 커다란 영향을 미쳤다. 그리고 신학은 성이라는 주제를 다룰 때 권위적으로 인용됐다. 그러나 결국 리하르트 폰 크라프트 에빙Richard von Krafft-Ebing, 해브록 엘리스Havelock Ellis, 또는 알프레드 킨제이Alfred Kinsey 같은 초기 성연구의 개척자들이나 지그문트 프로이트Sigmund Freud, 테오도어 라이크Theodor Reik, 에리히 프롬Erich Fromm과 같은 정신분석학자들 덕에 '성이란 무엇인가?'에 대한 대중들의 의견은 바뀔 수 있었다.

이들은 성행위가 단순한 육체적, 생식적 행위와는 다르며, 심리적 역학 관계가 있다고 주장했다. 무엇보다 중요한 것은 이들 덕에 사람들이 성생활을 평범한 인간 경험이라고 볼 수 있게 됐다는 점이다. 실제로 알프레드 킨제이는 "부자연스러운 성행위란 당신이 하지 못하는 행위일 뿐"이라고 주장했다. 그리고 지그문트 프로이트는 "인간의 아무 감정이나 분석해보자. 그것이 성이라는 영역에서 철저하게 배제된 감정이라 할지라도 그 안에서 원시적 충동, 우리 생명 영속의 근원을 발견하게 될 것이다."라고 말했다.

지금으로서는 상상하기 어렵지만 당시에는 성욕에 관한 문화적 태도를 바꾸기 위한 힘겨운 투쟁이 계속됐다. 그리고 킨제이와 프롬을 포함해 학자들 중 다수는 제 2차 세계대전이 끝난 이후에야 관련 연구를 발표할 수 있었다. 이들의 선구자적 사고를 두고서는 어마어마한 저항이 일었다. 그러나 이들은 굴하지 않았다. 자신들의 공헌에 수치스럽다는 딱지를 붙이며 그런 연구는 그만두라고 주장하던 비평가들에게 맞섰다. 이들의 영웅적인 노력에도 불구하고 오랜 종교적 신념은 신이 인간의 몸과 머리와 팔과 다리를 만들었다면 악마가 그 조합에 생식기를 더했다고 계속 주장했다.

성적 욕망의 역사는 인간의 본성과 사회적 강요 간의 투쟁과도 같다. 그리고 본능적인 성욕을 억압하기 위해 사회가 설치한 장애물에 대한 이야기이기도 하다.

인간은 유전자가 이끄는 생존 기계

다행스럽게도 현대사회는 섹스를 더 이상 오직 결혼제도 하에, 출산을 목표로 즐길 수 있는 신성한 행위로 여기지 않는다. 19세기 중반부터 성욕에 대한 태도는 중요한 변화를 맞이하게 되었다. 진자는 다른 방향으로 흔들리기 시작했고, 대중들은 그레고리오 교황의 공포스러운 목록에서 벗어나 자유를 맛보았다. 역사적으로 그 어느 때보다 성욕을 자유롭게 표현하는 것에 대한 사회적·문화적·의학적 장벽은 낮아졌다. 그리고 성욕에 대한 실험을 장려하게 됐다.

이러한 태도 변화는 더 많은 사람들이 교외 지역에서 도시로 이주하게 되면서 용이해졌다. 사람들은 이제 시골 생활의 본질이라 할 수 있는 숨 막히는 사생활 통제에서 벗어나게 됐다. 여기에 위생 습관 개선, 더 나은 건강 관리, 그리고 편리하고 믿을 수 있는 피임법이 등장하면서 섹스에 대한 인식도 바뀌기 시작했다. 게다가 신교와 구교 모두 쾌락의 형태를 띤 성에 대해 좀 더 관용적인 태도를 갖추게 됐다. 성 아우구스티누스의 유령은 밀려났고, 관능은 신으로부터 영감을 받은 인간의 행위 중 하나로 받아들여졌다.

그러나 섹스는 1960년대 피임약이 합법화되고 여성이 자신의 신체에 대한 더 큰 결정권을 가지게 되면서 진정으로 인정받게 됐다. 여성들은 더 이상 임신의 공포 때문에 방해받는 일 없이 성욕을 행동으로 표현할 수 있었다. 게다가 생명공학의 발전과 함께 사람들은 더 이상 종족 보존을 위해 섹스를 할 필요가 없어졌다.

21세기 들어 섹스는 생물학적 필요에 의한 행위가 아닌 사회적이고 문화적인 행위가 됐다. 현대사회에서는 쾌락적인 행동이 증가하고 있으며 우리는 그 어느 때보다 성욕을 쉽게 충족시킬 수 있는 사회에 살고 있다. 1953년 창간된 잡지 〈플레이보이Playboy〉부터 TV드라마 '섹스 앤 더 시티Sex and the City'에 이르기까지 섹스는 신기록 수립과 규칙, 심판, 관중으로 이뤄진 운동경기가 되어버렸다. 몇 세기 동안 묻혀 있던 성감대가 재발견됐고, 더 많은 성감대를 발견하기 위한 활동이 이루어진다. 섹스는 더 이상 정상 체위를 의미하지 않는다. 이제는 각종 신체적 기능을 이용한 전신 섹스가 필요해졌다.

남성과 여성 간의 성적 대화 역시 바뀌고 있다. 정자은행과 전화섹스, 섹스클럽, 데이트 서비스 뿐 아니라 또 다른 식의 성적 대화가 새롭게 등장했다. 〈코스모폴리탄Cosmopolitan〉이나 〈멘스 피트니스Men's Fitness〉 같은 잡지에 실린 기사들은 "어떻게 여성을 침대로 끌어들일 수 있는가?" 또는 "뜨겁고 빠른 섹스: 곧장 침대로" 같은 제목을 달고 시대정신을 반영하고 있다. 전형적인 서구의 여성이나 남성들은 카사노바에 필적하는 성경험의 횟수와 상대를 가지게 됐다. 연애는 원 나이트 스탠드와 스와핑의 시대에 뭔가 고리타분한 존재가 돼버렸다.

쉬운 섹스 때문에 우리가 감내해야 할 대가는 진지한 사랑을 하는 우리의 능력을 잃는 것일 수도 있다. 섹스와 연관된 감정들, 애착과 친밀감, 걱정, 보살핌, 사랑 같은 것들이 욕망의 공식 상에서 상대적으로 덜 중요해졌다. 그리고 우리는 에이즈와 높은 10대 임신율, 그리고 극도로 높은 이혼율로 몸살을 앓는 냉소적인 사회에 남겨졌다.

성 아우구스티누스와 그레고리오 교황은 진화심리학자가 아니었다. 진화에 대한 이들의 지식은 아담과 이브의 이야기에 머물러 있었다. 이들은 색욕에 대해 성적 쾌락을 위해 미쳐 날뛰는 욕망이라고 보았다. 이들은 성적 동기는 인간의 다른 동기와 다른, 꽤나 독특한 동기라는 사실을 몰랐다. 또 다른 동물들과 마찬가지로 인간도 종의 생존을 위한 욕망을 가장 중시한다는 점을 간과했다. 인간의 진화는 특히나 생식적인 욕구와 관련됐을 때 적극적으로 나타난다. 진화론적 관점에서 성적 금욕은 종의 생존에 맞지 않는다. 초기의 성직자들은 진화와의 이길 수 없는 싸움을 택했던 셈이다.

우리는 모두 지옥불과 지옥살이에 대한 교회의 위협에도 불구하고 성적 충동에 따라 행동하려는 의욕을 가지고 움직인 이들의 후예다. 조지 버나드 쇼는 "왜 교황에게서 성에 대한 조언을 얻어야 하지? 교황이 성에 대해 알고 있다면, 그래서는 안 되는 거잖아!"라고 말했다.

생물은 유전적 각인에 따라 움직인다. 그래서 우리는 '본능'이라는 이름하에 많은 일을 한다. 그중 '번식'이라는 강력한 본능은 우리가 생각하고 느끼고 행동하는 방식에 흔적을 남겼다. 대부분의 사람들은 자신의 성욕이 무의식적인 행동에 어떻게 영향을 미치는지 깨닫지 못하지만, 어떤 방식으로든 성욕을 활발히 표현하는 사람들은 그렇지 않은 사람들보다 더 빨리, 왕성하게 번식한다.

성적 모험은 인간의 본성 중에서도 아주 강력한 부분이다. 따라서 성직자의 엄청난 경고에도 불구하고 전혀 통제되지 못했다.

2장

욕망의 모순

욕망은 인간의 가장 핵심적인 본질이다.

바뤼흐 스피노자

남자의 욕망은 여자를 향하지만
여자의 욕망은 남자의 욕망을 향한다.

마담 드 스탈

우리는 언제나 금지된 것들을 갈망하고
우리에게 허용되지 않은 것들을 욕망한다.

프랑소아 드 라블레

모든 성취의 시작점은 욕망이다

나폴레온 힐

이야기꾼인 이솝Aesop은 이렇게 말한 바 있다. "욕망에 대한 정의는 다양하다. 우리의 열정을 언급하기도 하고, 물과 불이 나오기도 한다. 열정은 훌륭한 신하이지만 악독한 주인이기도 하다." 욕망에 관해 이해하는 것에 어려움을 느낀 것은 이솝뿐이 아니었다. 이솝이 묘사한 내용은 많은 사람들이 내가 앞서 제시했던 질문들에 대한 답을 찾으려 할 때 경험하는 것들과 같다. 내 클라이언트 가운데 한 명은 이렇게 대답했다.

"저에게 성욕은 금단의 열매를 찾는 것과 같아요. 저는 언제나 금지된 것들을 바라고 제게 허용되지 않은 것들을 욕망하죠. 제 이성을 지배하는 것은 동물적인 본능이에요. 제 인생을 정의내릴 때 이런 욕망은 매우 중요해요."

또 다른 이는 이렇게 썼다.

"내게 성욕은 시와 같다. 내 안에 그 모든 기이하고도 저항할 수 없는 판타지들을 품고 있다는 의미다. 내가 귀 기울여야만 하는 강제적인 힘이 내 안에 살고 있다. 나는 그 욕망 때문에 아침에 일어나는 것인지도 모른다. 내 인생과 내가 해온 일들을 되돌아볼 때 지금 내 모습을 만들어낸 것은 다름 아닌 '욕망'이다."

한 경영자는 더 어두운 관점을 지니고 있었다.

"저는 욕망을 마주할 때마다 비극이 일어날 것만 같아요. 제가 통제력을 잃었던 순간들이 있었거든요. 솔직히 말하자면 제가 살면서 저질렀던 실수들은 욕망의 결과였어요. 예를 들어 저는 여러 번 결혼했죠. 그럴 가치가 있었을까요? 이제 와서 의구심이 들어요. 불행히도 저는, 제가 원하는 것을 얻는 게 아니라 제가 원했던 것을 얻었다는 것을 자주 깨달았어요."

나는 그의 말을 들으며 로빈 윌리엄스Robin Williams의 농담을 떠올렸다. "신은 우리에게 성기와 뇌를 주셨다. 그러나 피는 한 번에 하나만 쓸 수 있을 만큼만 주셨다."

욕망의 진화적인 기원은 앞에서도 여러 번 얘기했다. 지금부터는 결코 간과할 수 없는 욕망의 심리적인 요소를 살펴보겠다.

인간의 행동은 필연적으로 둘 모두의 산물일 수밖에 없다. 유전적 기반은 특정한 환경 및 문화적 맥락에서 밝혀진다. 역사적·발달적·문화적·상황적 요인은 욕망을 취하려는 형태에 영향을 미친다. 인간은 본능에 의해서만 움직이지 않는다. 마음 역시 성감대가 된다. 원칙적으로 모든 행동양식은 환경적인 힘에 의해 변할 수 있다. 다른 동물에 비해 인간의 임신기간이 지루하도록 긴 것만 봐도 인간 행동은 본능과 교육 모두에 의해 형성됨을 알 수 있다.

이 장을 시작할 때 인용했던 프랑스계 스위스 작가인 마담 드 스탈 Madame de Stael의 말은 정곡을 찌른다. 인류의 역사가 시작된 이래 남자들은 매력적인 여자들과 섹스를 하고 싶어 한다. 그러나 여자들은 상대방이 자신에게 충분히 헌신할 것인지를 확인하고 싶어 한다. 이들의 문제는 '이 헌신의 정도를 어떻게 측정할 것인지'이다. 일부일처제는 매우 단순한 이유로 동물의 세계에선 드물다. 수컷 하나가 여러 상대와 섹스를 할 수 있고, 그럼으로써 유전자를 더 많이, 멀리 퍼트릴 수 있는데 오직 한 암컷에게 묶여 있는 것은 종의 생존에 이득이 되지 않기 때문이다. 이와 같은 이유로 인류학자 마거릿 미드_{Margaret Mead}는 "모성은 생물학적 사실이지만 부성은 사회적 발명품이다"라고 말했다.

원시시대의 여성들은 남성들과는 달리 섹스를 할 때마다 어마어마한 위험을 감수해야 했다. 아홉 달의 임신기간과 수유기간 등 섹스 후 일어날 수 있는 일들까지 고려해야 했기 때문이다. 생존과 생식, 적응에 관련한 문제까지 고려해볼 때 원시시대의 여성들은 특히나 짝을 고르는 데에 극도로 조심스러울 수밖에 없었다. 그 짝이 아이를 기르는 데 도움을 줄 것인지 확신해야만 섹스할 수 있었다.

이러한 맥락에서 약 4년에 이르는 인간의 유아기와 결혼생활의 지속기간 간의 상관관계를 눈여겨볼 필요가 있다. 전 세계적으로 이혼율은 4년마다 치솟는다. 이는 전통적으로 아이들을 연속 출산할 때의 기간과 관련 있다. 아마도 남녀 간의 호감은 최소한 아이 한 명을 유아기까지 양육할 정도는 지속되도록 계획되어 있었던 것 같다. 그래서 일반적으로 부부가 아이를 여럿 낳을수록 그 커플은 더 오래 함께 할 가능성이 높아진다. 물론 이러한 분석을 할 때는 경제력이 이혼율에 강력하게 영향을 미치는 요인이라는 점을 잊어서는 안 된다. 이혼 가능성은 한쪽이 다른 한쪽에 경제적으로 의존할수록 낮아진다.

본능 대 교육의 관점에서 봤을 때 DNA는 환경적 맥락에 의해 변화될 수 있다. 그러나 인간은 단순한 생리적 구조 이상의 존재다. 인간은 수없이 다양한 문화적 영향력의 지배를 받는데 이로 인해 욕망을 다양한 방법으로 표현하게 되었다. 성욕이 표현되는 방식 중 일부는 사회풍습과 긴밀히 연결되어 있기 때문에 다른 형식으로 표현되는 성욕은 의심을 받는다. 모든 개인의 성적 충동은 복잡한 혼합물이다. 신체적 반응에서 시작되면서도 머릿속으로는 상징적인 연상을 만들어낸다.

인간은 단순히 섹스라는 행위 그 이상을 욕망하는 존재다. 그 점에 있어서 인류는 나머지 동물의 세계와는 다르다. 동물과 같이 상대를 그저 성적 대상으로만 보고, 무심하고 쾌락적인 섹스를 추구하면 우리는 다른 사람들의 심리적 특성을 무시하고 생리적 기능의 관점에서만 바라보게 된다. 그러면 일시적인 희열을 얻을 수는 있으나 인간성이 말살되어버린다. 동물과 달리 인간의 성욕은 복잡하게 얽혀 있다. 세 가지 감정 체계, 즉 성적 감정, 애착행위, 그리고 사랑이 모두 연결되어 있기 때문이다.

우리는 생각 없는 유전자 생존 기계가 아니라 고도로 복잡한 감정에 종속되어 있는 개인이다. 따라서 성적 충동을 넘어선 기본적인 인간의 특성을 고려해야 한다. 인간에게는 사랑받고 싶고, 보살핌받고 싶고, 한 사람으로서 가치를 인정받고 싶은 욕구가 있다. 성욕은 친밀감과 보살핌, 마음을 씀, 그리고 헌신이라는 감정으로 탈바꿈할 수 있으며 이는 애착을 좀 더 오래 지속시켜주는 비결이 된다. 게다가 성적 매력이라는 감정과 친밀감, 그리고 사랑의 복합체는 그 커플의 자손이 생존하고 잘 자랄 수 있는 가능성을 증가시키는, '진화적 강점'을 지닌다. 다른 동물들과는 달리 인간은 걸어 다니는 역설이다. 우리는 섹스를 하도록 프로그램 되어 있으면서도 욕망이라는 모호한 대상을 추구한다.

이 세 가지 감정이 함께 찾아오는 사람을 찾는 것은 무척 어렵다. 오히려 세 가지 감정 사이에서 합선사고가 일어나 역효과를 내는 경우가 더 흔하다. 따라서 누군가에게 감정적으로 끌리면서도 다른 사람과 사랑에 빠지고 그러면서도 또 다른 누군가에게 성적으로 달아오르는 것이 가능해진다. 인간의 욕망은 매우 복잡하다. 따라서 성욕과 애착행동, 사랑이 진정으로 무엇을 의미하는지 알아낼 필요가 있다.

성애: 카펫 아래 숨은 뱀

런던 내셔널 갤러리National Gallery에 가면 르네상스 시대 산드로 보티첼리Sandro Botticelli의 걸작 '비너스와 마르스Venus and Mars'를 볼 수 있다. 보티첼리의 이 그림은 남성과 여성 간의 관계를 풍자적으로 그리고 있다. 비너스는 사랑과 조화의 여신이며 마르스는 전쟁과 불화의 신이다. 그림 속에서 잠들지 않고 초롱초롱한 비너스는 짧고 강렬하게 사랑을 나눈 후 잠자는 마르스를 유심히 바라보고 있다. 마르스는 성교를 한후 '죽은 듯이' 잠이 들었다. 그리고 사랑의 여신은 전쟁의 신을 정복해 우위를 점령했다. 무장해제 된 마르스는 깊은 잠에 빠졌고 힘을 완전히 빼앗겼다. 그리고 사랑의 힘에 지배당했다. 그러는 동안 짓궂은 사티로스(남자의 얼굴과 몸에 염소의 다리와 뿔을 지닌 숲의 신 – 옮긴이)가 마르스가 던져놓은 무기를 가지고 장난을 치고 있다. 이 역시 상징적이다.

이 유명한 그림은 '카펫 아래 숨은 뱀', 즉, 남성과 여성이 보내는 상충되는 신호를 묘사하고 있다. 육체적 욕구를 채운 마르스는 그저 잠이나 자고 싶을 뿐이다. 그러는 동안 비너스는 뭔가를 더 – 아마도 대화겠지 – 갈구한다. 보티첼리는 마르스의 머리 위에 말벌집을 그려 넣었다. 아마 이 관계에 심각하고도 고통스러운 갈등이 내제되어 있음을 상징하고 있는 부분이다. 이 그림은 마르스가 상징하는 폭력에 대해 비너스가 상징하는 '전 우주적 사랑'이 승리를 거둔 것이라고 해석될 수도 있지만 동시에 이 승리와 둘의 관계가 얼마나 지속될 지에 대한 의문을 일으킨다.

재미있게도 우리 모두는 섹스에 대해 항상 생각하면서도 그에 대한 말을 매우 아낀다. 가장 친한 친구들 사이에서조차 그냥 일반적인 이야기 외에 섹스에 대해 의견을 나누는 건 쉽지 않다. 성욕은 성행위와는 다르다는 점을 말하고 싶다. 성욕은 의지와는 상관없이 생식기가 흥분하는 신체적 반응과 연결될 수는 있다. 그러나 행동에 필수적으로 반영될 필요는 없는 심리적 경험이다.

프랑스 작가 빅토르 위고Victor Hugo는 "굴부터 독수리까지, 돼지부터 호랑이까지, 사람들 안에서 모든 동물들을 찾아볼 수 있다. 어떤 사람에게는 동물 한 마리가, 어떤 사람에게는 여러 마리가 존재하기도 한다. 동물들은 그저 우리 눈에 명확히 보이도록 만들어진 미덕과 악덕의 초상이자 우리 영혼의 시각적인 표현이다. 신은 생각할 거리를 주기 위해 우리에게 동물의 모습을 부여했다."고 썼다.

이 글을 보고 진화심리학자와 발달심리학자들은 동물과 사람 사이에는 실질적으로 매우 큰 차이가 있다고 말할 것이다. 그러나 인간의 성욕에 대해 다룬 논문 중 다수는 병적인 인간행동에 대한 연구와 동물에 관한 연구들에서 파생된 것이다. 영장류와 다른 동물들의 짝짓기 행위는 학자들에게 풍부한 영감을 줬다. 일부 생물학자들은 행동연구는 심리학자들에게 넘기기에 너무 중요한 분야라고 믿으면서도 동물 관찰을 바탕으로 인간에 대해 추론하는 것이 과연 현실적인지 의문을 가진다.

우리가 동물의 성에 대해 아는 바를 인간의 경험에 적용하는 것은 주제 넘는 짓이다. 인간의 성행위는 다른 동물보다 훨씬 복잡하다. 신경학적 관점에서 이를 강력하게 뒷받침하는 것은 인간의 대뇌피질(기억, 집중, 자각적 인식, 사고, 언어, 의식을 관장하는 중추역할을 하는 뇌 부위)이 고도로 발달되어 있다는 사실이다. 이는 성적 상호작용이 관계에 영향을 미친다는 의미다. 또한 동물들은 성적인 판타지를 통해 스스로 성욕을 자극한다는 증거가 없다. 반면에 호모사피엔스는 성적으로 자극받기 위해 또 다른 누군가를 꼭 필요로 하지 않는다. 영화배우 소피아 로렌 Sophia Loren은 "섹스어필이란 당신이 가진 것 반, 사람들이 생각하길 당신이 가졌다고 하는 것 반이다."라고 말하기도 했다.

우리는 '성적 욕망'이라는 용어를 두고 설왕설래할 때 똑같은 대상을 두고 이야기하는 것이라고 가정한다. 그러나 여기에서 욕망의 정의는 매우 다양하다. 신경학적 관점에서 보면 성욕은 자연스러운 성적 흥미로서 경험하게 되는 신경내분비적 메커니즘의 결과로 볼 수 있다. 내 관점에서 성욕이란 두 사람 간의 강한 화학반응으로, 서로에게 가지는 음탕하면서도 성적으로 열정적인 감정을 의미한다. 성욕은 흔히 성적인 생각, 감정, 판타지 또는 꿈, 가까운 누군가에 대한 성적인 끌림의 강화, (혼자 혹은 상대방과의)성적 행동 추구, 그리고 성기 민감도의 증가 등으로 구체화된다.

성 과학자 버지니아 존슨Virginia Johnson은 '성 반응 주기Human sexual response cycle'이라는 개념을 소개했다. 성 반응 주기란 사람이 성적으로 흥분하고 성관계나 자위 같은 성적으로 자극되는 행위에 참여했을 때 일어나는 신체적이고 정서적인 변화의 순서를 의미한다. 그녀는 생리학적 반응단계를 묘사하고 이에 흥분기, 고조기, 절정기, 쇠퇴기라고 이름 붙였다. 성욕은 이러한 분류에서 빠져 있었다. 따라서 또 다른 성 연구가 헬렌 싱어 캐플란Helen Singer Kaplan은 가장 앞에 '성적 욕망'이라는 단계를 덧붙여 이 주기를 확장시켰다. 그러나 애착 행동과 사랑에 관해 우리가 알고 있는 바에 의하면 여성의 성적 반응은 이러한 선형 모델에 딱 들어맞지 않는다. 오히려 좀 더 간접적이고 친밀감에 근거한 성 반응 주기가 현실적이다. 혹은 여러 단계가 다양한 순서로 중첩되어 나타나기도 한다.

이쯤에서 욕망을 경험하는 것이 섹스의 전조증상이라기 보다는 섹스 후에 덧붙여지는 것은 아닌지 궁금해진다. 성적 흥분은 반드시 자각할 수 있는 것은 아니며 의식하지 못하는 사이에 일어나는 경우가 훨씬 많다. 뇌가 인지하는 욕망의 감각은 그 전에 이미 다른 육체적 또는 무의식적 자극에 의해 일어난 욕망일 수도 있다. 다양한 연구들에 따르면 신체의 모든 운동계는 성적 이미지에 노출되자마자 거의 즉각적으로 활성화된다. 사실 신체는 마음속으로 음란한 이미지를 떠올리기도 전에 이미 섹스할 준비가 되어 있을 수도 있다.

일부 성과학자들은 성욕을 선천적인 동기적 욕구(종의 생존이라는 생물학적 기능을 뒷받침하는 충동)로 보는 매우 기계적인 관점을 가졌다. 그러나 대부분의 사람들은 심리적 요인이 이러한 신경학적이고 생물학적인 메커니즘에 영향을 미친다고 믿는다. 섹스에 대한 욕구는 복잡한 정신생물학적인 과정이다. 따라서 성적 충동은 정신적·신체적 질환, 나이, 슬픔과 같은 요소에 의해 감소할 수 있다. 호르몬과 생리주기, 임신, 갱년기, 약물 역시 충동의 활성화와 감소에 영향을 미친다. 게다가 사랑받고 싶은 욕망이나 스스로가 남자답다거나 여자답다고 느끼고 싶은 욕망, 또는 상대방을 기쁘게 해주고 싶은 욕망 등에 의해 인지적 부분이 영향을 받게 된다.

초기 성직자들의 경고처럼, 인간의 성은 금기에 의해 제한받는다는 점에서도 동물의 성과는 다르다. 젊은 시절부터 우리는 성에 대한 수많은 행동규칙을 주입받는다. 이러한 금기들이 여러 행동을 제한하지만 성적 충동은 조금 다르다. 판타지는 인간이 행동하는 데에 매우 중요한 역할을 한다. 따라서 성에 대한 경고는 긍정적인 측면을 가지기도 한다. 금기를 깬다는 흥분에 의해 욕망이 활성화될 수 있기 때문이다. 섹스가 지닌 매력의 일부는 그 위험성에서 나온다. 영화감독 멜 브룩스

Mel Brooks는 "나는 어렸을 적부터 섹스는 추잡하고 금지된 것이라고 배웠다. 그리고 나는 섹스가 그래야만 한다고 생각했다. 그런데 섹스는 추잡하고 금기시될수록 더욱 흥미롭다."라고 말했다. 금기의 영역에 들어선다는 것은 언제나 매력적이다. 수녀와 신부가 섹스를 한다는 그 유명한 포르노 문학은 사람들이 어디에 흥분하는지를 보여준다.

욕망은 금기를 이긴다. 실제로 성욕은 자기 자신과 싸워야만 하는 인간의 문제인 경우가 많다.

신선함의 역할: 쿨리지 효과

성적 욕망을 구성하는 중요한 요인 중 하나는 '신선함'이다. 많은 연구들이 인간의 성행동에서 '쿨리지 효과Coolidge Efffect'가 맡는 중요한 역할을 짚어냈다. 농장을 방문한 미국의 캘빈 쿨리지Calvin Coolidge 대통령과 그의 아내에 대한 유명한 이야기가 있다. (출처가 다소 불분명하긴 하다.) 농장에서 이 둘은 각자 따로 안내를 받았다. 쿨리지 영부인이 동물 우리 곁을 지나다가 수탉 한 마리가 여러 암탉 가운데 한 마리와 분주하게 짝짓기 하는 모습을 보며 관리인에게 물었다.

"우리 안에 있는 저 많은 암탉을 상대하는 데에 수탉 한 마리로 충분한가요?"

"네, 저 수탉은 정말 제 몫을 합니다. 아주 열심히 일하죠."

"정말인가요? 이걸 매일 한다고요?"

"아, 그럼요. 사실 하루에 열두 번도 합니다."

"정말 흥미롭네요. 그 얘길 대통령에게도 전해주시겠어요?"

얼마 후 대통령이 똑같은 닭 우리를 지나면서 그 수탉에 대한 이야기를 들었다. 물론 영부인의 말도 함께 듣게 됐다.

"매번 같은 암탉인가요?" 대통령이 물었다.

"아, 아닙니다. 매번 다른 암탉이죠."

"그럼 그 얘길 영부인에게 전해주시오."

쿨리지 대통령이 미소를 띠며 대답했다.

성적 욕망은 연인 관계의 초기에 꽤 많은 행동의 동기가 되어준다. 그러나 대부분의 연구에 따르면 동일한 사람을 두고 그토록 강렬한 수준의 성욕이 유지되기는 어렵다.

우리는 첫 눈에 반한다는 것을 쉽게 이해한다. 그러나 두 사람이 서로를 평생토록 바라본다는 것이 좀 더 기적에 가깝다. 연인 관계가 시작될 때 모든 것은 새롭고 흥미롭다. 이때는 서로의 몸을 탐색하는 시간이자 열정의 시간이다. 우리의 성적 충동은 불타오른다. 그러나 신나는 정복의 시기는 금세 끝이 나버리고 얼마 후 일상이 되어버린다. 얄궂게도 우리가 언제든 섹스를 할 수 있다는 것을 알게 될 때 섹스를 덜하게 된다는 뜻이다.

한 코미디언은 이렇게 말했다. "아내가 '당신은 오직 한 가지만 생각하는 군요!'라고 말했는데 그 한 가지가 무엇인지 기억나지 않을 때, 그때부터 당신의 결혼이 꼬이기 시작하는 것이다."

애착 행동

코미디언 스티브 마틴Steve Martin은 "이봐, 섹스를 하지 마. 그 다음에는 키스도 해야 하고 그 다음엔 대화를 나누기 시작해야 된다고."라고 말했다. 이는 보티첼리의 '비너스와 마르스'에 맞는 훌륭한 설명이 될 것이다. 섹스 자체로는 충분치 않다. 여성을 만족시키기 위해 남성은 더 많은 일을 해야 한다.

앞서 말했듯 성은 다른 동물들보다 인간에게 훨씬 복잡한 문제다. 애착이론은 욕망이라는 맥락에서 성행동을 재정의했고, 남녀 간의 심리적 역학관계에 대한 유용한 사실을 보여줬다. 보통 섹스는 연인관계의 핵심이다. 그러나 섹스에 심취하는 초기단계가 지나면 달라진다. 많은 커플들에게 섹스는 그저 어른스러운 친밀감 표현의 일부분이 될뿐이다. 그러나 섹스와 애착은 흥미로운 관계를 지닌다. 많은 사람들은 그들에게 필요한 유대감을 만들어 내거나 대체하기 위해 섹스를 이용한다. 영화배우 메이 웨스트Mae West는 "섹스란 움직이는 감정"이라고 말하기도 했다. 나는 여러 클라이언트들을 만나면서 그들이 화려한 섹스를 즐기면서도 깊고 지속적인 관계, 더 많은 친밀감과 헌신을 갈망하는 모습을 봤다.

많은 사람들이 그저 욕구를 충족시키기 위해 섹스를 한다. 한 여성은 이렇게 털어놓기도 했다. "이제 나는 내가 질을 악수 대신 쓰고 있다는 걸 깨달았어요!" 가끔 섹스 행위는 다른 방식으로 이뤄지는 대화로 해석될 수도 있다. 그러면서 우리는 애착에 대한 의문을 품기도 한다.

다음과 같은 힌두교 격언이 있다. "다양한 팔다리와 장기로 이뤄진 몸처럼, 모든 도덕적 존재들은 존재하기 위해 서로에게 의지해야 한다." 자립적인 인간이라는 개념은 환상에 불가하다. 완전한 자급자족은 지나치게 단순화된 판타지다. 좀 더 정확히 이야기하자면 절대 진실이 아니다. 사회적 접촉이 없다면 신체적·심리적으로 무너지게 된다. 완전히 고립됐을 때 우리의 건강은 악화될 뿐이다. 우리의 진화적이고 심리적인 기원을 고려해보자면 외롭고 자립적인 카우보이가 말을 타고 석양을 향해 끝없이 달려가는 모습은 반反 의존에 대한 판타지 정도가 아니라 완연한 일탈이라 할 수 있다. 우리는 다른 사람과 연결되어 있기 때문에 지금의 모습이 될 수 있다. 그래서 인간을 '사회적 동물'이라 부른다. 타인에게 의지하고, 누군가와 연결되고자 하는 욕망의 근원에는 '애착의 욕구'가 있다. 이는 인간이 되기 위해 필연적으로 다른 사람에게 의존하도록 만든다.

영국의 정신분석가 존 볼비John Bowlby는 부모로부터 분리된 아기들이 경험하는 강렬한 괴로움을 연구하며 애착 행동이론을 구축했다. 볼비에 따르면 인생에서 우리를 움직이는 주요한 동인은 다른 사람과 유대감을 느끼는 것이다. 이러한 유대관계는 우리가 경험할 수 있는 유일한 안도감이다. 볼비는 애착 행동은 주요 양육자, 즉 지지하고 보호하며 돌봐주는 사람으로부터 분리되는 것에 대한(아기의 무능감과 연관된) '적응적 반응'이라고 주장했다.

볼비는 아기들을 관찰하여 부모로부터 분리되지 않기 위해, 또는 잃어버린 부모와 다시 가까운 관계를 회복하기 위해 믿기 어려울 정도로 노력한다는 것을 알게 됐다. 애착 대상에 쉽게 다가갈 수 있는 경우 아이는 안정감을 느끼면서 주위 환경을 탐색하고 다른 아이들과 놀며 사람들과 쉽게 어울렸다. 그러나 애착 대상에게 의존하기 어려울 경우 아이는 불안감을 느끼고 그 애착 대상과 충분한 육체적 또는 심리적 근접성을 유지하기 위해 엄청난 노력을 쏟았다. 아이는 그러한 유대감을 쌓는 것에 실패했을 때 좌절감과 우울함을 경험했다.

볼비의 관찰은 친밀감을 유지하는 것이 종의 생존을 위해 필수적이라는 것을 증명했다. 엄마(양육자)와 아이 간에 존재하는 육체적인 친밀감의 욕구는 진화론적인 목표를 지닌다. 위험하고 예측 불가능한 세계에서 민감하게 반응하는 양육자는 아이의 생존을 책임진다. 초년기 양육자와의 경험은 이후 아이가 관계 맺기를 시작할 때 정신적이고 행동적인 각본을 형성하는 역할을 한다. 볼비는 주로 아이와 양육자 관계의 본질을 이해하는 것에 초점을 맞췄다. 그러면서도 그는 어린 아이부터 성인까지 그 애착의 패턴에는 연속성과 유사성이 있다고 믿었다.

미국의 발달심리학자인 메리 에인스워스Mary Ainsworth는 볼비의 애착이론을 바탕으로 '낯선 상황strange situation' 개념을 소개했다. 12개월에서 18개월 사이의 어린아이들이 잠시 동안 혼자 남겨진 후 다시 엄마와 만나게 하는 실험이 진행됐다. 에인스워스는 애착안정성의 정도에 따라 기본 애착유형을 세 가지로 구분했다.

첫 번째 유형은 양육자와 안정적인 애착관계를 형성하고 있는 아이들이었다. 아이들은 낯선 이와 함께 혼자 남겨졌을 때 어느 정도 슬프다는 신호를 보냈지만 엄마가 돌아오면 엄마에게 잠시 동안 안겨 있다가 다시 제자리로 돌아와 탐색과 놀이를 계속했다. 이 아이들은 자신들의 욕구에 민감하고 세심하게 반응하는 엄마가 있었기에 애착안정성을 형성할 수 있었다.

아이들 가운데 40퍼센트에 해당하는 두 번째 유형은 상대적으로 애착이 불안정했다. 이 아이들은 엄마와 분리됐을 때 상당한 불안감을 보였다. 여기에서 에인스워스는 흥미로운 패턴을 발견했다. 엄마가 돌아왔을 때 아이들은 엄마에게 다가오다가 밀쳐내는 것이었다. 아이들의 양가적인 태도에 대해 에인스워스는 엄마들이 아이들을 변덕스럽고 예측불가능하게 돌봐왔기 때문이라고 설명했다. 엄마들은 일정하게 아이를 돌보지 않은 반면에 만나면 매우 애정이 넘쳤다. 이러한 일관성 없는 관계는 이 아이들이 양육자의 이용가능성_{availability}에 대해 불안해하느라 세상을 탐색할 수 있을 만큼 안정성을 느끼지 못하게 만드는 결과를 낳았다.

세 번째 유형은 '회피애착'이었다. 이들은 분리된 시간 동안 불안해 보이지 않으며 엄마를 다시 만나도 아는 척하지 않았다. 이 아이들은 양육자와의 그 어떤 애착도 부정하는 것처럼 보였지만 내면적으로는 생리적인 흥분 상태였다. 아이들은 불안을 감추고 있는 것이었다. 에인스워스는 이러한 아이들은 모든 친밀한 신체적 접촉을 거부하는 양육자들에 의해 키워지는 경우가 많다는 것에 주목했다.

이 세 가지 애착유형은 오랜 시간에 걸쳐 내면화되면서 '자기충족예언'이 된다. 즉, 애착유형은 훗날 성인이 되어 맺는 관계들에 영향을 미친다. 우리가 연애 상대를 선택하는 기준, 연애 관계에서 행동하는 성향, 인간관계 맺기에 있어서의 안정성 등에는 모두 유년기의 애착경험이 부분적으로 반영되어 있다.

유년기 애착유형을 바탕으로 우리는 성인들의 관계 맺기를 유추해 볼 수 있다. 안정적인 관계를 맺을 줄 아는 이들은 상대방에게 기대고 또 상대방이 자신에게 기대는 것에 대한 각오가 되어 있다. 반면 관계에 있어 불안정하고 불안한 이들은 다른 사람들이 자신을 완전히 사랑할 수 없을 거라고 걱정한다. 그리고 애착욕구가 제대로 채워지지 않았을 때 쉽게 좌절하거나 분노한다. 어떤 사람들은 회피를 선호한다. 친밀한 관계에 대해 그다지 신경 쓰지 않으면서 자신이 다른 사람에게 의존하거나 다른 사람이 자신에게 의존하지 않는 것을 반긴다.

엄마와 아이 간의 접촉은 관계의 기본 모델이 된다. 그러나 발달적 관점에서 볼 때 이 양방향 관계는 엄마, 아빠, 아이로 구성되는 삼각관계와 관련 있다. 이 삼각형이 가족 내에서 그려지는 모양, 즉 아이들이 한 명 혹은 두 명의 부모와 연결된 방식이 성인이 되어 연애 애착을 형성하는 방식에 영향을 미친다. 이 삼각관계는 병적인 관계 구조의 기반이 되기도 하며, 여기에서 서로를 대하는 부적절한 방식이 있었다면 어른이 되어서도 반복된다. 때문에 유년시절 부모와의 삼각관계는 훗날 연인 간 갈등을 부추기는 주요 원인이 될 수 있다.

조지 버나드 쇼는 이렇게 말했다. "그 집안의 사연을 없앨 수 없다면 차라리 적극적으로 보여주는 게 낫다." 어느 집안에나 사연은 있는 법이고, 각 집안의 사연에는 희망과 절망이 동시에 담겨 있기 마련이다.

사랑이랑 무슨 상관이지?

사랑과 욕망은 무슨 관계일까? 사람들은 욕망과 섹스, 사랑이란 용어를 호환해 사용하면서 쉽게 혼동한다. 많은 사람들이 섹스와 사랑을 동일시한다. 앞서 이야기한대로 섹스로 사람을 끌어당길 수는 있지만, 육체적 매력만으로 관계를 오랜 기간 유지할 수는 없다. 섹스는 육체적인 친밀감을 포함하지만 여기에는 정서적 깊이가 없다. 사랑은 욕망의 성적 요소와 애착 요소 간의 결합이다.

많은 사람들이 사랑에 대해 이야기해왔다. 시인 로버트 프로스트 Robert Frost는 사랑의 강제적이고도 저돌적인 측면에 대해 "사랑은 저항할 수 없는 욕망의 대상이 되고자 하는 저항할 수 없는 욕망이다."라고 묘사했다. 우리는 마음의 혼란이나 병에 사랑을 연결 짓기도 하며, 사랑에 빠질 때면 망상마저 이성적이라고 받아들인다. 수학자이자 철학자인 블레즈 파스칼Blaise Pascal은 "사랑에는 이유가 있다. 그러나 그 이유는 아무도 알 수 없다."라고 말했다. 프랜시스 베이컨Francis Bacon은 "사랑하면서 현명해지는 것은 불가능하다."라고 말하기도 했다. 사랑은 우리가 예전에는 결코 하지 않을 미친 짓을 하게 만든다. 심지어 스스로 분별력을 잃게 만들기도 한다. 사랑은 우리의 "마음을 홀리게" 만들거나 "머리를 한 대 얻어맞은 듯, 눈이 멀게" 만들기도 한다. 그리고 "바보처럼 행동하게" 한다. 사랑은 우리를 마음의 안식처로부터 강제로 끌어낸다. 그래서 로마의 시인 오비드Ovid가 경고했듯 "겁쟁이들은 할 수 없는 일"이다. 저널리스트이자 사회비평가인 헨리 루이스 멩켄

Henry Louis Mencken은 사랑에 대해 좀 더 냉소적인 시각을 보이면서 "사랑은 지성과 싸운 상상력의 승리"라고 묘사했다. 영화감독 우디 앨런 Woody Allen은 사랑과 섹스 간의 관계에 대해 이렇게 우려했다. "사랑은 답이다. 하지만 당신이 그 답을 기다리는 동안 섹스는 꽤나 좋은 질문들을 던져준다." 그의 영화는 우리가 사랑에 빠질 준비가 됐는지 이성적으로 따져보는 와중에 누군가와의 잠자리에 푹 빠지게 되는 모습을 담는다. 이는 초기 성직자들이 사랑에 대해 이야기할 때 의미했던 것과는 다르다. 성직자들은 현세가 아닌 내세의 사랑에 더 관심을 가졌고 현세의 사랑에 반대했다. 이들은 욕정에 빠진 사람과 사랑에 빠진 사람 간의 차이를 구별해내지 못했다. 성직자들의 독신주의에서 비롯된 당연한 결과였다.

욕정에 찬 사람은 강렬한 성욕을 경험한다. 그리고 사랑에 빠진 사람이 단 한 명의 특별한 사람을 향해 강렬한 성욕을 가지는 반면에 욕정에 빠진 사람은 여러 사람과 무분별하게 성욕을 충족한다. 사람들은 자기가 사랑에 빠졌는지는 확신하지 못해도 섹스를 하고 싶은지 여부는 잘 안다. 어떤 사람들은 섹스가 너무나 강렬하고 저돌적인 충동이기 때문에 우리는 여기에 사랑이라는 이름을 붙이고 통제하려 한다고도 주장한다. 냉소적인 이들은 섹스를 '사랑'이라고 부르는 것은 우리의 기본적인 생물적 욕구를 포장하는 훌륭한 방법이라고 말한다.

사랑에 빠졌을 때 섹스는 상대방과 커뮤니케이션하고 우리의 기분을 표현하는 매우 친밀한 방식이 된다. 섹스는 우리가 온화함과 다정함, 분노와 슬픔, 우월함과 의존성을 표현할 수 있는 보디랭귀지다.

보디랭귀지는 일상적이고 가끔은 어설플 수밖에 없는 내용을 말보다 훨씬 더 간단명료하게 표현할 수 있게 해준다. 사랑에 빠졌을 때 섹스는 그저 단순한 쾌락의 행위가 아니다. 섹스는 유대감을 쌓는 방법이 된다.

이 모든 고찰들은 인간의 성적 친밀감이 단순히 신체적이지 않다는 것을 보여준다. 성적인 관계는 우리가 스스로의 몸을 드러내고 상대방을 육체적인 방식으로 발견할 수 있도록 도와주는 동시에 우리의 성격을 드러내게 만든다. 어떤 여성은 성적이지 않은 이유로 섹스를 한다. 이러한 여성들은 어떤 남자를 붙잡고 싶기 때문에 그 남자가 원하는 것은 무엇이든 한다. 남자를 소유하고 싶은 것이다. 그러나 이는 정서적인 애착 때문에 상처받을 수 있다는 점을 간과한 행동이다. 남성은 섹스를 통해 정서적인 애착을 형성하지 않는다. 어떤 여성들은 섹스가 다른 사람과 애착을 형성할 수 있는 가장 확실한 방식이라고 생각할지 모르지만 결국 잔인한 깨달음을 얻을 수도 있다. 배우 샤론 스톤Sharon Stone은 이에 대해 "여성들은 가짜로 오르가즘을 꾸며낼 수 있다. 하지만 남자들은 연인 관계 자체를 가짜로 만들어낼 수 있다."라고 말했다. 또는 이런 식의 주제에 대해 꽤나 전문가라 할 수 있는 우디 앨런은 "사랑 없는 섹스는 공허한 경험이다. 그러나 공허한 만큼 꽤나 좋은 경험이 된다."라고 말했다.

서로를 발견하고 싶은 욕구는 사랑과 섹스를 구분하기 어렵도록 만든다. 프랑스 작가 프랑수아 드 라 로슈푸코Francois de la Rochefoucauld는 "사랑에 대한 똑 떨어지는 정의를 내리는 것은 매우 어렵다. 사랑에 대해 우리가 말할 수 있는 최선은 바로 이것이다. 영혼에 있어서 사랑은 지배하고 싶은 욕망이다. 정신에 있어서는 연민이다. 육체에 있어서 사랑은 수없이 신비로운 과정을 거쳐 사랑하는 존재를 소유하고 싶은 은밀하고 미묘한 욕망이다." 생리적 측면은 차치하고, 성적인 열정은 두 성 모두에게 주로 권력과 지배와 전유專有의 감정이다. 이는 "내 것"이라는 단어가 두드러지는 마음 상태다.

사랑은 친밀감과 진정한 감사, 배려의 느낌을 수반한다. 그리고 애착행동은 열정적인 사랑이 무엇인지 우리가 이해할 수 있도록 도와준다. 열정적인 사랑은 우리와 교감하고 우리의 애착공포를 경감시켜줄 누군가를 찾았을 때 가능하다. 우리는 애착과 유대감이 형성됐을 때 사랑에 빠진다. 그리고 그 유대감을 유지시키면서 사랑 안에 머문다. 물론 사랑의 경험은 모든 이에게 똑같지 않다. 누군가에게 사랑은 망상이며 결핍이다. 누군가에게는 감정 싸움이다. 그리고 누군가에게는 상대방을 돌봐주고 싶은 욕망이다. "사랑은 그저 종의 영속성을 획득하기 위해 우리를 가지고 노는 더러운 속임수다."라고 말한 서머셋 몸 Somerset Maugham처럼 냉소적인 사람들은 사랑에 대해 순전히 기능적인 관점을 취할 수도 있다.

낭만적인 사랑

우리는 사랑을 다양한 형태로 구분 짓는다. 자기 자신에 대한 사랑,

부모의 사랑, 가족의 사랑, 자식의 사랑, 부부의 사랑, 종교적 사랑, 동물에 대한 사랑, 인류에 대한 사랑, 그리고 낭만적인 사랑까지 말이다.

많은 문화가 그중에서도 '낭만적인 사랑'을 찬양한다. 예술과 문학은 아주 오래 전부터 낭만적인 사랑의 예로 가득 차 있었다. 구약성서라는 그 장대한 문학에서 이례적으로 '솔로몬의 노래' 또는 '노래 중 노래'라는 뜻의 아가雅歌는 신랑과 신부 간의 대화로 구성돼 상호간의 낭만적이고 성적인 매력을 표현한다. 오비디우스Ovidius의 〈사랑의 기술 Amores〉, 산스크리트 시인인 칼리다사Kalidasa의 〈샤쿤탈라The Recognition of Shakintala〉, 이슬람 시인인 오마르 하이얌Omar Khayyam의 〈루바이야트Rubaiyat〉, 그리고 중세 낭만적인 사랑의 최고봉으로 알려진 엘로이즈Heloise와 아벨라르Abelard의 유명한 편지 등이 뒤를 잇는다. 그런데 낭만적인 사랑에 대한 이러한 묘사들은 그저 빙산의 일각에 불과하다.

욕망과 낭만적인 사랑을 구분하는 기준은 초기의 마음가짐일 것이다. 적어도 낭만적인 사랑은 초기에 육체적 쾌락보다 감정에 더 중점을 둔다. 낭만적 사랑을 바라보는 또 다른 관점은 이를 예술의 탈을 쓴 섹스라고 보는 것이다. 즉 성적 충동을 억제하거나 승화하는 것, 심지어는 초월하는 것이 낭만적인 사랑에서 중요한 역할을 한다는 것이다.

낭만적인 사랑은 매우 특별한 마음의 상태다. 서구사회에서 낭만적인 사랑은 12세기 음유시인들에 의해 인정받게 되었다. 프랑스 프로방스 지역에서 활동하던 그들은 문학과 편지 등으로 사랑을 아름답게 표현했다. '관계에 있어서 동등한 역할을 하는 두 사람 간의 자연스러운 끌림'을 의미하는 낭만적인 사랑은 그 전까지 그다지 큰 관심을 받지 못했다. 대부분의 관계는 좀 더 비즈니스에 가까웠다. 결혼은 결합을 주도하는 교회나 집안의 일이었다. 사랑은 그 과정에서 있는 듯 없는 듯한 그저 미미한 역할을 했다. 여성들은 이 문제에 대해 거의 아무 말도 하지 못했다. 일반적으로 결혼은 부와 지위, 권력, 그리고 재산이 보장된 남성들에 의해 진행되었기 때문이다. 그러나 12세기부터 관계에 대한 관점이 바뀌기 시작했고 사랑에 빠진다는 개념이 형성됐다. 르네상스 시대에 들어서야 사랑은 인정받는 인간관계의 일부가 됐다. 그리고 〈로미오와 줄리엣Romeo and Juliet〉에서 그랬듯 사랑의 복잡성이 좀 더 관심을 받게 됐다.

깊은 우정을 비롯해 순결하고 열정적인 사랑의 형태를 의미하는 정신적인Platonic 사랑과 낭만적인 사랑의 개념은 매우 밀접하게 연결되어 있다. 낭만적인 사랑은 성애를 모두 포기함으로써 정신적인 사랑으로 변신할 수 있기도 하다. 19세기 와서는 낭만문학 중 다수가 정신적인 사랑의 비가悲歌와 같았다. 주인공들은 자신들의 판타지에 대해 수없이 이야기하면서 육체적 욕망은 완전히 제쳐두거나 묻어버렸다. 사랑은 육체적 열정보다는 영혼의 고뇌가 되는 경우가 잦았다. 이 역시 성 아우구스티누스의 유령이 저지르는 짓인가? 그는 "사랑은 당신 안에서 자라고 아름다움 역시 마찬가지다. 사랑이란 영혼의 아름다움이다."라고 쓴 바 있다.

이러한 일기와 편지, 소설들을 읽으면 놀라운 이상주의가 눈에 들어온다. 구애의 춤을 추는 주인공들이 서로를 비현실적인 무대에 세운다.

그리고 이러한 열병에는 의도적인 무분별함이 수반된다. 그렇게 해서 낭만적인 사랑은 두 명의 복사服事가 있는 종교가 되어 버린다. 그리고 나와 상대방 간의 구분이 사라져버린 마음의 상태가 된다. 그 과정에서 사랑에 빠진 커플은 너무나 굳건하게 합체되어버리고, 종국에는 그 둘을 구분하는 것이 어려워진다. 이러한 식의 강렬하고도 친밀한 낭만적인 사랑에 대해 임상적으로는 '유년기 어머니와 아이 간의 관계가 성인 연인 간 관계에서 되살아나는 경험'이라고 본다. 매우 원시적인 관계의 부활이기도 하다. 이는 연인들이 서로에게 이야기하고 만지는 방식에서 드러난다. '아기 새, 귀염둥이, 허니, 강아지, 예쁜이' 같은 호칭들 말이다. 이러한 애칭은 어머니들이 어릴 적 우리를 다루던 방식이다.

낭만적인 사랑 속 커플들은 오래 전 잃었던, 그러나 우리가 늘 갈망하는 어릴 적 어머니와 나의 관계를 현실에 부활시키는 것처럼 보인다. 낭만적 사랑은 정말로 '지성에 대한 상상력의 승리'일까? 이 질문에 조지 버나드 쇼는 다음과 같이 답했을 수도 있다. "사랑은 한 사람과 그 외 모든 사람 간의 차이를 심하게 과장하는 것이다."

그러나 낭만적인 사랑은 정신적인 회복과 재결합 이상의 존재며 우리는 성애를 배제한 측면에 속아 넘어가서는 안 된다. 성적인 요소가 보이지 않을 수 있으나 육체적인 측면은 그저 깊이 감춰져 있을 뿐이다. 성적으로 억제하고 얻기 어려운 것을 추구하면서 낭만적인 사랑은 더욱 불붙는다. 엄마와 아이 간 애착 유형의 부활과는 별개로 낭만적 사랑은 해당 당사자가 육체적으로 매우 각성되어 있을 때만 꽃필 수 있다.

성적 욕구와 애착 욕구의 결합

낭만적인 사랑의 단기적이고 찰나적인 속성은 애정과 성욕의 결합이며, 성적인 욕망이 제한되는 동안에나 지속되는 절충적인 형태다. 이는 첫날밤을 치르는 것이 궁극적인 목표인 결혼의 서곡과도 같다. 그러나 일단 섹스를 하고 나면 낭만적인 사랑은 사라진다. 섹스 후의 현실은 꿈같은 세상을 저 멀리 거칠게 밀쳐낸다. 자녀, 대출, 빨래, 장보기, 요리하기, 그리고 쓰레기 버리기까지. 낭만적인 사랑은 현실을 이겨낼 수 없다. 현실이 이기고 난 후 연인들이 상대방을 위해 마련해놨던 무대는 불안정해진다. 음악은 끝나고 마술은 사라진다. 그리고 사람들은 한때 이상형이었던 사람의 약점이나 숨어 있던 단점을 보게 된다.

비록 낭만적인 사랑이 우리에게 환멸을 안겨준다 해도 여전히 강력하다. 인생을 되돌아볼 때 우리가 '정말 살아 있었다'고 회고하는 순간은 사랑을 받는다고 느끼거나 사랑에 빠지는 순간들이다. 그 사람을 만난 장소, 그 사람과의 첫 키스, 그 사람을 처음 만진 순간을 절대 잊을 수 없다. 이러한 기억들은 너무나 강렬해서 생생히 떠오를 정도다.

낭만적인 사랑은 세상뿐 아니라 스스로를 변화시킬 수 있다. 사랑에 빠지는 것은 스스로에 대해 학습하는 아주 좋은 방법이다. 사랑에 빠지면 예전의 애착 패턴이 되살아나고, 그것을 극복하기 위해 저절로 노력하게 되기 때문이다. 열정적이고 낭만적인 사랑의 온도가 식어가는 대신, 애정 어린 우정이나 서로에 대한 보살핌, 친밀감 같은 지속가능한 형태의 사랑으로 변한다. 이렇게 안정적인 애착을 만들어내는 능력은 우리의 정서적 건강을 촉진하고 인생의 다양한 스트레스로부터 우리를 보호한다. 운이 좋다면 인생을 살면서 성적인 열정과 낭만적인 사랑을 늘 누릴 수 있겠지만, 흔한 일은 아니다. 그러므로 우리는 사랑을 늘 새롭게 대하고, 다른 모습을 발견하기 위한 노력을 쏟아야 한다. 지속적인 관심과 관리를 통해 우리는 그 어떤 관계에서든 갈등과 오해를 풀 수 있다.

사랑이라는 안정적인 기반을 바탕으로 남성과 여성 모두 밖으로 나아가 탐험을 하며 새로운 지평선을 발견하게 된다. 다양한 의미에서 사랑은 단순히 세상을 돌아가게 하는 윤활유가 아니다. 사랑 덕에 세상은 더 가치 있어진다.

3장

화성과 금성이 만났을 때

그 누구도 물어본 적 없고
나 역시 대답할 준비가 되어있지 않은 궁극의 질문은
"여성이 원하는 것이 무엇인가?"다.

지그문트 프로이트

당신은 단 한 사람과 자는 것이 아니다.
그동안 그 사람이 잤던 모든 사람들과 자는 것이다.

테레사 크렌쇼

내가 벌거벗고 있었다는 것은 사실이 아니다.
나는 라디오 소리를 입고 있었다.

마릴린 먼로

욕망은 진정으로 충만한 삶을 살기 위한 기본 조
건이다. 욕망은 우리가 누구인지를 정의하는 중요한 소재가 된다. 우
리 대부분은 개인의 성격과 성적 특징 간의 직접적인 관계를 깨닫지 못
한다. 그러나 욕망의 부재不在를 통해 역으로 내가 누구인지, 어떤 사람
인지에 대한 감각을 깨울 수 있다. 우리는 매우 성적인 존재이기 때문
이다.

짝을 선택할 때 우리에게 영향을 미치는 요소는 무엇인가? 한 사람
이 다른 사람에게 끌리도록 만드는 것은 무엇일까? 호감이란 정확히
무엇인가?

진화심리학과 배우자 선택

가끔 우리는 신념에 입각해 배우자를 선택한다. 나와 함께 일한 리더
들 가운데 몇몇은 배우자 선택을 '자신이 저지른 가장 용감하고 위험하
며 비현실적인 일'이라고 묘사했다. 제한된 정보밖에 주어지지 않은 상

태에서 무모하게 결정을 내려야 함을 비유해 말한 것일 테다.

사랑에 빠진 사람에겐 불가능이란 없을 것만 같다. 산을 오르고 하늘을 날고 무엇이든 할 수 있다. 이는 사랑이 지닌 환각의 효과다. 주변 사람들은 무슨 일이 벌어지는 것일까 어리둥절해진다. 그러나 사랑에 빠진 당사자들은 다른 사람들이 보지 않는, 또는 보지 못한 것들을 본다. 이들은 자기들만의 세상으로 들어간다. 사랑에 빠진 커플에게서 우리는 역설을 본다. 사랑에 빠진 두 사람은 상상력이 풍부해지면서도 동시에 완전히 눈이 멀게 된다.

"사랑을 하면 눈이 먼다."는 말은 무엇 때문에 연인들이 서로에게 끌리는지, 그 알쏭달쏭한 의문을 어느 정도 설명해준다. '첫눈에 반한 사랑'이라는 것이 어떻게 존재하는가? 우리는 때로 어떤 커플을 보면서 이들이 도대체 서로에게서 무엇을 보는지 궁금해 한다. 당사자들조차 이런 질문에는 이성적인 답을 하기 어렵다.

'콘라트 로렌츠 효과Konrad Lorenz effect'는 배우자 선택을 설명하는 흥미로운 개념 가운데 하나다. 로렌츠는 생후 초기 각인의 영향력에 대해 깊이 연구한 생태학자다. 거위에 대한 연구를 통해 로렌츠는 알에서 갓 부화한 새끼 새들이 얼마나 빠르고 굳건하게 부모나 대리부모에게 애착을 형성하는지 묘사했다.

로렌츠는 알에서 갓 부화한 새끼 거위가 처음으로 본 대상이 엄마거위가 아닌 사람이었을 때, 어떻게 각인하고 애착관계를 형성하는지 실험했다. 그리고 어디를 가든 새끼 거위들이 자신의 뒤를 쫓아다니는 모습을 통해 논리적인 과정 없이도 무조건적인 애착관계 형성이 가능하다는 것을 보여주었다. 그렇다면 인간에게도 비슷한 패턴이 존재할까? 여기에서 "사랑이 눈을 멀게 만드는 이유"에 대한 까다로운 질문에 답을 찾을 수 있을 것이다. 그리고 사랑에 빠지게 되는 '화학물질' 또는 '쿠드 푸드레(Coup de foudre, '벼락'이나 '청천벽력'이라는 뜻의 프랑스어로 '첫눈에 반하다'라는 뜻도 된다 - 옮긴이)'를 설명할 수도 있다. 즉, 인간은 각인효과에 의해 가까운 가족, 특히나 우리의 부모를 떠올리게 하는 얼굴이나 특성을 발견하면 무조건적인 호감을 느낄 수 있다는 것이다.

'콘라트 로렌츠 효과' 외에도 배우자 선택에 영향을 주는 다양한 요인들이 존재한다. 인류의 생식주기는 상대적으로 늦다. 임신기간과 출생후 양육기 역시 긴 편이다.(그러나 실질적으로 인간은 뇌와 산도의 크기를 고려해봤을 때 너무 일찍 태어나는 것이다.) 결과적으로 사랑은 짝을 선택할 때 까다로울 수밖에 없다. 남성은 자신의 유전자를 영속시켜줄 가능성이 가장 높아 보이는 여성을 원하고 여성은 자신의 새끼를 돌볼 때 가장 도움이 될 남성을 원한다. 그러나 진화생물학자들은 양방이 유전적이고 신체적인 측면에서는 물론이고 심지어 정서적으로도 잘 맞아야 하는 중요성을 강조한다.

내가 앞서 주장했듯 남성과 여성은 섹스에 대해 다르게 프로그램 되어 있다. 섹스를 하기 위해 남자에게는 그저 장소만 있으면 되지만 여자에겐 이유가 필요하다는 말도 있다. 남성은 보통 섹스가 그 자체로 끝난다. 그저 기분 좋기 때문이다. 물론 여성도 마찬가지일 수 있다. 그러나 일반적으로 여성은 친밀감과 가까움을 포함해 섹스와 관련한 광범위한 의제를 지닌다. 진화론자가 보기에 그 이유는 뻔하다. 남성은 그저 벌거벗은 여성을 보는 것만으로 쉽게 흥분할 수 있어야 유리하다. 유전자를 널리 퍼트리는 데 도움이 되기 때문이다. 급격한 신체적 흥분은 여성에게 불리하다. 신중한 배우자 선택을 하기 위한 탐색을 방해하기 때문이다.

앞에서 이야기했듯 임신은 여성을 매우 취약하게 만든다. 그러므로 임신과 출산, 아이 양육이라는 전 과정에서 그들을 도와줄 믿을만한 배우자가 필요하다. 수천 년의 시간동안 여성들의 숙명은 장기적인 관계를 맺을 수 있는 권력과 능력을 지닌 남성을 찾는 것이었다. 배우 메이 웨스트Mae West는 "남자는 쉽게 얻을 수 있지만 붙잡고 있기는 어렵다."고 말하기도 했다.

그렇다면 우리는 어떤 기준으로 배우자를 선택해야 하는가? 당연히 남성과 여성 모두 외모를 본다. 신체적 매력은 번식에 능한 종족이 될 수 있는 건강 및 신체적·정신적 능력을 의미한다는 점에서 중요하다. 그리고 남성과 여성 모두 동일하게 체격을 본다. 남성들은 허리~엉덩이 비율이 낮은 '호리병' 모양을 한 여성을 선호한다. 이는 훌륭한 출산 능력을 의미한다. 여성은 허리 쪽으로 갈수록 홀쭉해지는 V자형 체격을 지닌 남성을 선호한다. 이는 운동능력을 의미한다. 탄탄한 몸을 지닌 남성은 더 훌륭한 사냥꾼이 된다. 남성들이 마치 공작새가 꼬리를 뽐내듯 싸움터나 운동장에서 허세를 부리는 것도 이 맥락에서 설명할 수 있다. 남성들은 자신보다 작은 여성을 선호하는 반면에 여성들은 키가 큰 남성을 선호한다. 두 성 모두 보통이거나 약간 저체중인 사람을 좋아한다. 일반적으로 극단적인 체형은 매력이 없다고 본다.

남성들은 외모에 가산점을 주기 때문에 여성들은 자신들의 매력을 강화하기 위해 많은 노력을 쏟는다. 이러한 본능적 충동 덕에 의류와 화장품, 다이어트, 성형 산업은 성공할 수 있었다. 여성들은 호감을 높이기 위해 광범위한 전략을 세운다. 그래야 배우자를 찾을 가능성이 높아진다는 것을 알기 때문이다. 여성들은 예전부터 그 필요성을 잘 인식하고 있었으며 이를 위해 열심히 노력해왔다.

신체적인 매력을 강화하는 것은 여성의 강력한 무기다. 여성들은 힘이 없는 척하면 반대의 성으로부터 보호 반응을 불러일으킬 수 있다는 것을 알았다. 힘이 없는 것과는 거리가 먼 여성인 메이 웨스트는 "뇌는 잘 숨길 수만 있으면 재산이 된다."라고 빈정거리기도 했다. 짝짓기 경기에서는 위협이 되지 않는 수준의 지성만을 드러내는 것이 이득일 수 있다. 가수이자 배우인 돌리 파튼Dolly Parton 역시 여기에 동의했다. "나는 멍청한 금발머리 여자에 대한 모든 농담 때문에 그다지 마음이 상하지 않는다. 나는 내가 바보가 아니라는 사실을 아니까. 그리고 내가 금발머리가 아니란 것도 아니까." 멍청한 금발머리는 진부한 고정관념이다. 그러나 성적으로 쉽게 접근할 수 있다는 확실한 신호로 여겨지기도 한다. 코미디언 그루초 막스Groucho Marx는 "여성은 음란하면서도 아무 것도 모르는 척 해야 한다."고 기분 나쁘게 농담을 했지만 정곡을 찌른다. 아직도 너무 많은 여성들이 "나는 생각한다. 고로 싱글이다."라는 말을 되뇌며 걱정하기 때문이다.

외모는 짝짓기 시합의 한 측면일 뿐이다. 여성은 배우자를 선택할 때 상대의 사회적 지위와 물질적 부, 그리고 부양능력(즉, 눈에 보이는 야망과 부지런함)을 중요하게 본다. 여성은 언제나 훌륭한 재정적 능력을 지닌 남성을 찾아왔다. 진화론적으로 과거의 여성은 훌륭한 부양자인 남성과 관계를 맺으면 엄청난 수혜를 입었다. 여성들은 자신과 자신의 아이들이 사회적·물질적·경제적 자원을 안정적으로 얻을 수 있는 가능성을 높이기 위해 투쟁해왔다. 그리고 남성은 이러한 패턴이 오늘날에도 여전히 유효하다는 인식을 가진다. 풍자가 패트릭 오록Patrick O'Rourke은 "여성을 성적으로 흥분시킬 수 있는 기계장치가 몇 개 있다. 그중 최고는 메르세데스 벤츠 380SL 컨버터블이다."라고 말하기도 했다. 이러한 물질만능적인 관심은 왜 여성들이 자기보다 나이가 많은 남성을 선택하는지도 설명해준다. 수입은 나이와 함께 증가하는 경향이 있기 때문이다. 반면에 남성은 자기보다 나이 어린 여성을 선호한다. 생식의 목적 뿐 아니라 다른 남성들에게 지위의 상징처럼 과시할 수 있기 때문이다.

그럼에도 훌륭한 부양자가 되는 능력은 의존 가능성과 정서적 안정성, 낭만적인 태도, 공감, 그리고 친절함과 같은 다른 긍정적인 속성과 짝을 이뤄야만 한다. 친절함은 특히나 여성들에게 중요한 요인이다. 상대방의 욕구를 자신의 욕구보다 우선시하겠다는 의지이며, 무엇보다도 아이에게 친절할 것이라는 암시이기 때문이다. 아이에게 친절한 남성들은 덜 공격적이다. 따라서 가정 폭력을 고려했을 때 매우 매력적인 속성이 된다.

정절은 성공적인 관계의 주요 요인이 된다. 여성에게 정절은 성적 자원을 단 한 명의 배우자에게만 독점적으로 투입한다는 것을 뜻한다. 진화심리학적 관점에서는 단 한 명의 배우자의 유전자에만 헌신한다는 의미로 해석할 수 있다. 남성들은 본능적으로 자신이 아이의 아버지임을 확신하고 싶어 한다. 자신과 아이의 관계가 명확하지 않을 경우, 남성의 질투심은 심지어 살인으로 이어질 정도로 강렬하다. 이러한 성적 질투는 문제가 될 소지는 있지만, 한편으로는 불륜을 막고 부성을 확인하는 기능을 한다. 질투로써 다른 암컷들을 성공적으로 내쫓은 암컷은 더 나은 보호를 받고 더 많은 자원을 누리게 된다.

위험한 동일시

배우자 선택에 관해 진화심리학자들의 추론이 힘을 얻기 위해서는 심리학적인 상상력이 필요하다. 심리학자, 심리치료사, 그리고 심리분석학자들은 배우자를 선택하는 이유를 어떻게 설명하는가? 혹은 배우자 선택에 있어 특정한 패턴을 찾아낼 수 있는가?

다수의 심리학 연구에 따르면 인간은 자신, 또는 이상적인 자아와 닮은 상대를 찾는 경향이 있다. 그럼으로써 자신에게 결여된 것을 상대방으로부터 얻고, 그 대가로 자신이 가진 무엇인가를 제공할 수 있다고 기대한다. 때로는 상대방에게서 무의식적으로 부정하고 거부하던 자아의 일부를 발견하기도 한다. 그러나 서로를 완전히 안다면 우리는 결코 사랑에 빠질 수 없을 것이다. 어느 정도의 신비감은 사랑이 제대로 작용하기 위해 필수다. 그래야만 '투사적 동일시'를 마음껏 할 수 있다.

'투사적 동일시'는 자아의 일부가 다른 누군가에게 투사되는 대인 관계 행동유형이다. 인간은 자신이 받아들일 수 없는 감정이나 충동, 또는 생각을 타인의 탓으로 돌리면서 정서적 갈등이나 내·외적 스트레스를 견딘다. 그러나 투사적 동일시에서 투사자(주체)는 투사 수용자(상대방)가 자신의 투사에 따라 생각하고 느끼고 행동하도록 적극적으로 압력을 가한다. 투사자는 수용자가 어떤 감정을 가지고 있을 것이라고 애초부터 잘못 믿고 있을 수도 있다. 그러나 그렇지 않을 때도 그 감정을 수용자가 실제로 갖도록 설득한다. 그 후 투사 수용자는 그 감정을 처리하거나 변형함으로써 투사자가 그 감정을 다시 내면화하도록 한다. 즉, 투사자가 수용자의 감정을 다시 경험하고 이해하게 만드는 것이다. 이 과정에서 나와 타인의 경계가 모호해진다. 투사적 동일시를 통해 투사자는 자신의 망상을 투사하는 대상에게 신체적 친밀감을 가지게 된다. 이렇게 투사적 동일시를 적극적으로 하는 커플들은 서로를 통해 어린 시절에 겪은 상처를 치유한다.

예시를 통해 더 자세히 살펴보자. 내 클라이언트 중 한 명은 어린 시절 폭력적이고 알코올 중독이던 아버지의 변덕에 맞춰야만 했다. 그녀는 아버지가 술에 취해 폭력적이 될 때면 어머니를 때리던 모습과 아무것도 할 수 없었던 자신의 철저한 무력함을 기억했다. 그녀는 나이가 들자 가차 없이 집을 나왔다. 그러나 얄궂게도 어른이 된 그녀는 결혼을 해서 남편에게 학대당했고 엄마와 동일한 덫에 걸려버렸다. 나는 그녀의 이야기를 들으며 그녀가 자신의 아버지와 매우 비슷한 배우자를 골랐으며, 그녀가 아버지(와 자기 자신)에 관해 좋아하지 않는 행동을 배우자에게 투사했다고 추론할 수 있었다. 그녀의 배우자는 무의식적으로 자기 안에서 이러한 부분을 인식했고 그에 따라 행동했다. 고통스러운 어린 시절을 지워버리고 싶었지만 역설적으로 자신에게 고통을 주었던 부모와 유사한 특성을 가진 배우자를 선택해버렸다. 이 여성의 배우자 선택은 어린 시절의 상처를 치유하려는 욕망에서 비롯된 실패였다고 볼 수 있다.

결혼에 관해 다음과 같은 오랜 농담이 존재한다. "결혼은 한 남자와 한 여성이 하나가 되려는 상황이다. 그런데 문제는 그 하나가 누가 될지 결정할 때 발생한다." 결혼을 한 두 사람 사이에는 두 가지 종류의 무의식적인 계약이 존재한다. 하나는 신경증적인 계약이고 다른 하나는 발전적인 계약이다. 신경증적인 계약의 경우, 앞서 들었던 예시와 같이 두 사람이 서로 공유하고 있는 불안에 대처하기 위해 특정한 불화와 투사를 유지하는 무의식적인 담합을 한다. 둘 중 한 명이 자신의 정서적 갈등이나 내·외부적 스트레스 요인을 해결하기 위해 자신이 받아들일 수 없는 기분과 충동, 또는 생각을 상대방에게 전이하는 것이다. 상대방은 그러한 기분과 충동, 생각들을 받아들인다. 그러나 정말로 문제를 해결하기보다는 이를 현실의 일부로 그대로 받아들인다. 그렇게 둘은 모두 신경증적인 담합에 갇혀버린다. 서로 긴밀하게 연결되어 있는 두 사람은 자신들의 생각과 지각을 이종교배하는 실수를 범한다. 그리고 그 결과는 언제나 건설적이지 않다.

둘 간의 상호작용은 감응성 정신병folie a deux(가족 등 밀접한 두 사람이 동일하거나 유사한 정신 장애를 가짐−옮긴이)으로 빠르게 발전할 수도 있다. 감응성 정신병이 발병하면 한쪽이 표현하는 망상적인 생각을 다른 한쪽이 흡수하고 그 생각을 되새기게 된다. 이 사람은 상대방에게 너무 많은 것을 쏟아붓고 기대어왔기 때문에 그를 필사적으로 믿으려 한다. "당연히 당신 말이 맞지. 자기 말은 뭐든지 맞아."라는 것이 이 지지적인 배우자의 일반적인 반응이다. 그러면 상대방은 자신의 망상적인 믿음이 확인받았다고 간주하고 배우자에게 더욱 심하게 매달리게 된다.

커플 내 역학관계는 부모의 결혼이 보여준 역학관계를 기반으로 하는 경우가 많다. 행복한 생활을 꿈꾸던 커플은 곧 신경증적인 상태에 접어들고, 결국 부모와 동일한 형태의 관계에 사로잡히면서 반복강박 repetition compulsion(고통스러운 기억이나 감정을 계속 호소하면서도 여전히 똑같은 행동을 반복하는 현상 – 옮긴이)에 시달린다.

발전적인 계약을 맺는 커플의 경우 한 사람은 자신이 부인하고 있는 자아에 대해 어느 정도 이해하고 있으며 더 나은 융합을 추구하려는 의지를 가진다. 그리고 배우자와의 관계를 개인적 발전의 기회로 삼으려 한다. 이 커플은 과거의 실수를 되풀이하지 않는다. 그리고 새롭게 시작하고 싶은 바람을 바탕으로 배우자를 선택한다.

가장인격 만들기

정신분석가 헬렌 도이치Helen Deutsch는 커플 관계에 어려움을 겪는 이들에게 '내가 아닌 다른 사람인 척하는 가장인격假裝人格'을 구성해보라고 권한다.

가장인격은 다른 사람들에게 진짜가 아닌 인상을 남기는 것이다. 그 사람이 실제로는 무엇을 원하는 지 파악할 수 없도록 말이다. 가장인격은 분명히 한계가 있다. 그러나 표면적으로는 주변 사람들과 평범한 관계를 즐기며 완벽하게 환경에 적응한 것처럼 보인다. 이런 사람들이 보통 사람들과 다른 점은 가짜 자아를 가졌다는 것이다. 이들은 정서적인 깊이가 매우 얕다. 그리고 내면이 피상적이다. 이런 사람들의 이야기를 들으면서 나는 영화 속 등장인물들을 떠올린다. 영화 속 인물들에게는 자신들이 연기하는 플롯을 바꿀 수 있는 영향력이 거의 없다. 이들은 스스로를 보이지 않는 줄에 의해 조정당하는 꼭두각시라고 여긴다. 때로는 스스로를 감정의 사기꾼이자 거짓말쟁이라고 생각하면서 실체가 곧 들통날 것이라고 생각한다.

나는 남성보다는 여성에게서 가장인격을 더 많이 보아왔다. 여성들은 각양각색의 상대방에게 금세 푹 빠지는 경향이 있다. 예를 들어 화가와 사랑에 빠진 여성들은 예술에 대해서만 이야기한다. 그러다가 사업가를 만나면 주식시장에 엄청난 관심을 보인다. 그리고 의사를 만나면 곧 의료인이 하는 모든 일에 갑작스러운 관심을 키운다. 이러한 패턴은 계속된다. 내 클라이언트 가운데 한 명은 자기 인생에 대해 이렇게 묘사했다. "아주 솔직히 얘기하자면, 저는 제가 좋아하는 것에 따라 살지 않아요. 제 욕구는 완전히 부차적이죠. 제가 일하는 방식, 생각하는 방식, 옷 입는 방식, 심지어 취미까지도 언제나 제가 만나는 남자에 의해 좌지우지돼요. 저는 남자들이 보내는 신호를 기가 막히게 잡아내는 것 같아요. 그러면 남자들은 좋아하죠. 저는 어떻게 해야 남자들이 기뻐하는지 잘 알아요. 저는 남자들이 원하는 걸 줄 수 있어요. 하지만 때로는 숨이 막히고 투명한 감옥에 갇혀버린 느낌이 들기도 해요."

적어도 이 여성은 완전히 로봇처럼 움직이는 것은 아니었다. 그녀는 자신에게 일어나는 일을 어느 정도 알고 있었다. 그녀는 이 롤플레잉 때문에 상대방과 동등하고 지속적인 관계를 유지하지 못한다는 것을 깨달았다. 따라서 이에 대한 조치를 취하고 행동방식을 바꾸고 싶어 했다. 그러나 그녀가 바꾸어야 할 것 가운데 하나는 가장인격을 지닌 자기 자신이었다. 그녀는 자신이 주인공인 싸구려 드라마에 사로잡혀 있었다. 남자들에게 지나치게 의존하면서 스스로 의사결정을 하지 못하고 완전히 불균형적인 관계에 놓여 있었다. 롤플레잉 인생에 갇힌 그녀는 진심으로 상대방의 관심사에 동조하지 않으면서도 상대를 기쁘게 하기 위해 자신의 진짜 감정을 능숙하게 감췄다.

가장인격에는 성격적 요소도 작용하지만, 사회적인 요소도 작용한다. 성적 불평등은 가장인격을 형성하는 큰 이유가 된다. 남성에 대한 경제적 의존성은 여성들이 왜 관계에 있어서 가짜 자아를 선보이는지를 설명해준다. '파 드 되pas de deux(두 사람이 추는 춤)'에서 여성은 종종 자신의 정체성과 배우자의 정체성을 혼동한다. 어떤 여성들은 의식적으로 혹은 무의식적으로 자신과 배우자의 정체성을 하나로 엮는다면 자기가 느끼는 무력함과 소외감, 그리고 내면적 분열을 보상받을 것이라고 믿는다. 그리고 이러한 방식으로 행동하면 권력과 의미를 얻게 될 것이라는 판타지를 갖는다. 이러한 판타지를 실현하기 위해 이들은 스스로에 대한 이상적인 판타지를 만들어내고 이를 상대방에게 투사한다. 그리고 상대방을 일종의 영웅으로 만든다. 의존성이 지나치게 커지면 이 여성들은 배우자에게 자기가 무엇을 먹고 싶은지, 어떻게 옷을 입을지, 또는 무엇을 하고 싶은 지 말할 수 없게 된다. 이들은 진실된 삶 대신 공허한 생활방식을 추구하는 한편 자신의 에너지를 개인적 성장과 자아실현에 쏟으려 하지 않는다. 내면적으로 이러한 행동은 최초에 형성된 엄마와 아이 간의 관계에서 나온다. 즉, 결함 있는 관계 때문에 진정한 개성화individuation를 이루지 못하는 것이 문제의 뿌리가 되는 것이다.

역사적으로 많은 여성들이 '위대한' 남성에게 영감을 주는 것이 자신의 정체성이라 생각해왔다. 자신만의 정체성을 포기한 대가로 이 여성들은 자신의 의견을 표현하는 대신 계산된 자아를 만들어냈다. 그리고 모든 사물을 상대 남성의 눈으로 보고 또 그 관점을 재차 확인했다. 이런 식으로 행동하면서 여성들은 자신의 배우자에게 집착하는 어른의 몸을 한 아이가 됐고, 배우자가 모두 책임져주기를 바라게 됐다. 커플 관계는 아이와 부모 간의 유치하고 의존적인 관계로 퇴보했다. 그리고 섹스는 이 원시적인 시나리오의 일부가 되어 상대방과의 결합이라는 원초적 기억을 되살렸다. 또 누군가에게는 자아의 취약한 경계선을 더욱 더 지워버릴 수 있는 방법이 됐다. 섹스는 개인과 개인을 구분 지어주는 한계선을 불분명하게 만들기 때문이다.

"언젠가 왕자님이 나타날 거야."

월트 디즈니의 영화 〈백설공주Snow White〉의 마지막에는 잘생긴 왕자가 필수품인 백마를 타고 나타나 마법의 키스로 저주 받은 여주인공을 깨운다. 그리고 사악한 새엄마 때문에 숲에 버려져 희한한 난장이들을 돌보게 된 고된 일상으로부터 구해준다. 이 둘은 영원히 잘 먹고 잘 살 것이라고 암시하며 끝난다. 하지만 정말로 그럴까?

어릴 적 들은 이 이야기는 우리의 마음에 씨앗 하나를 심었다. 무엇인가를 오랫동안 간절히 꿈꾸기만 해도 운명이 우리를 찾아와 그 꿈을 현실로 이뤄준다는 희망이었다. 그러나 "오래오래 행복하게 살았습니다."라고 끝나는 동화 속 주인공은 보통 결손 가정에서 나온다. 동화는 보통 해피엔딩이지만 이야기는 매우 다르게 시작된다. 부모 중 한 명은 죽거나 아프거나 실종됐다. 가끔은 사악한 양부모가 등장한다. 그리고 주인공은 끔찍할 정도로 잔인하거나 불공정한 대우를 받는 희생자다. 그 후 사랑이 찾아오고 모든 사람은 오래오래 행복하게 산다. 원래 주인공이 처했던 비참한 환경은 이제 문제가 아니다.

낭만적인 사랑에 기반한 파트너십은 훌륭한 개념이다. 그러나 배우자를 신격화하고 배우자가 우리를 동화처럼 영원히 행복하게 해줄 것이라고 기대하는 한, 우리는 상대방을 인간 그 자체로 사랑할 수 없게 된다. 나르시시즘을 바탕으로 한 배우자 선택은 환멸로 이어진다. 지그문트 프로이트는 이러한 식의 관계를 공생적인 발달단계로 돌아가려는 시도라고 보았다. '공생적인 발달단계'란 아이의 정체성이 아직 개성화되기 전이며, 어머니와의 경계선이 여전히 모호한 단계를 의미한다. 그러나 인간발달은 이 원시적 욕망을 극복하는 것을 목표로 한다. 원시적 욕망에 매달리는 것은 실망으로 이어질 뿐이다.

어쩌면 완벽한 남자를 찾지 않는 편이 나을 수도 있다. 어쩌면 그다지 나쁘지 않은 남자나 그냥 그런 남자를 찾아 행복해지는 법을 배워야 할 수도 있다. 부부생활을 이용해 퇴행적인 어린 시절로 되돌아가려 하거나 혼자라는 두려움에서 벗어나려 하는 것은 재앙으로 향하는 지름길이다. 관계란 서로가 서로를 있는 그대로 받아들일 의지가 있고 받아들일 수 있을 때만 제대로 돌아간다. 효과적인 파트너십은 그 어떤 관계든 내재된 장애물을 무사히 헤쳐나갈 수 있도록 잘 갖춰진 인격을 필요로 한다. 낭만은 좋은 것이지만 파트너십은 낭만적인 상상을 넘어서야 한다. 안정적인 관계는 서로의 결점과 약점, 상대의 밝은 면과 어두운 면을 모두 받아들이는 것에서 시작된다. 이는 우리가 인간이기에 가지는 불완전성을 인정한다는 뜻이기도 하다.

낭만적인 사랑은 신들의 영역이지만 관계는 실제 삶을 사는 보통 사람의 영역이다. 배우자들은 상호 의존을 목표로 삼거나 둘만의 세계에 갇히면서 퇴보해서는 안 된다. 성공적인 파트너십은 매일 관계를 재탐색하려는 의지가 있을 때 맺을 수 있다. 그러므로 우리는 서로의 차이점을 발전적인 관계의 발판이라 여기고, 즐겁게 대해야만 한다.

진정한 파트너십은 감응성 정신병으로 인해 흔들리지 않는다. 진정한 파트너십을 이룬 커플은 서로가 인생에서 도망치지 않도록 붙잡고, 책임감 있고 자주적인 완전한 상태에 도달할 수 있도록 돕는다.

4장
성적 상상

(결혼을 유지할 수 있는 비결에 대해) 내 아내는
내가 떠나더라도 나와 함께 하겠다고 말한다.

존 본 조비

대부분의 결혼은 남편과 아내가 자신들이 같은 배를 탔다는 것을
분명히 이해할 때 더 나아질 것이다.

지그 지글러

남편들은 불과 같다.
아무도 지켜보지 않으면 꺼져버린다.

자자 가보

진화심리학, 발달심리학, 정신역동심리학의 관점으로 보았을 때 남성과 여성은 분명 똑같이 생각하지 않는다. 성과학자 샤이어 하이트Shire Hite는 "여전히 너무 많은 남성들이 순진하고도 이기적이게도 자신들이 좋아하는 것을 여성들도 좋아한다고 믿는다."고 말했다. 진화론적인 짝짓기 경기는 남성과 여성에게 서로 다른 규칙을 정해놓았다. 그래서 둘의 생각이 같을 것이라고 가정하는 행위는 갈등의 씨앗이 된다. 베트 미들러Bette Midler는 이에 대해 "섹스가 그토록 자연스러운 현상이라면, 섹스 하는 법에 대한 책들이 왜 그리 많은가?"라고 말했다. 매년 쏟아져 나오는 결혼에 대한 수많은 자습서들은 남성과 여성이 서로 다른 주파수를 가졌다고 주장한다.

내가 들었던 재미있는 이야기가 있다. 한 남자가 바닷가를 걷다가 병 하나를 발견했다. 그는 병을 들어 코르크 마개를 뺐다. 그러자 병속에서 요정이 튀어나왔다. 요정은 남자를 바라보며 "저를 램프에서 구해주셨네요. 보통은 세 가지 소원을 빌어야 한다는 걸 알지만 제가 좀 바빠서요. 그냥 소원 하나만 들어줄게요."라고 말했다. 이 남자는 잠시 생각하다가 "나는 언제나 하와이에 가고 싶었지만 비행공포증도 있고 배 멀미도 하거든. 차를 타고 갈 수 있게 하와이까지 다리 좀 놔줄래?"라고 말했다. "뭐라고요?" 요정이 으르렁댔다. "그건 불가능해요. 논리적으로 따져 보세요! 다리 기둥이 어떻게 바다 밑바닥까지 닿겠어요? 얼마나 많은 콘크리트와 철근이 필요한지 생각해보시라고요! 말도 안 되는 소원이네요. 다른 걸 얘기해보세요." "알았어." 이 남자는 정말 괜찮은 소원을 생각해보려 애썼다. 마침내 그는 말했다. "있잖아, 나는 네 번 결혼하고 네 번 이혼했어. 내 전처들은 모두 내가 자기한테 신경을 쓰지 않고 이해도 못한다면서 내가 무심하대. 나는 그걸 해결하고 싶어. 나는 여자들이 아무 말 없을 때 속으로 어떻게 느끼고 무엇을 생각하는지 알고 싶어. 나는 왜 여자들이 우는지 알고 싶어. 나는 여자들이 아무것도 원하지 않는다고 말할 때 진짜로는 뭘 원하는지 알고 싶어. 나는 여자들을 진짜로 행복하게 만드는 방법을 알고 싶어." 요정은 그를 물끄러미 바라보더니 대답했다. "다리를 2차선으로 만들까요, 4차선으로 만들까요?"

남성과 여성이 서로를 완전히 이해하는 것은 어쩌면 불가능한 일이 아닐까? 남자들은 언제나 투자 없는 섹스를 바란다. 여성들은 헌신을 원한다. 저널리스트 캐서린 화이트혼Katherine Whitehorn은 이 중요한 차이를 여러 번 강조했다. "실제 생활에서 여자들은 무엇인가를 섹스와 엮으려고 한다. 종교, 아기, 또는 현금 같은 것들이다. 반지나 인연의 실 같은 것 없이 따로 분리된 섹스를 원하는 건 오직 남자뿐이다." 물론 모든 남성과 여성들이 섹스에 관해 똑같이 행동하지는 않는다. 이 주제는 다양하게 변주될 수 있다.

남성들은 이기적인 유전자에 의해 움직인다. 이기적인 유전자 때문에 더 넓은 세상으로 나아가고 증식하는 것이 한 사람에게 헌신하는 것보다 더 타당하다고 생각한다. 그러나 그 자손들의 생존은 중요하다. 자신의 유전자를 이어갈 자손을 가지고 싶은 열망은 원나이트 스탠드의 충동과 상쇄된다. 남자들은 유전자를 관리하느라 여성에게 헌신한다. 왜냐하면 유아와 어린 아이들은 양 부모의 보살핌을 받을 때 생존할 가능성이 더 높아지기 때문이다.

다형도착多形倒錯의 탄생

성적 충동은 보편적이지만 그 형태는 하나가 아니다. 섹스는 생물적이지만 에로티시즘과 로맨스는 문화적이다. 성욕은 다양한 방식으로 일어나고 표현되지만 성적 행동 자체는 강간부터 호감의 표시, 그리고 창조성까지 광범위하게 일어난다.

인간은 성적으로 다양한 형태를 띠는 경향이 있다. 대부분의 사람들은 생식기가 우리의 유일한 성감대라고 생각하지만 우리 중 일부는 몸의 각 부위가 성감대가 될 수 있음을 스스로 발견한다. 우리 몸의 특정 부위는 성적인 반응으로 해석될 수 있는 극대화된 민감성을 띤다. 예를 들어 우리의 구강욕구는 입을 통해 표현하고 먹는 행위에 이용되지만, 그렇다고 오직 배고픔을 만족시키는 것에만 쓰이지 않는다. 입은 관능적인 입맞춤과 오럴섹스를 포함해 여러 방식으로 성애화 될 수 있다.

또 신체 접촉도 있다. 우리 모두는 신체 접촉에 민감하다. 한 여성 리더는 내게 "저를 가장 흥분시키는 것은 귀예요. 귀는 저의 주요 성감대 가운데 하나죠. 누군가 제 귀를 만지면 저는 욕망을 느끼면서 아찔해져요."라고 말했다. 그녀의 발언을 통해 우리는 성욕을 자극하는 일련의 이미지저리(육체적인 감각이나 마음속에서 발생하여 언어로 표출되는 이미지의 통합체–옮긴이)가 어떻게 형성되며, 그것을 표현하는 방식을 어떻게 내재화하는지를 알 수 있다.

성적 마음가짐의 차이

진화는 확실히 번식에 성공하기 위해 그 자체의 규칙을 지닌다. 선사시대의 기원을 떠올려보면 남성들은 일반적으로 여성들보다 성에 있어 독단적이다. 이는 진화론적인 유물이 가진 본질이면서도 많은 커플들에게 문제가 된다. 다음은 매우 흔한 시나리오다.

보통 성에 집중하는 기간이 끝나면 남성과 여성 모두 상대방의 성적 욕구에 대해 불평을 늘어놓는다. 남성들은 더 많이 원하고 여성들은 더 적게 원한다. 성적 거부에 대한 가장 흔한 설명은 아이의 출생, 쿨리지 효과, 그리고 노화로 인한 에너지의 부족이다. 남성은 여성의 경우보다 배우자의 성적 매력이 감소하는 것에 더 민감하다.

보통 성적 욕구불만은 여성보다 남성에게 더 문제가 된다. 남성과 여성 모두 섹스를 하지 않는 것에 대한 다양한 이유를 댄다. 아이를 돌볼 시간이 필요하다든지, 잠이 부족하다든지, 과로나 정서적 괴로움, 트라우마를 주는 과거 경험, (함께 보낼 시간이 없는) 상황적 어려움 같은 것들이다. 그러나 그 어떤 논리적 설명을 붙이던 간에 섹스의 결여는 엄청난 불만의 원인이 된다. 특히나 더 강한 성욕을 지닌 배우자에게는 더욱 그렇다. 섹스를 하는 것은 중요하다. 성욕이 차고 기우는 것은 그 커플이 다른 영역에서 얼마나 잘 맞는지를 보여주는 지표이기 때문이다.

섹스란 무엇인가에 대한 남성과 여성의 인식이 다른 것이 문제의 핵심이다. 여성과 비교해 현저히 많은 수의 남성들이 성욕의 목표는 성행위에 있다고 믿는다. 그리고 남성보다 훨씬 많은 여성들이 성욕의 목표로 사랑과 정서적 친밀감을 든다. 남성은 여성과 자기 위해 말을 걸고 여성은 남성과 이야기를 나누기 위해 잠을 잔다는 이야기는 냉소적이지만 꽤나 진실에 가깝다. 이러한 인식의 차이는 상대방이 자기처럼 생각할 거라는 환상과 뒤섞여 서로를 괴롭힌다. 남성은 상대방에게 섹스에 대한 열정이 없다고 불평하고 여성은 상대방이 애정과 관심을 보이지 않는다고 불평한다. 그러나 남성과 여성의 공통된 불만은 한때 낭만적인 관계였지만 이제 그 불이 꺼져버렸다는 것이다.

특히 여성은 섹스가 가진 기계적인 특성 때문에 흥미를 잃는다. 수많은 설문조사들은 여성 중 상당수가 인생에서 꽤 긴 기간 동안 섹스에 무관심하다는 것을 확인시켜준다. 호주의 성 치료사 베티나 아른트Betina Arndt는 자기 경험을 들어 많은 여성들이 겪고 있는 난제에 대해 설명했다. "처음 엄마가 돼서 내가 받은 충격은, 도대체 어떤 여성이 수유와 기저귀와 스트레스와 피로로 뒤엉킨 카오스 속에서 에로틱한 생각을 즐길 수 있겠는가 하는 것이었다. 남편과 나는 그 기간 동안 적어도 몇 번은 섹스를 했을 테지만 나는 전혀 기억하지 못한다. 아마 섹스를 하다가 좋았을 것이다. 어쩌겠는가." 여성들이 자기 남편이나 남자친구와의 섹스를 피하기 위해 사용하는 별별 기발한 전략들에 대해 이야기하는 것을 들은 적 있는가? 너무 많은 아내들이 자기 성욕에 관심을 기울이기에는 아이들 때문에 너무 피곤하고 바쁘다. 남성과 여성에게 즐거운 정도에 따라 쾌락에 순위를 매겨달라고 요청하는 연구에서 대부분의 남성들은 섹스를 가장 좋아하는 쾌락으로 꼽는다. 반면에 여성들은 뜨개질이나 정원 가꾸기, 쇼핑이나 TV 보는 것 등이라고 대답한다. 남자들의 오랜 농담처럼 "내 아내는 섹스 대상object(명사—옮긴이)이다. 내가 섹스하자고 할 때마다 그녀는 거부object(동사—옮긴이)한다."가 되는 것이다.

뇌 촬영 역시 남성과 여성의 뇌가 노골적인 성적 이미지에 꽤 다르게 반응한다는 것을 드러낸다. 남성의 경우 여성에 비해 편도체의 활동이 현저히 많이 나타났다. 편도체는 공포와 분노 같은 강렬한 감정과 연계된 뇌 영역이다. 평균적으로 남성의 성욕은 여성보다 강할 뿐 아니라 훨씬 지속적이다. 여성의 성욕은 좀 더 주기적이다. 일부 연구에 따르면 많은 여성들은 한 달에 며칠, 가임기에만 남성보다 높은 성욕을 보이는 것으로 드러났다. 여성들은 다른 때보다 배란이 일어날 즈음에 섹스에 대해 상상하고 자위하며 배우자에게 먼저 섹스를 제안하거나 도발적인 옷을 입고 싱글들을 위한 술집에 갈 가능성이 높았다. 여성들이 번식과는 거리가 먼 시기에는 섹스를 하지 않는다는 의미는 아니지만 진화론적인 관점에서 가임기에는 섹스에 훨씬 더 큰 흥미를 가진다는 설명은 상당히 설득력 있다. 그에 비해 남성들은 끊임없이 준비된 상태다.

이러한 특정한 차이 외에도 성욕의 강도를 결정짓는 다양한 요인이 있다. 경험, 문화, 환경 등이다. 게다가 남성과 여성 사이에는 성적인 판타지의 빈도와 내용에 엄청난 차이가 존재한다. 연구들에 따르면 남성은 여성보다 두 배 이상의 성적인 판타지를 가진다. 잠을 자는 동안에도 남성은 여성보다 섹스에 관한 꿈을 꿀 가능성이 훨씬 높다. 남성의 꿈은 매우 시각적이며 욕정과 신체적 만족이라는 주제가 압도적이다. 꿈에서 여성은 그저 성적 대상으로 등장한다. 여성이 섹스에 대해 꿈을 꿀 때는 인물과 감정이 훨씬 더 중요한 역할을 맡는다.

여성이 경험하는 성욕은 훨씬 더 다양하면서 예측불가능하다. 심지어 성욕을 전혀 경험한 적 없으며 뭐 그리 야단인지 궁금하다고 고백하는 여성들도 있다. 물론 어떤 여성들은 섹스에 집착한다. 그러나 이러한 여성들조차 그 강도는 남성들과 다르고 덜 강렬하며 덜 지속적이다. 게다가 특히나 몇십 년간 지속돼온 관계에서 여성들이 자발적으로 성욕을 느끼는 경우는 거의 없다. 여성이 먼저 성욕을 느낄 때는 상대로부터 성적 자극을 받았을 때다. 즉, 욕구는 성적 흥분 뒤에 따라오는 셈이다.

커플이 자신들의 관계를 회복하기 위한 방법을 찾지 않는 이상 섹스에 대한 이러한 태도 차이는 헤어짐이나 외도로 이어질 수 있다. 가장 많은 여성이 배우자의 외도를 경험하는 시기는 가임기의 막바지 때다. 이는 자신의 유전자를 더 퍼트리기 위해 가임기의 배우자를 원하는 남성의 의식적 또는 무의식적인 행동이라고 볼 수도 있다.

남성은 섹스가 정서적인 배출구인 경우가 적다. 따라서 혼외정사가 좀 더 지속적으로 벌어진다. 이는 전 세계적인 매춘 분포도를 보면 알 수 있다. 불륜에 대해 남성들이 내놓는 일반적인 변명은 지루함과 육체적 매력의 감소다. 당연하게도 혼외정사는 배우자와의 평범한 섹스를 대체하게 된다.

남성들은 사랑과 친밀감에 대한 요구를 섹스에 대한 요구로 쉽게 혼동한다. 이는 남성이 매력을 느끼는 여성과 그저 친구로 지내는 것이 어려운 이유를 설명한다. 성적인 요소는 언제나 존재한다. 확신이 서지 않는 경우 남성은 여성이 성적인 데에 관심이 있다고 가정해버린다. 이러한 잘못된 가정은 이성에게 자신이 가진 매력을 알리기 위해 유혹을 던지는 여성의 성향과 결합되면서 매우 자극적이고도 불안한 혼합물이 되어버린다. 성적 강요는 쉽게 성폭력과 강간으로 변이된다. 남성들은 성폭력이 여성에게 얼마나 용납하지 못할 일인지를 간과한다. 이성의 성적 태도에 대한 잘못된 추측은 왜 대부분의 여성이 살면서 적어도 한 번은 성적으로 부적절한 행동의 피해자가 되는지, 그리고 많은 남성들이 강간 희생자를 이해하지 못하는지 어느 정도 설명해준다.

이 모든 연구 결과로 인해 우리는 "일부일처제가 인간의 유전자적 본성과 맞는 제도인가?"하는 의문을 품게 된다. 남성은 유전자가 정해준 충동에 따라 움직이며 그 충동을 자신이 생각하는 것보다 잘 다스리지 못한다. 앞서 설명했듯 진화심리학자들은 남성이 유전적으로 가능한 많은 여성에게 자신의 씨를 뿌리도록 프로그램 되어 있다고 본다. 그러나 사회는 남성들에게 이 충동에 굴복하는 순간 좋지 않은 결과를 낳을 수 있다고 교육해왔다. 배우 존 배리모어John Barrymore는 이렇게 말했다. "섹스는 최소한의 시간을 쓰면서 최대한의 골칫거리를 만들어내는 존재다."

섹스와 시간의 흐름

유머는 무의식의 발로이다. 노화에 대한 수많은 유머들은 많은 사람들의 걱정을 드러낸다. "주차장에 있는 당신 차를 무사히 발견하고선 운이 좋았다 생각할 때 당신은 늙은 것.", "나는 음식이 섹스를 대신하게 되는 나이가 됐지." 같은 것들이다.

나이가 들면서 남성과 여성의 성욕의 강도는 점차 비슷해진다. 특히 남성은 나이가 들어갈수록 성적인 생각과 판타지의 빈도가 서서히 줄어든다. 반면 성적 상상력은 나이든 후에도 계속될 수 있다.

시간이 흐름에 따라 성적 충동이 남성과 여성 모두에게 어떻게 영향을 미치는지는 여러 심리적 요인을 통해 설명할 수 있다. 남성과 여성 모두 테스토스테론의 농도가 점차 감소하는데 특히 25세에서 50세 사이에 50퍼센트가 감소한다. 그러나 남성은 같은 나이의 여성보다 테스토스테론 농도가 10배에서 20배가량 높기에 성적 충동의 강도는 근본적인 차이가 있다.

폐경기 역시 여성의 성욕을 감소시킨다. 폐경기와 함께 찾아오는 일반적인 불편한 증상, 줄어드는 에스트로겐 호르몬 수치 때문이다.

우울증과 같은 정신질환을 포함한 의학적 문제는 성욕과 기능에 영향을 미친다. 또한 일부 약물은 성적 충동에 분명한 영향을 준다. 의학적이고 생리적인 문제들은 보통 심리적 문제와 뒤엉켜 있다. 많은 여성들은 대인관계와 배우자의 행실, 권력 싸움, 또는 배우자를 향한 깊은 억울함 등 때문에 성욕 감소를 경험한다. 예를 들어 여성은 배우자가 낭만적인 감정을 보이지 않거나 함께 데이트를 하지 않거나 그녀가 차려준 음식에 감사하지 않거나 남성의 욕구에만 충실한 섹스의 태도를 보일 때 섹스에 대한 흥미를 잃는다.

섹스에 관해 매우 엄격한 교육을 받았다든가 부정적인 성경험으로 인한 트라우마도 성욕의 정도에 영향을 미친다. 성적으로 학대를 받았던 이들은 긴장을 풀고 성적으로 흥분이 될 만큼 파트너를 신뢰하지 못할 수도 있다. 또한 함께 할 시간이 거의 없기 때문에 섹스를 하지 않는다는 좀 더 평범한 이유도 있다. 성적 친밀감은 배우자 두 사람이 모두 부담스러운 직장을 다닌다던지 섹스를 우선순위로 두기에는 지나치게 피곤하거나 스트레스를 받을 때 감소한다. 많은 맞벌이 커플들은 일과 비교했을 때 섹스는 뒷전이 될 수밖에 없다고 내게 털어놨다.

어떤 여성은 출산 후 얼마간 성욕을 전혀 느끼지 않을 수 있다. 피로와 불안감, 우울함이 여기에 일조한다. 어떤 여성들은 신생아에게 완전히 몰두해서 배우자에게 거의 시간을 할애하지 않고, 성적 충동이 사라지기도 한다. 여기서 다시 한 번 진화심리학적 설명이 가능해진다. 우리의 구석기 시대 조상들은 생존을 위해 엄마의 에너지 대부분을 새로 태어난 아기에게 써야만 했다. 섹스를 피하는 것은 추가적인 임신을 피할 수 있는 매우 효과적인 방법이기도 하다. 엄마는 첫 출산 이후 몸을 제대로 회복할 시간이 필요하며, 아기는 새로 태어난 또 다른 형제와 엄마를 지나치게 일찍 공유할 필요가 없다.

얼마만큼의 섹스면 충분할까?

어떤 사람은 간식을 좋아하고 어떤 사람은 축구를 좋아한다. 그녀가 다시는 간식을 먹지 않기로 했다는, 또는 그가 축구를 하지 않기로 했다는 이야기가 들리면 그냥 그런가보다 하게 된다. 나는 간식도 좋아하고 축구도 좋아하지만 그 사람들의 결정을 문제 삼거나 심리적으로 더 깊이 파고들 필요는 없다.

그러나 섹스는 다른 문제다. 만약 내게 누군가가 섹스를 한 번도 하지 않았고 앞으로도 하지 않을 것이라고 말한다면 나는 걱정하게 될 것이다. 왜 그런 일이 벌어지는지에 대한 가설을 세우고 근본적인 문제가 무엇인지 알아내려고 노력할 것이다. 심지어 직접적으로 우려를 표하면서 그 사람에게 섹스에 대한 흥미가 사라지는 것은 위험하며 어떤 문제를 암시하는 것일 수도 있다고 말할 것이다. 정신과 의사나 심리치료사를 만나보라고 권할 수도 있다. 누군가가 완전히 섹스에만 집착한다고, 또는 계속 섹스 생각만 한다고, 아니면 하루에도 여러 차례 섹스를 해야만 한다고 말해도 마찬가지로 걱정할 것이다. 이러한 행동이 정상 인지 의문을 가지고 지켜보다가 그 사람이 섹스중독이라고 생각되면 누구를 만나 도움을 받을지 제안할 수도 있다.

욕구 부족

앞에서 이야기했듯 섹스를 하고 싶지 않은 이유는 다양하다. 우리 모두는 그저 섹스를 하고 싶지 않을 때가 있다. 그러나 배우자와 낭만적인 시간을 보내면서 성적인 생각이나 자극적인 상상을 통해 건강한 성적 충동이 생긴다. 어떤 사람들은 다르다. 어떤 자극이 주어져도 이들은 그저 흥미가 없다. 그러나 내 임상경험에 따르면 사람들은 낮은 성적 충동에 대해 말하길 꺼려한다.

당신이 최선을 다하고 있음에도 배우자가 섹스에 전혀 관심을 보이지 않는 것은 꽤 진지하게 생각해봐야 할 문제다. 그러나 어떤 사람들은 이것을 매우 수치스럽고 창피한 주제로 여긴다. 이런 이유로 성 장애로 고통 받는 사람들 중 다수가 도움을 받지 못한다. 어떤 사람은 영원히 자신에게 문제가 있음을 깨닫지 못하기도 한다. 이들은 특별히 섹스에 흥미를 느껴본 적이 없다. 사람과 사람이 관계를 맺을 때 발생하는 다른 문제들을 더 중요하게 여기기 때문이다. 갈등을 겪는 커플들의 경우 한쪽의 성욕이 사라지거나 희미해지는 등 성욕과 관련한 문제가 다른 인생 문제에도 영향을 미치게 된다. 만일 적합한 조언자가 없다면 이들은 그 관계를 망칠 수 있는 방법으로 문제를 해결하려 들 수도 있다.

내가 코치했던 한 리더는 매우 성공한 사업가임에도 이 모든 일을 한 꺼번에 겪고 있었다. 그녀는 직장에서 매우 유능했다. 그리고 정말 매력적이었다. 그녀는 결혼해서 예쁜 아이 셋도 두었다. 사모펀드기업의 창립자 가운데 한 명인 그녀의 배우자는 매력 넘치고 흥미로운 사람이었다. 이 커플은 많은 사교모임의 멤버였고 이국적인 휴양지로 휴가를 떠났으며 재미있는 디너파티를 열기도 했다. 그러나 완벽해 보이는 그들의 관계는 삐걱거리고 있었다. 그녀의 말을 빌리자면 "한동안 그는 섹스가 필요치 않는 것처럼 보였어요. 몇 달 동안 저를 손끝 하나 건드리지 않았죠. 결국 저는 섹스 없이 살아가는 법을 배워야만 했어요."라는 식이었다.

부족한 섹스는 어느 정도를 말하는 것일까? 그 척도는 무엇인가? 성욕의 감소도 문제지만 섹스에 전혀 흥미를 느끼지 못하는 것은 완전히 또 다른 문제다. 발기부전 같은 남성의 일반적인 성적 불만과는 달리 여성의 성적 불만은 정신적 요인과 육체적 요인이 결합되어 나타난다. 이것은 단순히 비아그라와 같은 약으로 치료할 수도 없다. 일부 연구에 따르면 여성의 43퍼센트와 남성의 31퍼센트가 이러한 부분에서 문제를 겪고 있다고 한다.

전문가들은 성 활동에 '일일 최소량'이라는 수치는 존재하지 않는다고 말한다. 미국에서 실시된 가장 포괄적인 성 관련 설문조사이자 가장 고전적인 연구인 '미국의 성Sex in America(1994년에 발표된 설문조사로 무작위로 선택된 3,000명 이상의 성인을 대상으로 90분 간 진행됐다)'에 따르면 설문조사에 응한 커플 가운데 3분의 1이 1년에 단 몇 차례만 섹스를 하는 것으로 나타났다. 최근 발표된 킨제이Kinsey 보고서에서는 미혼 남성의 26퍼센트와 미혼 여성의 24퍼센트가 전년도에 오직 몇 차례만 섹스를 했다고 밝혔다. 기혼남녀의 경우는 각각 13퍼센트와 12퍼센트였다. 이 연구는 욕구가 아닌 섹스의 빈도를 다루고 있지만, 이 커플들은 저활동성 성욕장애hypoactive sexual desire disorder, HSDD라는 이름의 고통을 겪고 있을 가능성이 높다.

미국 성인 인구의 약 20퍼센트가 이러한 장애를 겪고 있는 것으로 추정된다. 그리고 그 대부분은 여성이다. HSDD는 성적 판타지와 생각, 성 활동에 대한 욕망이나 수용의 지속적이고 반복적인 결핍으로 인해 개인적인 고통을 겪는 증상이라고 정의한다. 성 혐오 장애, 억제된 성적 욕구, 성적 무관심, 성욕 부진증 등은 HSDD의 증상 중 하나다. HSDD를 겪고 있는 사람은 성적 흥미나 욕구가 매우 낮으며 성적인 행동을 하는 것을 꺼리고, 배우자의 유혹에도 반응하지 않는다. HSDD를 겪는 사람들의 대다수는 성적 판타지가 부족하거나 전혀 없다. 이런 문제는 커플 관계에만 작용될 것 같지만 실제로는 훨씬 더 넓은 영역에 영향을 미친다. HDSS는 심리적인 고통이나 대인관계의 불안전성을 가져온다.

또 다른 주요 장애는 성욕 장애다. 성욕 장애를 겪는 사람들은 파트너와 성기를 접촉하는 것을 공포스러워 한다. 이러한 혐오는 특정한 성적 행동에 국한될 수도 있고, 좀 더 일반적으로 나타날 수도 있다. 어떤 사람들은 키스나 가벼운 스킨십도 혐오하며, 때로는 공황발작을 일으키기도 한다. 이로 인해 대인관계의 어려움을 겪기도 한다. 여성의 성적흥분 장애나 남성의 발기 장애, 오르가즘 장애, 조루, 성교통 등도 성욕 장애의 범주에 포함된다. 여기에는 모두 관심과 전문가의 도움이 필요하다.

낮은 성적 욕구와 성적 학대의 관련성에 대한 임상 연구도 증가하고 있다. 우울증은 어린 시절 성추행을 당했던 성인들에게 생기는 가장 흔한 반응이다. 이는 곧 성적 욕구의 감소로 이어진다. 성적 학대의 피해는 남성보다 여성에게 훨씬 더 많이 나타나는데, 트라우마를 가진 여성들은 성적 욕구가 너무 낮아 고통받고 있다. 이때 배우자의 적극적인 행동은 유년기의 기억을 더욱 선명히 떠오르게 한다. 이로 인해 성적 이탈 행동이나 공격적인 성폭행이 끔찍하게 반복되는 경우도 있다.

너무 많은 욕망

성욕 저하가 성욕이 지나치게 적은 것을 의미한다면 성욕 과다는 성적 활동을 지나치게 많이 하는 사람을 가리킨다. 성적 표현은 균형 잡힌 삶의 자연스러운 일부다. 그러나 섹스에 대한 욕구에 휩싸여 일이나 인간관계를 방해받을 정도라면 문제가 된다.

성욕 과다를 수치로 측정하기는 어렵다. 어느 정도로 잦은 섹스가 너무 잦은 것인지 판단이 어렵기 때문이다. 어떨 때 사람이 섹스를 지나치게 많이 하는 것인가? 이 질문에 대한 만족스러운 답은 존재하지 않는다. 한 사람이 보통이라고 생각하는 정도가 다른 이에게는 과도하다고, 또 어떤 사람에게는 적다고 생각될 수도 있다. 따라서 남성들이 흔히 하듯 성욕에 대한 기준을 세워놓는 것은 도움이 되지 않는다. 많은 남성들이 성욕과다를 남성성의 증거로 본다. 이들은 '돈 조반니Don Giovanni(모차르트 오페라 〈돈 조반니〉에 등장하는 바람둥이 – 옮긴이)'나 '카사노바'라고 불려도 모욕적으로 느끼지 않는다. 그러나 여성은 이러한 식의 낙인을 싫어한다. 정숙하지 못한 것에 대한 비난이라고 보기 때문이다. 남성은 자신의 성 경험 횟수를 과장하는 경향이 있는 반면에 여성은 낮춰 이야기한다는 사실은 흥미롭다.

성욕 과다 또는 남성이나 여성의 색정증色情症은 만족할 줄 모르는 성욕을 가리킨다. 성욕 과다로 고통 받는 사람들은 평균적인 수준을 상회하는 빈도로 성행동에 몰두하고, 계속 성기가 자극되기를 바란다. 통제 불가능한 욕구를 만족시키기 위해 성욕 과다의 사람들은 큰 만족이나 아무런 정서적인 관여 없이 다양한 상대와 무분별하고 반복적인 성교를 한다. 성욕 과다는 강박적이고 기쁨이 없는 상태이기도 해서 여성 환자들은 가끔 오르가즘을 경험하지 못하기도 한다. 이러한 행동이 고통을 야기하거나 사회적으로 영향을 미칠 때, 즉 다른 영역에서 올바르게 행동할 수 없을 정도로 섹스에 집착하는 상태가 될 때 성욕 과다는 '장애'가 된다.

성욕 과다와 연계되는 구체적인 활동으로는 상습적인 자위, 잦은 성매매 업소 출입, 여러 익명의 상대와 가지는 섹스(원나이트 스탠드), 잦은 혼외정사, 습관적인 노출장애, 습관적인 관음장애, 부적절한 성적 접촉, 아동 성학대, 그리고 강간 등이 있다. 매춘, 소아성애, 피학증, 페티시, 수간, 의상도착증 역시 성욕 과다 증상으로 분류된다. 단순히 이런 행위를 하는 것 자체는(그것이 불법적으로 보일지라도) 중독이라 부르지 않는다. 이 행위들이 반복될 때 '성 중독'이라고 말한다.

때로 사람들은 자기보다 성적으로 활발하거나 자신이 인정하지 않는 방식으로 즐기는 사람을 성 중독이라고 낙인찍는다. 그러나 성욕 과다는 그냥 당신보다 더 많이 섹스를 하는 정도가 아니다. 임상적인 관점에서도 그 조건과 진단은 빈번히 논란의 대상이 된다.

과거에는 여성이 남성보다 섹스를 훨씬 적게 한다고 믿었다. 따라서 많은 의사들이 성욕 과다는 남성에게서 가끔 발견된다고 가정했다. 반면 섹스를 즐기는 것처럼 보이는 여성에게는 의료인들이 '여성 색정증'이라는 진단을 내렸다. 특히 여성이 배우자보다 강한 성적 충동을 가졌다면 더욱 그랬다. 성적 충동이 강한 여성은 뒷담화의 대상이 됐다. 뿐만 아니라 사람들을 안절부절 못하게 만들었다. 반대로 성욕이 지나친 남성에 대해서는 거의 아무도 언급하지 않았다. 게다가 성적으로 정상인가 아닌가를 판단하는 기준은 '남편의 성욕'이었다. 남편보다 욕망을 덜 드러내는 여성은 불감증이었고, 더 큰 욕망을 드러내는 여성은 색정증이었다. 어떤 남성들은 성적으로 쉽게 만족하지 못하는 여성에게서 성에 관련한 판타지와 위험성을 떠올렸다. 이런 여성들은 이빨 달린 질에 대한 원초적인 공포를 일깨웠다.

역사적으로 의사들은 여성 색정증을 남성 색정증보다 심각하게 보았고 그만큼 결과는 더 좋지 않다고 추정했다. 남성 색정증 환자는 자제만 할 수 있다면 문제를 일으키는 일 없이 인생을 살 수 있는 반면, 여성 색정증 환자는 매춘부가 되거나 정신병원에 수용돼야 했다. 배우 조안 리버스Joan Rivers는 이에 대해 "남성은 여기저기서 자고 다녀도 아무런 질문도 받지 않지만, 여성은 열아홉 번이나 스무 번만 잠자리를 가져도 '걸레'가 되어버린다."라고 말했다.

성 중독은 알코올 중독이나 약물, 담배 같은 다른 사회적으로 해로운 중독 사이에 거의 끼지 못한다. 사실 일반적으로 성 중독은 중독이나 장애의 일종이라고 전혀 인식되지 않는다. 다만 '창녀', '문란한', '성적으로 자유분방한', '종마 같은' 등의 표현처럼 성별에 따라 달리 불릴 뿐이다. 성 중독에 대해서는 '금주'라든지 '금단 증상'과 같은, 대척점에 서는 단어도 존재하지 않는다. '금욕'은 성 중독의 회복 개념이 아닌 또 다른 일탈 행동으로 취급된다.

성욕 과다로 인해 섹스에 집착하는 원인은 임상적으로 명확히 정의되지 않는다. 개인의 성욕은 스트레스 증가와 같은 평범한 이유로도 높아질 수 있다. 섹스는 훌륭한 오락 수단이며 즐거움과 휴식을 안겨주기 때문이다. 반면에 일종의 뇌 손상이나 질병으로 인한 충동조절 장애가 그 원인일 수도 있다. 어떤 전문가는 뇌졸중이나 알츠하이머 같은 심리적·신경적인 불안정 상태가 성욕 과다를 야기할 수도 있다고 믿는다. 조울증에 시달리는 사람들은 조증의 시기에 성욕 과다를 표현하고 성적 충동에 있어서 심한 변화를 보인다. 때로는 성적 활동이 평균보다 훨씬 높고, 다른 때는 평균을 훨씬 밑돈다.

성적으로 문란해지는 충동에는 더 깊은 심리적 이유가 존재하기도 한다. 성에 대해 편안한 태도를 지니지 못하고 과도하게 충동적이고 의욕적이며 집요한 태도를 보이는 사람들, 순간적으로 본능을 드러내면서도 자신이 하는 일을 전혀 인식하지 못하는 사람들의 심리 기저를 살펴보면 공통점을 찾을 수 있다. 섹스를 몇 번이고 반복하려는 충동 뒤에는 가끔 성적으로 학대 받았던 과거가 존재한다. 이 경우, 트라우마에 대한 기억을 억누르는 동시에 당시의 행동을 반복적으로 함으로써 자신에게 벌어진 일을 기억하려 하는 것으로 추측된다.

충동적인 섹스는 난해한 형태의 커뮤니케이션으로도 해석된다. 섹스는 기계적인 활동이다. 사랑을 나누는 것과는 다르다. 그러나 성욕 과다에 시달리는 사람은 성행위를 사회적 관계에서의 친밀감 및 상호의존과 혼동한다. 그리고 이를 건설적인 친밀한 관계와 동일시한다.

모차르트의 오페라 〈돈 조반니〉에서 하인 레포렐로는 돈 조반니가 정복한 여자 가운데 하나인 엘비라를 위로하기 위해 애쓴다. 그리고 그 유명한 '카탈로그 아리아catalogue aria'를 부르며 돈 조반니가 사귄 애인의 이름을 읊는다. 익살맞은 이 노래에서 그는 여자들의 번호와 출신지를 줄줄 늘어놓는다. "640번 이탈리아, 231번 독일, 100번 프랑스, 91번 터키, 아 그리고 1003번 스페인……." 교통수단이 발달하지 않아 지금처럼 여행 다니기가 쉽지 않았다는 것을 감안한다면 돈 조반니는 분명 지쳐 떨어질 정도로 바빴을 것이다. 그의 본업은 여성을 유혹하는 것이었다. 그리고 다른 활동을 할 시간이 거의 없었을 것이다.

이러한 카사노바나 팜므파탈Femme Fatal의 행동은 자기도취적이다. 그래서 만족감이라는 것을 느낄 수 없다. 욕망의 완성은 멀기만 하다. 반복적인 섹스는 스트레스와 우울증, 불안, 또는 외로움을 완화시키는 것처럼 보이지만 곧 불편한 마음 상태가 심화될 뿐이다. 성에 대한 집착은 비싼 대가를 치르게 한다. 금전적으로는 매춘이나 폰섹스를 하기 위해 비싼 비용을 감당해야 한다. 다른 면에서는 좀 더 파멸적인 결과를 낳을 수도 있다. 예를 들어 직장에서 다른 사람들을 대상으로 부적절한 행동을 한다든지 업무시간에 포르노를 본다든지 하는 행동으로 일자리를 잃거나, 개인적인 인간관계가 파탄에 이르거나, 성병으로 인해 고통을 겪을 수도 있다.

전쟁 같은 섹스

"남자를 지키고 싶다면 여자는 거실에서는 하녀가, 부엌에서는 요리사가, 침실에서는 창녀가 되어야 한다."는 진부한 농담이 있다. 모델이자 배우인 제리 홀Jerry Hall은 엄마가 자기에게 이 농담을 여러 번 되풀이하자 이렇게 대꾸했다고 한다. "다른 두 명은 그냥 채용해요. 저는 그냥 침실 쪽에 더 신경을 쓸게요."

불행히도 침실은 때론 전장이 된다. 성 과학자 윌리엄 마스터스William Masters는 "침실에서 일이 잘 안 풀리면 거실에서도 순조롭지 않을 것이다."라고 말했다.

섹스는 커플을 더 가까이 묶어준다. 그러나 섹스가 없거나 자기희생의 방도로 쓰이는 경우, 두 사람을 갈라놓는 쐐기가 될 수 있다. 앞서 보았듯 문제는 한 사람이 다른 사람보다 섹스에 확연히 관심 없을 경우에 발생한다. 이때 섹스는 갈등과 마찰의 원인이 되며 관계에 부정적인 영향을 미친다. 낮은 성욕을 지닌 사람은 자신이 하고 싶지 않은 무엇인가를 해야 한다는 압박을 느낀다. 이는 억울함과 분노를 야기하고 성욕을 더 떨어뜨린다. 반면 더 높은 욕망을 지닌 사람은 자신이 사랑받지 못하고 있으며 불우하고 절망적이라고 느끼기 시작한다. 그 결과 성적 활동에 대한 압박을 더 자주 더 격렬하게 느낀다. 그럴수록 상대방은 더욱 불쾌해진다. 이렇게 섹스는 전쟁이 된다. 윈-윈win-win게임이어야 하는 섹스는 제로섬zero-sum게임이 되며 결국 둘 다 이 게임의 패자가 된다.

소설가 체스터턴G.K.Chesterton은 "결혼은 전쟁으로 향하는 모험이다."라고 말했다. 실망하고 화가 난 아내가 뒷걸음치는 남편을 비난하며 정서적 유대를 요구하는 것은 부부관계에서 흔한 일이다. 오직 그 부부관계에서 성적인 면에만 관심을 가지는 남성도 있다. 어떤 남성은 강간에 이를 정도로 공격적으로 섹스를 요구한다. 이 남성들은 성적인 면에서 여성의 수용성을 과대평가 한다. 이러한 행동은 결과적으로 둘 사이를 더욱 멀어지게 한다. 결국 성적 인식 차이에 대한 무지가 두 성 간의 갈등을 계속해서 악화시키고 마는 것이다.

성적인 공격과 방어는 남녀 관계에서 늘 중요한 의제이며 끊임없이 전쟁을 일으키는 원인이다. 커플 가운데 한 명이 섹스를 원할 때 다른 한 명은 거부할 수 있다. 그러나 이러한 패턴이 반복되면 아무것도 아닌 일들이 싸움으로 번지게 된다. 섹스에서 시작된 커플의 문제는 설거지, 침대 정리, 쓰레기 버리기, 강아지 산책, 아이들의 훈육, 재정적인 문제로 순식간에 번진다.

공격-방어 또는 공격-철회의 반복은 둘의 관계를 크게 갉아먹을 뿐 아니라 커플이 진심으로 감정적인 결합을 할 수 없게 방해한다. 성적인 공격과 방어 문제의 본질은 분리와 연결, 안정과 믿음, 힘과 무력함, 누군가를 끌어들이거나 밀어내야 하는 것과 같은 관계 맺기와 관련 있기 때문이다.

성적인 공격과 방어, 공격과 철회를 반복하는 것은 성 주체성을 약화시키고, 남녀가 서로 자존감에 상처를 입는 결과를 가져오고, 결국 남녀는 서로 강력한 분노의 감정을 가지게 된다. 남자는 부인이 자신에게 아무런 매력을 느끼지 못하며, 구걸을 하거나 친절하게 대해야만 성적 친밀감을 얻을 수 있다고 느낀다. 같은 상황에서 여성들은 학대받거나 강간당한다고 느낀다. 자신이 섬세한 인간으로서는 무시당하고 그저 육체적 대상으로 취급받는다고 생각한다.

극작가이자 철학자인 요한 울프강 폰 괴테Johan Wolfgang von Goethe는 "때로는 남편과 아내가 말다툼을 하는 것이 필요하다. 그렇게 서로를 더 잘 알게 된다."라고 말했다. 그러나 침실이 갈등의 현장이 되어버리는 경우 어떤 커플들은 가학-피학적 결탁을 하게 된다. 에드워드 올비Edward Albee의 희곡 〈누가 버지니아 울프를 두려워하는가Who's afraid of Virginia Woolf?〉는 이러한 상황을 드라마에 담아냈다. 이 연극은 결혼이라는 전쟁터에서 서로를 무자비하게 공격하는 한 커플을 소개한다. 두 사람은 서로를 미워한다. 따라서 한쪽이 제안하는 사랑을 받아들이지 못한다. 그리고 상대의 결점을 과장해서 받아들이며 상대방이 자신의 구원자가 되지 못함을 늘 비난한다. 이들의 결혼에서 성적인 요소는 아주 오래 전에 사라졌다는 것을 충분히 추측할 수 있다.

　기계적인 섹스에 신물이 난 여성은 남편의 육체적인 욕구를 이해하지 않으려 한다. 그러나 남성의 욕구는 거부당한다 해서 사라지지 않으며 그로 인해 여성들은 곤란에 처한다. 남성의 관점에서는 배우자가 이 욕구를 채워주지 못한다면 진정한 난제에 봉착하게 된다. 남성은 절망감과 박탈감을 가지고 살아가거나 또 다른 곳에서 만족감을 추구하거나 둘 중 하나를 택해야 한다. 여기서 '다른 곳'은 대부분 불륜이다. 이는 결별의 시나리오로 발전하게 된다. 설사 헤어지지 않더라도 둘 사이에는 거의 아무것도 남지 않은 채 별개의 삶을 살게 된다. 나는 성性의 전쟁에서 그 원인이 여성 쪽에 있다고 이야기하는 것이 아니다. 남성이 더 나은 기술이나 참을성, 지식을 가졌다면 많은 여성들은 섹스를 더욱 즐길 수 있을 것이다.

　어떤 경우에는 섹스 없는 관계가 성을 자유롭게 표현하는 것 이상으로 행복하고 충만할 수 있다. 그러나 성의 억압은 드러내놓고 부조화나 싸움을 만들어내지 않는다 하더라도 남녀관계의 상호성을 빠르게 약화시키는 결과를 가져온다. 성애의 상실은 반드시 쓰디쓴 싸움으로 끝나지는 않지만 살아도 산 목숨이 아닌, 생기 없는 상태로 서서히 접어들게 된다. T.S.엘리엇T.S.Eliot은 자신의 시 〈J.알프레드 프루프룩의 연가⟨The Love Song of J. Alfred Prufrock⟩에서 이러한 삶을 잘 묘사하고 있다. "나는 내 인생을 커피 스푼으로 한번 재봤지." 편안하지만 치명적일 정도로 틀에 박힌 삶. 우리가 스스로의 성적 본능을 부정한 데서 나온 불가피한 결과다.

치료에 대한 의문

남녀관계에서 성적인 면은 관계가 전체적으로 잘 흘러가는지 보여주는 지표가 된다. 섹스와 성이 관계의 처음이자 끝은 아니지만 성욕에 대한 적절한 표현이 없다면 그 관계는 고통스러울 수밖에 없다. 성 심리적 역기능은 생명을 위협하지는 않지만 커플이 소통하는 다른 방식들에 영향을 미친다. 각자의 자존감에 부정적인 영향을 미치고 직장에서의 삶에도 영향을 미친다.

다행히도 심리 치료, 성적 장애 치료, 행동요법, 결혼 및 관계 카운슬링 등으로 문제를 완화시킬 수 있다. 치료사는 일반적으로 개인의 성적 정체성(예를 들어 섹스에 대한 믿음이나 태도)을 검토한다. 그리고 친밀감과 애착을 포함한 관계의 요인, 커뮤니케이션과 대처 유형, 남성과 여성의 전체적인 정서적 건강 등을 살핀다. 치료요법에는 성적인 책임감과 기술, 배우자와의 친밀감을 강화하는 방식에 대한 교육, 읽을 만한 자료나 추천할 만한 커플 활동 등이 있다. 또한 성적 선호에 대한 논의(또는 실험), 서로의 판타지에 대한 탐구 등도 함께 진행된다.

성적인 문제를 해결하기 위해서는 충분한 자신감을 갖고, 불안으로부터 자유로워져야 한다. 정신적·육체적 자극, 성적으로 흥분된 생각이나 행동에 초점을 맞출 수 있는 환경도 중요하다. 만약 이러한 조건 중 하나 또는 그 이상이 계속적으로 결여될 때 성생활 불능은 고질적인 문제가 된다.

자신감, 즉 성적인 면에서 발휘할 수 있는 지식은 매우 중요하다. 이는 상대를 성적으로 끌리게 하고, 당신의 성욕을 존중할 수 있게 해준다. 파트너의 비하적인 태도만큼 성적인 자신감에 악영향을 끼치는 요소는 없다. 이는 불안을 야기하고 성적인 면에서 실패하게 만든다. 성적인 실패를 경험하면 그것이 자기충족예언이 되어버려 '수행불안'을 자아낸다. 수행불안이란 자신이 성적으로 흥분하고 정상적으로 기능하지 못할까봐 두려워하는 상태다. 이러한 공포는 영원히 지속된다. 왜냐하면 수행불안은 신체적인 흥분을 방해하기 때문이다. 그리고 신체적으로 흥분할 수 없게 되면 다시 불안이 증가한다.

레오 톨스토이_{Leo Tolstoy}는 "행복한 결혼을 위해 중요한 것은 화목하게 잘 지낼 수 있는지 여부가 아니다. 불협화음을 잘 다룰 수 있는지가 더욱 중요하다."라고 말했다. 성적으로 건강하게 기능한다는 것은 같은 사람과 몇 번이고 되풀이해서 사랑에 빠져야 한다는 의미를 내포한다. 당신이 누리는 관계의 종류는 당신이 어떤 사람인지에 따라 달라진다. 당신이 행복하고 정서적으로 안정된 사람이라면 당신의 관계 역시 괜찮을 가능성이 높다. 인생이 불만스럽고 씁쓸하게 느껴진다면 당신은 영원히 행복하게 잘 살기를 소망하기 전에 스스로 감정을 다스릴 수 있어야 한다. 이 장에서 여러 번 강조했듯 오래오래 행복하게 잘 살기 위해서는 두 사람이 성적인 상상을 함께 나눌 수 있는 공동구역을 찾아야만 한다.

5장
'성'이라는 놀이

상상력은 창작의 시발점이다.
인간은 욕망하는 것을 상상하고 그 상상을 행동으로 옮긴다.
그리고 마침내 행동에 옮기는 것을 창조하게 된다.
조지 버나드 쇼

모든 창조는 파괴 행위에서 시작된다.
파블로 피카소

창의성이란, 불만족이 예술이 되는 것이다.
에릭 호퍼

독재자들은 가끔 섹스와 창의성을 체제전복의 행위로 본다.
이를 통해 자신만의 몸과 자신만의 목소리를
함께 소유하고 있다는 것을 깨닫게 되기 때문이다.
그리고 이는 그 무엇보다도 혁명적인 시각이 된다.
에리카 종

우리는 너무 과도하거나 너무 부족한 성욕을 가진다. 그런데 이 사실이 정말로 중요한가? 사실 섹스는 미래 세대에 유전자를 남기기 위한 행위에 불과하다. 섹스는 불멸을 추구하는 '이기적인 유전자'에 의한 화학작용이다. 삶의 부활과 전달을 상징하는 섹스에서는 욕구가 얼마나 강렬한가는 상관없다.

우리는 아이들을 통해 삶의 연속성을 확보하려 한다. 그 외에도 인간은 언제나 불멸의 존재가 되기 위한 여러 방법들을 찾아왔다. (이에 대해서는 4부에서 더 자세히 다룰 예정이다.) 이러한 목표를 달성하기 위한 매력적인 전략 중 하나는 인간의 창의성을 바탕으로 한 '창조'다. 인간의 창의성은 세상에 새로운 것을 존재하게 한다. 인간이 끊임없이 무언가를 창조하는 이유는 창작의 결과물이 창작한 사람보다 더 오래 지속될 것이라는 기대가 있기 때문이다. 심리치료사 롤로 메이Rollo May는 "창의성은 우리의 유년기와 청소년 시절에 순수하게 일어나는 자연스러운 현상이 아니다. 창의성은 반드시 성인의 열정과 결합되어야 한다. 그 열정은 한 사람의 죽음 뒤에도 계속 살아남게 된다."라고 말했다.

창의성을 발휘하기 위해서는 변화와 변신이 필수다. 다양한 방식으로 사물을 바라보기 위해 기존의 패턴을 깨고 나와야 한다. 애벌레를 한번 보자. 나비로 변할 것 같은 가능성이 보이는가? 프리드리히 니체 Friedrich Nietzsche는 "춤추는 별을 탄생시키기 위해서 영혼의 카오스가 필요하다."라고 했다. 변화를 원한다면 오래된 것을 버려야 함을 시사한다. 장벽을 깨고 새로운 것을 마주하고 그 누구도 감히 가지 못했던 길을 가기 위해서는 용기가 필요하다. 풍자 작가 조나단 스위프트 Jonathan Swift는 "그는 처음으로 굴을 먹었던 대담한 남자였다."라고 쓰기도 했다. 창의성은 다양한 방식으로 표현되는데, 예술과 과학, 철학이 대표적이다. 그리고 성욕은 여러 가지 탈을 쓰고는 있으나 창조 과정을 끌어가는 중요한 추진력이 된다.

예술가들은 예술을 창조하기 시작한 이래 언제나 성적인 주제를 다뤘다. 고대 문명의 예술은 성적이거나 에로틱한 상상력으로 가득했다. 성과 인간의 몸이 지니는 관계는 '베레카트 람의 비너스Venus of Berekhat Ram(기원전 23만 3천년 경)'와 '탄탄의 비너스Venus of Tan-Tan(기원전 50만년 ~30만년 전 경)' 같은 초기 작품에서 꽤 분명하게 드러난다. 창작 활동을 통해 우리 조상들은 억압된 욕망을 표출했다. 그리고 유혹, 매력, 모멸감, 자멸, 자기계발 등 인간의 복잡한 감정과 관계도 표현했다.

정신분석가들은 예술작품 속에 숨은 성적인 상징들을 찾아내왔다. 지그문트 프로이트는 자신의 글 〈정신적 기능의 두 가지 원칙의 공식 Formulations on the two principles of mental functioning〉에서 이렇게 말했다. "예술가는 본래 현실과 동떨어져 있다. 그들은 본능적인 만족을 포기해야만 하는 현실에 타협하지 못하고 자신의 관능적이고 야심찬 바람들을 판타지로 풀어내는 사람들이기 때문이다. 그러나 예술가들은 자신의 판타지를 새로운 종류의 진실로 빚어낼 수 있는 특별한 재능을 가졌다. 이러한 재능을 활용해 판타지의 세계에서 현실로 돌아가는 길을 찾는다. 그리고 인류는 이를 현실의 또 다른 반영으로서 가치 있게 여긴다.”

나는 성욕과 창의성의 관계에 대해 논할 때 한 가지 경고를 덧붙이고 싶다. 환원주의(다양한 현상을 하나의 원리나 요인으로 설명하려는 경향—편집자)의 덫에 빠지지 않도록 주의해야 한다는 것이다. 성욕은 창조의 과정을 이끌어가는 요인으로서 중요하긴 하지만, 창조자의 성격적 특성과 기타 생리적이고 발달적인 특성도 함께 작용한다는 것을 간과하면 안 된다.

최초의 창작: 가슴에 대한 환영

창작의 과정을 이해하기 위해 우리는 유아기에서 시작된 심리적 갈등이 인생 전반에 어떻게 영향을 미치는지 알아볼 필요가 있다. 심리적 갈등은 원초적이고 본능적인 충동이 존재하는 내면과 속박하고 부정하는 힘을 지닌 외면 사이의 긴장에서 비롯된다. 젖가슴의 환영幻影은 배고픈 아이가 구강욕구를 채우지 못하고 좌절했을 때의 산물이다. 이것은 원형적인 예술 활동 또는 창작물의 전신前身이 된다. 아동심리학자들은 이 과정을 정신발달의 첫 단계이자 유아기에 이루어지는 첫 상상의 유형으로 간주한다. 언어보다도 앞선 이 몽환적인 활동의 기억은 그대로 간직되다가 훗날 창조적 활동의 결과물로 표출된다.

성장하는 과정에서 인간은 성에 대한 자연스러운 호기심을 경험한다. "나는 어디에서 왔어요?"는 세월이 흘러도 변치 않는 질문이다. 삶의 초기부터 우리는 이 수수께끼에 답하려 노력한다. 우리는 굳게 닫힌 안방 문 뒤에서 무슨 일이 벌어지는지 궁금해 한다. 우리는 '원초적 장면primal scene'에 매료된다. 원초적 장면이란 아이가 관찰하고 구성하거나 상상해낸 부모의 성관계를 의미한다. 아이의 이해력이 아직 채 발달되지 않았음을 고려할 때 원초적 장면은 한 인간의 신체 통합성body integrity에 대한 도전이자 침해이며 폭력의 원초적인 형태로 인식될 수 있다. 원초적 장면은 혼란스러움과 성적인 흥분을 동시에 주는 이미지다. 이로 인해 상상력이 더욱 풍부해지고 창의적인 영감이 떠오른다. 젊은이들에게는 원초적 장면이 주는 금지된 느낌, 즉 숨어서 하는 비밀스러운 행위라는 점이 신비로움을 주고 흥미를 자극한다.

원색장면의 비유는 창조성을 형성하거나 억제하는 중요한 역할을 한다. 원초적 장면을 형상화하기 위해 창조적인 사람들은 자신 존재의 서사를 발견하려 애쓰고, 이를 예술적인 방식으로 표현한다.

창조적인 사람이 부르는 유혹의 노래

성적 욕망과 창조성이 밀접하게 연계되어 있음에도 불구하고 창조적인 사람의 섹스에 대한 태도는 역설적일 수 있다. 누군가는 섹스에 지나치게 집착하고 누군가는 성적으로 매우 엄격한 금욕주의자가 된다. 이들은 금욕이 월등한 창조성을 동반한다고 믿는다.

일반 대중들은 창조적인 유형의 사람들이 좀 더 강한 성적 충동을 느끼며 더 많은 섹스를 할 것이라고 추측하는 경향이 있다. 이러한 가정은 때로 자기충족예언이 되어, 일부 창조적인 사람들은 이러한 기대에 맞춰 살아야 한다고 느낀다. 심지어 이러한 성적인 이득 때문에 예술적인 삶을 추구하는 사람도 있을지 모른다.

어디까지가 판타지고 어디까지가 현실인가? 창조적인 사람들은 정말 더 자주 섹스를 하는가? 이들은 더 높은 성욕을 지녔는가 아니면 그저 평균적인 사람들보다 더 많은 섹스 기회를 가지는 것뿐인가? 창조적인 사람들은 평범한 사람에 비해 더 매력적인가? 그렇다면 그 이유는 무엇인가? 사람들은 창조적인 성향을 가진 이들이 정서적으로 더 풍부하다고 추정하는가? 진화심리학자들은 이러한 질문에 대해 다양한 해석을 내놓는다.

학자들은 석기시대부터 예술적인 사람들은 그렇지 않은 사람보다 짝을 더 잘 유인해왔다고 말한다. 예술가적 기질이 있는 사람들은 표현이 풍부하고 언어사용에 능하다. 이는 구애의 성공률을 높이며, 상대적으로 사랑과 연애를 수월하게 할 수 있다.

우리 선조 중 일부는 실제로 언어적으로나 예술적으로 다른 사람들보다 자기 자신을 능숙하게 표현할 줄 알았을까? "와서 내 그림 한 번 볼래요?"라는 초대는 원시시대에도 유효한 유혹이었을까? 수작을 걸거나 다른 이의 관심을 끄는 능력은 인류 진화의 본질적인 측면으로 봐야하는가? 창조적인 사람들은 언제나 구애의 경쟁에서 우월한 위치를 차지해왔는가? 예술적인 능력이 구애의 성공 확률을 높인 것인가, 구애의 방식이 진화해 예술적인 능력이 된 것인가?

진화적 관점에서 무엇이 타당하던지 간에 확실한 것은 하나다. 창조적인 사람들은 다른 사람들의 마음을 끌며 결국 많은 관심을 얻게 된다는 것. 여기에서 다시 한 번 닭이 먼저냐 달걀이 먼저냐 하는 질문이 나올 수 있다. 성적 충동이 먼저인가, 아니면 그들을 매력적으로 보이게 하는 맥락이 먼저인가?

세인의 이목을 끄는 사람들은 창조적이지 못한 사람들보다 성적으로 더 많은 기회를 누릴 수도 있다. 창조적인 사람들은 보통 보헤미안적인 자유분방한 생활방식에 매력을 느끼며 보통사람에 비해 성적인 충동이나 기회를 누릴 준비를 하고 있다. 이들은 배우자들에게 충성심이나 정절을 기대하지 않는다. 이런 특징을 잘 알고 있는 탓에 사회는 창조적인 사람들의 성 행동에 더 관대하다.

우리의 추측은 현실적으로 얼마만큼 뒷받침되는가? 창조적인 사람들은 정말로 나머지 사람들보다 더 거침없이 성생활을 하는가? 어쩌면 그들은 자신을 표현하는 데에 좀 더 능숙한 것뿐인지도 모른다.

보헤미안의 삶

우리는 난잡한 성생활과 예술가의 보헤미안적인 삶을 연결 짓는 경향이 있다. 예술가의 작품에 가끔 노골적으로 드러나는 성적인 주제 때문만은 아니다. 예술가들이 주로 사용하는 채널인 회화, 소묘, 조각, 공연예술, 영화, 그리고 기타 매체들은 항상 성욕을 표현할 기회를 제공했다.

성적으로 노골적인 예술은 인간의 상상력을 가장 직접적으로 드러내는 창조적 표현이며, 삶의 진짜 모습을 반영한다. 헐벗은 여인, 거울에 비친 자신의 모습을 감탄하며 바라보는 여인, 또는 얽매이고 속박당한 여인을 그린 그림들은 예술사에서 큰 부분을 차지한다. 강간, 수간(그리고 어떤 이들에게는 동성애까지) 등을 표현한 예술은 포르노로 오해받기도 한다. 이런 식의 상상은 성적인 연상을 일깨우고 우리의 상상력을 자극한다. 이러한 예술 작품 중 다수는 창작자 개인적으로 깊은 의미가 있는 경험을 담고 있다. 그러면서 사회적인 맥락에서는 보는 이에게 울림을 준다.

미켈란젤로Michelangelo부터 메이플소프Mapplethorpe에 이르기까지 서구 예술가들은 의식적이던 무의식적이던 간에 성에 관해 다루려는 시도를 해왔다. 그 누구도 이들의 예술을 건드릴 수 없었다. 자명한 이야기다. 신성함과 에로틱함이 융합된 구석기 시대 예술부터 시작해 산드로 보티첼리Sandro Botticelli의 '비너스의 탄생The Birth of Venus'이 보여주는 우아한 관능, 그리고 19세기 상징주의 예술에 드러나는 잔인함과 고통스러운 육욕의 형상은 모든 논란을 불식시킨다. 예술은 사회적 지표다. 예술은 변화하는 사회적 관습을 재빨리 포착해낸다. 게다가 이 예술가들은 사회적 변화를 이끌기 위한 노력의 선봉에 서는 경우가 많다.

한때 고상하고도 종교적인 주제나 (성적인 주제가 위장된 형태로 나타나는) 신화에 바탕을 두었던 예술은 이제 현실과 더 밀접한 관계에 서 있다. 화가들은 성욕과 실현을 포함한 사생활의 우여곡절을 좀 더 노골적으로 찬양하기 시작했다.

에두아르 마네Edouard Manet가 나체의 매춘부를 그린 〈올림피아 Olympia(1863년)〉는 음란함을 보란 듯이 그림으로 표현함으로써 일상의 억압적인 속성에 저항한다. 〈올림피아〉가 처음 파리에서 공개됐을 때 평론가들은 분노했다. 그리고 이 그림을 전시하던 화랑은 그림을 보호하기 위해 두 명의 경찰을 고용해야만 했다. 같은 해 에두아르 마네 Edouard Manet가 그린 두 번째 그림 〈풀밭 위의 점심식사Le dejeuner sur l'herbe〉 역시 비슷한 반응을 이끌어냈다. 두 명의 남성이 나체의 여인과 함께 야외에서 피크닉을 즐기는 모습을 묘사하고 있는 이 거대하고 도발적인 작품은 가차 없이 비난받았다.

두 그림의 노골적인 표현은 프랑스의 전통적인 회화관과 여성에 대한 사회의 위선적인 시선을 향한 도전이었다. '올림피아'는 여성을 성녀나 신화적인 여신이 아닌 '진짜 여자'로 보게 만들었다. 관람객들은 열렬한 반응을 보였다. 이 그림이 관객들에게 성적인 흥분이나 격앙을 불러일으켰다는 의미였다. 그렇게 마네는 의도했던 바를 이룰 수 있었다.

이후 많은 예술가들이 원시주의로 선회했다. 예술가들은 비非 서구 사회들이 자연친화적이고 폭력성과 신비주의 성향을 띠며, 거리낌 없는 성생활을 즐긴다는 점에 매력을 느꼈고, 이를 예술로 표현해냈다. 특히 파블로 피카소Pablo Ruiz Picasso는 관객들이 내면의 원초적인 충동을 인식하도록 만들어서 유럽 사회의 관례를 흔들고 싶어했다. 폴 고갱Paul Gauguin의 타히티 그림과 이고르 스트라빈스키Igor Stravinsky의 초기 음악('봄의 제전' 등)은 원시주의 예술의 가장 뛰어난 예다.

　이 예술가들은 작품을 통해 성욕을 표현했을 뿐 아니라 실제로 이를 행동으로 옮겼다. 위대한 화가와 사진가 중 다수가 자신들의 모델과 사적인 관계를 맺는다는 것은 공공연한 비밀이었다. 성욕의 실현은 예술가들의 아이디어를 창조적인 현실로 만들어내는 데에 중요한 역할을 했다. 모델과 사랑을 나누는 것은 위대한 화가들 사이에서 흔히 있는 일이었다. 피에르 오귀스트 르누아르Pierre-Auguste Renoir는 특히 "나는 내 성기로 그림을 그린다."라고 말하며 자신의 작품을 통해 성욕의 일부를 드러내는 것을 개의치 않았다. 파블로 피카소 역시 성애 예술에 집착하며 "예술은 결코 순결하지 않다. 예술은 무지몽매하고 순진한 이들에게는 금지되어야 한다. 그리고 제대로 준비되지 못한 사람들과 접촉해서는 안 된다. 그렇다. 예술은 위험하다. 순결하다면 그것은 예술이 아니다."라고 말했다. 성폭력, 관음증, 매춘, 발기부전과 같은 관능적이고 에로틱한 내용으로 유명한 피카소의 예술은 열정 넘치는 그의 감정과 성생활을 드러내는 지표였다. 그의 삶은 음모와 배신, 열정, 그리고 극단적인 사건들로 특징지어진다. 그리고 피카소 화풍의 연대기는 그의 인생 내내 이어지는 정부情婦들과의 관계에 밀접하게 연결된다. "여성은 여신 아니면 발닦개"라는 유명한 발언은 피카소를 페미니스트의 적으로 만들었다. 그러나 당시 여성들은 기꺼이 열광하며 두 역할 모두에 빠져들었다. 그만큼 그의 매력은 전설적이었다. 80대 후반

(1968년 5월과 10월 사이)에 그는 성적인 주제를 지닌 347점의 판화를 발표했다. '판화집 347Suite 347'이라는 제목의 작품집에서 90세의 이 예술가는 툴툴거렸다. "나이 때문에 나는 어쩔 수 없이 섹스와 담배 모두를 포기해야 하지만 여전히 욕망은 남아있다."

누드화로 잘 알려진 아메데오 모딜리아니Amedeo Modigliani는 만족할 줄 모르고 끊임없이 모델들을 유혹하는 것으로 유명했다. 그는 피카소를 비롯한 다른 위대한 현대 예술가들과 함께 마지막 순간까지 술과 여자에 취해 보헤미안의 삶을 살았다. 늘 술에 쩔어 큰 소리로 불평을 지껄이고 여러 약물에 몰두하던 그는 전형적인 예술가였다. 그리고 파리에 처음 도착한 1906년부터 1920년 서른다섯의 나이에 결핵성 수막염으로 눈을 감을 때까지 작업실과 살롱, 술집, 그리고 연인들 사이를 옮겨 다녔다. 그가 죽자 임신한 그의 애인은 자살하고 말았다.

구스타프 클림트Gustav Klimt 역시 성생활 하면 빠지지 않는 예술가였다. 그는 그림에 영감을 줄 수 있는 연인과의 연애는 꼭 필요하다고 주장했다. 여성들은 그의 거부할 수 없는 매력에 끌렸다. 그의 작업실에는 늘 벌거벗은 모델들이 있었다. 클림트는 여러 모델들과의 사이에서 열다섯 명의 사생아를 낳았다. 그러는 동안 남태평양에서는 폴 고갱이 타이티의 소녀들과 말 그대로 죽어도 좋을 만큼 즐겼으며 결국은 매독으로 사망했다. 과한 알코올과 섹스는 결국 앙리 드 툴루즈 로트렉Henri de Toulouse-Lautrec의 목숨도 앗아갔다. 툴루즈 로트렉은 창녀와 매춘굴을 그린 작품들로 유명하다.

조각가 오귀스트 로댕Auguste Rodin의 초기 소묘들은 포르노적인 관능과 에로틱한 취향을 드러낸다. 대서양 건너편 미국에서는 한 세대 후에 태어난 여성 예술가 조지아 오키프Georgia O'Keeffee가 동시대의 성적 관례를 넘어섰다. 사진가 알프레드 스티글리츠Alfred Stieglitz는 그녀를 피사체로 한 매우 성적인 사진들을 찍었다. 게다가 그녀는 그와 결혼도 하지 않은 채 함께 사는 모습을 기꺼이 공개했다(당시로서는 죄가 되는 행위였다).

음악가들 가운데에도 악명 높은 난봉꾼들이 많았다. 프란츠 리스트Frantz Liszt가 벌인 수많은 연애사건은 사회적으로 충격을 안겨주었다. 그는 카사노바였고 여성들이 자신을 추종하는 것을 즐겼으며 귀족 여성들과 공주들, 그리고 순진하고 어린 팬들까지 잠자리 상대로 삼았다. 펠릭스 멘델스존Feliz Mendelsshon은 리스트를 두고 "추문과 신성화를 계속 오간다"라고 표현했다. 리스트와 가까운 친구 가운데 한 명인 리하르트 바그너Richard Wagner는 방문하는 도시마다 새로운 연애를 시작했고 남의 아내들과 습관적으로 사랑에 빠졌다. 또 다른 작곡가 지아코모 푸치니Giacomo Puccini는 스스로를 "야생의 새, 오페라 대본, 그리고 매력적인 여성들을 노리는 강력한 사냥꾼"이라고 묘사했다. 그의 인생은 로맨스와 열정적인 정사情事의 연속이었다. 더 최근에는 남녀를 가리지 않고 연애를 한 레너드 번스타인Leonard Bernstein이 있다. 번스타인의 딸은 아버지가 추구하는 '중산층의 정서' 덕에 그가 완전한 동성애자로 사는 것만은 막을 수 있었다고 회고했다.

문학의 영역으로 옮겨가면 보카치오Boccaccio의 〈데카메론Decameron(1353년)〉, 존 클래린드Jogn Cleland의 〈패니 힐Fanny hill(1748년)〉, 마르키

드 사드Marquis de Sade의 〈소돔의 120일120 days of Sodom(1785년)〉, 레오폴트 폰 자허마조흐Leopold von Sacher-Masoch의 〈모피를 입은 비너스Venus in Furs (1870년)〉, 그리고 폴렌 레아주Pauline Reage의 〈O의 이야기Story of O (1954년)〉 등과 같이 거의 포르노에 가까운 작품들에서 성욕은 매우 노골적으로 드러난다. 에로틱한 소재를 다룬 다른 주류 작가를 몇 명만 들자면 오노레 드 발자크Honore de Balzac, 에밀 졸라Emile Zola, 빅토르 위고Victor Hugo, 제임스 조이스James Joyce, D.H.로렌스D.H.Lawrence, 그리고 블라디미르 나보코프Vladimir Nabokov 등이 있다.

작가들은 작품에 성욕을 노골적으로 표현했을 뿐 아니라 자신들의 성적인 실수에도 뻔뻔스러웠다. 1824년 영국의 시인인 조지 고든 바이런George Gordon Byron이 죽고 난 뒤 3주 후 〈타임Times〉지는 그에 대해 "그의 세대에서 가장 주목할 만한 영국남자"라고 주장했다. 어린 소년, 유명 여류인사, 심지어 이복 여동생까지 움직이는 생물이라면 닥치는 대로 섹스를 했던 이 남자를 가리키는 표현이었다. 요한 볼프강 폰 괴테는 바이런 같은 유형은 아니었으나 다수의 연인이 있었으며 성애 문학에 어느 정도 관심을 가졌다. 프랑스에서는 조르주 상드Georges Sand가 남성의 이름을 쓰고 복장 도착증이 있었으며 당대의 남성 작가들과의 평등을 주장했다. 그녀는 알프레드 드 뮈세Alfred de Musset, 프란츠 리스트, 프레데릭 쇼팽Frederic Chopin, 그리고 귀스타브 플로베르Gustav Flaubert 등과 얽혀 연애를 했다. 또한 여배우 마리 도르발Marie Dorval과 진한 우정을 나눴다. 이 둘이 레즈비언적인 관계에 있다는 소문이 널리 (하지만 확인불가한 채로)퍼졌다.

〈노트르담의 꼽추The Hunchback of the Notre Dame〉, 〈레미제라블Les Miserable〉의 작가인 빅토르 위고Victor-Marie Hugo는 성적으로 결코 만족하지 못했다. 밤에 거의 잠을 자지 않았던 그는 깨어 있는 동안 자기 아내를 꽤나 바쁘게 만들었다. 또한 자주 매춘부를 찾아갔고 칠십대에는 스물두 살의 여자 친구도 있었다. 그는 죽기 직전까지 성적으로 매우 적극적이었다.

프랑스에서 태어난 작가 아나이스 닌Anais Nin은 성에 대해 솔직하게 털어놓은 일기로 유명해졌다. 그녀는 섹스와 여성이라는 존재 자체에 대해 생생하게 묘사했다. 이러한 것들이 '여성들의 이슈'가 되기 아주 오래 전의 일이었다. 그녀는 많은 애인을 거느렸던 것으로도 유명했는데 여기에는 헨리 밀러Henry Miller, 에드먼드 윌슨Edmund Wilson, 고어 비달Gore Vidal, 오토 랑크Otto Rank 등이 포함됐다. 성을 다룬 그녀의 작품 〈델타 오브 비너스Delta of Venus〉 역시 유명세를 탔다. 어니스트 헤밍웨이Ernest Hemingway의 인생은 권투시합, 투우, 아프리카 사파리, 머나먼 바다 낚시 여행, 전쟁과 폭음으로 유명하지만, 성에 관한 모험심으로도 잘 알려져 있다. 1920년부터 1961년 사이 그는 결혼을 네 번 했고 수도 없이 많은 연애 스캔들을 일으켰다.

조르주 심농Georges Simenon은 베스트셀러인 탐정소설을 썼다는 사실 외에도 어마어마한 성적인 취향을 가진 작가로 기억된다. 그는 하루에 세 번 반드시 섹스를 해야 하며 평생 만 명의 여성과 잤다고 주장했다. 그 중 8천 명은 '공공의 소녀들les filles publiques', 즉 매춘부라고 했다. 그의 두 번째 아내는 훗날 그의 계산에 동의하지 않았고 '실질적으로' 계산했을 때 그가 잔 여성의 수는 약 1천 2백 명이라고 주장했다. 그리고 그 목록은 계속 길어지고 있다.

학자와 지성인, 정치인들은 이에 견주기 어렵지만 그렇다고 해서 섹스에 있어서 아마추어는 아니다. 앨버트 아인슈타인Albert Einstein이 예쁜 여자들 앞에서 맥을 못 추었다는 사실은 더 이상 비밀이 아니다. 그는 다양한 연애사건에 휘말렸으며 적어도 한 명의 혼외자를 낳았다. 경제학자인 존 메이나드 케인즈John Maynard Keynes는 자신의 성생활을 수치로 기록했다. 1906년부터 그는 자신의 성교와 자위, 그리고 몽정에 대한 표를 작성했다. 아마도 그는 섹스와 통계에서 동일한 즐거움을 얻었던 것 같다. 또한 젊은 남성들과 다양한 연애를 하기도 했다. 철학자 버트런드 러셀Bertrand Russell은 두 번의 결혼과 수많은 불륜 사건을 일으켰고 애인들에게 엄청난 양의 편지를 썼다. 호의적인 페미니스트로서 그는 "여성이 원치 않는 섹스를 견뎌야 하는 횟수는 아마도 성매매에서보다 결혼 생활에서 훨씬 더 클 것이다."라고 쓰기도 했다. 또 다른 철학자 장 폴 사르트르Jean-Paul Sartre는 자신을 섹스와 정절에 대한 낡은 사회적 관습에서 벗어난 돈 조반니에 비유했다. 그와 그의 오랜 연인인 시몬 드 보부아르Simone de Beauvoir는 결혼하지 않고 평생 자유롭게 다른 사람과 관계를 맺었다.

그렇다면 이러한 명단은 강력한 성적 충동이 창조적인 성공에 필수적인 요소가 된다는 우리의 질문에 답을 주는가? 나는 여전히 미제로 남아있다고 생각한다. 아마도 우리는 우리의 욕망을 예술가들에게 투사하고 고정관념을 만들어내는 덫에 걸렸을 지도 모른다. 여성의 성을 대표하는 이 시대의 아이콘 마돈나Madonna는 "모든 사람은 내가 발정 난 색정증 환자이며 만족할 줄 모르는 성욕을 가졌다고 생각할 것이다. 사실 나는 책 읽는 것을 더 좋아하는데."라고 말했다. 그리고 우리 시대 가장 위대한 발명가 중 하나인 스티브 잡스Steve Jobs는 섹스라는 과정 전반에 대해 꽤나 빈정댄다. "내 애인은 섹스를 하는 도중에 늘 웃는다. 아무 책이나 읽으면서 말이다." 많은 이들에게 침실은 언제까지나 그저 잠을 자는 곳으로 남을 수도 있다.

　사람들이 자신의 성생활을 비밀에 붙이는 경우가 많기 때문에 창조성과 성욕 간의 관계를 정확히 밝히기는 어렵다. 그래서 오늘도 많은 위인전 작가들은 주인공의 성생활에 대해 의문을 품으며 고군분투한다. 아마도 지금까지 밝혀진 자료를 통해 얻을 수 있는 확실한 결론은 창조적인 남성은 그들의 성적 지향과는 상관없이(철학자, 화가, 작가들은 동성애자 비율이 매우 높다) 여성에게 매력적으로 비친다는 점이다. 진화심리학자들이 관심을 가지고 생각해볼 부분이다.

6장

보노보의 교훈

섹스란 가장 적은 시간을 들여 가장 많은 골칫거리를 만들어내는 것

존 배리모어

나는 누구에게도 섹스나 약물, 미친 짓거리를 추천하지 않는다.
비록 그것들이 언제나 내게는 효과 만점일지라도 말이다.

헌터 톰슨

섹스는 품격 잇는 퍼포먼스란 말 빼고는
어떻게든 이야기할 수 있다.

헬렌 로렌슨

섹스는 비로소 제대로 했을 때만 더러운 것이다.

우디 앨런

"당신에게 필요한 건 사랑 뿐All you need is love"이라고 비틀즈는 노래했다. 어쩌면 비틀즈의 말이 맞을 수도 있다. 사랑은 두 성性 간의 균형을 맞춰주는 훌륭한 평형장치다. 우리는 모두 사랑을 구하고 사랑을 찾았다고 믿지만, 사랑은 영원히 지속되지 않는다. 이혼율은 절대 내려가지 않는다. 영구적인 일부일처제는 이혼율이 높아지면서 순차적인 일부일처제로 대체되고 있다. 탈공업화 사회에서 여성은 점점 남성과의 평등을 이루고 있다. 이러한 변화는 욕망과 매력에 어떠한 영향을 미치는가? 남성과 여성의 관계를 새롭게 정의하는가? 생태와 사회 간의 갈등은 어떻게 진화되고 있는가?

이러한 질문에 답하기 위해 우리는 우리와 유전적으로 가장 가까운 생명체의 행동을 관찰할 필요가 있다. 보노보Bonobo 또는 피그미 침팬지Pygmy Chimpanzee는 사람아과Homininae에 속하는 동물로 중앙아프리카 가장 깊은 밀림에 서식한다. 우리와 원시적 과거를 공유하는 이 살아 있는 유물이 보여주는 행동은 남성 중심적인 진화체계의 과도기적 특성을 일부 보여준다.

호모 사피엔스와 대조적으로 보노보의 사회는 여성 중심적이며 평등을 중시한다. 이들에게 섹스는 사회적 규제의 도구로 쓰인다. 보노보는 이성애 섹스와 동성애 섹스 모두를 지속적이고도 난잡하게 즐긴다. 보노보 섹스의 75퍼센트가 번식과는 상관이 없는 것으로 추정된다. 암컷이 임신을 할 수 없는 경우에라도 수컷과 암컷 모두 서로를 자극한다. 대부분 다른 생물종은 1년 중 암컷의 발정기 등 특정한 시기에만 섹스를 한다. 반면에 보노보에게 섹스는 사회적 교환의 필수적인 부분이다. 암컷 보노보는 인간 여성과 같이 원할 때마다 성교를 한다.

보노보는 섹스를 다양한 용도로 사용한다. 그들은 권력을 획득하기 위해, 유대감을 쌓기 위해, 화해하기 위해, 애정을 드러내기 위해, 음식과 교환하기 위해, 존경이나 항복을 표현하기 위해, 그리고 가끔은 번식을 위해 섹스를 사용한다. 수컷은 적대적인 만남을 해결하기 위해 섹스를 활용한다. 암컷은 특정 무리에 받아들여지길 원하거나 특정한 먹이를 원할 때, 그리고 여러 수컷에게 도움을 청할 때 섹스를 활용한다.

보노보는 선천적으로 난교를 한다. 그리고 인간과 같이 핵가족을 이루거나 장기적인 일부일처제식 관계를 맺지 않는다. 새끼를 길러야 하는 부담은 온전히 암컷의 몫이다. 우리가 알고 있듯 호모 사피엔스의 가족생활은 부성투자paternal investment(수컷이 자식의 성장을 돌보는 형태 – 옮긴이)의 형식으로 이뤄진다. 부성투자는 자신이 돌보는 대상이 자기 자손이라고 확신할 때만 이루어진다.

여성이 다른 여성에 대한 배타성을 요구할 때 여기에는 질투와 수컷의 공격성이라는 묵직한 대가가 수반된다. 그리고 이러한 성적 배타성의 욕구는 역사적으로 남성이 여성을 지배하고 예속하는 배경이 되었다. 호모 사피엔스의 사회구조가 지닌 부정적인 면을 고려하면, 인간이 보노보를 모방할 때 더 나은 삶을 살 수 있지 않을까 하는 의문이 들기도 한다. 우리는 남성과 여성 간의 협조적인 유대감을 강화하기 위해 섹스를 활용해야 하는가? 섹스는 공격에 대응하기 위한 전략이 될 수 있을까? 섹스는 진정한 남녀평등 사회를 만들어내는 방법이 될 수 있을까? 여성들이 그 어느 때보다 자신의 몸에 대한 통제력을 가지는 지금, 깊이 검토해볼 문제다.

두 성 간의 더 나은 평등

지난 두 세기 동안, 그리고 특히나 지난 3세대 동안 문명사회에서 남성의 역할과 여성의 역할이 재조정되는 모습은 경이로울 정도다. 피임약과 사후피임약은 여성에게 성적인 독립성을 안겨주었다. 생명공학의 발전으로 이제 아이를 갖기 위해 남성과 반드시 섹스를 할 필요도 없어졌다. 섹스는 이제 더 이상 죽음을 무릅써야 하는 행위가 아니다. 출산 도중 사망할 가능성이 놀라울 정도로 감소했기 때문이다. (물론 남성의 질투는 여전히 염두에 두어야 할 문제다) 여성은 교육을 받고, 일을 하고, 자신의 삶에 대한 주도권을 가지게 됐다. 일을 통해 번 돈으로 더 많은 자유와 독립성을 얻었다. 이러한 변화는 여성이 더 이상 복종의 자세를 취할 준비를 하지 않아도 된다는 의미다. 현대의 여성은 형식적인 평등이 아닌 진정한 평등을 원한다. 여성의 독립성이 확대되면서 사회에서 결혼이 맡는 역할도 변화하고 있다. 결혼(혹은 동반자 관계)은 여전히 중요하지만 사람들은 더 이상 어렵거나 불행한 관계에 갇혀 있지 않으려 한다. 이혼율은 갈수록 높아지고, 사람들은 더 이상 평생 한 사람만 바라보고 결혼하고 싶어 하지 않는다.

점점 더 많은 수의 여성들이 노동 인구에 진입하고 있다. 그리고 반드시 낮은 직책에 머무는 것도 아니다. 이전보다 더 많은 여성들을 고위 경영층에서 만날 수 있다.(물론 더 많은 개선의 여지가 있기는 하다) 여성 혐오주의자들은 일하는 여성들이 결혼 파탄의 주요 원인이라고 주장한다. 일은 여성을 경제적으로 독립시켜주며 직장은 불륜을 조장하는 가장 흔한 장소가 되고 있다는 것이다. 그들의 눈에 직장 동료로서 여성과 남성의 친밀감은, 제대로 흘러가지 않는 결혼의 종말을 더욱 부추기는 것처럼 보인다. 경제적으로 독립한 여성은 선조들보다 결혼이 주는 고통을 훨씬 더 못 견디기 힘들어 한다. 스스로의 돈을 통제할 수 있는 일하는 여성들은 더 이상 잘 풀리지 않는 관계에 매달리지 않는다.

그러나 페미니스트들이 평등에 대해 아무리 울부짖어도 인간은 보노보가 아니다. 남성과 여성은 이 침팬지 사촌과는 다르게 프로그램 되어 있다. 우리는 섹스가 암컷 보노보에게 정말로 만족스러운 경험인지 진실을 알 수 없다. 그러나 우리는 평균적으로 여성이 남성보다 섹스에 덜 집착할 뿐 아니라 여성 중 다수가 섹스를 그다지 보람 있게 생각하지 않는다는 것은 분명 알고 있다. 따라서 겉보기에 여성 해방이 성역할의 변경을 내포하는 것처럼 보이지만 현실은 그렇지 않다. 남성과 여성을 괴롭히는 성적 불협화음은 생물학적인 면과 사회적인 면, 즉 타고나느

냐와 길러지느냐의 문제가 제대로 해결되지 않았기 때문에 생긴다.

따라서 두 성 간의 갈등은 계속될 가능성이 높으며, 섹스는 앞으로도 남성과 여성의 의견 충돌을 가져오는 가장 흔한 기폭제가 될 것이다. 게다가 부계父系를 보장 받으려는 호모사피엔스의 방식 때문에 남성은 계속 다른 남성의 질투와 공격이라는 도전을 받을 것이다. 여성이 더 자유롭게 성생활을 하고, 번식 과정에서 생명공학이 남성의 역할을 대체하려 위협하는 사회에서도 마찬가지다. 남성은 여성을 동등한 입장에서 받아들이는 법을 배워야 한다. 그리고 가부장적 사고에서 양성평등적인 사고로 전환해야 한다.

재미있는 점은 남성이 여성에 대한 태도를 바꿀 때 직장에서도 성공할 가능성이 높아진다는 것이다. 이제 직장은 명령−통제−구획화 중심에서 네트워크−코칭 리더십 스타일로 변화하고 있다. 남성과 달리 여성은 권력을 바탕으로 추진력을 얻지 않는다. 여성은 남성보다 덜 자기중심적이며 일과 일이 아닌 부분에 있어서 좀 더 균형 있는 마음가짐을 지니고 있다. 지금보다 효율적이고 인도적인 조직을 만들기 위해 남성들에게도 이러한 태도가 필요하다.

독립적이면서도 의존하는

사랑에 빠지고 그 사랑을 지속하기 위해서는 유아기의 분리와 개별화 단계를 성공적으로 거쳐야 한다. 그리고 제대로 자아개념을 형성해

자립적인 인간이 되어야 한다. 관계를 지속하기 위해 배우자들은 스스로 독립성을 유지하는 한편 자신의 정체성을 인식하고 있어야 한다. 그리고 다른 사람들 역시 나와 같은 자유롭고 자율적인 인간이라는 점을 명심해야 한다.

자아에 대한 안정적인 인식과 다른 사람과 나를 구별하는 능력이 없는 상태에서 빠져드는 낭만적인 사랑은 그저 몽상에 불과하다. 약물을 투여했을 때처럼 매우 일시적인 효과만 낼 뿐이다. 진정한 친밀감은 개인의 인격과 개성을 존중할 때 생긴다. 연애와 육체적 합일에 대한 자기중심적인 판타지를 넘어설 수 있는 능력이 필요한 것이다. 성숙한 사랑을 하기 위해서는 각자가 내면의 판타지와 외부의 개별적인 사랑의 대상을 분명히 구분 지을 수 있어야 한다. 앙투안 드 생택쥐페리Antoine de Saint-Exupéry는 이에 대해 "인생은 우리에게 사랑이 서로를 바라보는 것만이 아니라 같은 방향을 함께 바라보는 것으로 구성된다는 것을 가르쳐줬다."라고 쓰기도 했다. 판타지를 품어도 좋지만 그렇다고 해서 우리가 바깥세상에 대해 잊어야 한다는 의미는 아니다. 낭만적인 사랑은 우리의 개성을 희생한 대가로 얻어져서는 안 된다.

지속적으로 사랑하기 위해서는 성숙한 의존성 뿐 아니라 개별성을 유지해야 한다. 사랑하기 위해 상대와 똑같이 생각할 필요는 없다. 독립적으로 서로를 사랑해야만 인간으로서 성장하고 발전할 수 있다. 사랑은 불평등한 상황에서는 유지될 수 없다. 그 누구도 성욕을 충족하기 위해 다른 사람을 이용할 수 없다. 성애란 한 명의 자율적인 존재가 다른 자율적인 존재에게 줄 수 있는 선물이다. 우리에게 이러한 관계를 만들고 유지하는 것은 발전적인 경험이자 성인이 될 수 있는 마지막 기회가 된다.

불안정한 자아를 가진 사람은 관계의 본질적인 모순, 즉 멀고도 가까워야 하는 점을 견딜 수 없어 한다. 성숙함은 우리의 자아상을 상대방의 자아상으로부터 분리할 수 있는 능력을 포함한다. 우리는 함께하면서도 개별성과 자율성을 보호받고 싶어 한다. 그래서 동반자 관계에서는 거리두기가 필요하다. 함께하고 싶은 욕구는 충분히 표현하면서도 지나친 친밀감은 경계해야 한다. 좋은 관계를 유지하는 포인트가 바로 이것이다. 인생에서 도망치지 않는 책임감 있는 인간으로서 온전하게 존재할 수 있도록 서로를 도와야 한다.

'부부생활'의 성공

'부부생활'이라는 강력한 조합을 더욱 효과적으로 만들기 위해서 커플은 각자의 자기중심적 욕구와 협상할 필요가 있다. 먼저 서로를 '감정이 담긴 그릇'이라고 인정할 수 있어야 한다. 그래야 융합과 분리 사이에서 흔들리지 않고 성숙한 의존적 관계를 만들어낼 수 있다. 껍데기뿐인 결합을 놓지 못하는 과거의 상처를 반복해서는 안 된다. 사랑은 감정이다. 그러나 관계는 임무다.

성공적인 결혼생활을 경험한 사람은 상대적으로 안정적인 관계를 맺는 것이 수월하다. 예를 들면, 원만한 결혼생활을 한 부모 밑에서 자란 아이는 이혼과정(혹은 결혼과 이혼의 반복)을 거친 부모 밑에서 자란 아이보다 관계 맺기에 능숙하다. 위태로운 부모와 자식관계에 갇혀 있었던 아이들은 관계 맺기에 서툰 성인으로 자랄 수 있다. 수많은 사람들이 상대적으로 만족을 느끼기 쉬운 섹스에만 몰두할 뿐 사랑과 친밀감, 그리고 안정적인 관계를 맺는 데는 실패한다. 어떤 사람들은 과거의 불운한 경험 때문에 반反 의존적이 될 수도 있다. 결혼에 실패한 경험이 있는 남자들은 겁쟁이가 되어버린다. 그리고 모든 관계는 안 좋게 끝날 것이라고 스스로에게 세뇌시킨다. 결혼을 한 번도 해본 적 없는 나이 많은 남자는 지나치게 자기중심적이 되어 다른 사람을 받아들이고 인생을 공유하는 것에 어려움을 느낄 수도 있다. 이러한 사람들은 자신만의 안락구역comfort zone에서 벗어날 필요가 있다. 이들은 자신이 심리적 감옥에 갇혀 있다는 사실을 깨달아야 한다. 혹은 다른 길을 선택할 수도 있다는 것을 알아야 한다.

〈나니아Narnia 연대기〉로 유명한 영국의 학자이자 작가 C.S.루이스C.S.Lewis 역시 이런 식의 개인적인 깨달음을 경험했다. 50대 후반까지 미혼이었던 그는 자서전 성격의 책 〈예기치 못한 기쁨Surprised by Joy〉을 통해 기독교로 개종했던 경험에 대해 묘사했다. 그 후 그는 곧 미국의 소설가 조이 그레샴Joy Gresham을 만나게 된다. 마치 자서전의 제목이 이미 이 사건을 예언하고 있는 듯했다. 그의 동생은 이렇게 기억한다. "형은 처음부터 조이의 지적인 부분에 매력에 푹 빠졌다. 조이는 형과 지적으로 썩 잘 어울리는 여성이었다. 조이에겐 유연함과 흥미, 그리고 분석적인 이해력이 있었다. 그리고 무엇보다도 그녀는 유머가 넘치고 재미있었다." 루이스는 조이 그레샴과 깊은 사랑에 빠졌다. 그러나 얼마 지나지 않아 그녀는 골수암 진단을 받는다. 그럼에도 불구하고 두 사람은 결혼했다. 그리고 조이가 죽기 전까지 짧은 기간을 함께 했다. 루이스는 이후 사별에 대한 매우 개인적인 소회를 담은 〈헤아려 본 슬픔A Grief Observed〉을 출간했다.

웃음은 두 사람 사이의 거리를 좁힐 수 있는 이상적인 방식이다. 유머와 명랑함은 인생을 살면서 겪는 어려움 뿐 아니라 함께 늙어가는 커플이 마주해야만 하는 가혹한 현실을 극복하는 데에 도움이 된다.

좋은 관계를 유지하기 위해서는 노력이 필요하다. 욕정과 사랑은 우리를 일시적으로 흥분시키지만 관계는 쌓이면서 깊은 만족을 준다. 그래서 좋은 관계를 유지하기 위해서는 가꾸고 보살피고 끊임없이 새로워져야 한다. 욕정이 희미해진 후에도 나의 특이한 부분을 모두 참아줄 수 있는 누군가가 곁에 있기를 바란다면 말이다. 시인 존 차디John Ciardi는 이에 대해 "사랑은 젊은이들의 성적인 흥분과 중년의 습관과 노년의 상호 의존을 나타내기 위해 쓰는 단어다."라고 말했다.

마치며

견고한 관계를 맺은 사람들은 일반적으로 더 건강하고 정서적인 어려움을 덜 겪는다. 또 일탈적인 행동을 할 가능성이 낮다. 이 커플의 아이들은 학교생활을 잘 해나간다. 게다가 안정적인 관계를 유지하는 사람들은 그렇지 않은 사람들보다 더 훌륭한 섹스를 더 많이 한다.

사랑 없는 섹스는 기계적인 운동, 극단적으로는 적대적인 행동으로까지 바뀔 수 있다. 이때 인간이 풀어야 할 과제는 공격성과 섹스를 분리할 수 있는 건설적인 방식을 찾는 것이다. 보노보는 이 문제를 해결하기 위한 극단적인 예가 된다. 물론 인간의 진화론적 전통에 비춰 생각했을 때 쉽지 않을 것이다. 섹스에 대해 재정의하는 것은 남성지배적인 부계사회의 심장부에 총을 겨누는 것과 마찬가지이기 때문이다. 아담과 이브의 이야기부터 시작해 종교와 법, 관습은 모두 여성이 남성을 기쁘게 해주기 위해 세상에 나왔다고 강조해왔다. 더 나은 호혜주의를 추구하기에는 너무 늦었다. 언젠가 재클린 케네디Jacqueline Kennedy는 "세상에는 두 종류의 여성이 있다. 이 세상의 권력을 원하는 여성과 침대에서의 권력을 원하는 여성이다."라고 말했다. 우리의 과제는 이러한 선택지를 넘어 남성과 여성의 평등한 관계를 유지하는 것이다.

19세기 후반의 성 혁명은 오르가즘의 해방만 가져온 것이 아니었다. 남성과 여성에 대한 이중 잣대와 성적인 제약도 풀었다. 그러나 억압과 박해에서 벗어나 인간의 성욕이 날개를 달자 치명적인 에이즈 바이러스가 또 다시 우리를 억제한다는 사실은 역설적이기도 하다.

21세기 성애에 대한 논의는 더욱 활발해진 자기표현과 결부될 수도, 아니면 진지한 극기克己의 이야기가 될 수도 있다. 현명한 선택을 하는 것은 바로 우리의 몫이다.

제 2 부

돈에 대한 고찰

Sex Money
Happiness &
Death

7장

탐욕의 죄

그리고 다시 너희에게 말하노니
"낙타가 바늘귀로 들어가는 것이
부자가 천국에 들어가는 것보다 쉬우니라."
하시니
마태복음 19장 24절

돈은 섹스와 아주 똑같다.
수중에 없으면 그것만 생각나지만
수중에 있으면 다른 것들을 생각하게 된다.
제임스 볼드윈

돈이 나를 행복하게 만들 수 없다는 것을
증명할 수 있는 기회를 정말 갖고 싶다.
스파이크 밀리건

개들에겐 돈이 없다. 놀라운 일이 아닌가?
개들은 평생을 파산 상태로 산다. 하지만 이를 극복한다.
당신은 왜 개가 돈이 없는지 아는가?
개들에겐 주머니가 없으니까.
제리 사인필드

1948년 영화감독 존 휴스톤John Huston이 만든 고전영화이자 추리작가 B. 트라번B.Traven의 베스트셀러인 〈시에라 마드레의 황금The treasure of the Sierra Madre〉은 사람이 탐욕과 돈 때문에 심리적으로 무너져 가는 모습을 담았다. 영화는 떠돌이 프레드 돕스Fred Dobbs가 자신이 가진 마지막 돈을 충동적으로 복권을 사는 데 써버리는 것에서 시작한다. 영화의 배경은 1925년. 멕시코 탐피코다. 험프리 보가트Humphrey Bogard가 연기한 냉소적인 실업자는 자신의 불운을 저주하며 길에서 만난 아무에게서나 돈을 구걸한다. 돕스는 동료 부랑자 커틴Curtin과 함께 악덕 도급업자 밑에서 일하기 시작한다. 이 도급업자는 '외국인과 어설픈 미국인들을 등쳐먹는' 것으로 유명하다. 영화 초반부에는 인간 본성의 어둡고 탐욕스러운 일면을 드러내는 여러 장면이 나온다. 돕스와 커틴이 쥐와 전갈, 바퀴벌레가 득시글대는 싸구려 하숙집에서 활기 넘치는 황금 채굴자 호워드Howard를 만나는 장면도 그렇다. 호워드는 이들에게 돈의 유혹에 넘어가는 인간의 마음으로 인해 어떠한 사악한 일들이 벌어지는지 경고한다. 돕스는 그러한 탐욕에 물들지 않겠다고 다짐한다. 그러나 관객들 눈에는 이미 몇십 년 동안이나 인간의 본성을 관찰해온 호워드가 돕스를 믿지 않는 모습이 그대로 보인다.

신뢰가 가지 않는 현장감독으로부터 억지로 돈을 받아낸 돕스와 커틴은 뜻밖에 복권이 당첨되면서 큰돈을 쥐게 된다. 그리고 호워드와 함께 당나귀와 도구, 총을 챙겨 금을 캐기 위해 산으로 떠난다. 돕스는 무엇을 찾든 셋으로 나누겠다고 약속하지만 그 이야기를 전에도 들은 적 있던 호워드는 그를 의심한다. 얼마 지나지 않아 이 셋은 금이 나올 것 같은 장소를 찾게 된다. 채굴을 시작한지 얼마 되지 않아 금이 쏟아져 나온다. 단숨에 이들은 부자가 된다.

부富는 의심과 탐욕, 그리고 피해망상으로 이어지고 돕스는 이에 지배당해 동료들이 자신을 배반할 것이라고 의심한다. 이들은 약속했던 대로 금을 셋으로 나누지만 돕스의 비합리적인 행동은 그동안 노력해 얻은 모든 것을 파괴하려는 위협이 된다. 금은 계속해서 쏟아져 나오지만 이들은 점차 서로에게서 등을 돌리게 된다. 그리고 영화는 비극적이고 역설적인 결말로 치닫는다.

커틴은 돈 때문에 자신의 가치와 타협하지 않으려는 이상적인 젊은이다. 그의 소박한 천성은 탐욕스럽고 돈에 집착하는 돕스와 대조된다. 돕스는 금의 노예가 되어버린다. 그리고 자기 동료들의 금을 훔치려고 준비한다. 돕스는 동료들도 마찬가지로 자기에게 똑같은 짓을 할 것이라고 믿는다. 영화 줄거리는 돕스와 나머지 둘 사이에 깊어지는 적대감을 강조한다.

돕스는 커틴을 살해하려 한다. 나머지 사금을 모두 들고 달아나려는 속셈이다. 그러나 그만 멕시코 강도들을 만나 묵직한 안장주머니를 빼앗기고 살해당한다. 강도들은 그 주머니에 동물가죽이 들었다고 추측했지만 주머니 안에는 먼지처럼 보이는 것만 가득하다. 강도들은 그것이 사금인 줄 모르고 바람에 날려 보낸다. 영화의 마지막 장면에서 커틴과 호워드가 돕스를 뒤쫓아가지만 결국 금이 흩날리는 모습을 멍하니 바라볼 수밖에 없다. 이는 그들에게 일종의 구원이 된다. 둘은 웃음을 터뜨린다. 시련에서 살아남은 안도감을 담은 웃음이다. 그리고 금이 그들에게 내렸던 끔찍한 저주에서 벗어나 새로운 길을 떠난다.

〈시에라 마드레의 황금〉은 돈이 인간의 영혼을 어떻게 망가뜨릴 수 있는지 보여주는 일종의 윤리극이다. 영화는 부를 추구하는 과정에 내재된 위험과 탐욕의 부식성을 다루고 있다. 저주받은 영웅처럼 돕스는 자신의 운명에서 벗어날 수 없었다. 마지막에 주인공들은 처음에 떠나온 곳으로 다시 돌아온다. 그리고 자신들을 휘둘렀던 어두운 기운에 대해 되뇐다.

돈은 존재의 가장 깊은 곳을 건드린다. 우리는 끊임없이 돈에 대해 생각한다. 분명 돈을 진심으로 중요하게 여기지 않는 이들도 존재할 것이다. 그러나 우리는 가끔 돈에 지나치게 반기를 드는 사람들을 의심하고 부를 경멸한다는 말은 반만 진실이라고 생각한다. 즉, 이러한 사람들이 경멸하는 것은 다른 사람이 누리는 부이며 이들은 단지 가까스로 질투를 숨길 뿐이라는 것이다.

충분히 돈을 가진 사람은 돈이 전부가 아니라고, 쉽게 말할 수 있다. 그러나 불행히도 인간은 많은 돈을 가질수록 더 많은 돈을 원한다. 철학자 아르투르 쇼펜하우어Arthur Schopenhauer는 "부는 바닷물과 같다. 더 많이 마실수록 더 목말라진다."라고 말하기도 했다. 이는 돕스가 〈시에라 마드레의 황금〉에서 보여준 모습 그 자체다. 충분한 금이라는 것은 존재하지 않는다. 그리고 언젠가 깨닫게 되겠지만 인생에서 우리의 진정한 부는 인생 그 자체다. "죽을 때는 아무것도 가지고 갈 수 없다."는 말은 진부하지만 어쩔 수 없는 사실이다. 그 누가 묘지에서 가장 부유한 사람이 되고 싶겠는가?

이제 우리에게는 다음의 수수께끼가 남겨진다. 빈곤을 극복한 우리가 진정으로 부유하다고 느끼고 인생에 만족하려면 돈 이상의 무언가가 필요하다는 것. 수많은 리더들의 이야기에 귀를 기울이며 나는 부 역시 그만의 문제를 가진다는 것을 깨달았다. 사람이 돈을 소유하는 것이 아니라 돈이 사람을 소유하는 일이 너무 자주 벌어진다. 부를 통해 더 큰 만족감을 얻기보다, 돈을 많이 벌고 소유할수록 더 큰 불만족을 느낀다는 것을 깨닫는다.

부의 피로 증후군

정신분석가이자 심리치료사, 그리고 경영컨설턴트로서 나는 더 이상 인생이 즐거워지는 방법을 알지 못하는 매우 부유한 사람들을 많이 만나왔다. 이들은 지루해한다. 그리고 나는 지루해하는 사람들은 다른 이들과 자기 자신 모두를 지루하게 만든다는 것을 발견했다. 다행이도 부유한 사람들은 "유명인사가 되어서 좋은 점은, 당신이 다른 사람들을 지루하게 만들 때 사람들이 이를 자기 탓으로 돌린다는 것이다.”라고 한 헨리 키신저Henry Kissinger의 말에서 위안을 얻을 수도 있겠다.

지루함에 대한 최고의 치유법은 ‘호기심’이다. 그러나 가게에서 파는 장난감을 모두 사들인 후에도 이 사람들은 여전히 ‘부의 피로 증후군Wealth Fatigue Syndrome’이라고 불리는 불만에 시달리게 된다. 돈으로 세상의 모든 물질적인 것을 누릴 수 있어도 과시적이고 강박적인 소비는 행복을 주지 못한다. 철학자 프랜시스 베이컨은 “부는 좋은 하녀이자 최악의 주인이다.”라고 말한 바 있다. 물질적인 재화만을 강박적으로 추구하는 것은 ‘소유’가 ‘존재’보다 우위에 서게 만든다. 필요와 욕심을 혼돈하게 되는 상황이다. 이것은 광고업계가 노리는 부분이기도 하다.

부유하지만 불만족스러운 리더들을 보면서 나는 모든 것을 지금 당장 소유하더라도 절대로 충분할 수 없다는 것을 발견했다. 집, 요트, 비행기, 차, 성형수술. 그 어떤 것도 효과적으로 불행과 불만의 환영을 좇아내지 못한다. 물질의 획득은 그저 일시적인 안도를 가져올 뿐이다. 이 사람들은 획득과 소유, 겉모습, 명성을 통해 자신의 삶을 규정한다. 그러나 이런 행동으로 인해 이전보다 더 큰 절망을 느끼게 된다. 부의 피로증후군으로 고통 받는 사람은 갈수록 뭔가를 즐기는 것이 힘들어진다. 이들은 끊임없이 더 큰 설렘을 찾아 헤맨다.

러시아의 억만장자 로만 아브라모비치Roman Abramovich는 부의 피로 증후군에서 비롯된 여러 증상을 보이고 있었다. 그의 어머니는 아브라모비치가 18개월 때 세상을 떠났다. 몇 년 후 아버지는 공사장에서 사고로 돌아가셨다. 아브라모비치는 아버지의 형제에게 입양되어 시베리아에서 자랐다. 이후 그는 친지들과의 관계를 활용해 석유산업에 뛰어들었다. 그는 모스크바의 굽킨 석유가스대학교Gubkin Oil and Gas Institute에서 공부했고 작은 아파트에서 플라스틱 오리를 팔아 돈을 벌기 시작했다(이제 와서 보면 믿기 어려울 정도의 이야기다). 이 플라스틱 오리들은 혜성 같은 커리어의 출발점이 됐다. 천부적인 협상가인 아브라모비치는 구 소련이 붕괴하고 러시아가 자유시장경제로 잠정적인 첫걸음을 내딛는 적절한 시기에 적절한 장소에 있게 됐다. 그는 러시아의 첫 대통령 보리스 옐친Boris Yeltsin의 비호 아래 엄청난 부를 축적한 올리가르히Oligarch(러시아 신흥재벌·과두지배세력 – 옮긴이) 엘리트 집단의 일원이 됐다.

아브라모비치는 먼저 올리가르히들이 러시아의 국유재산을 사유화하는 시대에 이득을 취함으로써 1990년대에 큰 부자가 됐다. 1995년 그는 보리스 베레조프스키Boris Berezovsky의 세력에 가담하고 대형 석유회사인 시브네프트Sibneft의 지배지분을 획득하게 된다. 당시 수많은 전문가들이 입찰과정에서 조작이 있었으며 이 회사는 이들이 수백 만 달러 이상의 이익을 챙겼다고 비판했다. 진실이 무엇이든 간에 이 거래 덕에 아브라모비치는 어마어마한 부호가 됐다.

부의 피로 증후군에 시달리는 사람들은 자신들이 가진 것 이상으로 소비한다. 아니면 몇 번을 다시 태어나도 다 쓸 수 없는 만큼의 부를 소유하는 사람들도 있다. 아브라모비치는 후자에 속했다. 한편 새로 돈을 번 어떤 이들은 사치스럽게 돈 쓰는 것을 좋아한다. 축구팀이나 야구팀을 사들이는 것처럼 비싼 취미생활에 탐닉하기도 한다. 자신이 꿨던 가장 허황됐던 꿈보다도 더욱 부유해진 아브라모비치가 그랬다. 그는 잉글리시 프리미어 리그English Premier League에서 최상위에 속한 축구팀 중 하나인 첼시Chelsea를 사들였고 리그 순위를 올리기 위해 막대한 돈을 투자했다. 그러나 이 조차도 즐겁지 못했다. 아브라모비치는 이미 두 대의 보잉 항공기와 여러 대의 헬리콥터(이 중 어떤 기종은 비행 중에 DVD를 볼 수 있도록 방음장치가 되어 있었다), 그리고 세계에서 가장 부유한 사람들도 꿈꾸는 국제적인 자산 포트폴리오를 가지고 있었다. 이제 그는 다른 취미에 관심을 보이기 시작했다. 바로 요트 수집이었다. 요트가 몇 대나 있으면 충분할까? 그에게는 이미 세계적으로 손꼽히는 개인 요트가 세 대나 있었다. 그러나 여전히 그보다 몇 미터 더 큰 요트를 지닌 다른 사람들이 있었다. 억만장자들이 자신의 세를 과시하는 중요한 기준 중 하나가 바로 사이즈였다. 기가요트Gigayacht는 궁극적인 지위의 상징이었다. 따라서 아브라모비치는 "내 것이 당신 것보다 커"라는 이 요상한 게임에서 새로운 기준점을 세웠다. 그의 요트 '이클립스Eclipse'호는 2007년 건조 당시 두 개의 헬리콥터 착륙장과 작은 잠수함 한 대를 포함해 다양한 사양을 보유하고 있었다. 160미터에 이르는 길이는 세계에서 가장 큰 개인 소유 보트로 기록됐다. 심지어 일부 해군 소형구축함보다도 컸다. 아브라모비치는 개인 자산 면에서 빌 게이츠Bill Gates와 래리 앨리슨Larry Ellison을 포함한 가장 부유한 남성의 대열에 올랐다. 그리고 요트의 세계에서 그 누구도 그의 선단船團을 따를 자가 없다. 사람들은 그가 어느 지역에 요트를 정박해놓는지도 관심을 가진다. 그의 배는 이미 지중해와 카리브해, 중앙아메리카, 그리고 태평양에 자리하고 있다.

그가 세를 과시하는 또 다른 방법은 '여성편력'이다. 아브라모비치는 늘 아내와 다섯 명의 아이와 함께 시간을 보냈다. 따라서 진정으로 가정적인 남자라는 인상을 안겼었다. 가십지에 따르면 그와 그의 둘째부인 이리나는 모든 걸 가진 듯 보였다. 집과 화려함, 그리고 돈까지. 이들은 완벽한 삶을 사는 것처럼 보였다. 그가 태어난 생기 없고 칙칙한 구닥다리 소련과는 거리가 멀었다.

그러나 완벽해 보이는 삶은 오래지 않아 깨졌다. 그동안 보냈던 시간과 상관없이 결국 그는 아내를 버리고 더 젊은 여성을 만났다. 그의 첫 번째 아내 올가는 '데일리 메일Daily Mail'과의 인터뷰에서 결별에 대해 이야기하며 "로만은 온 세계를 손에 쥐고 있을지 몰라요. 하지만 영원한 사랑과 행복을 돈으로 살 수는 없어요. 저는 그가 그토록 많은 것들을 가지고도 절대로 행복해질 수 없을까 걱정돼요. 로만은 언제나 더 많은 것을 원할 거예요. 그는 자기가 여전히 강하고 남성적이라는 것을 확인받고 싶어 해요. 그래서 아내보다 훨씬 어리고 예쁜 여자를 찾죠." 그러나 여성편력은 요트를 모으는 것보다 더 비싼 취미가 되고 말았다. 모스크바에서 진행된 아브라모비치의 이혼은 현재 세계에서 가장 비싼 결혼 파탄의 사례로 손꼽힌다.

부유하든 가난하든 돈은 우리 삶에 영향을 미친다. 세상을 보는 관점을 결정짓고, 수많은 판단을 조종한다. 개인주의적이고 경쟁적인 세계에서 돈 없이 살 수는 없다. 생존을 위해서도 돈이 필요하고, 다양한 욕구를 충족하기 위해서도 많든 적든 돈이 필요하다.

우리가 스스로를 진실되게 대하는 한편 정신건강을 유지하고 싶다면 돈을 획득하고 다룰 때 각자의 가치와 신뢰체계에 합치하는 방식을 찾아야만 한다. 그렇지 않다면 아무리 돈이 많다 하더라도 우리는 기대치 못한 일들을 겪게 될 수 있다. 돈 때문에 너무 많은 대가를 치르게 될 수 있다.

8장

돈의 내면세계

우리가 겨우 산만하다고 느끼면
누군가 그 살만한 기준을 옮겨버린다.
허버트 클락 후버

돈을 벌기 위해서는
거물들이 어디로 움직이는지 알아야 한다.
험프리 보가트

매일 아침 나는 잠에서 깨어 포브스에 실린 미국에서 가장 부유한 사람들 명단을 살핀다.
내 이름이 거기에 없으면 나는 일하러 간다.
로버트 오벤

여기서 10억 달러, 저기서 10억 달러 하다보면
머지않아 진짜 큰돈이 모인다.
에브렛 디릭센

판도라의 상자

로만 아브라모비치가 보여줬듯 돈은 그저 사치스럽게 써버릴 수도 있지만 인간관계와 직장, 그리고 우리가 결정을 내리는 방식에서 좀 더 의미 있는 역할을 맡을 수도 있다. 그러나 인생에서 돈이 가지는 의미를 대단치 않게 여기는 사람들도 많다. 또 어떤 사람들은 돈에 대해 솔직히 이야기하는 것을 두려워한다.

리더들에게 왜 그리 일을 열심히 하냐고 물었을 때 돌아오는 가장 전형적인 대답은 "내가 일주일에 50, 60, 70시간씩 일하는 이유는 단지 돈 때문이 아니라는 것을 알아줬으면 좋겠네요."다. 내가 그들에게 무엇을 위해 열심히 일하는지를 묻는다면 "도전하고 싶어서요."라든지 "산업의 성격을 바꿔놓기 위해서입니다." 또는 좀 더 드라마틱하게는 "저는 더 나은 세상을 만들기 위해 노력하고 있어요."라는 대답을 듣기도 한다. 돈이 주는 느낌을 좋아한다고 인정하는 사람은 매우 드물다. 돈에 대해 노골적으로 이야기하는 것은 마치 섹스에 대해 대놓고 흥미를 표현하는 것이나 마찬가지로 여겨지기 때문이 아닐까.

그러나 이야기를 계속하기 전에 스스로에게 물어보자. 당신은 돈을 어떻게 인식하고 가치를 매기는가? 돈에 대해 이야기하는가? 아니면 이를 피하는가? 어떤 사람들에게는 직설적으로 돈에 대해 이야기하는 것은 금기가 된다. 이들은 돈에 대한 질문을 받는 것을 성생활에 대해 자세히 얘기해달라고 부탁받는 것만큼 불편해한다. 당신 가족 내에서는 돈에 대해 어떻게 이야기하는가? 어떤 가족은 돈이 당연히 존재하는 것으로 보고 그에 대해 이야기를 나누지 않는다. 또 어떤 가족에게는 돈이 통제와 영향력, 또는 지위의 강력한 상징이 된다.

우리는 매우 어린 나이부터 돈에 대한 인식을 형성하기 시작한다. 부모가 돈을 다루는 방식은 자식이 돈을 다루는 방식을 결정하는 데 영향을 미친다. 당신 부모에게 돈은 어떤 의미였는가? 가족 내에서 돈에 대해 공개적으로 이야기했었는가? 아니면 갈등의 원천이었고 절대로 언급해선 안 되는 대상이었는가? 돈에 대한 걱정이 가족 위에 어두운 그림자처럼 드리웠었는가? 돈에 대한 걱정이 가족의 분위기에 영향을 미쳤던가? 당신 내면의 드라마에서 돈은 어떤 역할을 했는가?

우리의 내면에서는 늘 드라마가 펼쳐진다. 이 드라마의 대본은 어린 시절부터 형성된 '동기적 욕구체계'를 기반으로 만들어진다. 동기적 욕구체계는 뇌에 내장되어 개인의 행동에 중요한 영향을 미친다. 유아기에 가동을 시작하여 인간의 인생주기를 따라 계속 작동하는데(물론 나이와 학습, 성숙도에 따라 바뀔 수 있다) 개인이 원하는 대로 행동하게 만드는 추진력이자 계속 앞으로 나아갈 수 있도록 하는 연료가 된다.

인간이 기본적으로 가지고 있는 동기적 욕구가 있다. 신체적 욕구,

감각적 욕구, 애착의 욕구, 그리고 탐구의 욕구다. 발달심리학자들에 따르면 돈의 추구는 초기에 미리 결정된 동기요인은 아니다. 그렇다고 해서 돈이 우리 인생에 영향을 미치지 않는다는 의미는 아니다. 돈은 아동의 발달시기에서 후기에 이르러서야 영향력을 발휘하기 시작하지만 나이가 들수록 중요한 동기요인으로 바뀐다. 그렇게 우리 인생에서 돈은 매우 상징적인 역할을 맡게 된다.

어린 아이가 돈에 대해 배울 수 있는 가장 빠르고 확실한 방법은 돈이 부족한 현실에 노출되는 것이다. 돈에 집착하는 사람들은 자라면서 (진짜였든 그렇게 인식했든 간에)심각한 돈의 결핍을 경험했을 가능성이 높다. 부모의 질병이나 죽음, 또는 별거나 이혼으로 인한 심각한 경제적 곤란은 각인되어 인생을 사는 동안 계속해서 영향을 끼친다.

섹스에 대한 인식은 다행히도 나이가 듦에 따라 달라질 수 있지만 돈은 조금 다른 문제다. 어린 시절 형성한 돈에 대한 인식을 현재 처한 상황에 맞춰 조정하는 것은 성인이 되기 위한 중요한 과정이다. 이때 해결해야 하는 과제가 돈에 관한 경험의 일부를 가져와 우리 인생을 구성하는 다른 줄거리에 더하는 것이다. 지금까지 돈을 다루며 어떤 도전을 겪었는가? 돈과 관련해 부끄러운 일을 겪은 적이 있는가? 돈이 한 푼도 없는 상황에 처해본 적 있는가? 돈이 전혀 중요치 않은 척해야만 하던 때가 있었는가? 이러한 자기탐구적인 질문은 우리가 인생에서 돈의 역할을 더욱 잘 이해할 수 있도록 돕는다.

질문에 답하면서 돈은 감정적인 것들로 가득 찬 판도라의 상자와 같다는 것을 알게 될 것이다. 어떤 이들에게는 돈을 벌어야 하는 상황이

트라우마적인 경험이 된다. 돈과 관련된 활동을 할 때면 울화통이 터지고 심각한 내적 갈등을 겪으며 우선순위가 무엇인지 혼란스러워진다. 누군가는 돈을 탕진하고 나머지 가족에게 빚을 안기며 가족의 삶에 오랜 영향을 미친다. 우리에게 돈은 그 자체라기보다 돈과 관련된 감정으로 인식된다. 이 감정들은 어디에서 나오며, 왜 사람들은 돈에 대해 그토록 감정적이 되는가?

우리의 부모가 돈을 다루는 방식은 돈에 대한 우리의 인식에 색을 입힌다. 누가 용돈을 받고 누가 받지 못하는가? 누가 더 많이 받고 누가 덜 받는가? 돈을 나눠줄 때 공평하게 주는가, 불공평하게 주는가? 이러한 돈과 관련한 상호작용에서 강력한 감정과 느낌이 시작된다. 여러 감정들 가운데 부러움, 두려움, 희망, 억울함, 즐거움, 그리고 역겨움 등은 심리적으로 돈과 엮이고, 이는 돈이 가지게 되는 가장 커다란 상징적 가치에 기여한다.

우리는 세대와 세대를 잇는 방식으로 돈을 인식하게 된다. 돈을 어떻게 바라볼 것인가 하는 문제, 즉 '돈의 의미'는 가족 안에서 세대를 건너 전달된다. 그리고 돈을 대할 때 따라야 할 일련의 규칙들을 만든다.

돈이 내포하는 상징적 의미는 문화적 신념에 의해 영향을 받는다. "부자가 천국에 가는 것보다 낙타가 바늘귀를 통과하는 것이 더 쉽다." 또는 "티끌 모아 태산" 등의 말은 문화적 신념의 지표다. 신화, 우화, 그리고 동화는 돈과 관련한 내용으로 가득하다. 부유한 왕자는 아름다운 아가씨를 구해내고 영원히 행복하게 산다. 이렇게 어릴 적부터 접한 이야기, 개인이 속해 있는 사회의 정서 등과 부모가 이를 전달하는 방식에 따라 돈에 대한 태도가 결정된다.

돈의 상징적 역할

돈 그 자체는 의미를 가지지 않는다. 예를 들어 무인도에서는 돈의 가치를 인정받을 수 없다. 돈은 사회적 맥락 안에서만 유의미하다. 사회적 맥락 안에서 돈은 그 구매 잠재력과는 상관없이 중요한 상징적 역할을 한다. 사람은 성장하면서 돈에 여러 의미를 부여한다. 절망에서의 구원, 암울한 존재로부터의 탈출, 가족의 통제로부터의 자유, 독립과 안정으로 가는 지름길, 무력감을 이겨내는 승리, 여유의 화신, 또는 자존감과 사랑의 획득 등이다. 우리 대부분은 이 모든 것이 조합된 존재인 돈을 경험한다.

돈이 사람에게 무엇을 의미하는지 측정하기 위해서는 그들의 이야기에 귀를 기울이면 된다. 돈에 대해 어떤 이야기를 들려줄 것인가? 이러한 이야기는 사람들의 상상 속에서 중심적인 역할을 하는가, 지엽적인 역할을 하는가? 또 다른 방법은 사람들의 꿈에 대한 이야기에 귀를 기울이는 것이다. 우리의 삶 속에서 돈은 상징적으로 우리가 꿈꾸는 삶을 의미한다. 꿈속에서 돈은 우리에게 가장 가치 있는 존재를 의미한다. 단순히 실제의 돈을 의미할 가능성은 매우 낮다. 돈에 대한 꿈은 권력과 통제, 의존성, 능력, 사랑받는 느낌을 상징한다. 심지어는 성과도 관련을 가진다.

꿈속에서 돈은 잃을 수도, 얻을 수도, 낭비할 수도 있다. 돈을 찾는 꿈은 사랑이나 권력을 얻기 위한 우리의 모험에 대해 말하고 있을 수도 있다. 돈을 잃는 꿈은 연애가 방해받는다는 의미가 될 수도 있다. 아니면 우리가 약하고 상처받기 쉽고 심지어 자제력을 잃는 느낌과 투쟁하고 있다는 의미가 되거나, 혹은 야망과 권력과 자존감을 잃는 의미가 될 수도 있다. 돈에 대한 꿈을 꾸는 많은 사람들은 현실에서 돈에 대한 욕망, 돈의 결핍, 또는 돈을 다루는 방식을 통제할 수 없다는 무력감 때문에 자극 받는다. 마지막의 경우 사람들은 빚에 허덕이는 꿈을 꾸기도 한다.

우리의 꿈은 낮에 벌어졌던 일의 잔재에 의해 만들어진다. 그러므로 이를 정확히 이해하고 싶다면 꿈의 주제를 전날이나 그 이전에 벌어진 특별한 사건이나 걱정들과 연관 지어보면 된다. 꿈을 꾼 뒤 남겨진 느낌은 꿈을 이해하는 것에 도움이 된다. 예를 들어 꿈에서 깨어나 어리둥절하고 불안한 느낌이 들었다면, 꿈의 내용과 삶에 벌어졌던 어떤 일이 연결되어 있기 때문일 가능성이 높다. 꿈은 언제나 꿈을 꾸는 사람의 대인관계가 얽힌 복잡한 그물망 속에서 구성된다. 그래서 꿈을 해석할 때는 개인의 환경이 고려되어야 한다.

예를 들어, 당신이 돈을 받는 꿈을 꾸었다면 어떤 배경에서 누구에게서 받는지를 아는 것이 중요하다. 어떤 종류의 권력싸움이 그 꿈에 반영되었나? 어떠한 주제를 뽑아낼 수 있는가? 이 꿈에서 당신은 어떤 느낌을 받았는가?

돈을 건네는 꿈은 다른 사람을 돕고 싶은 충동, 사랑과 보살핌에 대한 욕망, 또는 관심 받고 싶은 욕구 등을 의미한다. 반대로 다른 사람이 딴 사람에게 돈을 주는 모습을 보는 꿈은 당신이 무시당하거나 등한시 된다고 느끼고 있음을 의미한다. 누군가가 당신에게 충분한 관심을 기울이지 않거나 당신을 충분히 보살피지 않는다는 의미일 수도 있다. 당신에게 돈이 없는 꿈은 지위를 잃는 두려움을 나타낼 수도 있다. 목표를 달성할 수 있는 능력이 없다고 생각하거나 누군가에게 무시당하는 것에 대한 두려움을 느끼는 상황일 수도 있다. 돈을 잃는 꿈은 스스로를 통제할 수 없다는 상징일 가능성이 있다. 이러한 통제력의 상실은 돈과 관련될 수도 있고, 넘치는 자원에 대해 감정적으로나 기타 방면으로 스스로를 자제하지 못하는 무력감을 상징할 수도 있다. 돈을 훔치는 꿈은 위험에 대한 불안감이나 신중해져야할 필요성을 상징한다. 더 긍정적으로 보자면 그런 꿈은 당신이 드디어 스스로에게 가치 있는 것들을 추구하고 있거나 도달하게 됐다는 의미다.

언젠가 한 기업의 고위직 임원이 내게 꿈 이야기를 해 주었다. 꿈에서 그는 선반에 꽂아둔 책 뒤편에 숨겨둔 돈을 찾고 있었다. 돈이 그곳에 있는 것은 확실했지만 도저히 찾을 수가 없었다. 그는 여기저기를 찾아보며 전전긍긍했다. 잠에서 깬 뒤에도 그 불안한 느낌은 생생히 남아 있었다.

그 임원은 전날 오랜 친구와 함께 점심식사를 했다고 말했다. 대화의 주제는 최근에 열렸던 동창회였다. 이들은 동창 중 몇 명이 얼마나 잘 살고 있는지 이야기를 나눴다. 그는 친구에게 만약 기회가 된다면 같은 일을 다시 하겠냐고 물었다. 사실 이 문제는 한동안 그를 괴롭혔던 부분이었다. 결국 질문은 친구가 아닌 자신에게 스스로 던진 것이나 마찬가지였다. 점심을 먹으며 그들은 또한 몇 명의 동창이 이혼을 했고 재혼을 했는지도 얘기했다. 임원은 친구와 대화를 마치고 돌아오면서 자신의 인생은 어떻게 흘러가고 있는지 걱정하고 우려하는 느낌이 남았다고 기억했다.

돈의 분실은 아마도 그가 뭔가를 잃었다고 느끼는 잠재적인 인식을 상징하는 것 같다. 꿈은 가끔 우리가 일상생활에서 보거나 다루도록 아직 준비가 되어있지 않은 대상을 볼 수 있도록 도와준다. 꿈을 꾸는 동안 우리의 방어기제는 열심히 작동하지 않는다. 상징적으로 꿈에서 무엇인가를 잃는 것은, 특히나 돈처럼 귀중한 것을 잃는 것은 잃어버린 기회, 즉 놓쳐버린 인간관계로 인한 아픔이나 심지어 자아의 일부를 상실하는 것을 가리킨다. 꿈은 뭔가를 해야 할 시간이 왔다는 경고를 담고 있다. 점심시간에 이뤄진 대화가 말해주듯 이 임원은 스스로 가치를 두던 무엇인가를 잃고 있다는 걱정을 했다. 아마도 그는 인생의 꿈을 놓치고 있다는 느낌을 가지고 있었을 것이다. 또는 그의 인생이 흘러가는 방식에 대해 자신감이 없다는 의미이기도 했다.

이 임원은 실제로 일에서 큰 그림을 그려야 한다는 것을 잊고 일상의 작은 문제들에 대해 지나치게 걱정하고 있었다. 전날 친구와 나눈 대화는 그것을 더 강화시키는 역할을 했다. 돈, 즉 소중한 무언가를 찾아 헤매는 꿈은 그의 사생활에 대한 경고를 담고 있었다. 그가 아내와의 관계에 노력을 기울이지 않으면 그녀를 잃을지도 모른다는 뜻이었다.

이 임원의 경우 그저 꿈만 꾸고 아무 일도 하지 않았기에 현실이 더 버겁게 느껴졌을 것이다. 그러나 우리에게는 놀라기만 할 것이 아니라 두 눈을 크게 뜬 채 늘 각성하고 꿈꾸는 삶을 살아야 하는 도전과제가 있다. 우리는 돈 문제를 포함해 손 안의 문제들에 민감할 필요가 있다. 빅토르 위고는 "사람은 누구나 인생의 틀을 세워야 한다. 그리하여 언젠가는 현실과 그가 꾸는 꿈이 만나도록 해야 한다."라고 말했다. 우리가 꾸는 꿈은 대부분 불가능하거나 개연성 없어 보인다. 우리가 그 꿈의 의미를 해석하려 하지 않고, 꿈의 경고에 제대로 대처하지 못한다면 계속 그럴 수밖에 없다. 꿈은 때로 우리가 불안해하는 미래를 예측하고 대비할 수 있게 해준다. 그래서 꿈에 관심을 기울일 때 좀 더 미래를 준비할 수 있고, 갑자기 어려운 상황에 처하게 될 가능성은 낮아진다. 돈 문제의 경우도 마찬가지다. 우리는 꿈도 꾸고 악몽도 꾸지만, 꿈 덕분에 현실의 악몽을 극복할 수 있다.

9장
'퍽 유 머니'에 대한 찬사

너무 적게 가진 사람이 가난한 것이 아니라
너무 많이 원하는 사람이 가난한 것이다.
세네카

돈과 관련해서는 모든 사람이 같은 종교를 가졌다.
볼테르

돈은 사람을 행복하게 만든 적도 없고 행복하게 만들지도 않을 것이다.
더 많이 가질수록 더 많이 원하는 법이다.
사람은 공백을 채우는 대신 공백을 만들어낸다.
벤자민 프랭클린

부자가 자기들끼리만 돈을 나눠가지려 한다면
나머지 사람들은 모두 빈곤에 시달릴 것이다.
크리스티나 스테드

꿈을 연구하는 것은 돈의 상징적인 의미를 이해
할 수 있는 왕도다. 그러나 부유한 리더들과 심도 있는 대화를 나누는
것도 큰 도움이 된다. 나는 리더 가운데 꽤 많은 수가 소위 '펵 유 머니
Fuck-you money(직장에서 하고 싶은 일을 할 수 없거나 하고 싶지 않은 일을 해야
할 때 '꺼져−Fuck you'라고 소리 지르고 직장을 그만둬도 생계를 유지할 수 있는
돈을 의미한다 – 옮긴이)'를 버는 아이디어에 집착한다는 것을 알게 됐다.
그 누구에게도 신세지지 않아도 먹고 살 만큼의 돈 말이다. 이러한 이
야기들 전반에는 어린 시절 그들이 스스로 해결할 수 없었던 돈의 결핍
과 관련한 경험이 깔려 있다. 많은 리더들이 돈에 대한 좋지 않은 기억
을 가지고 있다. 어린 시절 이들은 끔찍한 가정환경에서 자신이 할 수
있는 것이 아무것도 없다고 느꼈고 실제로 그랬다. 부모님이 생계를 꾸
려가려고 돈을 내고 식탁에 음식을 올리기 위해 얼마나 고군분투하는지
를 보며 이들은 돈이 생활수준에 미치는 영향에 대해 깨달았다. 이러한
유년기 경험이 내면화되면서 내면세계에 펼쳐지는 드라마의 주제는
정해졌고 미래의 행동을 지배하게 됐다.

누군가에게는 경제적 상황을 개선하는 것이 평생의 집착이 될 수 있

다. 부모의 경제적 압박에 노출됐던 아이들은 비슷한 어려움을 다시는 절대 겪지 않겠다고 맹세하곤 한다. 이들은 부모님이 다시 웃음을 찾고 부담을 갖지 않길 바란다. 그리고 바다 같은 행복에 빠져서 배려 깊은 부모와 보내는 단란한 느낌을 되찾고 싶다는 아주 작지만 소중한 욕망을 느낀다. 이들은 어른이 되면 자신들이 자라면서 경험했던 재정적인 무능력함과는 정반대로, 사람들에게 당당히 "꺼져"라고 말할 수 있을 정도의 경제적 지위를 얻을 수 있길 바란다. 이들은 아무도 자신을 통제할 수 없고, 원할 때 어떤 상황에서도 빠져나올 수 있을 만큼 많은 돈을 벌 수 있길 바란다. 그리고 다시는 통제할 수 없는 힘의 희생자가 되지 않길 바란다. 이 사람들에게 돈은 독립성, 권력, 그리고 통제력을 대표한다. 돈은 어린 시절의 유령을 쫓아낼 수 있는 힘을 가졌다. 그렇게 돈이 만병통치약이라고 믿게 된다. 그러나 벤자민 프랭클린Benjamin Frankin이 말했듯 "돈이 무엇이든 해줄 것이라는 생각을 지닌 사람은 돈 때문에 무엇이든 한다는 의심을 살 수 있다."는 것을 미처 깨닫지 못한다. 이들은 돈의 결핍을 모든 절망의 원인으로 본다. 이들은 돈이 지닌 어두운 면을 인식하지 못한다.

노골적인 돈

돈은 권력과 통제력의 상징일 뿐 아니라 인생의 게임에서 승리하는 것을 상징한다. 돈은 다른 사람들보다 더 나은 한 사람의 성취 지표다.

우리는 자존감이 떨어진다고 느낄 때 부를 통해 다른 이들에게 우리가 무시할 수 없는 존재라는 것을 보여주려 한다. 돈은 우리가 역경과 적들을 이겨냈다는 증거가 된다. 그리고 우리가 다른 사람들로부터 얻고 싶어 하는 존재감을 부여해준다. 흔들리는 자존감을 잘 부여잡을 수 있도록 도와주기도 한다. 그러나 중요한 것은 그저 이기는 것이 아니다. 그보다 훨씬 깊이 생각해야만 한다.

많은 사람들은 부를 과시함으로써 일종의 우월의식을 느낀다. 돈과의 게임에서 이길 때 정복의 매력을 더할 수 있다. 몇 년 간 돈에 좌지우지되는 수많은 리더들과 대화를 나누며 나는 사람들이 어둡고 경쟁적인 힘에 이끌려 어디까지 나아갈 수 있는지를 깨닫게 됐다. 한 리더는 내게 진지하게 말했다. "동료들이 질투하고 두려워하지 않는다면 돈이 무슨 소용 있겠어요?" 그러한 성향을 지닌 사람들은 복수를 하거나 앙갚음하기 위해 돈을 사용한다. 돈을 과시함으로써 어린 시절의 실제 혹은 상상 속 상처를 치유받는다. 그런 사람들에게 많은 돈은 성공의 상징일 뿐 아니라, 다른 사람들을 도발하는 도구가 된다. 이런 행동은 상대방으로 하여금 최악의 일면을 드러내게 만든다. 부의 과시에 격분한 사람들은 자신들만의 방법으로 경쟁적인 공격성을 보이기 때문이다. 그런 환경에서 돈은 너무 많은 대가를 치르게 한다. 질투를 자아내기 위해 돈을 과시하는 것은 삶에 대한 다윈적 관점(진화론적 관점)을 강화하고 평화로운 공존을 불가능하게 만든다. 가수 밥 딜런Bob Dylan은 "돈은 말하지 않는다. 저주를 내릴 뿐이다."라고 말했다. 다른 사람을 겨냥할 때 우리는 결국 스스로 상처받게 된다. 그러나 많은 사람들은 동정보다 질투받는 쪽을 택한다.

어떤 사람들은 돈이 인생이라는 게임에서 점수를 지킬 수 있는 이상적인 방법이라고 생각한다. 다른 사람들에게 우리가 얼마나 많은 돈을 가졌는지 알게 할 때 비교가 시작된다. 미국 대통령 도널드 트럼프는 "돈은 내게 큰 동기가 되지 못했다. 그저 점수를 기록하기 위한 방식이었다. 진짜로 신나는 것은 게임을 하는 그 자체다."라고 말했다. 우리는 돈이 전부가 아니라고 말하는 사람들을 의심해봐야 한다. 이들에게는 돈이 곧 모든 것일 가능성이 높다. 그러나 트럼프가 짚어냈듯 돈은 분명 점수를 기록하는 데에 도움이 된다. 매년 포브스Forbes가 뽑는 세계에서 가장 부유한 사람들의 명단에서 보듯, 돈을 많이 가진다는 것은 다른 이들에게 깊은 인상을 심어줄 수 있는 훌륭한 방법이다. 그 명단에 이름을 올리는 것은 수많은 사람들이 세우는 자아도취적인 여정의 목표이다. 이는 다른 사람들의 존경(또는 질투)을 얻기에는 매우 효과적이지만 그다지 세련된 방법은 아니다.

포브스 명단에서 높은 순위를 얻는 사람보다는 부러워하며 그 기사를 읽는 사람들이 대부분이다. 그리고 우리는 그 명단을 읽으면 터질 듯이 노골적인 분노보다는 찌릿한 부러움을 느낄 가능성이 높다. 불만스럽고 분한 느낌, 다른 사람이 가진 소유물이나 능력에 대한 욕망 등의 감정은 돈에 대한 가장 어두운 반응 가운데 하나다. 우리는 그 감정이 얼마나 음험해질 수 있는지 깨닫게 된다. 아이스킬로스Aeschylus는 이렇게 썼다. "아주 소수의 사람만이 잘나가는 친구를 아무런 질투 없이 존경할 수 있다." 우리가 선뜻 질투라는 감정을 인지하지 못한다고 하더라도 질투는 우리의 내면세계에서 주요한 역할을 맡는다. 우리가 우리만의 개성과 자부심을 인정하는 것에 실패해서 질투가 일어난다고 볼 때 질투는 어두운 색조를 띨 수밖에 없다. 결국 질투는 우리 스스로의 재능에 대한 무지와 부족한 믿음 때문에 생겨나는 것이다.

질투와 경쟁은 공생하는 쌍둥이며 이 둘의 관계는 특히나 돈 문제와 연결되어 있을 때 원활히 돌아간다. 돈이 우리 내면세계에서 중심적인 역할을 맡을 때 우리는 부자가 되고 싶을 뿐 아니라 다른 사람들보다 반드시 더 부자이고 싶어진다. 저널리스트이자 사회비평가인 H.L.멩켄 H.L.Mencken은 인간의 특성에 비추어 부를 "아내의 여동생의 남편이 버는 돈보다 1년에 적어도 100달러만 많으면 되는 소득"이라고 정의했다. 작가인 고어 비달 Gore Vidal 역시 "친구가 성공할 때마다 내 안의 작은 부분이 죽어간다."라고 말하며 인간의 본성에 대해 예리하게 짚었다. 그렇다. 돈에 대한 질투심으로 인해 우리 내면의 무엇인가가 죽어나갈 수도 있다. 그러나 우리는 아직은 한물가지 않았다는 것을 한 번 더 세상에 증명해야겠다는 에너지도 동시에 얻는다. 그렇게 우리는 계속 경쟁을 한다.

슈퍼리치 가운데 다수는 자기 이름이 포브스의 세상에서 가장 부유한 사람 명단에 오르지 못했다는 것을 개인적인 재앙으로 받아들인다. 그들은 이것을 강력한 도전으로 삼는다. 이들은 엘리트 집단의 일원이 되기 위해 무엇이든 할 준비를 하고, 다시 한 번 전투를 치르기 위해 시장에 나간다. 그러나 불행히도 포브스 명단에 이름을 올린 사람들조차 여전히 만족하지 못할 가능성이 높다. 아주 높은 위치를 차지한 사람들도 자기 순위가 충분히 높은지 궁금해 하며 스스로를 고문한다. 모든 이들이 자기보다 더 높은 곳에 있는 사람을 질투한다. 맨 윗자리를 차지한 세상에 단 한 사람을 제외하고는 말이다. 따라서 새로운 도전과제는 어떻게 해야 당신 바로 위에 있는 그 사람보다 더 잘할 수 있는가가 된다. 어떻게 해야 더 높은 순위에 오를 수 있는가? 그리고 다른 사람들의 순위를 낮추기 위해 무엇을 할 수 있는가? 당신이 얼마나 많은 계단을 오르는지와 상관없이 질투는 당신의 심장을 도려낸다.

슈퍼리치 가운데 하나인 래리 엘리슨Larry Ellison은 세상에서 가장 부자인 사람을 은근하게 헐뜯는다. "빌 게이츠는 사람들이 자기를 에디슨이라고 생각하기 바란다. 사실 그는 그냥 록펠러에 가깝다. 게이츠가 미국에서 가장 똑똑한 사람이라고 하는 건 맞지 않다. 부와 지성은 다른 거니까." 빌 게이츠보다 더 잘나가고 싶다고 생각하기 시작할 때 그 누구든 끝없는 집착에 휘말리게 된다. 그 결과 돌아오는 것은 주눅든 인생이다. 부를 향한 모험은, 흔히 사람들이 돈으로 살 수 있다고 생각하는 마음의 안정과 평화를 가져다주지 못한다. 성배와 마찬가지로 돈은 언제나 매력적이지만 붙잡을 수 없는 존재다.

돈 때문에 질투에 눈이 먼 당신

돈을 점수표나 남에게 인정받기 위한 방법으로 사용할 때 나타나는 그 파괴적인 경쟁심의 뿌리는 형제간의 경쟁에서 찾아볼 수 있다. 걷잡을 수 없는 형제간 경쟁은 '딴 애'가 한쪽 또는 양부모 모두에게서 편애를 받는다는 (때로는 정확한)생각을 뼛속 깊이 사무치게 만든다. 사랑은 똑같이 나눌 수 없다고 인식하기 때문에 소중해진다. 충분히 인정받지 못한다는 느낌은 심리학자들이 자기애적 손상narcissistic injury이라고 부르는 증상을 야기한다. 즉, 자존감에 상처를 입고 우울증 등의 증상과 함께 질투, 경쟁심, 격노, 화, 억울함, 복수심, 옹호 등의 감정을 표현한다. 돈을 모으는 것은 당신이 중요하다는 것을 보이고, 당신을 옹호하고, 심지어 복수를 위해 쓸 수 있는 방법이 된다.

돈이라는 수단을 통해 인정과 옹호를 받고 싶은 욕구를 보여주는 좋은 예로는 도널드 덕의 삼촌인 스크루지 맥덕Scrooge McDuck이 있다. 이 디즈니 작품은 돈의 추종 그 자체를 중시할 때 어떤 일이 벌어지는지 훌륭하게 보여준다. 만화영화 속에서 스크루지 맥덕은 세상에서 가장 부자다. 스크루지는 스코틀랜드에서 온 가난한 구두닦이 출신이지만 돈 한 푼도 낭비하지 않는 미국의 억만장자로 성공한다. 그의 이름은 찰스 디킨스의 중편소설 〈크리스마스 캐럴Christmas Carol〉에 나오는 인물인 구두쇠 에비니저 스크루지Ebenezer Scrooge에서 따온 것이다. (그러나 스코틀랜드에서 태어나 서른의 나이에 미국으로 건너 온 기업가 앤드류 카네기Andrew Carnegie가 스크루지 삼촌의 모델이 되었다는 설도 있다.)

스크루지 맥덕은 덕버그Duckburg 시가 내려다보이는 어마어마한 금고 안에 재산의 일부를 보관한다. 인색하기로 악명 높은 그는 그 무엇보다도 돈을 사랑한다. 돈에 대한 스크루지 맥덕의 사랑은 그가 늘 즐기는 취미를 통해 상징적으로 묘사된다. 그는 마치 돌고래처럼 돈 속으로 다이빙을 한다. 그리고 땅 다람쥐처럼 돈 속을 파고든다. 동전을 하늘 위로 던진 다음 그 동전들이 머리 위로 떨어지는 느낌을 즐긴다.

사업가로서 스크루지 맥덕은 가끔 공격적인 전략과 속임수에 의지하기도 한다. 사업은 그의 경쟁심을 드러내는 무대다. 돈을 좇는 과정에서 그는 자신의 목표를 위해 사람들과 사건을 마음대로 조작한다. 이러한 행동은 큰 대가를 치르게 한다. 스크루지 맥덕은 누구와도 진정으로 마음을 나누는 관계를 맺지 못한다. 그는 조카인 도널드, 그리고 그 도널드의 조카들과도 거리를 둔다. 그에게 어떤 감정적인 반응을 일으킬 수 있는 유일한 존재는 돈이다. 그는 어떻게 돈을 벌었는지 추억하며 외로움을 이긴다. 장난스러운 장치들을 차치하고서 이 스크루지 맥덕의 만화 시리즈는 상징적으로 부의 공허함을 다루는 진중하고도 어두운 이야기다. 이 만화에 복잡하게 얽혀 있는 강렬한 메시지는 돈을 무작정 추종하는 대가로 돌아오는 인간관계의 단절이다.

몬테크리스토 콤플렉스

몬테크리스토 콤플렉스는 알렉상드르 뒤마Alexandre Duma의 소설 〈몬테크리스토 백작The count of Monte Cristo〉의 주인공 이름을 딴 것이다. 이 이야기의 주제는 복수다. 즉, 실제로 혹은 상상을 통해 상처를 입히고 앙갚음을 하고 싶은 욕구다. 에드몽 단테스Edmond Dantes는 약혼자와 결혼을 하고 선장이 되려던 참이었다. 그러나 나폴레옹이 엘바Elba 섬에서의 유배생활을 끝내고 극적으로 프랑스로 복귀하기 직전 친親 보나파르트 공모자라는 누명을 쓰고 만다. 단테스는 그를 질투하던 세 명의 적이 꾸며낸 음모에 휘말려 악명 높은 감옥 샤토 디프Chateau D'If에 갇힌다. 14년 간 그곳에 갇혀 있다가 늙은이 동료 죄수인 아베 파리아Abbe Faria의 도움을 받아 천재적인 탈출 계획을 세운 그는 몬테크리스토 섬으로 달아난다. 그곳에서 르네상스 시대부터 숨겨져 있었던 전설의 보물을 찾고, 몬테크리스토 백작이라는 새로운 신분을 얻어 복수를 계획한다. 그는 자신을 고통에 몰아넣었던 잘못된 것들을 바로 잡기 위해 자신의 어마어마한 새 재산을 쏟아 넣는다.

몬테크리스토 콤플렉스로 고통 받는 사람들에게 복수는 그저 순간적인 유혹이 아니다. 이는 인생에 동기를 부여해주는 주요한 원동력이다. 인생에서 중요한 단 한 가지는 복수를 하는 것이다. 돈은 복수를 위해 사용하는 수단이 된다. 그러나 소설 속에서 단테스가 깨닫게 되듯 묵은 원한과 상처는 결국 당신을 갉아 먹는다. 복수를 하면서 앞서나갈 수 있는가? 독일에는 "복수의 나무는 열매를 맺지 못한다."는 속담이 있다. 소설 〈실낙원Paradise Lost〉에서 존 밀튼John Milton은 "복수는 처음에 달콤할지 몰라도 오래지 않아 더 쓰디쓰게 돌아온다."라고 썼다. 다른 이를 파멸시키려는 계획을 구상하는 이들은 그 과정에서 죽음에 이른다. 성경의 출애굽기에서 이야기하는 '눈에는 눈'을 실행하다 결국 모든 이를 장님으로 만들기도 한다. 나는 복수심에 불타 돈을 쓰다가 결국 스스로를 망친 많은 리더들을 만나봤다.

너무 많은 돈을 가졌다는 것

이 시점에서 우리는 오스카 와일드Oscar Wilde의 말을 떠올릴 필요가 있다. "이 사회에서 부자들보다 돈에 대해 더 많이 생각하는 계층은 단 하나다. 바로 가난한 이들이다." 돈이 너무 없어도, 돈이 너무 많아도 문제가 될 수 있다. 영국의 속담 중 "풍족한 돈은 어린 아이를 망친다."라는 말이 있다. 많은 돈은 아이의 건강한 발달에 해로운 영향을 미칠 수도 있다. 재산을 모으고 관리하느라 바쁜 부모가 심리적으로 여유롭지 못한 죄책감을 선물과 돈으로 무마하려 하기 때문이다. 그러나 아이들은 선물이 아닌 '부모라는 존재'를 필요로 한다.

진정한 보살핌과 사랑을 돈으로 대체할 수 있을까? 돈은 사랑과 관심의 허접한 대용품이다. 이러한 모형에 따라 키워진 어린이들은 자신의 양육자에 대해 양가적인 감정을 가지게 된다. 이 어린이들은 양육자들이 자신을 진짜로 사랑하는지, 자신이 사랑받을 자격이 있는지 확신하지 못한다. 그 결과 어린 시절부터 성인기까지 우울한 기분과 매우 불안한 느낌이 계속 이어진다. 이러한 개인 가운데 일부는 부의 피로 증후군에 견줄만한 장애, 즉 오니오마니아oniomania를 겪게 될 수도 있다. 오니오마니아는 문자 그대로 '쇼핑중독증'을 의미한다. 이들은 우울한 감정을 피하기 위해 돈을 쓸 때 느끼는 일시적인 흥분을 추구한다. 스스로를 위해 무엇인가를 사는 행위로 기분이 좋아지지만, 그것은 일시적인 미봉책일 뿐이다. 이들은 어린 시절, 부모로부터 뭔가를 살 수 있는 돈을 받거나 선물을 받을 때 일시적이고 인위적인 황홀감을 느겪던 것을 떠올리며 어른이 되어서도 그 패턴을 반복한다. 그렇게 우울함과 일시적인 흥분의 끊임없는 순환을 만들어낸다.

돈으로는 성인기에 필요한 내적 안정감과 안정적인 자아존중감을 키워줄 수 없다. 역설적이게도 돈은 아이들을 빈곤하게 만든다. 아이가 잘할 수 있는 일을 발견하고 싶다면, 무엇인가를 주는 행위를 멈춰야만 한다. 돈에만 의존하면 아이와 부모는 적합한 방법을 통해 그 나이에 해결해야만 하는 발달과제를 달성할 수 없다. 건강하고 책임감 있는 어른으로 자라기 위해 아이가 스스로 해결해야만 하는 복잡한 심리적 작업이 경시될 수도 있다. 권력이 부패하듯 돈도 부패한다. 우리를 의존적으로 만들기 때문이다. 돈이 많을수록 부패 정도는 심해진다. 성숙하고 건강하게 기능하기 위해 필요한 깊고 의미 있는 관계를 수립하지 못할 수도 있다. 그리고 낮은 자아존중감, 우울증에서 비롯되는 평생의 문제를 낳게 된다.

젊은 사람이 너무 많은 돈을 가지고 있을 때 다른 사람들은 그를 자연스럽게 대하지 못하고 어려움을 느낀다. 특권을 누리며 성장한 부유한 어린이들은 평범한 사람들이 어떻게 살아가는지 전혀 감을 못 잡을 수도 있다. 이들이 성장하며 겪는 경험은 다른 이들과 너무나 다르기에 현실세계에 대해 제대로 인식하지 못하고, 타인들과도 올바른 관계를 맺기가 어렵다. 특히나 돈 많은 특권층 젊은이들은 스스로를 어떻게 바라봐야하는지, 다른 사람들이 그들을 어떻게 대하는지에 대해 혼란을 겪으면서 현실인식이 흐려진다.(즉, 주변 환경과 다른 사람들의 반응에 적절히 대응할 수 없어진다) 그리고 인간의 본성을 의심하게 만든다.

너무 많은 돈을 너무 일찍 가지게 될 때 동기부여에도 부정적인 영향을 미친다. 돈은 쉽게 손에 넣으면 그 가치를 알지 못한다. 또한 돈을 얻기 위해 필요한 에너지를 이해하지 못한다. 돈을 버는 것이 어떤 의미인지 배우지 못한다면 노동의 참된 가치를 이해할 수 없다. 그 결과는 금전적인 면을 넘어선다. 너무 많은 돈을 가진 젊은 사람들은 노력하고 경험하고 손을 뻗고 새로운 것을 시도해보려는 의지를 잃게 된다.

돈에 대한 넓은 시야를 가질 수 있도록 아이들에게 자주 들려주는 이야기이기인 미다스 왕의 신화는 '탐욕과 구원'에 관한 우화다. 이야기에 따르면 어느 날 미다스 왕은 자기 정원에 있는 나무 밑에서 자고 있는 한 노인을 보게 된다. 미다스 왕은 그 노인이 바로 술의 신 디오니소스의 선생이자 충직한 친구인 실레노스라는 것을 알아봤다. 노인을 불쌍히 여긴 미다스 왕은 아무런 벌도 내리지 않고 그 노인을 보내줬다. 이 이야기를 들은 디오니소스가 미다스 왕에게 상으로 한 가지 소원을 들어주겠다고 했다. 왕은 아주 잠깐 생각하더니 "제가 만지는 모든 것이 금으로 변했으면 좋겠습니다."라고 말했다. 디오니소스는 그런 소원을 비는 것은 위험하다고 경고했지만 미다스 왕은 듣지 않고 고집을 부렸다. 따라서 디오니소스는 그 소원을 들어줬다. 미다스 왕은 이 놀라운 능력을 시험해보고 싶어 서둘러 궁전으로 돌아왔다. 지나치게 흥분한 그는 정원의 아름다운 장미를 포함해 그가 만질 수 있는 모든 것들을 금으로 바꿔놓았다. 그러나 자신이 먹거나 마실 수도 없다는 것을 깨닫자 태도는 바뀌었다. 그가 만지는 음식과 와인마다 값비싸지만 먹을 수는 없는 금으로 바뀌었다. 사랑하는 딸마저 금으로 변하자 미다스 왕은 자신이 저지른 실수의 진정한 크기를 깨닫게 됐다. 한때 경이로웠던 그의 재능은 이제 정반대의 결과를 낳았다. 미다스 왕은 극도로 불행해졌다. 그가 받은 축복은 사실은 저주였다. 그는 먹을 수도, 잘 수도, 마실 수도, 또는 무엇인가를 만질 수도 없었다. 모든 것이 금으로 변해버리기 때문이었다. 미다스 왕은 디오니소스에게 돌아가 자신의 능력을 없애달라고 말했다. 디오니소스는 변한 왕을 보고 웃었다. 그러나 그를 가엾게 여기고는 근처 강으로 가서 목욕을 하라고 일렀다. 미다스는 그 강물이 금으로 변해 자신이 죽을지도 모른다고 두려워하며 물속에 들어가길 꺼렸다. 그러나 딱히 방법이 없었으므로 주전자에 물을 길어와 몸을 씻었다. 다행히도 조금씩 그의 몸에서 금이 씻겨나갔다. 미다스는 주전자에 물을 채워 궁전으로 돌아왔다. 그리고 딸과 하인들, 말, 그리고 궁전 전체를 물로 씻어냈다. 그는 모든 것이 예전으로 돌아올 때까지 멈추지 않았다. 그 일이 있은 뒤 미다스 왕은 예전보다 가난해졌다. 그러나 인생에서 진정으로 중요한 것들 사이에서 더 부자가 됐다고 느꼈다.

소중한 사람들과 물건들이 모조리 금으로 바뀌고 나서야 미다스 왕은 자신이 세상을 바라보는 시각의 한계를 깨달았다. 그리고 가장 사랑하는 것들의 진정한 가치를 회복하기 위해 고된 노력을 쏟아야 했다. 이 이야기의 교훈은 분명하다. 돈이 모든 것을 해결해줄 것 같지만, 사실은 모든 것을 빼앗아갈 수 있다는 것이다. 인생의 황금은 돈이 아닌 나를 존재하게 하는 행복과 사랑, 의미 있는 관계들이다.

진정한 노동은 돈의 가치를 가르쳐준다. 그렇기 때문에 노동의 가치가 자녀들에게 스미도록 하고 돈은 그 대가 혹은 결과임을 알려주는 것은 부모의 중요한 역할이다. 이러한 가르침이 없다면 아이들은 무엇인가를 누리는 것에 대해 비현실적으로 생각하게 될 것이다. 그리고 모든 것을 돈으로 사고 팔 수 있다고 당연히 믿게 된다. 우리는 가장 중요한 윤리적·문화적 가치에는 가격을 매길 수 없다는 것을 아이들에게 알려줄 의무가 있다.

미다스 왕의 이야기가 드라마틱하게 보여주듯, 어떤 사람들은 많은 돈을 가지고 있더라도 본질적으로는 매우 가난하다. 아무리 돈이면 다 된다 하더라도 항상 그런 것은 아니다. 부모는 올바른 방향으로 돈을 쓰는 모습을 보여줌으로써 아이들에게 돈에 대한 올바른 인식을 심어줘야 한다. 현실을 아름답게 포장하려 할수록 아이들은 미래에 더 끔찍한 실망을 겪게 된다.

가장 중요한 것은 아이들이 당신의 말이 아닌 당신이 사는 모습을 통해 당신이 무엇을 중요시 여기는지 본다는 점이다. 행동에서 풍겨져 나오는 도덕적인 힘보다 더 큰 영향력을 가지는 것은 없다. 아무리 옳은 길이더라도 부모가 먼저 가지 않는다면 아이들에게 그 길을 선택하도록 강요할 수 없다. 역설적이게도 우리는 아이들을 지도하면서 우리가 믿는 것을 더욱 잘 이해할 수 있게 된다. 우리가 전전긍긍 하는 것은 아이들이 나와 같은 어른으로 자랄까봐 겁나서가 아닐까?

10장

인생인가 돈인가

나에겐 정신적인 즐거움과 정신적인 건강,
정신적인 친구와 정신적인 재산이 있지.
나에겐 내가 사랑하고 나를 사랑하는 아내가 있지.
부富만 빼고 다 가졌다네.

윌리엄 블레이크

첫 번째 부는 바로 건강이다.

랄프 왈도 에머슨

돈을 신으로 모실 때
돈은 당신을 악마처럼 괴롭힐 것이다.

헨리 필딩

돈은 끝이 없는 바다다.
명예와 양심, 진실은 익사해버린다.

유진 아서 코즐래이

지금까지 돈이 지닌 역설적인 본질에 대해 짚어
봤다. 돈은 자유를 주지만 동시에 이를 갈망하는 이들을 감금한다. 소
유되는 대신 소유하는 사람을 소유한다. 여기서 얻을 수 있는 교훈은
정말로 중요한 재산은 돈으로 살 수 없는 것들을 포함한다는 사실이다.

돈으로는 사랑을 살 수 없네

"돈으로는 사랑을 살 수 없네Can't buy me love."라고 부르짖는 비틀즈
의 노래를 신나게 따라 부르면서도 돈으로 사랑을 사려고 하는 사람들
이 있다. 어떤 사람들은 의식적으로 돈과 사랑을 연결 짓는다. 또 누군
가는 무의식적으로 그렇게 한다. 이들은 아름다운 여인과 잘생긴 남자
를 포함해 돈이면 무엇이든 살 수 있다고 생각한다. 돈으로 인연을 시
작할 수는 있지만 사랑을 살 수는 없다. 사랑이 없는 그 모든 거래는 역
효과를 낼 뿐이다. '구매자'는 자신이 '사들인' 사람을 얼마나 진심으로
아낄 것인가? 트로피 와이프(성공한 중장년 남성들이 몇 차례의 결혼 끝에

마치 부상副賞으로 트로피를 받듯이 젊고 아름다운 전업주부를 부인으로 맞는 것-편집자)를 자랑하는 것은 일종의 우월의식이다. 이때 돈은 섹스와 동일한 페티시즘이 된다. 어떤 사람들은 더 많은 섹스를 하거나 더 많은 돈을 가질수록 충만해진다고 믿는다. 그리고 결국 자신들의 열망을 채우기에 충분한 양이란 없다는 것을 깨닫게 된다. 너무 많이 가졌거나 너무 적게 가졌기 때문에 문제가 생기지 않는다. 인생에서 정말로 중요한 것들을 대체하는 데에 돈을 사용하기 때문에 문제가 생긴다.

돈으로는 젊음을 살 수 없다. 육체적인 매력이 사그라지는 것을 두려워하는 남성과 여성들이 노화를 보완하고 자신들의 모습과 기분을 더 낫게 해줄 젊은 배우자를 만나기 위해 돈을 쓰지만 근본적인 해결책은 되지 못한다. 이런 사람들에게 배우자를 '사는' 것은 우울한 기분을 무찌르기 위한 임시방편일 뿐이다.

이들이 사랑이나 젊음을 바라는 것과는 달리 어떤 사람은 천생연분을 만나기 위해 무슨 일이든 하고 어떤 돈이나 쓸 준비가 돼있다. 그러나 그 과정에서 어느 정도의 담합이 있기 마련이다. 일반적으로 여성들은 부유하고 힘 있는 남성과 어울리려 하고 그런 남자에게 매력을 느낀다. 그리고 요즘 들어서는 젊은 남성들 역시 부유하고 능력 있는 여성에게 끌린다. 전前 미 국무장관 헨리 키신저Henry Kissinger는 어느 정도 권위를 가지고 나서는 이렇게 말했다. "권력은 궁극의 최음제다."

그러나 그러한 담합이 의미 있는 관계로 가는 토대가 될 수 있을까? 아주 가끔은 그럴 수도 있을 것이다. 고인이 된 선박업계의 거물 애리스토틀 오나시스Aristotle Onassis 역시 이런 고민을 했음이 분명하다. 그는 "여성이 존재하지 않는다면 세상의 모든 돈은 의미가 없다."라고 말했다. 그는 자신의 말을 잘 이해하고 있었고 그렇게 마리아 칼라스Maria Callas와 재클린 케네디Jacqueline Kennedy를 만났다. 돈으로 행복을 살 수는 없다. 그러나 돈으로 당신이 겪는 고통의 형태는 고를 수 있다. 그리고 돈으로 사랑을 살 수는 없지만 섹스를 향한 경쟁에서 유리한 위치를 정할 수는 있다.

빼앗긴 만족

혼란스럽다고? 빈곤과 부가 모두 우리에게 만족을 주지 못한다면 무엇이 우리를 만족시켜 줄 것인가? 실제로 빈곤은 부보다 낫다. 만족이 가난한 사람을 부유하게 만들어준다면 불만족은 부유한 사람을 가난하게 만든다. 터키에 이런 속담이 있다. "바보는 부를 꿈꾼다. 현명한 사람은 행복을 꿈꾼다." 돈이 없는 사람만이 돈이 자신을 행복하게 만들어줄 것이라고 상상한다. 사업가 존 D 록펠러John D. Rockefeller는 "어마어마한 부를 가진 사람이 언제나 행복할 것이라는 추측은 틀렸다."라고 말하기도 했다. 사실 엄청난 재산은 가난과 마찬가지로 일종의 굴레가 될 수 있다.

큰 재산을 가진 사람들은 다른 사람들보다 지루함과 우울함, 그리고 기타 심리적 질환으로 더 크게 고통 받을 수 있다. 만족에 관한 연구 중 대부분은 일단 기본적인 욕구가 채워졌을 때 돈이 진짜로 행복을 가져다주지 못한다는 것을 보여준다. 그리스의 극작가 에우리피데스 Euripides는 "배가 부르다면 그 사람이 부자이든 가난한 사람이든 차이가 없다."라고 말했다. 하루에 당신이 먹을 수 있는 스테이크의 양은 한정돼 있다.

우리가 어떻게 해서든 얻으려고 고군분투하는 이 알 수 없는 행복이란 무엇인가? 지그문트 프로이트는 이를 두고 유아기의 갈망에 대한 뒤늦은 충족이라고 주장했다. 이 주장을 뒷받침하는 일화들이 있다. 사람들의 이야기와 꿈에 대해 귀를 기울여보자. 그러면 가끔 단순했던 어린 시절과 그 당시 양육자와의 애착에 대해 "기분이 좋았다"라고 말하는 것을 듣게 될 것이다. 어린 아이들은 돈을 원하지 않는다. 아이들은 누군가가 안아주기를 원하고 부모님과 다른 사랑하는 사람들이 함께 있어주길 원하며 놀고 탐험하고 자기 얘기를 들어주길 원한다. 발달적 관점에서 돈의 추구는 선천적 욕구가 아닌 후천적 욕구다. 따라서 갑자기 많은 돈을 버는 것이 일시적이고 들뜬 마음의 상태를 넘어서 한 사람이 만족을 느끼는 데에 그다지 기여하지 않더라도 놀라서는 안 된다. 예를 들어 행복에 관한 연구들은 복권 당첨자들이 일시적으로 흥분한 이후 매우 빠르게 평상시로 돌아간다는 것을 보여준다.

오래 지속되는 만족감을 유발하는 것들은 훨씬 더 무형에 가깝다. 사람들은 성취의 기쁨, 다른 사람들과 일하면서 창조적인 시도에서 느껴지는 신 나는 기분, 종교의식의 숭고함, 자연과 하나 되는 감정의 고결함 등에 대해 이야기한다. 사람들은 일상적인 업무를 즐기고 직장에서 유능하고 충만한 느낌을 얻는다는 것에 대해(그리고 물론 그에 대한 대가로 돈을 많이 벌수도 있다는 것에 대해) 이야기한다. 그리고 마지막이자 가장 중요한 것으로서 가족과 친구들과 보내는 사적인 시간의 따뜻함과 친밀감에 대해 이야기한다.

빼앗긴 친밀감

돈으로 예쁜 강아지를 살 수는 있지만 사랑만이 그 강아지가 꼬리를 흔들게 만든다. 우리의 진정한 재산은 우리에게 마음을 써주는 사람들, 그리고 우리가 마음을 쓰는 사람들 사이에 있다. 성욕에 대해 다룬 1부에서 이미 강조했듯 애착 행동은 인간의 기본적인 욕구 가운데 하나다. 나는 대머리 사장이 책상 뒤에 앉아 "좋았어. 내가 해냈어. 이제 나는 사랑이 필요해."라고 말하는 모습을 그린 만화를 본 기억이 난다. 슬프게도 그는 너무 늦게 그러한 깨달음을 얻게 됐는지도 모른다.

친밀한 관계라는 맥락에서 돈이 목소리를 낼 때 진실은 가끔 침묵한다. 매우 부유한 사람들은 때로 위험에 빠질 수 있다. 그들과 거래하는 사람들이 그들이 듣고 싶을 것이라 생각하는 말만 하는 경우가 있기 때문이다. 심리치료사들과 정신분석가들은 이를 '이상화 전이idealizing transference(유아가 부모를 완벽한 사람으로 이상화하고 자신을 부모와 동일시함으로써 전능감을 얻는 현상 – 옮긴이)' 때문이라고 본다. 즉, 힘 있는 사람을 존경하는 보편적인 인간의 성향이라는 것이다(그러나 이는 부분적인 설명에 지나지 않는다. 이득을 얻으려는 이기적 동기가 의식적으로 작용했다는 사실을 배제할 수 없기 때문이다.) 동기가 무엇이든 간에 돈과 정직은 함께 가기 어렵다. 사람들은 얼굴 가득 미소를 띠거나 선물을 들고 매우 부유한 사람에게 접근한다. 그러면 이 부자는 항상 궁금해 한다. "이 사람은 진정한 친구인가 아니면 나의 재산이나 권력으로 이득을 보려고 하는 것인가?" 오프라 윈프리Oprah Winfrey는 이에 대해 "많은 사람들이 당신의 리무진에 타기를 원한다. 그러나 당신이 바라는 것은 리무진이 고장 났을 때 당신과 함께 버스를 타줄 사람이다."라고 말하기도 했다. 어쨌든 부자들은 가끔 이상화 전이와 이기적 동기에 쉽게 팔려가기도 한다. 리무진에 함께 타고 싶은 아첨꾼들이 지혜와 아름다움과 능력을 칭송할 때 부자는 이와 반대되는 수많은 증거에도 불구하고 그 말들을 믿게 된다. 이러한 잘못된 현실인식은 남은 대인관계의 수준에 부정적인 영향을 미칠 수 있다. 유대인들은 부자들이 현실을 직시할 수 있도록 다음과 같은 속담을 전한다. "주머니에 돈만 있다면 당신은 현명하고 잘생겼으며 심지어 노래까지 잘한다." 그리고 미겔 데 세르반테스Miguel de Cervantes는 이렇게 말했다. "부자의 바보 같은 한마디를 사회에서는 현자의 격언으로 받아들인다."

배앗긴 시간

시간은 돈은 아니지만 귀중한 아이템이다. 따라서 여기에 또 다른 역설이 등장한다. 부자는 돈을 가진 사람이지만 여유 있고 넉넉한 사람은 시간을 가진 사람이다. 돈을 낭비하면 파산할 뿐이지만, 시간을 낭비하면 우리 인생의 중요한 부분을 돌이킬 수도 없이 잃어버리게 된다. 잃어버린 돈은 새로운 노력을 통해 대체할 수 있지만 잃어버린 시간은 그럴 수 없다. 우리는 돈과 물질적인 성공을 바쁘게 뒤좇는 동안 인생을 저당잡힌다. 그리고 부담스러운 대가를 지불하게 된다. 대출을 유지하기 위해 우리는 살면서 다시 오지 않을 시간과 날과 달과 해를 포기해야 한다. 돈은 모든 것을 살 수 있지만 어떤 일을 다시 할 수 있는 기회는 살 수 없다. 그리고 때로는 에너지마저 포기해야 한다. 많은 사람들이 앞으로 써버릴 돈을 갖게 되는 순간 자신의 에너지는 이미 모두 써버렸다는 것을 깨닫게 된다. 즐거움과 상상은 더 이상 예전 그 느낌이 아니고 자기 자신조차 따분해진다.

사업을 하며 분주하게 보내는 동안, 인생에서 중요한 것은 과정이며 결과는 좋을 수도 나쁠 수도 있다는 사실은 흐릿해진다. 불행히도 우리 대부분은 너무 늦은 후에야 이를 깨닫는다. 나의 가족과 친구의 인생에서 중요한 순간에 함께 있는 것이 얼마나 중요한지 이해하지 못하거나 쉽게 잊는다. 그러한 순간은 다시는 돌아오지 않는다. 우리가 얼마나 부자인지와는 상관없다. "돈이냐 목숨이냐"라는 질문은 협박 이상의 더 깊은 진실을 담고 있다. 〈시에라 마드레의 황금〉에 나오는 등장인물들처럼 우리 대부분은 인생과 돈을 동등하게 본다. 그러나 걸음을 멈추고 우리 자신과 주변 환경을 면밀히 살펴보면 돈이 인생에서 정말로 중요한 것들을 대표하지 않는다는 것을 깨닫게 된다. 돈과 돈으로 살 수 있는 물건들을 가지는 것도 좋지만, 돈으로 살 수 없는 것들을 잃어가는 것이 아닌지 확인해야 한다. 그러기 위해서는 인생의 우선순위를 되짚어볼 필요가 있다.

앰브로즈 비어스Ambrose Bierce는 〈악마의 사전Devil's Dictionary〉에서 "마몬Mammon(탐욕을 상징하는 악마 - 옮긴이)은 세계를 지배하는 종교의 신이다."라고 말했다. 불행히도 마몬을 둘러싼 이 거친 춤사위 속에서 우리는 인생에서 본질적인 모든 것, 즉 관대함, 연민, 공감, 상냥함, 공정함, 명예, 정의, 도덕, 그리고 미학과 같은 것들을 희생하고 있을 지도 모른다. 게다가 우리는 마몬 주변에서 바쁘게 움직이면서 평범한 부는 도둑맞을 수 있지만 진정한 부는 아무도 훔쳐가지 못한다는 사실을 잊는다. 우리는 모두 쉽사리 빼앗겨서는 안 되는 영원히 소중한 것들을 가지고 있다. 그것을 외면하고 물질적인 부에만 초점을 맞춘다면, 우리는 뿌린 대로 거두게 될 것이다. 우리가 돈을 신으로 모시는 순간, 돈은 우리를 악마처럼 괴롭힐 것이다.

잃어버린 진실성

모든 것이 돈으로 해결된다고 믿는 사람들은 진실과 타협하면서 돈을 위해 무엇이든 할 준비가 되어 있는 경우가 많다. 정직과 물질적 부는 상호배타적이어야 하는가? 많은 재산을 모으기 위해서는 반드시 부정직해야 하는가? 세계의 슈퍼리치들 중 다수의 커리어를 살펴보면 비즈니스는 악랄하거나 비도덕적인 행위로 가득하다는 것을 알게 된다.

작가 도로시 파커Dorothy Parker는 이런 현상에 대해 "신이 돈에 대해 어떻게 생각하는지 알고 싶다면 신이 어떤 사람들에게 돈을 주었는지 보면 된다."라고 말했다.

돈이 한 개인의 진실성에 어떻게 영향을 미치는지를 보여주는 드라마틱한 예시 중 하나는 케네스 레이Kenneth Ray와 엔론Enron의 이야기다. 몇 년 간 케네시 레이는 아메리칸 드림의 전형으로 보였다. 그는 미주리 시골에서 매우 가난하게 자랐다. 그의 아버지는 거의 실업자 신세였고 레이는 신문을 배달하거나 농장에서 일하면서 돈을 벌어야만 했다. 그의 부모님은 교육을 못 받고 자랐지만 세 명의 자식들에게는 반드시 공부를 해야 한다고 강조했다. 레이는 장학생으로 주립대학교에 입학했다. 경영을 전공한 그는 공부에 재능이 있었다. 교수님으로부터 학교에 남아 석사학위를 취득하라는 권유까지 받았지만 결국 학교를 떠났다. "나가서 돈을 벌겠다."는 것이 이유였다. 레이는 석유화학기업인 엑손Exxon에서 기업경제학자로 일을 시작했다. 하지만 공부에 대한 꿈을 접지 못하고, 결국 직장을 그만둔 뒤 휴스턴대학교University of Houston에서 경제학 박사 공부를 시작했다. 그리고 한동안 연방에너지규제위원으로 일했다. 그는 한 텍사스 석유회사의 사장으로 산업계에 복귀했다. 그리고 1986년 두 지역회사를 합병했다. 그렇게 '엔론'이 탄생했다. 이 새로운 회사는 1990년대 닷컴 기업들이 이끄는 주식시장에서 빠르게 성장했다. 1990년대 말 엔론은 5년 연속 포춘Fortune 지가 뽑은 '미국에서 가장 혁신적인 기업' 명단에 이름을 올렸고 2000년에는 포춘 지 선정 '미국을 위해 일하는 최고의 기업 100' 명단에 올랐다. 절정기에 엔론은 700억 달러까지 기업 가치가 올랐고, 주식은 주당 약 90달러에 거래됐다. 엔론은 미국에서 일곱 번째로 큰 기업이었고 세계에서 가장 큰에너지 기업이었다. 엔론의 회장으로서 레이는 미국 기업에서 가장 연봉이 높은 경영자 중 한 명이 됐다. 그의 스톡옵션은 2억 1천 700만 달러, 여기에 봉급과 보너스로 1억 900만 달러가 더해졌다. 그는 정·재계에서 영향력과 권력을 발휘하는 사람들로부터 환영받았다. 그에 걸맞게 개인 자산의 상당 부분을 자선활동을 지원하는 데에 썼다. 심지어다른 부자들이 관심을 가지지 않았던 분야에서까지 자선활동을 펼쳤다. 그러는 동안 엔론의 고위 간부들은 뒤로 회사의 현금을 빼돌리고있었다.

2001년 2월 2일 엔론은 파산 선언을 했다. 이 회사 직원을 포함해 수천 명의 투자가들은 엔론 주식의 가치가 곤두박질치면서 수십억 달러의 손실을 입었다. 2만 명의 사람들은 기업의 부패한 경영(커다란 손실을감추기 위해 수익 예상치를 가짜로 조작하거나 조세 피난용 회사를 만드는 등)이드러나는 동안 일자리를 잃었다.

투자자들은 엔론의 부패에 대한 증거를 계속적으로 발견했지만 레이는 여전히 결백을 주장했다. 회사의 고위직 간부들이 거짓말을 하고사기를 쳤다는 것이다. 그러한 문제를 깨닫기에는 자신이 너무 바쁘게일했고, 모든 일은 회사와 사람들을 위해 선의로 한 것이었으며 잘못된일은 한 적 없다고 주장했다. 2006년 5월 25일 켄 레이와 전前 엔론CEO 제프리 스킬링Jeffrery Skilling은 사기와 음모 등의 혐의로 유죄선고를 받았다. 레이는 자신의 명예를 되찾겠다고 맹세했지만 장기복역이 확실시 되는 선고를 받기 전 심장마비로 사망했다. 스킬링은 24년형을 선고 받았다.

케네스 레이는 사실 너그러운 자선사업가였다. 그러나 그렇게 기억되는 대신 미국 경제사 상 가장 큰 기업 스캔들의 주인공으로 기억될 것이다. 그의 이야기는 자만심으로 가득 찬 화이트칼라의 범죄 중 하나다. 그리고 얼마나 많은 똑똑하고도 힘 있는 남성들이 탐욕에 눈이 멀어 스스로와 수천 명의 무고한 희생자들을 파멸로 이끄는지 보여준다.

탐욕의 퇴행

'충분한' 돈이라는 것이 존재할까? 우리는 그렇게 생각할 수도 있으나 산전수전을 다 겪은 케네스 레이는 다른 이야기를 한다. 인간 실존의 비극 중 하나는 불안이다. 우리는 우리가 성취하겠다고 세운 목표들에 빠르게 스스로를 맞춰간다. 그리고 거기에 익숙해진 후에는 지루해한다.

진화심리학자들은 자연 선택이 우리를 새로운 상황에 신속히 적응하고 조금이라도 더 얻으려고 노력하도록 만들었다고 주장한다. 안정적인 상태에 만족하는 것은 종으로서 우리의 생존에 도움이 되지 않는다. 우리는 긴장을 늦춰서는 안 된다. 이러한 추론에 따르면 우리 일부는 결국 쾌락의 쳇바퀴에 빠질 수밖에 없다. 그리고 쾌락을 채우거나 고통을 회피하기 위해 끊임없이 동기를 부여받는다. 이러한 쳇바퀴는 영원히 멈추지 않는다. 인간의 욕망은 채워지지 않기 때문이다.

그래도 어느 정도 수준에서 그 정도면 충분하다고 받아들일 수는 없는 것일까? 왜 '충분하다'는 개념은 그토록 이해하기 어려운가? 우리는 언제 충분히 부자가 되는가? 안락함과 만족의 순간을 정하고 그냥 쳇바퀴에서 내려오기로 마음먹을 수는 없는 걸까?

부자가 되고 싶은 욕구는 끊임없이 커진다. 로만 아브라모비치의 예를 보면 알 수 있다. 처음에 성공적인 경영자는 스포츠카를 원하지만 그 다음에는 프랑스 남부에 있는 별장을, 그리고는 요트를, 그리고 나서는 개인 비행기를, 또 그 다음에는 이러한 것들을 완벽한 형태로 여러 개 원하게 된다. 무엇을 가지던 충분치 않다. 이들은 언제나 더 많은 것을 원한다. 언제나 더 나은 것을 가진 것처럼 보이는 누군가가 존재하기에 이들은 쳇바퀴에서 내려올 수 없고, 우울증에 걸릴까 두려워 이를 시도조차 하지 않는다. 그리고 이러한 소유에 대한 집착은 진실된 삶을 살거나 인생을 통해 할 수 있는 일에 대해 생각하지 못하도록 막는다.

우리의 인생에서 목적지보다 여정이 중요하다는 것을 믿는다면 돈보다 여행에 초점을 맞춰야 한다. 대부분의 사람들은 여기에 기본적으로는 동의하면서 실제로는 무시한다. 즐길 수 있는 일을 하고, 일상의 소소한 것들에 집중할 필요가 있다. 유한한 물질적 성취에만 초점을 맞추면 오직 순간적인 충만함만을 경험하게 될 것이다. 획득하고 소비하는 것은 매우 짧은 순간에만 효과를 발휘하며 계속적으로 복용해야만 하는 항우울제와 같다. 그렇게 우리는 시시포스처럼 영원히 언덕을 따라 바위를 밀어 올린다. 아름다운 석양을 즐기거나 가족과 행복한 식사를 하는 대신 우리는 우리가 싫어하는 일을 한다. 우리에게 그다지 필요치 않은 것들을 사고 우리와 별로 상관없는 사람들에게 좋은 인상을 주기 위해 늦게까지 사무실에 남아 있는다. 역설적이지 아니한가?

빼앗긴 건강

돈은 잃어버린 시간과 잃어버린 진정성을 보상해줄 수 없다. 잃어버린 건강 역시 되찾을 수 없다. 부자들은 아프고 나서야 부의 무력함을 진심으로 이해하게 된다. 돈으로 좋은 약과 좋은 의사를 살 수는 있지만 좋은 건강은 살 수 없다. 우리에게 편안한 잠자리를 마련해 수는 있더라도 잠 자체를 보장해줄 수는 없다. 우리가 물질적인 편안함을 누릴 수 있도록 도와줄 수는 있으나 '안녕'의 진정한 감정은 안겨줄 수 없다. 역설적이게도 너무 많은 사람들이 부를 얻기 위해 건강을 내놓는다. 그리고 결국 건강을 되찾기 위해 돈을 쓴다.

돈이 노화를 개선하지 못한다는 뜻이 아니다. 우리의 기력이 예전 같지 않을 때, 그리고 우리의 건강이 위태로워질 때 어느 정도 돈이 있다는 것은 좋은 일이다. 그 돈은 우리가 여가와 은퇴 후 시간을 즐기도록 해줄 뿐 아니라 자부심과 권력을 가졌다는 느낌을 준다. 아름다움이 바래져갈 때 어느 정도의 위안을 해준다. 극작가 테네시 윌리엄스 Tennessee Williams는 특히나 이에 대해 솔직담백하게 털어놓는다. "돈 없이 젊을 수는 있으나 돈 없이 늙어서는 안 된다." 그러나 몇 살이든 간에 우리는 돈이 우리 인생의 다른 측면을 압도하지 않도록 조심해야 한다.

돈이 모든 문제의 해결책으로 비춰지는 동안 돈 그 자체가 문제가 될 수도 있다. 돈을 통해 자유를 찾는 대신 우리는 돈의 노예가 될 수도 있다. 돈은 우리가 추구하는 주도권이나 정당성을 주지 못하기 때문이다. 대신 우리는 돈을 좇는 과정에서 인생의 극히 중요한 것들을 잃어왔을 수도 있다.

11장
돈의 선禪

친구가 돈이 아니라 일의 원칙이 문제라고 말한다면,
문제는 돈이다.

아르테미스 워드

사람은 가난해야 베푸는 호사를 알 수 있다.

조지 엘리엇

돈 말고 다른 방법으로는 그만큼의 기쁨을 누릴 수 없는 걸 알면서
왜 사람들은 자선활동을 한 공을 인정받으려 하는가?

아서 코난 도일

그에게 마음대로 사용할 수 있는 어마어마한 돈이 있었다면
그는 야생에 나가 맹수사냥을 했을 것이다.
나는 맹수사냥이 그렇게 가치 있는 일인지 모르겠지만
분명 사회 부적응자들의 파괴적인 에너지를 다른 곳으로 돌려주는 것에 도움이 된다.

사키

이런 불교 우화가 있다. 한 유명한 선사禪師가 연회에 초대 받았다. 그는 걸인 같은 옷을 입고 연회에 도착했다가 그를 알아보지 못한 주인 때문에 쫓겨났다. 선사는 집으로 돌아와 자줏빛 비단으로 만든 예복으로 갈아입고 다시 연회장을 찾았다. 그러자 엄청난 존경을 받으며 들어설 수 있었다. 연회장에서 그는 옷을 벗은 후 사람들이 그에게 앉으라고 권한 장소에 그 옷을 조심스레 걸쳐놨다. "당신들이 기다린 것은 내 옷인 게 분명하군요. 처음에 내가 왔을 땐 문 앞에서 돌려보냈지 않았소?" 이렇게 말하고 선사는 돌아갔다.

많은 사람들이 옷이나 화려한 직위 뒤에 있는 그 사람의 본모습이 아니라 허울이나 외모를 보고 상대를 대한다. 그래서 돈으로 살 수 없는 것들을 소유할 때까지는 진정한 부자가 되었다고 볼 수 없다.

자본주의 사회에서 돈에 대한 집착은 쉽사리 사라지지 않는다. 그러므로 우리는 자신을 잃지 않으면서 돈을 추구하며 살 수 있는 방법을 찾아야 한다. 돈을 대할 때는 균형이 중요하다. 너무 많은 돈이 너무 적은 돈만큼이나 우리를 의기소침하게 만든다면, 돈에 대한 욕망과 두려움 사이에서 어떻게 균형을 잡을 것인가?

돈을 다루기 위한 가장 단순한 방법은 우리의 욕구체계를 바꾸는 것이다. 즉, 욕망을 바꾸면 된다. 결국 부는 상대적이다. 덜 원하는 사람은 언제나 더 원하는 사람보다 훨씬 풍족하다. 흥미롭게도 전 세계 종교들은 적게 원하고 단순하게 살아가는 것을 공통적으로 강조한다. 여러 교리에 따르면 진정한 자유는 물질적 욕망을 가지지 않는 데에서 나온다. 사람들은 자기 이름으로 된 재산이 없을 때 훨씬 자유로워지고 실제로 풍요로워진다.

이는 서구 철학의 공통된 주제이기도 하다. "가장 적은 것으로도 만족하는 사람이 가장 부자다(소크라테스).", "작은 것에 만족하며 사는 것이 최고의 재산이다(플라톤)", "부는 엄청난 소유물을 가지는 것이 아니라 원하는 것이 적은 상태다(에피쿠로스)" 등의 격언을 보자. 분명 우리는 마음이 만족스러울 때 가장 부유하다. 부의 가장 큰 원천은 우리의 귀와 귀 사이, 즉 머릿속에 있다는 것은 진실이지 않을까?

자동차산업의 선구자인 헨리 포드Henry Ford는 T모델로 히트를 치기 전에 여러 기업이 탄생하고 망하는 모습을 지켜봤다. 그리고 "당신이 독립을 위해 바라는 것이 돈이라면 절대 독립할 수 없다. 사람이 이 세상에서 진짜로 보장 받을 수 있는 것은 지식과 경험, 능력을 비축하는 것뿐이다."라고 말했다. 부자가 되기 위해 우리가 소유할 수 있는 것은 능력과 지혜다. 소크라테스에 의하면 사람들이 살아가는 최고의 방식은 지혜와 진실의 추구에 초점을 맞추는 것이다. 물질적인 생산과 소비는 그 자체로 목표가 될 수 없다. 훨씬 더 중요한 것들을 성취하기 위한 수단에 불과하다. 소크라테스는 충만한 삶이란, 우정을 쌓고 진실된 공동체 의식을 형성하며 의미를 추구하는 것에 초점을 맞추는 것이라고 주장했다.

소크라테스의 주장이 진실인지 시험해보기는 쉽다. 앞으로 살 날이 6개월 밖에 남지 않았다는 말을 들었을 때 당신의 반응은 "돈을 더 벌어야겠어."일까, "사랑하는 사람들과 더 많은 시간을 보내야겠어."일까? '당신의 인생을 완벽히 바꾸기 위해 겪을 수 있는 최고의 사건은 중년의 나이에 겪는 가벼운 심장발작'이라는 말도 있다. 죽음의 문턱에 다다랐을 때 우리는 인생을 진지하게 바라보는 소중한 기회를 갖게 된다. 이 기회를 통해 대부분의 사람들은 있는 그대로의 인생에 만족하는 것이 가장 큰 재산이라고 결론짓게 된다. 그리고 인생에서 마주할 수 있는 작은 기쁨들에 감사하게 된다.

돈을 떠나보내며

철학자들을 괴롭히는 또 다른 문제는 '부를 소유한 뒤에 무엇을 해야 하는가'다. 아마도 부를 잘 활용해 세상에 도움이 되도록 하라는 것이 가장 일반적인 대답일 것이다. 사색적인 실무자들의 롤모델이자 철학자 겸 황제인 마르쿠스 아우렐리우스Marcus Aurelius는 "당신이 영원히 지킬 수 있는 유일한 재산은 당신이 기부한 재산이다."라고 말했다. 후대의 사업가 두 명 역시 동일한 이야기를 했다. 억만장자 J. 폴 게티J. Paul Getty는 "돈은 거름과 같다. 주변에 뿌리지 않으면 냄새가 나게 되어 있다."라고 말했다. 또 다른 거물 앤드류 카네기는 비슷한 결론을 내리고 "잉여의 부는 그 소유자가 공동체의 이익을 위해 평생 동안 집행해야 하는 성스러운 신탁금이다."라고 말했다.

1888년, 알프레드 노벨Alfred Nobel의 동생 루드비그Ludvig가 죽었을 때 한 프랑스 신문은 실수로 알프레드 노벨의 부고 기사를 냈다. 헤드라인은 "죽음의 상인이 죽음을 맞이하다."였다. 부고 기사의 앞머리에는 "이전보다 더 많은 사람을 더 빨리 죽일 수 있는 방법을 찾은 덕에 부자가 된 알프레드 노벨 박사가 어제 사망했다."라고 쓰여 있었다. 노벨은 충격을 받았다. 다이너마이트 발명가는 자신이 '죽음의 상인'이라고 기억되길 원치 않는다는 것을 깨달았던 것이다. 이 사건은 그가 매우 다른 삶을 살 수 있도록 자극했다.

1896년 알프레드 노벨이 사망하고 유언장이 공개되자 이번에는 세상이 놀랐다. 노벨은 어마어마한 재산의 거의 전부를 다섯 개의 상(물리학, 화학, 생리의학, 문학, 평화)을 만드는 데 쓰도록 남겼다. '전년도에 인류에 가장 큰 공헌을 한 이에게 주어지는' 상이었다. 노벨상은 생기자마자 그 분야에 몸담은 사람이라면 누구나 염원하는 최고의 상이 됐다.

부를 대하는 놀라운 방식을 보여주는 좀 더 최근의 예로는 워렌 버핏Warren Buffett이 있다. 버크셔 해서웨이를 세운 억만장자 워렌 버핏은 자신이 소유한 주식의 85퍼센트를 다섯 개 재단에 기부하기로 약속했다. 그가 기부하는 돈 가운데 가장 많은 액수인 300억 달러는 빌 게이츠와 그의 아내 멜린다 게이츠가 운영하는 빌 앤 멜린다 게이츠 재단Bill & Melinda Gates Foundation에 기부된다. 버핏은 재산을 내놓는 의도에 대해 설명하며 "나는 재산 상속에 찬성하지 않는다. 특히나 60억 명의 사람들이 우리보다 훨씬 더 가난하게 살 때는 더욱 그렇다."라고 말했다. 덧붙여 "다른 부유한 사람들이 이 모델을 따라주길 바란다. 이는 합리적인 모델이다."라고 표현했다.

알프레드 노벨과 워렌 버핏은 부를 고귀하게 쓰기 위해서는 돈을 더 버는 것이 아니라, 베풀어야 한다는 것을 보여줬다. 물론 이러한 사람들 중 일부는 재산을 축적하기 위해 무자비한 방식을 사용했으며, 따라서 자아도취성의 권력 확대 같은 고매하지 못한 동기를 숨기기 위해 박애주의의 가면을 쓴 것이 아닌가 의심스러워질 수도 있다. 그렇다 하더라도 보람 있는 사회적 대의 명분을 위해 돈을 쓰는 것은 비싼 차, 호사스러운 요트, 개인 비행기, 또는 호화 주택을 사는 것보다 훨씬 칭찬받을 일이다. 행위에 숨겨진 이유가 사람들에게 인정받고 싶은 욕망이라하더라도 이는 여전히 효과적인 동기이다.

불행히도 돈을 현명하게 쓸 줄 아는 사람은 매우 적다. 이상하게 들리겠지만 자선활동은 실질적으로나 감정적으로 어려운 일이다. 주는 것은 받는 것보다 훨씬 어려운 게임이다. 기부에는 감정적인 문제가 끼어 있다. 재산의 일부 또는 전부를 기부하는 것은 자신이 '세계에서 가장 부유한 사람' 명단에서 빠질 수 있다는 의미가 되기 때문이다. 언론계 억만장자 테드 터너Ted Turner는 그 느낌이 무엇인지 정확히 짚어낸다. "부자가 되면서 나는 이렇게 생각하기 시작했다. '이 돈을 가지고 도대체 난 뭘 하지?' 우리는 기부하는 법을 배워야 한다. 30년 간 나는 내 재산의 반을 기부했다. 솔직히 말하자면 내 손은 서명을 할 때마다 벌

벌 떨린다. 나는 내가 세상에서 가장 부자 되기 경주에서 빠지게 된다는 것을 알았다.”

　그러나 생의 마지막에 우리 모두는 살아온 방식에 의해 평가받는다. 단순히 재산의 많고 적음이 아닌, 재산으로 무엇을 했는가 즉, 다른 이들에게 얼마나 선한 영향력을 미쳤는가로 판단되길 바란다. 반복적으로 이야기했듯 부는 마음의 상태다. 그 누구라도 풍요로운 생각을 하면서 정신적인 부를 얻을 수 있다. 우리가 스스로 번창할 것이라고 생각하면 그리 될 것이다. 우리가 스스로를 계속 돈에 쪼들린다고 생각한다면 분명 그렇게 될 것이다.

　우리가 스스로의 모습에 행복해지기 전까지는 손에 쥔 것만으로 절대 행복해질 수 없다. 우리의 생각과 상상력은 훌륭한 부의 원천이 된다. 우정과 가족의 유대감, 그리고 인생의 소소한 기쁨을 찾을 수 있는 능력도 마찬가지다. 나는 영적으로 부유해질 때 진정으로 부유해진다고 믿는다. 돈보다 훨씬 가치 있는 것들을 지녔을 때 무수한 돈을 가진 억만장자보다 훨씬 부유해질 수 있다. 이것이 우리의 세계관이자 삶을 바라보는 중요한 관점이 되어야 한다. 이는 다음 이야기에서 자세히 묘사되어 있다.

　　한 부유한 사업가가 딸을 데리고 방글라데시로 여행을 떠났다. 여행의 목적은 딸에게 가난한 사람들이 어떻게 살고 있는지를 보여주고 자신이 누리는 부에 감사하도록 만들기 위함이었다. 이 부녀는 며칠 간 방글라데시 시골을 여행했고, 어느 마을에서는 한 가난한 가족의 집에서 머물렀다. 유럽으로 돌아갈 때 아버지는 딸에게 이번 여행에서 무엇을 느꼈는지 물었다.

"이제 불쌍한 사람이 어떻게 사는지 알았니?"

"그럼요."

"그래, 그럼 이번 여행에서 무엇을 배웠니?"

"우리는 강아지가 한 마리밖에 없다는 걸 깨달았어요. 우리랑 함께 있었던 그 가족에겐 네 마리가 있는데 말이에요. 게다가 발에 치일만큼 고양이랑 소도 많고요. 우리에겐 커다란 수영장이 있지만 그 집에 살았던 아이들에겐 끝도 없이 펼쳐진 바다가 있어요. 우리 집 뒤에는 내가 놀 수 있는 정원이 있지만 이 아이들은 숲 전체에서 놀아요. 우리는 쇼핑센터에서 음식을 사지만 이 사람들은 음식을 만들 재료를 직접 키울 수 있어요. 우리는 네 명만 딱 탈 수 있는 차를 가졌지만 이 사람들에겐 온 마을 사람들이 탈 만큼 큰 버스가 있어요."

아버지의 놀란 얼굴은 딸의 마지막 말을 듣고 실망으로 어두워졌다.

"고마워요, 아빠. 우리가 얼마나 가난한지 보여줘서요."

누군가에게 가치가 없거나 당연히 받아들여지는 것들이 또 다른 누군가에게는 소중한 재산이 될 수 있다. 우리는 돈과 관련한 모든 문제, 걱정, 그리고 부족함이 결국은 내 마음에게 시작하고 끝난다는 것을 알아야 한다. 돈 걱정이 실제로 존재한다는 사실을 결코 무시하려는 것이 아니다. 그러나 많은 경우 돈에 대한 걱정은 그저 마음가짐의 문제다. 현재 가진 것과 하는 일에 만족하고 행복을 느낀다면 우리는 진짜로 부자가 될 수 있다. 우리에게 돈보다 훨씬 중요한 것은 우리가 지닌 인간적인 부, 즉 시간과 에너지와 열정과 친밀감을 나누는 것이다. 이러한 무형의 자산은 우리가 이 불안정한 세상에서 가질 수 있는 유일한 안정적인 재산이다. 이것들은 인생이라는 여정에서 우리의 필수품이자 우리가 매 순간 진심으로 즐겨야 하는 것들이다.

영국의 문인 새뮤얼 존슨Samuel Johnson의 시는 마치 예언과 같이 들린다.

천국을 살 수 있는 능력이 금에 있던가?

금으로 유한한 시간을 사라지게 할 수 있던가?

인생에서 금으로 사랑을 살 수 있던가?

우정의 기쁨을 돈으로 살 수 있던가?

아니,

소원으로 빌고 생각해볼 가치가 있는 모든 것들은. 올바른 미덕은.

뇌물로도 구할 수 없고 돈으로도 살 수 없지.

그러니 그만두라. 당신의 희망이 꽁꽁 묶인 쓰레기더미를 즈려밟고.

그리고 더 고귀한 시선을 마음에 심어라.

제 3 부

행복에 대한 고찰

Sex Money Happiness & Death

12장

산딸기를 찾아서

사람은 생각하는 만큼 불행해지거나 바라는 만큼 행복해질 수 없다.
프랑수아 드 라 로슈푸코

출생과 죽음을 조정하는 명약은 없다.
그 사이를 즐길 수 있는 능력만 있을 뿐이다.
조지 산타야나

행복은 사물의 외형에 달린 것이 아니라
우리가 그 사물을 바라보는 방법에 달렸다.
레오 톨스토이

마음속에 푸르른 가지를 간직한다면 노래하는 새가 찾아오리니.
중국 속담

"동물들은 건강하고 충분한 먹이가 있는 한 행복하다." 버트런드 러셀은 〈행복의 정복The Conquest of Happiness〉에서 이렇게 말했다. "인간은 행복을 느끼는 존재이자 느껴야만 하는 존재이지만 현대사회에서는 적어도 그렇지 못한 경우가 많다." 그는 "사람은 자신이 '인생의 큰 줄기'의 일부임을 느낄 수 있을 때만 행복함을 느낀다. 인간은 당구공과는 다르다. 서로 부딪힐 때만 관계를 맺고, 평소에는 다른 공들과 아무런 관계가 없는 단단한 별개의 존재가 아니다."라고 강조했다. 다시 말해 사람에겐 사람이 필요하다. 행복을 찾고 싶다면 거울만 들여다보고 있어서는 안 된다. 창문 밖을 내다봐야 한다.

불행히도 너무 많은 사람들이 러셀이 말한 당구공 같다. 다른 이에게 닿을 수 없는 사람은 독자적인 섬이다. 자기중심적이고 내향적이다. 창문을 내다보는 대신 거울을 바라보는 자들이다. 결국 걷잡을 수 없는 개인주의를 통해 이들은 스스로를 가두는 감옥을 만들고 거기에 자진해서 갇히는 불행을 만들어낸다. 노이로제에 걸린 이들은 자신뿐 아니라 다른 사람도 비참하게 만든다. 그리고 어떻게 해야 스스로를 자유롭게 놓아줄 수 있는지, 또는 스스로에게 도움이 될 수 있는지 전혀 알지 못한다.

두 번의 여정

영화감독 잉마르 베리만Ingmar Bergman은 자신의 자전적 이야기를 담은 영화 '산딸기Wild Strawberries'에서 두 번의 여행을 떠나는 노인 이삭 보르그의 이야기를 들려주고 있다. 하나는 명예박사학위를 받기 위해 스톡홀름에서 룬트로 떠나는 여행이다. 다른 하나는 그의 내면세계로 떠나는 여행이다. 겉보기에 존경받는 의사이자 과학자인 이삭 보르그는 성공한 남성이다. 그러나 그의 개인적인 삶은 매우 다른 그림을 보여준다. 나이든 어머니와의 관계는 따스함이 전혀 없고, 아버지(아예 화면 안에도 존재하지 않는다)와의 관계는 거의 없다시피 하다. 보르그의 결혼은 불륜과 불행으로 점철돼 결국 이혼으로 끝을 맺는다. 보르그는 외아들과도 매우 어색한 관계다. 더 심각한 것은 그의 아들 역시 그와 꼭 닮은 부자관계의 패턴을 보인다는 점이다. 그래서 아버지와 아들 사이에는 차가운 격식만이 존재한다. 영화 초반부에서는 겉으로는 성공한 듯 보이는 보르그의 인생이 점차 암울해지고 있다는 것을 알 수 있다. 그는 인간 자체에 대해 비관적이다. 자신의 인생이 심란하게 흘러가다보니 그는 스스로 대부분의 인간관계를 저버린다.

스톡홀름에서 룬트로 가는 여정에서 보르그는 자신의 며느리와 동행한다(그녀는 단테의 베아트리체처럼 안내자의 역할을 한다). 그리고 과거의 여러 장면들과 마주친다. 그 장면들은 대부분 불행한 기억을 떠올리게 하는 과거의 중요한 사건들이다. 이러한 기억들이 자아내는 감정에 반발하고 불안과 절망에 압도당하지 않기 위해 보르그는 행복한 기억을 떠올리려 노력한다. 그는 자신의 '산딸기 밭'으로 돌아가려 애쓴다. 여기서 산딸기 밭은 인생의 달콤함을 상징하는 것으로, 우리가 모두 매달리는 짧지만 더할 나위 없는 기쁨과 행복의 기억이다. 여행이 계속되면서(그리고 그 과정에서 보르그는 인격을 형성하는 여러 경험들로부터 영향을 받으면서) 그의 인생관은 바뀌기 시작한다. 그는 점차 행복하고 명랑해진다. 그리고 사람들과 가까워지려 노력한다. 불행히도 이러한 변화는 그의 인생 시계가 거의 자정에 다다랐을 무렵에야 일어난다.

사람은 저마다의 행복을 찾기 위해 기억을 더듬는다. 나는 행복에 대한 이번 장을 쓰면서 나만의 '산딸기 밭'으로 되돌아갔다. 그 길에 내 인생의 수많은 가시덤불을 다시 마주치기도 했다. 내 경험을 바탕으로 나는 버트런드 러셀의 글과 잉마르 베리만의 영화에서 모두 울림을 얻었다. 당연히도 나는 행복에 대한 글을 쓰면서 갈등을 느꼈다. 나는 글을 쓰면서 미학적 측면(유형의 존재를 창조함)과 실용적 측면(의미 있는 존재를 창조함) 모두에서 엄청난 기쁨을 발견했다. 그러나 과거로의 여행이 긍정적인 면만 있는 것은 아니었다. 행복에 대해 생각하다보면 자아를 찾기 위한 나만의 여정을 떠나게 될 수밖에 없다. 그러다보니 그 여정은 나의 만족감에 때로는 그림자를 드리우기도 했다.

행복은 다루기 까다로운 주제다. 고통과 같은 부정적인 기분은 긍정적인 기분보다 다루기가 훨씬 쉽다. 훨씬 더 명확하고 구체적이기 때문이다. 냉철한 사업가들에겐 안타까운 일이지만 행복은 주식처럼 가치를 매길 수 있는 것이 아니다. 그리고 구체적인 가치를 덧붙일 수 있는 대상도 아니다. 행복은 손에 잡히지 않으며 매우 파악하기 어렵다. 행복은 우리에게 살그머니 찾아오지만 손아귀에서 재빨리 빠져나간다. 가끔은 전혀 기대치 못한 상황에서 선물처럼 오기도 한다. 잡기 어렵기 때문에 인간은 행복을 추구하는 것에 더욱 집착한다. 나는 다양한 각도에서 행복에 대해 살피고 이해해보려 한다.

행복은 이력서나 기업보고서 상의 목표로 언급되는 대상은 아니다. 그럼에도 이 주제는 내 직업상 외면하기 쉽지 않다. 나는 학자이자 교수, 컨설턴트로 일하면서 인간의 인생주기와 커리어 관리, 리더십, 그리고 조직 스트레스에 대해 수도 없이 연구하고 강의를 해왔다. 나는 경영자들이 커리어의 부침에 대해 고민하는 수많은 단면을 보아왔다. 또 심리치료사이자 정신분석가, 리더십 코치이자 컨설턴트로서 사람들이 인생이라는 항해를 이해할 수 있도록 돕는 일을 해왔고, 내면세계와 외부세계로 떠나는 여정에서 가이드가 되기 위해 노력했다. 이러한 여러 역할을 거치면서 행복에 관한 질문이 마치 핵심 주제처럼 계속 튀어나오는 것을 보았다. 가장 높은 곳에 있는 경영자부터 생산직 노동자까지 사람들은 모두 묻는다. 더 행복해지려면 무엇을 해야 하지? 인생의 질을 높이기 위해 무엇을 할 수 있을까? 내 일과 인간관계에서 무엇이 잘못됐는가? 내 안의 갈등들을 '고칠 수 있는' 방법이 있는가? 정답이 없는 질문에 답하기 위해 나는 상상력을 발휘했다.

13장

행복이라는 모호한 개념

인생이란 무엇인가?
흘러내리는 모래시계지.
아침 햇살에 사라지는 엷은 안개지.
바쁘고 분주하게 계속 반복되는 꿈이지.
얼마나 기냐고?
일분 간 멈추고 일분 간 생각할 만큼.
그리고 행복이란?
시냇물 위의 거품이야.
붙잡으려는 순간 무(無)로 돌아가 버리지.

존 클레어

행복한 날들은 형제처럼 비슷한 법이 거의 없다.

불가리아 속담

이렇게 생각해보자. 우리 인간들은 사회적 존재다.
우리는 다른 이들이 행동한 결과로 세상에 나온다.
다른 사람에게 의존한 덕에 여기에서 살아남는다.
좋던 싫던 우리 인생에서 우리가 다른 사람의 활동으로 인해
이익을 보지 않는 순간은 거의 없다.
이러한 이유로 대부분의 행복은
우리와 다른 사람들 간의 관계라는 맥락에서 생겨난다.

달라이 라마

프랑스 철학자 장 드 라 브뤼예르Jean de La Bruyère
는 이렇게 말했다. "사람에게 중요한 사건은 오직 세 가지다. 출생, 인
생, 그리고 죽음. 그러나 사람은 태어날 때는 모르고 죽을 때는 고통스
러우며 인생을 살고 있는 것은 잊는다." 분명 드 라 브뤼예르는 불행을
추구하는 성향을 가지고 있었을 것이다. 그는 출생과 죽음의 '그 사이'
를 즐기지 못했다. 드 라 브뤼예르와는 달리 여기서의 내 목표는 행복
이 무엇인지를 더 잘 이해하기 위한 노력의 일환으로 그 '사이'에 집중하
는 것이다.

행복을 욕망하는 것은 보편적인 인간의 특징이다. 이러한 욕망은 고
대 그리스 시대에 행복을 중시하는 자아실현이론, 즉 행복주의가 형성
되면서 특히 발전했다. 라틴어 Eudaimonia'은 'eu'와 'daemon'이 만
나 '좋은 정신'이라는 뜻을 가진다. 아리스토텔레스는 니코마코스 윤리
철학Nicomachean Ethics(인간의 행위가 궁극적으로 지향하는 목적이 행복이며
이 행복은 덕에서 비롯된다고 주장하는 아리스토텔리스의 철학 이론 - 옮긴이)
에서 인간 경험의 범위에 대해 논했다. 그에 따르면 인간이 할 수 있는
가장 고귀한 경험이자 단 하나의 진정한 열정은 바로 '행복을 추구하는

것'이다. 그는 행복을 '선행을 좇는 영혼의 상태'라고 정의 내렸다. 또 개인적인 안녕을 추구하는 것이 인간에게 가장 중요한 투쟁이자 모든 인간 행동의 최고 목표라고 보았다. 그는 잘 정돈된 라이프 스타일을 갖추고 그에 가장 적합한 활동을 할 때 행복을 얻을 수 있다고 말했다. 그러나 그는 행복의 달성이 결코 쉽지 않다는 것을 깨달았다. "제비 한 마리를 보았다 해서 여름이 오지 않는다. 맑은 날을 만들어주는 것도 아니다. 이와 비슷하게, 행복한 하루 또는 찰나가 한 사람을 완전히 행복하게 만들어주지는 못한다." 사실 그의 정의에 따르자면 그 사람이 행복한지 여부는 죽은 뒤에나 알 수 있다.

그러나 행복의 추구는 그리스 시대에서 끝나지 않았다. 그 뒤로 몇 세기가 지난 지금도 인간은 계속 행복을 추구한다. 정치 문서인 미국의 독립선언문에서조차 인간의 '양도할 수 없는 권리' 가운데 하나는 '행복 추구권'이라고 서술되어 있다. 역설적이게도 이 문서의 초안을 작성한 토머스 제퍼슨Thomas Jefferson은 행복의 추구에 대해 잘 모르는 매우 우울한 사람이었다(그리고 물론 우리는 행복의 추구와 달성은 꽤나 다른 문제라는 것을 깨닫는다).

많은 심리학자들이 자아실현, 절정경험peak experience, 개성, 성숙, 몰입감, 그리고 주관적 안녕감subjective well-being 같은 용어들을 사용하면서 구체적으로 행복을 정의하기 위해 노력해왔다. 이 분야의 연구자들에게 이러한 묘사는 인생이 그 자체로 좋고 충만하며 의미 있다고 암시한다. 불행하게도 행복주의는 어떤 부연 설명을 붙이든 간에 그저 이상적으로만 보인다. 우리는 질병, 부상, 교육의 부족, 욕구 결여, 또는 완고한 정부정책과 같은 다양한 장애물 때문에 가장 잘 어울리는 곳에 참여하지 못한다. 그럼에도 불구하고 우리는 존재의 궁극적인 목표로서 행복을 추구한다. 행복은 우리에게 살아야 하는 이유와 희망을 주고 인생의 여러 고난에도 불구하고 우리가 계속 나아갈 수 있도록 동기를 부여한다.

그렇다면 왜 행복은 사람들의 보편적인 경외의 대상이면서도 여전히 신비로운 개념으로 남아 있는가? 왜 우리는 행복이란 단어를 아무렇지도 않게 사용하면서도 이를 묘사할 때는 절망적이 될까? 아직 답을 찾지 못했기 때문인가, 아니면 답이 존재하지 않기 때문인가? 행복에 대한 글을 쓰는 이들은 행복은 탐구조차 해서는 안 될 주제라고 믿는다. 영국의 작가 길버트 체스터턴Gilbert Chesterton은 "행복은 종교처럼 신비롭다. 그리고 절대로 이론적으로 설명하려 해서는 안 된다."라고 강조했다. 그는 더 이상 행복을 파고들지 않기로 했다. 아무런 성과가 나오지 않는 조사라고 느꼈기 때문이었다. 미국 작가 나다니엘 호손 Nathaniel Hawhthorn은 이렇게 말했다. "행복은 나비와 같다. 우리가 뒤를 좇으면 언제나 우리 손아귀에서 벗어나지만 조용히 앉아 있을 때 우리 위에 사뿐히 내려앉는다."

'실낙원'을 찾아서

그러나 신비롭든 아니든 간에 행복을 분해해보려는 노력은 여기저기서 이미 시작됐다. 어떤 사람들은 행복이 장소나 조건이 아닌 마음의 상태며 우리 내면에서 생긴다고 주장한다. 즉, 상상이 만들어낸 허구라는 것이다(행복이 우리 내면세계의 산물이라는 이야기는 널리 인정받는 관점이다. 이러한 관점 때문에 행복이 계속 미스터리에 싸여 있게 되는 것이 아닐까). 반면에 심리치료사들은 행복을 '유아기의 실낙원'에 비교한다. 즉, 엄마와 온전히 함께 한다는 그 대양과도 같은 감정을 행복으로 희미하게 기억하는 것이다(이들은 그 증거를 어머니와 아이 사이의 상호작용에서 볼 수 있다고 주장한다. 어린 아이가 엄마에게 안길 때 아이 눈에 드러나는 기쁨 또는 완전한 몰입 등이 행복이라는 것이다). 여러 환자들이 한때 자신이 경험했던 신비로운 유대에 대한 순간적인 기억을 간직하고 있다. 그리고 아주 짧은 순간 동안만 떠올릴 수 있는 그 기억을 다시 붙잡으려 노력한다는 이야기를 한다. 이러한 인식은 성경에 나오는 낙원에서 쫓겨난 인간에 대한 이야기에 잘 설명되어 있다. 에덴동산에서 추방된 아담과 이브는 이 세상에 원죄를 가져왔다. 그뿐 아니라 인간이 행복을 찾아 떠나야만 하는 존재로 만들었다.

그러나 일부 정신과 의사와 신경학자들은 더 냉소적인 관점을 보인다. 이들은 행복이 그저 생리학적 반응에 지나지 않으며 신체적 화학물질의 산물 또는 신경 전달물질의 활성화 결과라고 주장한다. 이러한 관점은 프로작Prozac(항우울제의 한 종류−옮긴이)과 같은 약물에 의해 만들어지는 행복이 진짜 행복인지에 대한 논쟁을 불러일으킨다. 화학적 반응으로 인한 감정과 자연스럽게 느껴지는 감정은 정말로 같은 것인가? 이것이 행복의 전부인가? 그냥 그 정도면 될까?

이 학자들이 선호하는 접근과는 상관없이 행복을 연구하는 대부분의 사람들은 행복을 오래 머무는 방문객으로 보지 않는다. 행복은 불현듯 잠깐씩만 우리를 찾아오는 감정이다. 그렇다 하더라도 꽤나 많은 사람들이, 때로는 더하고 때로는 덜할 수도 있지만 기본적으로는 행복하다고 이야기한다. 어쩌면 행복은, 흐린 날 구름을 뚫고 내려오는 햇살에 비교할 수도 있겠다. 햇살은 드문드문 비치지만 우리는 해가 늘 거기에 있음을 안다. 그렇지만 쫓으면 해는 점점 멀어진다. 좌절감을 느낄 수도 있지만 우리에겐 추구하고 싶은 목표가 생긴다.

역설적이게도 절대로 완벽하거나 지속적일 수 없다는 사실이 바로 행복의 미덕이기도 하다. 깨지지 않는 행복의 상태는 지루할 뿐이며 최악의 경우 악몽이 된다(영원한 오르가즘을 느끼는 것과 마찬가지다). 사실 끊임없이 행복을 느낀다고 우기는 사람들은 정신과의사나 심리치료사, 또는 정신분석가에 의해 조증이나 회피의 상태라고 진단받기도 한다. 다시 말해 필요 이상으로 행복한 상태라는 것이 존재하는 것이다. 우리의 경험을 다채롭게 만들기 위해서는 인생의 부침이 필요하다. 어둠은 빛을 강조하기 위해 필요하다. 단테는 신곡 가운데 〈지옥〉편에서 "절망의 상황에서 행복을 기억하는 것만큼 깊은 슬픔은 없다"라고 말했다. 우리는 슬픔 없는 기쁨이 없듯 고통 없는 기쁨도 없다는 것을 안다. 칼 융은 "행복한 인생조차 어느 정도의 어둠 없이는 존재할 수 없다. 그리고 '행복'이라는 단어는 슬픔과 균형이 맞지 않을 때 그 의미를 잃을 수밖에 없다. 참을성과 침착함을 갖춘 사람만이 모든 것을 이해할 수 있다."라며 이에 동의했다. 지옥 없는 천국은 상상할 수 없다. 우리에겐 양극단이 모두 필요하다. 우리에겐 대립이 필요하다. 단테가 지옥은 그토록 오랫동안 자세히 다루었으면서 천국은 상대적으로 빠르게 훑고 지나간 것도 어쩌면 당연한 일이다.

행복이 알기 어려운 동시에 덧없는 존재라면 우리는 이에 대해 또 무엇을 말할 수 있을까? 행복의 구성 요소에는 무엇이 있을까? 행복은 사람마다 서로 다른 의미를 지니기 때문에 이에 대한 답을 확고히 내놓을 수는 없다. 행복은 매우 주관적인 경험이다. 우리는 모두 행복이 무엇인지, 혹은 어때야 하는지에 대한 나름의 판타지를 가진다. 어떤 이들은 행복이라는 표식을 더 이상 욕망 때문에 괴롭지 않은 상태를 묘사하기 위해 쓴다. 이때 과거의 모든 소원이 다 이뤄지지 않았다 해도 상관없다. 어떤 사람들에게 행복은 기억에 남을 특별한 순간에 연계된 감정이다. 사랑하는 부모님의 미소, 학교에서 성취의 순간, 첫사랑, 아이의 탄생, 가족 상봉 혹은 친구들과의 모임 같은 것들이다. 과학적 취향을 지닌 이들은 행복에 대해 인생 전반에 대한 만족감이면서 부정적인 감정이나 심리적 고통을 가지지 않은 상태, 그러면서 인생의 목적의식을 지니고 개인적으로 성장하는 느낌이라고 묘사한다. 이 모든 행복에 대한 정의에서 공통적인 것은 '긍정적인 마음 상태'다.

긍정심리학

개인과 공동체가 번성할 수 있도록 해주는 힘과 미덕을 연구하는 비교적 새로운 심리학 영역이 있다. 바로 '긍정심리학', 혹은 '안녕의 과학'이라 불리는 분야다. 긍정심리학 운동에서 두드러지는 인물 가운데 한 명은 심리학자 마틴 셀리그만_{Martin Seligman}이다. 1998년 미국심리학회의 회장 취임연설에서 그는 부정적인 경험에 주목하기보다는 초점을 바꿔 모든 일이 잘 풀리는 사람들을 연구해야 한다고 말했다.

긍정심리학은 인간의 기능최적화를 과학적으로 추구한다고 설명할 수 있겠다. 긍정심리학의 목표는 안녕, 소속감, 인생의 의미와 목표에 대한 긍정적인 감각을 끌어내는 데에 있다. 심하게 잘못 꼬여가는 인생에 초점을 맞추기 보다는 모든 것이 잘 풀리는 사람들에게 주목하자는 발상이다. 긍정심리학파는 과거 심리학자들이 우울증에는 정통한 반면, 행복한 인생의 비밀에는 관심이 없었다고 주장한다. 이들은 긍정적인 감정(기쁨, 의기양양함, 만족, 자부심, 애정, 행복)은 행복에 반대되는 감정(죄책감, 수치심, 슬픔, 불안, 공포, 경멸, 분노, 스트레스, 우울, 질투)만큼 관심을 받아야만 하며, 학문의 초점을 정신질환에서 정신건강으로 옮겨야 한다고 주장한다. 정신분석이 한때 격심한 인간의 절망을 평범한 고통으로 바꿔놓겠다고 약속했다면, 긍정심리학은 가벼운 인간의 기쁨을 다루고 이를 완전한 안녕의 상태로 바꿔놓을 것을 약속한다. 긍정심리학을 지지하는 학자들은 인간의 안녕을 연구하면 질병을 방지하고 건강을 증진할 수 있는 방법도 찾을 수 있다고 주장한다. 더불어 용기, 낙천주의, 대인관계 기술, 근로 윤리, 희망, 지혜, 창의성, 정직, 그리고 회복탄력성 같은 인간의 강점이 정신질환에 대해 완충 역할을 할 수 있다고 말한다.

부정적인 사건에 매달리면 우울증에 빠질 수 있다. 그러나 잘 풀린 일을 오래 기억하면 인간은 다시 일어날 수 있다. 때로는 사물을 바라보는 방식이 실제로 일어난 일보다 더 중요하다. 긍정심리학자들은 진정으로 행복해지기 위해 좋은 삶, 의미 있는 삶에 시선을 두어야 한다고 말한다. 이를 위해 자신이 지닌 특징적인 강점을 깨달아야 한다. 특징적인 강점이란 끈기, 리더십, 그리고 배움을 사랑하는 것까지, 무엇이든 우리가 정말로 잘하는 것들을 의미한다.

어떤 비평가들은 긍정심리학이 매우 문화 중심적인 관점이며 특히나 자립심과 자기표현을 강조하는 미국 문화에나 적합하다고 주장한다. 어떤 이들은 긍정심리학이 전혀 새롭지 않으며 그저 오래된 긍정적 사고 운동의 재탕일 뿐이라고 목소리를 보탠다. 그들은 긍정심리학은 우울하거나 불행한 사람들이 해결해야 하는 진짜 문제들을 회피하는 데다, 일종의 종교적 성격마저 띠며 그 주장을 뒷받침하기 위한 과학적 연구는 거의 존재하지 않는다고 냉정하게 말한다.

이 모든 비판에도 불구하고 긍정심리학은 인간의 기능 최적화를 연구하고 인간의 강점과 미덕에 초점을 맞추는 역할을 한다. 우리는 긍정심리학에서 주장하는 자율성과 자기조절이 지니는 효과, 건강에 영향을 미치는 낙관주의와 희망의 역할, 그리고 창의성을 장려할 수 있는 방식에 더 많은 관심을 기울일 필요가 있다.

14장
행복 방정식

거짓말에는 세 가지 종류가 있다.
거짓말, 새빨간 거짓말, 그리고 통계다.
마크 트웨인

최대 다수의 최대 행복을 구하는 행위가 최선이다.
프랜시스 허치슨

사람들이 행복해지기 어렵다고 생각하는 이유는
이들이 언제나 과거는 실제보다 더 좋게, 현재는 실제보다 더 나쁘게,
그리고 미래는 실제보다 신중하지 않게 생각하기 때문이다.
마르셀 파뇰

사람들을 설득할 수 없다면 혼란스럽게 만들어라.
해리 트루먼

대부분의 사람들이 행복을 얻는 것이 쉽지 않다는 것에 동의한다. "행복하냐?"고 물으면 얼버무리거나 부정적인 반응을 보인다. 많은 사람들이 자기 인생을 불행하다고 묘사한다. 대표적인 이들이 세상을 즐겁게 만드는 것과는 영 거리가 먼 철학자들이다. 헨리 데이비드 소로Henry Thoreau는 "대부분의 사람은 꽤나 자포자기의 삶을 살아간다."라고 믿었다. 또한 장 드 라 브뤼예르는 "대부분의 사람은 인생의 가장 좋은 시기를 남은 인생을 불행하게 만드는 데에 쓴다."라고 말했다. 사전 편찬자인 새뮤얼 존슨Samuel Johnson 역시 낙천주의자는 아니었다. 그리고 "인간의 인생은 어디서나 견뎌야 할 것은 많고 즐길 것은 거의 없는 상태다."라고 말했다. 정신과 의사 토머스 사즈Thomas Szasz는 더욱 음울하게 "행복은 상상속의 상태다. 이전에는 살아 있는 이들이 죽은 이들에게 행복을 준다고 믿었고 이제는 어른이 아이에게, 아이가 어른에게 행복을 준다고 믿는다."라고 단언했다. 우디 앨런은 자신의 어두운 관점을 더 밝은 옷으로 포장했다. "현대를 사는 우리는 역사적으로 그 어느 때보다 더 자주 갈림길을 만난다. 한쪽 길은 체념과 철저한 절망으로 이어진다. 다른 한쪽 길은 완전한 소멸로 통한다.

우리에게 올바른 선택을 할 수 있는 지혜를 주십사 기도하자."

이들이 내뱉는 이러한 음울한 의견들은 사람들의 평균을 반영한 것인가 아니면 까다로운 몇 명이 가지는 어두운 세계관을 반영하는 것인가? 혹시 작가와 예술가, 그리고 정신과 의사들은 자연스레 인생에 대해 우울한 시각을 가지게 되어 있는가? 그럴 수도 있겠다. 행복에 관한 설문조사는 무시하기 어려운 정도의 긍정적인 수치를 내놓는다. 다양한 국가와 문화에서 이뤄진 주관적인 안녕에 관한 조사에서 대부분의 응답자들은 인생의 만족도 항목에 중간 이상의 점수를 매겼다. 다시 말해 대부분의 사람들은 스스로 행복하다고 느끼며 사는 것이다.

물론 그러한 자기보고적 연구 결과에 의문을 품을 수 있다. 의식적이든 무의식적이든 설문에 답할 때 편향된 응답을 할 수 있다. 예를 들어 또래집단에서 받아들여지고 싶은 욕구를 반영하는 '사회적 바람직성(사회적으로 바람직하다고 생각되기 때문에 각 개인에게 권장되는 생각이나 행동 – 옮긴이) 요인' 때문에 자신이 행복하다고 과장할 수도 있다. 그렇다면 사람들이 행복하다고 말할 때 이들이 정말로 행복한지 의문을 가지는 것이 공정하겠다. 그러한 의문에 딴지를 걸려던 학자들은 가족이나 가까운 친구를 조사하면서 스스로 보고하는 행복의 타당성에 대해 의심하기 시작했다. 그러나 내 나름대로 감정 상태에 대해 연구하면서 나는 사람들이 직장이나 집에서 가까이 지내는 사람을 잘못 이해하는 경우도 매우 많다는 것을 발견했다.

생존을 목적으로 하는 행복

자기보고에 대한 의구심을 접어뒀을 때 왜 그러한 장밋빛 결과가 나오는 것일까? 왜 사람들은 인생이 괴롭다면서도 불행보다 행복하다고 답할까? 이는 아마 생존의 매커니즘일 것이다. 인간이 하나의 생물종으로서 생존하길 바란다면 부정적인 감정 상태가 만들어낼 수 있는 침잠과 무감각함을 피할 필요가 있다. 음울한 정서를 가지고 한 가지 일에만 집착하면 인간은 효율적으로 행동하지 못한다. 사람은 여럿이 함께 있을 때보다 홀로 있을 때 훨씬 더 취약하다. 우리가 마주하는 모든 역경들을 생각했을 때 팀, 집단, 무리, 부족, 국가는 개인보다 훨씬 효율적일 수 있다. 인간 세계는 사람과 사람의 사회적 상호작용을 통해 서로에게 접근하고 관계를 형성할 수 있을 때 가장 잘 작동한다.

1999년 나는 중앙아프리카의 밀림에서 피그미족과 함께 사냥을 하며 시간을 보냈다. 피그미족은 상대적으로 원시적인 부족이다. 그들과 시간을 보내면서 긍정적인 인생관이 공동체에게 어떤 영향을 미치는지 알 수 있었다. 피그미족은 생존을 위해 서로에게 의존했다. 함께 사냥하고 함께 열매와 뿌리를 채집했으며 오두막을 지었다. 그리고 서로의 아이를 돌봤다. 이 모든 활동에는 쾌활한 농담이 함께 했다. 건설적이고 낙천적인 인생관의 결실이었다. 관찰 결과 피그미족은 행복한 민족이었다. 이들은 경험을 긍정적인 방향으로 재해석하는 재주가 있었고, 웃고 노래하는 것을 좋아했다. 농담과 웃음은 공동체 내에서 벌어지는 문제를 해결할 수 있는 효과적인 방법이었다. 긍정적인 감정을 표현하려는 피그미족의 의지와 그 감정을 솔직하게 즐기는 모습은 피그미족 인생의 모든 면에서 훨씬 쉽게 갈등을 해결할 수 있도록 만들었다. 실제로 조용한 피그미족 가족, 즉 행복한 표현이 없는 가족들은 크거나 작게 문제가 있었다.

어떤 사회심리학자들은 즐거운 정보를 불쾌한 정보보다 훨씬 효과적으로 처리하는 인간의 성향을 묘사하기 위해 '폴리아나 원칙Pollyanna Principle'이라는 단어를 사용한다. 폴리아나는 언제나 밝은 성격을 가진 동화책 주인공이다. 프랑스어 표현 '라 비 앙 로즈la vie en rose'는 장밋빛으로 물들인 유리를 통해 세상을 바라본다는 뜻으로 폴리아나와 같은 성향을 간결하게 표현해준다. 환자들과의 첫 만남에서 사람들에게 과거에 대해 물으면, 사람들은 보통 어린 시절의 목가적인 풍경을 묘사한다. 그러나 이 그림은 더 깊이 파고들어 현실을 들추기 시작하면 금방 깨져버린다. 냉소적인 사람들은 '그 옛날 황금시절'은 모두 나쁜 기억력 탓이라고 이야기한다.

행복의 상관관계

일란성 쌍둥이에 대한 연구 결과에 따르면 우리가 행복이라고 부르는 주관적인 안녕의 상태는 유전에서 나온다. 다시 말해, 행복할 수 있는 능력에는 유전적 요소가 작용하는 것으로 보인다. 그리고 그 영향력의 크기는 최대 50퍼센트까지 매우 다양하다. 영향력의 차이는 있을 수 있어도 유전적인 성향(특성과 기질) 때문에 사람들은 더 행복하게, 또는 덜 행복하게 느낀다는 것이 현재의 의견이다. 이것은 왜 행복의 기준치가 인생 전반에서 비교적 고정적인지를 설명해준다(물론 일별로, 심지어는 시간별로 달라질 수는 있다). 우리가 태어나면부터 부여받은 기질은 행복의 방정식에서 중요한 역할을 하는 것으로 보인다.

프랑스 작가 프랑수아 드 라 로슈푸코는 과학적 연구의 도움 없이도 동일한 결론에 다다랐다. "행복과 절망은 운運 만큼이나 기질에 달렸다." 그렇다면 애초에 행복해지기 위한 노력은 하지 않는 게 낫다는 의미일까? 다행히도 아니다. 인생은 그 정도로 결정론적이지는 않다. 행복을 위한 특별한 유전자가 있는 것은 아니므로 유전은 전체 그림에서 그저 일부가 될 뿐이다.

내가 이전에 주장했던 대로 우리가 설사 유전적으로 특정 기질에 단단히 엮여 있더라도 머릿속 회로마저 고정적인 것은 아니다. 우리의 발달과정과 지금까지의 인생 경험은 마음 상태에 분명한 변화를 가져온다. 이 주제를 연구한 대부분의 학자들(유전학자도 포함한다)도 생활환경이 주관적인 안녕에 영향을 미친다는 것에 동의한다. 우리가 느끼고 생각하고 행동하고 활동하는 방식은 양육적·사회적·문화적 영향력에 의해 결정된다. 다시 말해 부분적으로 유전의 영향이 있기는 하지만 행복과 불행은 학습된 행동이다. 우리가 행복한지 아닌지 결정하는 데에는 더 다양한 요인이 작용한다.

설문조사는 돈이 행복을 가져오지 않는다는 사실을 확인해준다. 2부에서 보았듯 반드시 부자가 평범한 사람보다 행복한 것은 아니다. 때문에 우리는 행복해지기 위해 꼭 부자가 되거나 유명해질 필요는 없다. 물론 기본적인 욕구가 충족되지 않았을 때 돈은 행복과 연관성을 가진다. 배고프고 가난한 이들에겐 소득과 행복 간에는 양의 상관관계가 있다. 이들은 소득이 증가할수록 행복 수준도 어느 정도 증가한다. 그러나 소득이 높은 계층에서는 돈과 행복의 상관관계가 뚜렷이 발견되지는 않는다. 모든 계층에서 절대적인 부보다 더 중요한 것은 그 사람이 인식하는 부의 정도다. 부유함을 느끼기 위해서는 우리가 감당할 수 있는 욕망을 가져야 한다. 즉, 우리가 가지고 싶은 것을 갈망하는 것이 아니라 이미 가진 것에 만족하고 감사할 때 행복감과 부유함을 함께 느낄 수 있다.

행복은 사회적 지위나 교육 수준과도 어느 정도 상관관계를 지닌다. 아마도 이러한 요인들이 소득 수준을 높여주기 때문인 것 같다. 고용상태와 만족도는 행복과 더 강한 상관관계를 보인다. 직장이 없는 사람은 직장이 있는 사람보다 모두 불행하다. 수많은 연구들은 실업 상태가 무감각과 짜증, 다양한 신체적 스트레스 징후에 이르기까지 다수의 심리장애에 영향을 미친다는 것을 보여준다. 반면, 평균 나이에 은퇴한 사람들은 여전히 일하고 있는 사람들보다 더 행복하다는 것을 보여주기도 한다(은퇴 전에 엄청난 만족도를 주는 흥미로운 직업을 가졌으며 지금은 과거의 직업에서 느끼던 도전을 그리워하는 사람들은 제외다).

나이가 많건 적건 행복의 방정식에서는 차이가 없다. 행복에 대한 자기보고는 특정 나이와는 상관이 없다. 유년기의 행복은 결코 훗날의 행복을 보장하지 않으며 그 반대도 마찬가지다. 우리가 앞서 언급했던 버트런드 러셀의 경험은 이를 보여준다. 러셀은 인생을 살수록 더욱 행복해졌다. 그와 같이 불행한 어린 시절을 보낸 사람들이 인생을 살면서 더 행복해지기도 한다. 반면에 어린 시절은 행복했지만 결국 신경질적이고 불행한 어른으로 변하는 경우도 있다. 나이는 행복의 강도를 바꿔놓을 수도 있다. 나이가 든다고 반드시 행복도가 떨어지는 것은 아니다. 다만 감정이 완만해질 수는 있다. 대부분 사람들은 나이가 들수록 감정의 기복을 덜 느끼게 되는데 이는 행복감이 안정화된다고 해석할 수 있다.

행복은 성별과도 상관없지만 행복의 부침 정도는 남녀 간 차이를 보인다. 여성은 긍정적이고 부정적인 감정과 기분에 있어서 더 큰 굴곡을 경험할 가능성이 높다. 그러나 남성과 여성은 특정 형태의 불행을 경험하는 가능성에서 차이가 있다. 예를 들어 여성은 남성보다 우울증으로 고통 받을 가능성이 두 배가량 높으며 남성은 여성보다 반사회적으로 행동하거나 알코올중독이 될 가능성이 더 높다.

사람들은 행복에 관한 한 놀라운 탄력성을 지녔다. 사회과학연구는 우리가 새로운 상황에 매우 빨리 적응한다고 이야기한다. 객관적인 생활 환경은 감정 상태를 변화시키는 일시적인 역할을 하지만 장기적으로는 거의 영향을 주지 못한다. 행복과 불행 사이의 극단적인 기복은 습관화를 통해 신속히 중화되며, 우리는 이것에 곧 익숙해진다.

다음 예를 한번 보자. 나는 여름 동안 남프랑스에 있는 집에 머물며 매일 하얀 복숭아를 먹는다. 나는 그 시간이 즐겁다. 그러나 내가 파미르 고원이나 알타이 공화국에서 등산을 하다가 배낭 속에서 기적처럼 복숭아 하나를 발견했을 때 느끼는 순간적인 기쁨과는 비교가 되지 않을 것이다. 나는 등산 후 지치고 아프고 탈진한 상태로 산꼭대기에 앉아 있을 때 가끔 그 하얀 복숭아를 상상한다. 그러나 욕망이 연속적으로 충족될 때 기쁨은 줄어들 수밖에 없다.

한계효용이론을 소개한 현대경제학의 선구자들은 이러한 현상을 잘 이해하고 있었다. 헤르만 고센Herman Gossen은 입 안에 넣는 첫 번째 딸기가 그 다음에 먹는 딸기보다 훨씬 더 만족스럽다는 설명으로 '제1의 법칙'을 표현했다. 우리는 경험상 이를 잘 안다. 아침에 마시는 두 번째 커피나 차는 처음만큼 맛있지 않다. 그리고 딸기를 먹으면 먹을수록 동일한 수준의 만족감을 느낄 수 없다. 한때 최고였던, 기억에 남는 경험은 조용히 스러져간다. 비슷한 느낌에 도달하기 바란다면 새로운 자극이 필요하다. 다행히 딸기 먹기나 훌륭한 식사, 섹스 같은 어떤 경험들은 일정시간이 지난 후에는 또 다시 흥미로워진다. 욕망은 스스로 되살아나기 때문이다.

새로운 상태에 재빨리 적응하고 습관적인 감정적 기준치로 되돌아가는 이러한 인간의 성향은 '쾌락의 평형상태hedonic equilibrium'라고 불린다. 어떤 사회과학자들은 인간은 감정적 중립을 찾을 때까지 변화하는 환경에 적응하려 한다고 강조하며, 좀 더 부정적인 의미를 담아 이것을 '쾌락의 쳇바퀴'라 부르기도 한다. 연구자들은 생활환경이 개선되자마자 느끼는 새로운 상황에 대한 만족감은 신속하게 사라져버린다는 것을 오랫동안 인식해왔다. 최초의 흥분은 결국 초연함에 자리를 내어주게 된다. 예를 들어 수백만 달러의 복권에 당첨된 사람은 일시적으로 극도의 희열을 느끼지만 얼마 후 매우 빠르게 일상적인 행복을 느끼는 평범한 상태로 돌아간다. 행복을 촉발한 존재가 무엇이던 간에 우리의 개인적인 성향은 우리가 감정적 평형의 원래 상태로 돌아가는 데에 중요한 역할을 한다.

사람이 행복에 물리기 마련이라면 천국에서는 얼마나 오래 진정으로 행복할 수 있는지 생각해봐야 한다. 신학자들은 보통 지옥을 매우 자세히 묘사하면서도 천국에 대해서는 극도로 말을 아낀다. 아마도 천국에서의 삶을 묘사하다 보면 천국이 지루한 곳처럼 들리기 때문일 것이다. 행복하고, 행복하고, 또 행복한 곳 말이다.

상상하기 어려울지 몰라도 극도로 불운한 경험을 한 사람들조차도 행복을 찾을 수 있다. 연구에 따르면 엄청나게 스트레스를 주는 상황에 처한 사람들은 다른 사람들이 생각하는 것보다 훨씬 덜 불행하다. 1980년대 후반 레바논에서 44개월 동안 인질로 잡혀 있던 프랭크 리드Frank Reed는 자신이 시련에 대처하고 신속히 회복할 수 있었던 것은 '감정적 평형' 덕이라고 보았다. 인질에서 풀려난 지 한 달 뒤 그는 9킬로그램의 체중이 늘었고 인질 상태로 있는 내내 겪었던 심한 빈혈에서 회복됐다. 그리고 나서 저널리스트들에게 "나는 심각한 감정의 기복을 겪지 않는 사람이고 그래서 이 모든 시련에도 버틸 수 있었다"고 설명했다.

심각한 신체적 부상을 입은 후 인생을 재편하고 새로운 행복을 찾을 수 있는 사람들도 있다. 슈퍼맨으로 더 유명한 영화배우 크리스토퍼 리브Christopher Reeve는 아마도 그러한 반전을 보여주는 가장 잘 알려진 예 가운데 하나일 것이다. 그는 사고로 목 아래를 움직일 수 없게 되어버렸다. 그러나 자살 충동까지 느끼는 우울증을 극복하고 하반신 마비 환자들을 위한 대변인으로서 인생의 새로운 의미와 행복을 찾았다. "앞으로 멋진 시간이 기다리고 있을 거예요. 당신의 유일한 한계는 당신 스스로 만들어낸 것이죠." 그는 사고 이후 이렇게 말했다.

설문조사 연구는 더 행복한 사람일수록 인간의 평균적인 조건에 들어맞는다고 주장한다. 이들은 기혼 상태고 소수 인종이 아니다. 긍정적인 자존감을 가졌고 외향적이며 자제력을 지녔다. 사물의 부정적인 면을 지나치게 곱씹지 않고 (안정된 정치체계와 정치적 자유를 지닌)경제적으로 발전된 사회에 살며 사회적으로 자신감이 넘친다. 또한 가치 있는 목표를 얻기 위해 노력할 수 있는 능력을 가졌다. 이들은 신앙생활을 할 수도 있다. 종교를 믿는 사람들은 (교회, 유대교 회당, 모스크, 절, 또는 다른 모임을 통해)사회적 네트워크와 지지를 구축한다. 이들은 유사한 성향을 가진 사람들과 집단 여가활동(사교클럽, 합창단, 팀, 또는 스포츠 활동)에 참여하기도 하며 휴가를 가거나 하루 일과 중에 휴식을 취할 수 있다.

인과관계에 대한 의문은 우리가 이러한 요소들을 고려하면서 점차 더 크게 느껴진다. 무엇이 무엇의 원인이 되는가? 행복과 결혼이 상관관계를 가지는 것은 결혼이 행복을 가져다주기 때문인가, 아니면 행복한 사람들이 결혼 상대자를 찾을 가능성이 더 높기 때문인가? 차이를 만들어내는 것은 외부적인 사건인가, 아니면 우리의 인생관이나 세계관인가? 늘 불행한 사람은 똑같은 상황을 다른 사람보다 더 암울하게 인식하고 해석하는가? 이런 질문에 예 혹은 아니오로 명확히 답할 수는 없지만, 행복과 자부심, 외향성, 자제력, 그리고 낙천주의에 대한 연구 결과들은 모두 한 방향을 향한다. 행복은 무엇보다도 마음가짐과 우리가 세상을 바라보는 방식에 달려 있다는 것. 다시 말해, 우리가 인생의 성공과 실패의 원인에 대해 생각하는 방식이 행복의 차이를 만들어내는 것이다.

15장

우리의 세계관

행복으로 향하는 길은 오직 하나다.
우리의 의지 밖에 존재하는 것들에 대해 그만 걱정하는 것이다.
에픽테토스

모든 사람은 자기 운명의 건축가다.
아피우스 카에쿠스

소설가 안소니 파웰Anthony Powell은 자기 소설에 등장하는 인물에 대해 "그는 첫눈에 자기 자신과 사랑에 빠졌다. 그리고 그는 언제나 열정에 충실했다."라고 말했다. 재치 있는 설명이지만 나르시시즘은 웃어넘길 일이 아니다. 나르시시즘이 가져다주는 만족은 너무나 덧없다. 자기중심성은 좋은 인간관계를 위해 필수적인 외부에 대한 관심을 방해한다. 버트런드 러셀은 "우리는 자기중심적으로 열정적이지 않고, 자기 자신에 지속적으로 매달리지 않도록 막아주는 그러한 애정과 관심을 획득해야만 한다. 대부분의 사람들은 감옥에서 행복할 수 없다. 스스로를 가두는 열정이야말로 최악의 감옥이다."라고 말했다. 우리를 불행하게 만드는 열정의 본질은 공포, 질투, 경쟁심, 죄의식, 자기연민, 그리고 자아도취다. 특히 극단적인 자기중심성은 스스로 행복을 만들거나 찾을 수 있다고 착각하게 만든다. 우리는 우리를 괴롭히는 유령들을 좇아내야만 한다. 행복해지고 싶다면 우리를 괴롭히는 내면의 힘을 중화시키거나 최소화시켜야 한다. 그렇게 스스로 만들어낸 감옥에서 탈출해야만 한다.

자기중심성 때문에 우리는 스스로를 가둘 뿐 아니라 괴롭히는 사람의 역할을 맡게 된다(물론 여러 역할 가운데 하나일 뿐이다). 인간은 인생을 절망적으로 만드는 독창적인 방법을 찾아내는 데에 선수다. 그러나 만약 행복이 전적으로 개인의 인지 상태에 달려 있다면 왜 우리는 상황을 해석하고 그에 반응할 때 굳이 부정적인 태도를 취하는가? 행복을 저해하는 이러한 유령들은 어디에서 나왔는가?

사람들은 대부분 과거라는 감옥에 갇혀 있다. 덴마크 철학자 쇠렌 키르케고르Søren Kierkegaard는 "인생을 이해하기 위해서는 되돌아봐야만 하지만 살아가기 위해서는 앞을 향해야 한다."라고 말했다. 우리의 내면세계, 즉 행동에 영향을 주는 주제들은 어떤 부모님 밑에서 컸는지에 따라 매우 크게 달라진다. 우리는 외부의 영향을 받는 시기에 자신을 돌봐준 사람들의 행동을 내면화 하고 따라한다.

발달심리학자들과 인지학자들은 인간 행동의 많은 부분이 학습된 것이라고 입증했다. 나를 괴롭히는 자의 가면을 벗겨내는 순간 우리는 그 뒤에서 친숙한 얼굴들, 즉 나를 키운 사람들의 얼굴을 보게 된다. 이들의 충고는 여전히 우리를 괴롭힌다. '그렇게 하지 마!', '재킷 안 입으면 감기 걸린다!', '그렇게 행동하면 네 삼촌이랑 똑같이 된다. 그 삼촌이 어떻게 됐는지 알지?', '그 친구 말은 듣지 마, 그 부모가 아주 별로야!', '할머니는 성녀셨지. 할아버지는 아무짝에도 쓸모없는 사람이었어. 그런데 네가 아주 똑같이 행동하는구나!', '그 여자애랑 놀지 말거라. 걔는 사고뭉치야!' 이런 식의 메시지는 우리가 어렸을 적(즉, 우리가 부모님의 행동을 모방하기 시작할 무렵)부터 내면화된다. 그리고 인생의 사건들을 해석하는 방식에 영향을 미친다.

우리는 결국 부모의 대리인이 되고 '불가능한 임무'를 부여받는다. 그리고 수치심, 죄책감, 분노, 그리고 슬픔 같은 형태의 감정 속에 부모의 환영을 짊어지고 산다. 이러한 내면화된 감정들은 평생을 괴롭힌다. 양육자의 비판적인 목소리가 늘 머릿속에서 메아리치고, 인생관에 영향을 준다.

"모든 행복은 마음에 있다." 라는 영어 속담이 있다. 성인기까지 가져가는 세계관은 우리가 행복으로 갈 수 있는 열쇠를 쥐고 있다. 왜냐하면 모든 사건과 상황들이 매우 다르게 해석될 수 있기 때문이다. 똑같은 도전을 두고 한쪽에서는 긍정적으로 보고 다른 한쪽에서는 부정적으로 볼 수도 있다.

다양한 골칫거리들에 골몰하면서 숲속을 걷고 있는 한 불쌍한 남자가 있었다. 그는 휴식을 취하려고 잠시 멈췄다가 자기도 모르는 새 '마술의 나무'에 기댔다. 이 마술의 나무와 닿는 사람은 즉시 소원이 이루어졌다.

목이 말랐던 남자는 속으로 생각했다. '아, 마실 것이 있었으면.'

곧바로 그는 차가운 물 한잔을 손에 쥐게 됐다. 깜짝 놀란 그는 물을 쳐다보다가 이 물을 마셔도 되는지 확인한 후 들이켰다.

다음에 그는 배고픔을 느꼈다. '아, 뭔가 먹을 것이 있다면.'

생각하기 무섭게 음식이 그의 앞에 나타났다.

"내 소원들이 다 이뤄졌네." 남자는 믿을 수 없다는 듯 중얼거렸다.

"나는 아름다운 집을 가지고 싶어." 이번에는 큰소리로 말했다.

들판 위에 집 한 채가 나타났다. 그 집을 관리할 하인들이 있으면 좋겠다고 소원을 빌면서 그의 얼굴에 미소가 번졌다. 하인들이 나타났고 남자는 어쩌다보니 자기가 가공할만한 힘을 부여받았다는 것을 깨달았다.

그는 자신의 행운을 함께 할 아름답고 사랑스러우며 지적인 여성을 소원으로 빌었다. 그러나 그 여성이 나타나자 이렇게 말했다. "잠시만요! 너무 웃기네요. 난 이 정도로 행운아가 아니에요. 이건 말도 안 되는 일이에요. 난 그렇게 운이 좋지 못하다고요. 이건 내게 일어날 수 있는 일이 아니에요."

남자의 말과 함께 모든 것이 사라졌다. 그는 고개를 흔들며 말했다. "이럴 줄 알았어." 그리고는 자신을 괴롭히는 골칫거리들에 대해 다시 깊이 생각하면서 길을 재촉했다.

이 우화는 행복의 방정식에서 중요한 것은 우리의 세계관이라는 사실을 다시 강조해준다. 행복을 느끼기 위해 다른 사람들에게 의지한다면 끊임없이 실망하게 된다. 스스로 행복을 만들어가야 한다. 자기연민은 행복을 가져다주지 않으며, 결국은 손에 쥔 행복마저 포기하게 만든다. 행복하다 말하는 만큼 행복해질 수 있다. 우리는 언제까지 뭔가를 할 수 없다는 무능함에 매달려 있어야 하는가? 문제를 해결하는 것에 실패했다고 다른 이들을 원망해야만 하는가? 이제는 인생의 관점과 행복을 연관시키는 여러 구체적인 방식에 대해 살펴볼 차례다.

내적 통제소재 대 외적 통제소재

심리학자들은 때때로 세상을 바라보는 두 가지 방식을 구분한다. 이들은 행동정향action orientation에 따라 사람을 내적 통제소재가 강한 사람과 외적 통제소재가 강한 사람으로 구분한다. 극도로 내적 통제소재가 강한 사람은 자기가 무엇이든 할 수 있다고 생각한다. 그 무엇도 불가능하지 않다. 그런 사람들은 자기 삶을 자기가 통제한다고 상상한다. 내적 통제소재의 사람들은 모든 사건이 자신으로부터 기인한다고 여긴다. 스스로를 자기 운명의 주인이라고 생각한다. 상황에 앞서 주도하고 사업가적인 성향을 보인다. 반대로 극도로 외적 통제소재가 강한 사람은 스스로를 환경의 희생자로 본다. 일어나는 모든 일은 기회나 운명의 장난이라 생각한다. 외적 통제소재의 사람은 시작하기도 전에 포기한다. 그리고 무엇인가를 성취할 수 있을 것이라고 생각하지 않는다. 사전에 대비하기 보다는 사후에 대응하고 자기 효능감이 결여되어 있다. 무엇보다도 큰 비극은 포기한다는 것이다. 패배주의적 관점은 완전한 수동성을 낳는다. 그리고 이는 행복을 피해가는 지름길이 된다.

개나 쥐에게 전기충격을 주는 실험에서 이 동물들은 자극을 피할 방법이 없기 때문에 결국 의지박약으로 고통받다가 무감각해진다. 즉, 포기하는 것이다. 새로운 상황에서조차 이들은 스스로 행동하려 하지 않는다. 차이를 만들 수 없다는 이러한 믿음은 '학습된 무기력'이라고 알려져 있다. 이 실험 속 동물과 마찬가지로 인간 역시 강제수용소 등과 같은 극단적인 상황에서 간혹 희망을 잃는다. 이들은 경험으로부터 자신들이 바꿀 수 있는 것이 아무것도 없다고 배운다. 이 동물 실험은 우리의 인지적이고 학습된 관점이 문제라는 것을 보여준다.

나는 조직 내에서 학습된 무기력의 많은 예를 본다.

몇 년 간 보수적이고 독재적인 경영자가 이끌어가던 기업이 있다. 이 사람은 중앙집권화를 좋아하며 대부분의 의사결정을 도맡아 한다. 그가 허락하지 않는 한 그 어떤 계획도 실행할 수 없다. 모든 결정은 그를 통해야 한다. 결국 이 기업은 경영에 대한 매우 다른 관점을 지닌 글로벌기업에 의해 합병되었다. 새로운 경영자가 방향키를 잡으면서 권한위임, 기업가정신, 책무성 같은 단어들을 통해 직원들에게 특별한 경영철학을 퍼뜨리려 노력했다. 그러나 회사에 더 현대적인 경영 기법을 소개하며 다르게 일하자고 아무리 격려해도 변화는 일어나지 않았다. 직원들은 늘 하던 대로 모든 결정을 상사에게 맡겼다. 새로운 환경에도 불구하고 직원들은 종속모드에 그대로 머물렀다. 이들은 어떻게 해야 새로운 시각을 가질 수 있는지 몰랐다. 어떤 직원들은 회사로부터 받는 새로운 기대에 혼란스러워하다 회사를 떠났다. 효율성에 대한 이해 부족으로 회사에서 해고당하는 사람들도 있었다. 심각한 사기 저하의 문제가 뒤따랐다.

이러한 혼란의 시기는 한동안 계속됐다. 그러나 점차 새로운 직원들의 도움으로 남아 있는 직원들은 관점을 바꿔나갔다. 이들은 스스로 결정을 내려도 징계받지 않는다는 것을 깨달았다. 직원들이 행동할 수 있도록 권한을 위임하겠다는 새로운 리더십은 진심이었던 것이다. 이들은 위험을 무릅쓰고 모험적 활동에 참여할 때 벌이 아닌 상을 받게 된다는 것도 깨달았다. 그 모험이 성공하지 못했을 때도 마찬가지였다. 그러나 직원들의 학습된 무기력이 사라지기까지는 시간이 필요했다. 이전 CEO가 오랜 기간 동안 직원들에게 너무 많은 '전기충격'을 줬기에 직원들은 인생을 스스로 책임질 수 있다는 사실을 믿지 못했다. 실험실의 개와 쥐처럼 직원들은 처음에는 앞으로 나아갈 줄 몰랐다.

좀 더 긍정적이고 적극적인 인생관을 지닌 내적 통제소재의 사람은 외적 통제소재 사람보다 행복의 순간을 맛볼 가능성이 더 높다. 통제감 perceived control은 설사 그것이 착각이라 할지라도 개인의 안녕에 긍정적인 영향을 미치고, 스트레스에 대한 완충 역할을 한다. 또한 통제 불능감이나 학습된 무기력, 즉 모든 행동이 소용없다고 인식하는 것은 절망으로 이어지며 우울증과 기타 심리 장애의 원인이 된다.

행복을 원한다면 상황이나 환경을 탓하기 전에 주도적이 되어야 한다. 내적 통제소재를 지닌 사람들처럼 스스로 차이를 만들어낼 수 있다고 믿어야 한다. 외적 통제소재를 지닌 사람들이 사는 세상처럼 누군가 대본을 써준다면 우리는 정말로 사는 것이 아니라 그저 연기를 하는 것일 뿐이다. 가만히 앉아 기적을 기다리는 것만으로는 아무것도 이룰 수 없다. 인생에서 자기 목소리를 분명히 내고 하고 싶은 것을 할 때 의미 있고 충만하게 살 수 있다. 우리는 각자의 신념을 따라야 한다. 우리는 그저 환경의 산물이 아니라고 스스로 다짐해야 한다. 우리는 자유로운 존재이니까.

낙관론 대 비관론

당신은 유리잔에 물이 반이나 차있다고 보는가, 반이나 비었다고 보는가? 언젠가부터 심리학자들은 낙관론이 불행을 방어할 수 있는 좋은 방법이 된다고 봤다. 당신은 긍정심리학의 지지자인가 아니면 냉소적인 쪽에 가까운가? 당신은 낙관론자인가 비관론자인가?

낙관론자들은 우리가 가장 좋은 세상에서 살고 있다고 믿는다. 비관론자들은 좋은 일이 생겨도 그저 우연이라고 생각한다. 낙관론자들은 사물의 밝은 면을 보고 모든 실패를 일시적인 후퇴라고 본다. 나쁜 상황에 처했을 때 낙관론자들은 이를 도전으로 받아들이고 이를 이겨내기 위해 노력한다. 더 나은 미래를 희망하고 자기들이 이루려는 것들을 성공적으로 이룰 수 있을 것이라 믿는다. 게다가 낙관론자들은 다른 사람들이 자기들을 긍정적으로 본다고 가정한다. 긍정심리학자들은 낙관론이 학습될 수 있으며 우리 스스로에게 반쯤 비어 있는 유리잔을 반쯤 차 있다고 보도록 가르칠 수 있다고 말한다.

인생에 대해 긍정적인 태도를 가지기 때문에 낙관론자들은 당연히 비관론자들보다 행복하다. 긍정심리학자들은 낙관론은 항상 결실을 본다고 강조한다. 긍정적인 생각을 하는 사람들에게는 긍정적인 일이 일어날 가능성이 더 높다. 이들은 스트레스적인 상황을 더 성공적으로 다루기 때문에 더 나은 건강을 누리며 더 성공할 수 있다. 게다가 이들의 낙관주의는 전염된다. 한 사람의 긍정적인 생각은 다른 사람에게서 긍정적인 생각을 자극한다.

반대로 비관론자들은 모든 상황을 비관적인 안경을 쓰고 본다. 유감스럽게도 비관론은 가끔 자기충족예언이 되기도 한다. 비관론자들은 부정적인 태도로 다른 사람의 기운을 빠지게 만들고, 그렇게 부정적인 마음가짐은 더욱 강화된다. 낙관론자들이 자기만의 천국을 만들고 그 과정을 즐기는 동안 비관론자들은 자기만의 지옥을 만들고 스스로를 고문한다. 안 좋은 일은 피할 수 없으며, 끝없이 계속될 것이라 믿으면서 희망을 포기한다. 이들은 인생에서 사건의 진행 방향을 바꿀 수 없다고 느낀다.

　　인생관도 균형이 필요하다. 너무 심한 낙관주의(라는 것이 가능하다)는 자기 기만과 자멸적인 행동으로 이어질 수 있다. 반면에 극단적인 비관론은 마비로 이어질 수 있다. 효율적인 의사결정을 위해서는 내가 통제할 수 있는 일과 통제할 수 없는 일을 구분하는 능력이 필요하다. 이것이 '건강한 낙관론'이다.

　　만일 당신에게 낙관론적인 능력이 없다면, 즉 부정적인 성향을 띤 외적 통제소재를 지닌 사람이라면 인지 왜곡에 노출된다. 앞서 보았듯 이러한 왜곡은 일반적으로 학습된다. 이는 우리가 연약한 어린 아이었던 시절, 우리의 양육자가 내린 명령에 따랐던 데서 나오는 유물이다. 모든 것을 흑 또는 백으로 보는 경향, 사건을 과장하거나 폄하하고 결론으로 비약하고 '낙인'을 찍는 것 등이 인지 왜곡의 예라고 할 수 있다(낙인이란 사람들을 특정한 자리에 위치시키는 성향이다).

　　비관적인 경영자들과 일할 때 나는 이 사람들이 인생과 특정한 상황을 바라보는 방식을 재구성해볼 수 있도록 돕는다. 그리고 자신이 통제할 수 있는 범위에서 벗어난 사건으로 보인다 하더라도 그러한 장애물을 도전으로 받아들이게 만든다. 또한 포기하기보다는 다시 한 번 시도할 수 있도록 격려한다. 낙관론은 무기력에 대한 최고의 해결책이다. 그리고 우리가 패배의 경험을 회복할 수 있도록 해준다.

외향성 대 내향성

낙관론 대 비관론, 내적 통제소재 대 외적 통제소재와 함께, 외향성은 행복에서 중요한 역할을 한다. 외향적인 사람들은 내향적인 사람보다 외부환경에 더 민감하다. 이들은 그 환경 속에서 좀 더 강하고 확실하게 긍정적인 감정에 반응하기 때문에 좀 더 쉽게 행복해진다.

외향성과 행복을 엮는 간접적인 매커니즘이 있다. 외향적인 사람은 내성적인 사람에 비해 새로운 관계를 맺는 것에 능하다. 또 사람과 사람을 긍정적인 관계로 연결하는 데에도 재주가 있다. 인간은 사회적인 동물임을 고려할 때, 이러한 특성은 외향적인 사람이 좀 더 세상에 적응하기 쉽게 만들어준다. 또한 외향적인 성격은 사람들에 둘러싸여 있는 등의 사회적 상황에서 편안함을 느끼기 때문에 더 많은 사회활동에 참여한다. 이는 일반적으로 사교적이고 외향적인 사람들이 삶에 더 큰 만족을 느끼는 이유를 설명해준다. 작가 올더스 헉슬리Aldous Huxley는 이에 대해 "행복은 의식적으로 추구한다 해서 얻을 수 있는 것이 아니다. 행복은 다른 행동들의 부산물이기 때문이다."라고 말했다.

높은 자존감 대 낮은 자존감

　우리의 세계관을 구성하는 또 다른 요소로 '자존감'이 있다. 행복이 우리를 찾아오게 하기 위해서는 자아수용과 자아존중 같은 자질들로 특징지어지는 긍정적인 자존감이 필요하다. 실제로 행복을 보여주는 가장 좋은 지표 중 하나는 '스스로 얼마나 편안하게 느끼는가?'다. 자기 자신을 좋아하는 사람들은 다른 사람들에게 마음을 열기 쉽다고 느낀다. 적극적으로 자신을 노출하고, 그로 인해 이루어지는 양방향 커뮤니케이션은 다른 사람들과 쉽게 유대감을 형성할 수 있도록 도와준다. 개방적인 커뮤니케이션에 적극적으로 참여하는 사람들은 더 넓은 사회적 네트워크와 사회적 지지기반을 가진다. 그리고 사회적 약속을 실천하는 일에 더 자주 참여한다.

　반면에 낮은 자존감을 지닌 사람들은 사회적으로 내성적이고 자기중심적이며 적대적이거나 음울한 태도를 보이기 쉽다. 높은 자존감을 가진 사람들이 스스로를 자기 운명의 주인이라고 보고 변화를 만들어낼 수 있다고 믿는 반면, 낮은 자존감을 가진 사람들은 책임 전가와 기타 방어적인 행동 패턴을 보이는 경우가 많다. 낮은 자존감과 심리 장애, 특히 우울증 간에는 강한 상관관계가 존재한다.

　이는 천성이냐 양육이냐의 의문으로 우리를 다시 돌려보낸다. 긍정적인 자존감, 외향성, 낙관주의, 그리고 내부적 통제감은 보통 유전적 성향, 그러니까 완전히 미리 결정된 것인가? 아니면 우리는 스스로의 운명을 바꿀 힘이 있는가? 이미 살펴보았듯 다행히도 성격적 특성에 대한 유전적 영향은 완전히 정해진 것이 아니다. 우리에겐 조치를 취할 수 있는 여지가 있다. 성인기에 드러나는 개인의 기질은 천성과 양육 간의 복잡한 상호작용이라고 봐야 한다. 선천적 요소가 아무리 강하다 하더라도 후천적인 노력과 경험을 바탕으로 반대의 기질을 획득할 수 있다. 여기서 중요한 것은 운명에 영향을 미치겠다는 '강력한 의지'다.

우리는 인생에서 잘못된 부분보다 잘된 부분을 상기하며 불행에 대한 완충지대를 만들 수 있어야 한다. 그래야 인생에 타격을 입었을 때 잘 대처할 수 있다.

16장
행복의 해체

이상향이 아닌, 지하세계 또는 어떤 비밀의 섬. 오직 하늘만이 아는 그곳!
하지만 바로 이곳이지, 우리 모두의 이 세상.
이곳은 결국, 우리가 우리의 행복을 발견하게 되는 곳.
아니면 전혀 아닐 수도 있고!

윌리엄 워즈워스

즐겨라. 생각보다 시간이 없으니까.

중국 속담

어떤 사람은 어디를 가든 그곳을 행복하게 만들어준다.
어떤 사람들은 어디로 떠나주기만 하면 우리를 행복하게 해준다.

오스카 와일드

중국 속담에 따르면 행복은 세 가지로 구성된다. 사랑하는 사람, 해야 할 일, 그리고 소망이다. 지그문트 프로이트는 이와 비슷하게 생각했다. 그의 관점에 따르면 정신 건강을 구성하는 두 개의 기둥은 사랑하는 능력과 일하는 능력이다. 불행하게도 일 중독이었던 프로이트는 놀이가 인간 본성의 필수적인 부분이라는 것을 간과했다. 우리 모두는 탐구적이면서 동기적인 면을 가졌다. 어린 아이들이 새로운 것을 탐구하고 시도해보는 모습에서 알 수 있다. 일이 놀이처럼 느껴지는 사람들은 사실 운이 좋은 것이다.

중국 속담에서 나오는 행복의 세 가지 요소, 즉 사랑할 사람, 해야 할 일, 그리고 바라는 대상에 대해 더 자세히 살펴보자.

사랑할 사람

우리 모두에게는 사랑할 사람, 가까워지고 비밀을 털어놓고 싶은 그런 사람이 필요하다. (운이 좋다면)우리가 경험하는 첫 번째 사랑의 관계는 부모와의 관계다. 후에 다른 가족이 그림 안으로 들어온다. 조부모, 형제자매, 그리고 이모와 삼촌, 사촌들이다. 점차 나이가 들면서 친구와 배우자, 아이들이 생긴다. 이 사람들과 경험을 나누는 것은 행복 방정식의 본질적인 부분이다.

행복은 나눠야 한다. 행복은 포옹과도 같아서 나눌수록 크기가 커진다. 행복을 즐길 수 있는 최고의 방법은 이를 나누는 것이다. 사실 행복은 나누면 두 배가 된다. 그러나 가둬놓은 행복은 공허하다. 더 행복해지기 위해서는 다른 사람들을 행복하게 만들면 된다. 진정한 행복을 경험하기 위해 우리는 자신을 잊는 법을 배워야 한다. 자기중심성과 행복은 서로 배타적이기 때문이다. 대신 우리는 생산적인 태도를 갖춰야 하고 다른 사람을 배려할 줄 알아야 한다. 실제로 다른 사람들에게 빛을 비출 때 우리는 어느 정도 빛으로 보답받게 된다. 아주 사소한 것들만으로도 행복의 순간을 만들어낼 수 있다. 미소, 포옹, 그리고 진심이 담긴 감사의 말 같은 것들이다. 이 작은 몸짓은 주는 사람과 받는 사람 모두에게 눈부신 감정을 안겨준다.

나눔을 통해서만 진정한 행복을 찾을 수 있는 이유는 (이미 앞 장에서 성욕에 대해 다뤘지만)인간이 친밀감을 간절히 원하기 때문이다. 태어나서부터 우리를 인간 공동체로 이어주는 다양한 기질들이 있다. 사회적 네트워크는 한 사람의 안녕을 위해 필수적이다. 애착 행동은 깊이 내재한 인간의 동기적 욕구다. 우리는 안정감을 얻기 위해 어머니나 다른 양육자와 애정 어린 유대를 형성하려는 강한 경향이 있다. 앞서 애착 행동에 대해 얘기했던 것처럼 불안, 분노, 우울과 같은 다양한 형태의 심리장애와 스트레스는 의도치 않은 분리와 상실의 결과다.

사람들은 모두 유대감과 관련해 본질적으로 털어놓을 수 없는 경험을 가지고 있다. 인간을 진정으로 인간답게 만드는 것은 다른 이들과의 관계를 추구하고 무엇인가의 일부가 되려고 하는 모습이다. 그 누구도 섬처럼 살 수 없다. 로빈슨 크루소는 그저 문학적인 판타지일 뿐이다. 애착에 대한 욕구는 다른 사람과 관계를 맺으면서 충족된다. 이는 또한 공유와 동의의 기쁨과도 관련 있다. 이 친밀한 관계에 대한 욕구가 집단을 향하면, 소속감으로 발전된다. 애착과 소속감 모두 개인의 자아 존중감을 강화해주고 자존감을 높이는데 기여한다. 그리고 우리가 감정적으로 균형 잡을 수 있도록 하는 역할을 한다. 친구와 사랑하는 사람에게 친밀감을 느끼고 인간 공동체의 일원이 되는 것은 인간답게 살기 위한 필수적인 면이다. 이는 정신건강 뿐 아니라 행복을 위해서도 대단히 중요하다.

그러나 외로움은 홀로 있는 것과는 다르다는 점을 명심하자. 혼자 있는 것은 고독이다. 혼자임을 느끼는 것은 외로움이다. 후자는 자아의 빈곤을 의미한다. 누군가에게 손을 뻗고 개인적 영역에서 벗어날 줄 모르는 무능력함을 시사한다. 또한 사회성이 제대로 발달하지 못했음을 의미하기도 한다. 설상가상으로 외로움은 영속적이다. 다른 이에게 다가갈 줄 모르는 사람은 그 외로움의 패턴을 깰 수 있다는 희망이 거의 없다. 무어인들은 "다른 사람과 함께 죽는 것이 혼자 사는 것보다 낫다."라는 속담을 남기기도 했다.

가장 강렬한 사랑의 경험은 친밀한 파트너십을 동반한다. 앞에서 내가 주장했던 대로 사람들에게 가장 만족스러운 관계는 진정으로 개인적인 관계다. 결혼과 같은 관계는 행복을 포함해 극도로 강렬한 감정을 낳는다. 진정한 연애가 주는 친밀감은 여러 행복한 기억들로 이어진다. 그 기억들은 침체기에 다시 힘을 불어 넣어준다.

가족역동성을 연구하는 학자들은 커플이 함께 보내는 시간의 양, 즉 동지애의 정도는 결혼생활 뿐 아니라 전반적인 행복의 수준을 결정짓는다고 본다. 프리드리히 니체Friedrich Nietzsche는 "최고의 친구를 가진 사람은 최고의 아내를 얻을 가능성이 높다. 좋은 결혼이란 우정이라는 재능에 기반하기 때문이다."라고 말했다. 우리는 진정한 신체적·심리적 친밀감을 경험할 때 승승장구할 수 있다. 이러한 강렬한 관계는 우리가 발전하고 성장할 수 있게 도와준다. 그리고 자기 자신과 다른 사람을 훨씬 더 잘 이해할 수 있는 기반이 된다. 아이의 임신과 출산은 이러한 학습 과정의 일부다. 아이는 행복의 설계자로서 매우 중요하다. 부모가 자기중심적인 관점에서 벗어나 좀 더 성숙하고 외심적인 인생관을 가질 수 있도록 도와주는 기폭제이기 때문이다. 어린 아이들은 세계에서 가장 심한 나르시시스트다. 때로는 받을 때보다 줄 때 행복이 훨씬 더 커진다는 것을 아이들을 통해 '배울' 수 있다. 따라서 아이를 가지고 키우는 것은 새로운 종류의 행복을 경험하는 기회가 된다.

오랜 파트너십에서 생겨나는 좋은 기억들은 인생의 스트레스에 대한 완충역할을 한다. 또한 배우자들은 서로가 갈등과 불안을 극복할 수 있도록 도와준다. 결혼에서 상호 간 애정과 믿음이 있다면 배우자는 '받아주는 사람' 또는 절친한 친구의 역할을 맡게 된다.

사랑하는 배우자를 가지는 것은 좋은 옵션이지만 이 역할은 가까운 친구에 의해 대체될 수도 있다. 많은 이들에게 진정한 행복은 좋은 친구들과 동행하면서 느낄 수 있는 감정을 의미한다. 우리는 어려운 시절에 친구들로부터 굉장한 위안을 얻는다. 친구들은 우리가 인생의 장애물을 헤쳐나갈 수 있도록 도와주기 때문에 행복한 기억을 만드는 데에 중요하다. 또한 친구들은 보충적인 기억 저장소가 되어 잊고 있던 행복한 기억들을 포함해 우리 자신에 대한 경험과 여러 가지를 떠올릴 수 있도록 도와준다. 이들은 우리의 신체적 안녕에도 영향을 미친다. 연구에 따르면 비밀을 털어놓을 수 있는 누군가를 가지는 것은 면역체계를 강화해주고 장수가능성을 높여준다. 사적인 일에 대해 이야기하고 자신을 노출할 때 엄청난 수준의 질병 예방이 가능하다. 지그문트 프로이트는 심리분석에 대한 실험을 시작할 때 사람들이 (일상생활의 일반적인 관습 때문에 거르지 말고)마음속에 떠오르는 아무 생각이나 말해보도록 격려하는 과정을 '대화치료'라고 칭했다.

불행하게도 우정은 그다지 쉽지 않다. 우정은 우리가 상점에서 구입하거나 소원을 빌고 주문을 건다고 생기는 존재가 아니다. 배우자와의 관계를 포함해 우정을 쌓는다는 것은 지대한 노력과 결심이 필요하다. 우리는 다른 사람을 이해하고 돕기 위해 노력해야 한다. 그리고 그 과정에서 자아의 일부를 드러내야 한다. 자신만 생각하고 지나친 자기애적 행동을 한다면 진짜 우정을 쌓기는 매우 어려워진다.

우정 관계를 맺는 기초 작업은 인생 초기, 즉 유아기와 고등학교, 그리고 대학교 시절에 이뤄진다. 어린 시절 우정은 너무 쉽게 만들어지기 때문에 우리는 그 전체 과정을 당연시한다. 그러나 친구를 유지하는 것은 또 다른 문제다. 자동으로 일어나는 일이 아니기 때문이다. 우정을 지키는 것, 우정이 침체되지 않고 발전하고 성숙하도록 돕는 것은 섬세한 과정이다. 우정은 보살핌과 양육, 그리고 심지어 희생을 요구하는 깨지기 쉬운 독립체다. 우정을 유지하기 위해서는 충실해야 하고 사랑해야 하며 동정해야 한다. 필요할 때는 도울 준비가 되어 있어야 한다. 친구를 가졌다는 것은 들으려는 귀와 이해하려는 마음, 그리고 도우려는 손을 가졌다는 뜻이다. 사람의 성격은 그의 친구를 보면 알 수 있다는 이야기는 이런 이유로 꽤 설득력이 있다.

나이가 들면서 우정에는 어떤 변화가 생길까? 우리가 인생 초기에 형성했던 그 중요한 관계가 온전하게 남을 것인가, 아니면 한때 친구였던 사람들을 잃게 될까? 우정은 잘 변한다는 사실에도 불구하고 친구는 나이가 들수록 점차 더 중요해진다. 특히 중년기 이후에는 그 어느 때보다 친구를 더욱 필요로 하게 된다. 그러나 새로운 친구를 만들 수 있는 기회는 초년기 이후에는 점차 사라지는 것이 현실이다.

친구라는 역할을 대체하기 어렵다는 걸 알면서도 우리는 친구를 잃는다. 때로는 거리가, 때로는 흥미가 친구 사이를 가른다. 때로는 노력의 부족으로 서로 소원해진다. 심지어 결혼도 다른 친구와의 우정을 붕괴시키는 요인이 될 수 있다. 결혼생활이 특히나 견고할 때 다른 모든 관계는 상대적으로 약해질 수 있다. 게다가 파트너십의 배타성은 질투와 같은 부정적인 감정을 끌어낼 수 있다. 배우자는 친구가 나쁜 영향을 준다고 보거나 어떤 친구의 행동이 거슬린다고 생각할 수 있다. 결혼한 커플과 특정 친구 간의 궁합이 잘 맞지 않을 때 어려운 선택을 해야만 한다. 돌볼 어린 아이가 있다는 것 역시 우정의 방해 요소일 수 있다. 자신의 내면을 바라보는 패턴이 바뀔 수도 있다. 또 의지와 상관없이 죽음이 우정을 가르기도 한다.

이 모든 변화 때문에 우리는 적극적으로 우정을 유지해야 한다. 새뮤얼 존슨은 이를 매우 간단하게 설명했다. "한 남자가 인생을 살면서 새로운 것을 아무것도 얻지 못한다면, 그는 결국 혼자 남은 자신을 발견하게 될 것이다. 사람은 우정을 계속 다듬어가며 지켜야한다." 인생은 멈춰있는 것이 아니므로 우리는 뒤쪽 뿐 아니라 앞쪽도 바라봐야 한다. 우리는 마음을 나눌 수 있는 사람을 찾기 위해 먼저 움직여야 한다. 상대방이 내게 흥미를 보여줄 때까지 기다리기 전에 내가 먼저 상대에 대한 흥미를 나타내야 한다. 새로운 우정을 쌓기 위한 노력을 보이지 않는다면 우리는 외로운 노인으로 남게 될 수도 있다. 행복의 방정식에 들어맞지 않은 모습으로 말이다.

우리에게 가까운 사람들 — 배우자, 친구, 이웃, 그리고 동료들 — 을 우리가 대접받고 싶은 방식으로 대접하는 것이 중요하다. 공자는 이에 대해 훌륭한 조언을 남겼다. "모든 이를 중요한 손님 받듯 대하라." 인생을 살면서 사람을 공정하게 대하는 것은 매우 중요한 일이다. 그 답례로 공정한 대우를 받게 될 가능성이 높아지기 때문이다. 내가 누군가를 잘 대접하면 상대도 나에게 잘해 줄 가능성이 높다. 반면에 계급의식을 가지고 주변 사람에게 특별한 대접을 바란다면, 사랑하는 사람들은 우리에게서 멀어지고 중요한 인간관계를 망치게 될 것이다.

공정한 대우, 즉 인간관계에서 상호호혜성을 확실히 하는 것은 상대방의 입장에서 생각할 수 있는 능력을 필요로 한다. 그렇기 때문에 공감하는 시각을 전혀 가지지 않은 진정한 나르시스트들이 진짜 우정을 나누는 데 어려움을 겪는 것이다. 이들은 상대의 상황이나 기분을 헤아릴 줄 모른다. 편집증, 조현병 등 성격 장애를 지닌 사람들 역시 우정을 나누지 못한다. 공감 능력 부족에서 오는 유사한 문제들 때문이다.

공감이 대인관계에서 그토록 중요한 이유는 인생은 사회적 교환의 연속이기 때문이다. 사람들은 의식적이든 무의식적이든 간에 모든 관계에서 무엇을 얻을 수 있는지를 계산한다. 모든 인간관계에서 적용되는 분배 정의와 공정의 원칙을 떠올렸을 때 우리가 관계에 쏟아 붓는 것과 그곳에서 얻어낼 수 있는 것은 평형을 이뤄야만 한다.

해야 할 일

〈뉴요커The New Yorker〉에 실린 한 만평은 직장에서 돌아온 사업가가 한 손에 서류가방을 들고 집에 들어오는 모습을 담고 있다. 그의 아내는 그를 기대에 차서 바라보고 있다. 오늘 하루가 어땠냐고 묻는 것 같다. 캡션에는 이렇게 쓰여 있다.

"내 하루가 어땠냐고? 글쎄, 그냥 언제나처럼 똑같은 하루였지. 사랑하고 미워하고 웃고 울고 고통스러워하고 고통을 주고. 친구를 만들고 적을 만들었지."

행복을 구성하는 두 번째 기둥인 일은 사람을 사회와 이어준다. 그리고 인생의 목표를 부여하며 감각을 자극한다. 일이 우리의 정신건강에 중요한 이유다. 할 일 없는 사람들은 불행한 경향이 있다. 역설적으로 세상에서 가장 어려운 일은 아무것도 하지 않는 것일 수도 있다.

러시아 소설 〈오블로모프Oblomov〉를 떠올려보자. 이 소설은 제대로 일 할 줄 모르는 인간에 대한 적절한 예를 보여준다. 19세기 러시아 소설가 이반 곤차로프Ivan Goncharov가 쓴 이 비극적인 소설에서 책 제목과 같은 이름을 지닌 주인공이 보여주는 수동성, 무관심, 나태함 등은 오늘날까지 강력한 인상을 남긴다. 오블로모프는 인격 형성이 지체된 인간이다. 기능적으로는 식물인간의 상태와 다름없는 무력함을 보인다. 수동성과 무관심으로 허약해진 그는 인생을 사는 것도 자살을 하는 것도 모두 어렵다는 것을 깨닫는다. 오블로모프는 자기 자신의 삶(혹은 우리가 생각하는 식의 인생)을 전혀 살지 않는다. 그는 그저 침대에 누워 있을 뿐이다.(물론 침대는 위험하지 않은 장소를 원하는 사람이 있어야 할 바로 그 자리라고 주장하는 사람도 있겠다. 반면에 대부분의 사람들은 침대에서 죽음을 맞이한다) 오블로모프는 진짜로 행동하는 대신 몽상과 판타지를 택했다. 그리고 그에게 곧 닥칠 종말과 공허함을 독자에게 보여준다. 극단적인 예이긴 하나 오블로모프는 우리가 마음속으로 두려워하는, 소극성과 타성이 가져오는 결과에 대해 경고하고 있다.

그러나 일 자체는 답이 아니다. 아무런 만족도 가져다주지 못하는 일은 진을 빼는 것과 마찬가지다. 소설가 막심 고리키Maxim Gorky는 "일이 즐거울 때 인생이 즐겁다. 일이 의무가 될 때 인생은 노예가 된다."라고 말했다. 우리가 좋아하는 일, 우리에게 도전이 되는 일을 할 수 있는 기회를 얻는 것은 우리가 인생에서 받을 수 있는 최고의 선물 중 하나다. 불행히도 우리 대부분에게 일은 힘들고 단조로운 경우가 많다. 일터는 강제수용소와 같다. 어떤 사람들은 경제적인 필요 때문에 의미 없다고 느끼는 일을 해야만 하기도 한다. 그러나 우리에게 선택권이 있는 경우도 많다. 우리는 경제적 어려움에서 헤어나오지 못하는 것이 아닌 한 일에서 좋은 부분은 취하고 쓸모없는 가지는 쳐내야 한다. 또한 우리가 잘 할 수 있고 우리가 살아있음을 느끼게 해주는 일에 집중해야 한다.

행복이 목표라면 우리는 우리에게 목표의식을 주는 일을 찾아야만 한다. 우리가 하는 일이 변화를 만들어낼 수 있다고 느끼면 우리 인생은 좀 더 의미 있을 것이다. 공헌한다는 느낌을 주는 일, 온전히 집중할 수 있는 일들은 우리에게 행복한 순간을 만들어주고 어려운 시기를 이겨나갈 수 있는 행복한 기억을 안겨준다. 일하면서 시간 가는 줄 모르고 하루를 마무리할 때 피곤함이 느껴지지 않는다면 이는 우리가 그러한 일을 하고 있다는 좋은 증거다. "사람은 행복할 때 시계 가는 소리가 들리지 않는다."라는 독일 속담이 있다. 만일 일에서 행복을 찾기 어렵다면 친밀한 인간관계에 더 집중하는 것도 좋다. 매일 퇴근시간이 오기만을 목 빼며 기다리는 사람은 아마도 여가시간을 함께 보낼 사랑하는 가족과 좋은 친구가 있기에 행복하다고 생각할 수도 있다.

희망하는 일

마지막으로 우리는 얻으려고 노력하는 대상이 필요하다. 의미 있는 일을 통해 우리는 희망을 가질 수 있다. 그러나 이 외에도 다양한 방법이 존재한다. 희망은 인간의 행복에서 필수적인 요건이며 우리가 탐구하고 성장할 수 있도록 자극하고 격려해주는 요소다. 따라서 우리가 희망을 일구거나 버리는 방법은 내면세계에서 중요한 부분을 차지한다. 또한 인생이라는 대본에서 중요한 역할을 맡는다.

우리는 희망을 덧없는 존재로 생각하는 경향이 있지만 구체적인 모습으로도 충분히 표현할 수 있다. 새로운 연애, 신나는 일의 기회, 꿈의 집을 짓는 것, 특별한 여행 같이 말이다. 희망은 저마다 원하는 모습을 갖추고 있다. 희망에 관한 이미지는 힘겨운 시기에 우리를 지켜주는 다른 좋은 기억들과 함께 입력된다.

희망은 인생이라는 여정에서 우리에게 방향성을 부여해준다. 사실 희망 없이 왜 여행을 떠나는가? 희망이 없을 때 우리는 방향성을 잃은 채 원치 않은 어딘가에 도달하게 될 수도 있다. 희망은 우울함과 낙담을 완화시켜준다. 그리고 보이지 않는 순간에도 태양은 구름 뒤 어디에선가 빛나고 있다는 것을 우리가 기억할 수 있도록 도와준다.

희망을 가진 사람들은 인생의 여정에서 만나는 불운에 더욱 초연하게 대처할 수 있다. 이들은 장애물을 영원히 지속되는 환경이 아닌 일시적인 상태라고 본다. 그리고 역경의 시간은 한정되어 있다는 사실에서 새로운 힘을 얻는다. 이들은 절망하지 않는다. 이들은 집요하며 쉽게 포기하지 않는다.

　우리는 꿈에 대해 이야기하면서 희망의 개념을 다시 짤 수 있다. 꿈은 인생에 의미를 부여하기 때문에 꿈이 없을 때 공허함과 절망이 자라난다. 꿈 없는 인생은 죽음과 다를 바 없다. 그러나 우리의 꿈은 가끔 저 멀리에 있는 것만 같다. 햇빛 속에서 반짝이며 우리를 유혹하지만 손에 닿지 않는다. 꿈이 정말로 우리 손이 닿지 않는 곳에 있을 수도 있다. 그러나 닿을 수 없다 하더라도 꿈을 올려다보며 믿을 수 있다. 그리고 그에 따라 인생을 살려고 노력할 수 있다. 우리의 꿈은 우리가 더 높고 더 나은 곳을 향하도록 자극한다. 꿈이 없다면 우리는 자동항해장치에 따라 나아가는 배와 다를 바 없는, 품위나 즐거움 없는 인생을 살게 된다.

　세상에서 가장 인상적인 위업은 큰 꿈을 지닌 사람들이 이뤄왔다. 그러나 꿈을 꾸고 싶다면 스스로를 믿어야 한다. 우리는 스스로 동경하는 것을 이룰 수 있다는 신념을 가져야 한다. 마하트마 간디, 마틴 루터 킹 주니어, 마더 테레사, 그리고 넬슨 만델라 같이 세상을 바꾼 이상가들은 우리에게, 시간이 흐름에 따라 점차 명료해지며 그 어떠한 장애물도 견뎌낼 수 있는 꿈의 증거를 보여준다. 이들은 더 나은 세상을 만들기 위해 희망을 구체화시켰고 한 번에 한 걸음씩 그 꿈을 실현할 수 있도록 나아갔다.

　이러한 개인들의 예는 우리가 어린 시절 꾼 꿈을 놓치지 말아야 함을, 혹은 적어도 우리가 늘 새로운 꿈을 꾸겠다는 의지를 간직해야함을 보여준다. 별을 목표로 삼고 다른 사람들이 가능하다고 생각하는 수준을 넘어서야 한다. "우리는 모두 타락했다. 그러나 우리 가운데 누군가는 별들을 바라본다."오스카 와일드Oscar Wilde는 이렇게 말했다.

그러나 꿈은 쉽게 꺾이는 연약한 꽃과 같다. 우리 대부분이 다른 사람들과 꿈에 대해 이야기 나누기 어렵다고 생각하는 이유다. 우리는 사람들이 비웃고 조롱하고 바보같다 생각할까 봐 두려워한다. 그러나 믿을만한 사람들과 꿈을 나눈다면 그들로부터 사랑과 응원, 지지를 받을 수 있다. 가장 두려워하는 공포가 현실이 되고 그 꿈이 어리석다고 묵살당하더라도 끈질기게 꿈을 좇아야 한다. 우리가 행복할 수 있는 가능성은 꿈의 추구에 달려있기 때문이다. 우리는 우리가 품는 야망의 설계자다. 일단 어떤 길을 가야할지 정하고 나면 그 노력의 결과로 우리는 행복해질 것이다. 꿈은 우리의 가능성이다. 우리는 이러한 꿈을 이루기 위해 모든 재능과 에너지와 용기를 쏟을 수 있어야 한다.

불행히도 꿈에도 어두운 면이 있다. 우리가 꿈속에서 상징적으로 보게 되듯, 지나치게 높은 포부는 꿈이 없는 것만큼 행복을 위협할 수 있다. 능력을 넘어서는 도전을 계속할 때 우리는 스트레스를 받는다. 내가 있는 곳과 있고 싶은 곳, 또는 있어야만 한다고 느끼는 곳 사이의 간극이 지나치게 클 때 사람은 우울하고 불행해진다. 가끔은 큰 꿈을 감당할 수 있는 작은 단위로 나누는 것이 나을 수도 있다. 크게 생각하되 소소한 기쁨을 누리도록 하자. 그렇게 해서 우리는 통제감을 얻고 인생을 살면서 작은 성취들을 축하할 수 있게 된다.

예를 들어 한 출판사가 내게 300페이지의 원고를 써달라고 한다면 이 요청은 엄청나게 벅찬 과제처럼 느껴진다. 그러나 이 과제를 감당할 수 있는 분량으로 나누고 하루에 3페이지씩 글을 써내면 일은 훨씬 쉬워진다. 나는 이 구체적인 과제를 처리하면서 매일 스스로가 기특해진다. 그리고 내가 기대했던 것보다 일찍 완성된 책을 출판사에 보낼 수도 있다. 작은 단위로 쪼개어 실천하면 아무리 큰 꿈이라도 이룰 수 있다. 꿈을 향해 나아가는 과정은 목표 달성 그 자체보다 행복감을 느끼기 위해 더욱 중요하다.

꿈이 없는 사람들은 방향을 잃고 끊임없이 방황하는 인생을 산다고 느낀다. 때로는 생명을 위협하는 사고나 심각한 질병, 또는 전쟁 등의 강제적인 역경만이 이들을 구할 수 있다. 모순적으로 들리겠지만 그러한 사건을 통해 사람들은 새로운 인생을 살 수 있다. 현실을 냉정히 바라볼 수 있게 해주기 때문이다. 그러한 상황을 겪은 사람들은 우선순위를 재정비하고 허우적거리던 인간관계를 정리하게 된다. 또한 의미 있는 업무와 헌신을 찾아내고 추구한다. 방황하던 사람들이 새로운 시작을 맞게 되고 행복이 그 뒤를 따른다.

내 학생 중 한 명은 레바논에서 내전이 벌어졌을 당시 레바논 호텔에서 벌어진 폭탄테러로 목숨을 잃을 뻔했던 경험을 내게 생생하게 들려줬다. 그는 갈피를 못 잡고 태평스레 방황하며 살았던 사람이었다. 그러나 이 경험은 인생을 바꿔놓았다. 비교적 멀쩡한 몸으로 돌무더기에서 빠져나올 수 있었던 그는 살아 있음에 진심으로 감사하게 됐다. 심리학자 윌리엄 제임스의 표현에 따라 '두 번 태어나게 된' 그는 자신의 우선순위를 다시 정하게 됐다. 새로운 인생을 살 수 있는 기회를 얻고 나자 더 이상 시간을 낭비하고 싶지 않았다. 그는 의대로 돌아와 의사가 됐고 적극적인 에이즈AIDS 운동가가 됐다. 그리고 아프리카에서 에

이즈 예방 프로그램을 추진하며 대부분의 시간을 보낸다.

우리는 스스로의 능력을 굳게 믿으면서도 꿈을 좇는다는 것에 기가 눌릴 수도 있다. 꿈은 만만치 않아 보이고 상대적으로 우리의 능력은 미약해보일 수 있다. 그러나 인생은 작은 것들로 이뤄지는 법이다. 노자는 이렇게 말했다. "천리 길을 가야하는 여행도 한 걸음에서 시작한다." 인생의 가장 위대한 업적은 조금씩 만들어진다. 첫 노력은 보잘것 없이 보일지라도 결국 큰 결실을 맺게 된다. 조심스러운 첫 걸음은 우리가 올바른 길로 나아가도록 이끌어주며 남은 여정을 채워준다.

17장
균형의 문제

나는 내 인생을 커피 스푼으로 한 번 재봤지.

T.S. 엘리엇

내가 꿈꾸는 것은 균형의 예술, 순수와 평온의 예술이다.
골치 아프거나 우울한 주제와는 거리가 먼,
마음을 위로해주고 진정시켜주고 육체적 피로로부터 휴식을 주는
좋은 안락의자 같은 것 말이다.

앙리 마티스

사람은 골칫거리를 헤아리길 좋아하지만 즐거움은 헤아리지 않는다.
즐거움을 의무적으로 헤아리다보면
모든 운명은 즐거움에서 오는 행복으로 가득하다는 것을 깨닫게 될 것이다.

도스토예프스키

행복은 웃을 문제가 아니다.

리처드 웨이틀리

사랑하는 사람, 의미 있는 일, 삶을 지탱해주는 희망이 있다 하더라도 개인적인 삶과 공적인 삶 사이에서 균형을 잃는 다면 행복을 손에 넣기 어려울 것이다. 균형을 잡는다는 것은 간단한 목표처럼 들리지만 실제로는 그렇지 않다. 직장에서의 압박은 엄청날 수 있다. 많은 조직 문화에서 가족의 가치를 무시한다. 따라서 그러한 압박은 직원뿐 아니라 그 가족에게도 영향을 미친다. 그리고 직장의 압박으로는 충분치 않은 양 우리는 스스로 문제를 만들어낸다. 예를 들어 경쟁자의 코를 납작하게 만드는 데에 집착하는 것이다. 부, 지위, 권력, 명성 등으로 대표되는 성공의 외적인 형태와 행복을 혼돈할 때 우리 인생의 다양한 요소들은 뒤죽박죽으로 떨어져 나가게 된다(물론 이 불안정한 과정은 너무 서서히 벌어져 우리가 무슨 일이 벌어지는지 깨닫지 못할 정도다).

온전한 삶을 살 것인가 유예된 삶을 살 것인가

우리 다수는 합리화와 지능화를 엄청나게 잘 하는 '자기기만의 달인'

이다. 그리고 그 사실은 사적인 삶과 공적인 삶 간의 불균형을 더욱 심화시킨다. 우리는 균형 있는 삶을 살고 있다고 스스로를 속이려 든다. 예를 들어 대부분의 사람들은 집에서 얼마나 많은 시간을 보내느냐는 질문에 진실에서 거리가 먼 대답을 내놓는다(의식적으로 사실을 왜곡할 필요가 없을 때도 마찬가지다). 그리고 자신이 사무실에서 지나치게 많은 시간을 보내고 있다는 것을 아는 사람들조차 자신이 일하지 않는 시간을 '가족들과의 오붓한 시간'이라고 언급하면서 스스로를 위로한다. 이들은 가족들과 집에서 시간을 보낼 때 중요한 것은 시간의 양이 아닌 질이라며 스스로 납득하려 노력한다. 이들은 정말 자신의 말을 그대로 믿고 있을까? 그리고 다른 가족들은 이들의 결론에 동의할까?

많은 경영자들이 아내와 아이들이 나중에 더 나은 삶을 살 수 있도록 지금 열심히 일한다고 말한다(이러한 의견을 내는 것은 보통 남자다). 그러나 그 '나중'이 올 때쯤 아내가 없는 경우는 아주 흔하다. 그녀는 다른 누군가와 떠나버리고 아이들은 낯설어진다. 이들은 또 다른 남자를 '아빠'라고 부르면서 더 이상 자신의 생물학적 아빠에 대해 관심을 가지지 않는다. 헌신적인 노동자가 '미래를 준비하고 지금 인생은 미루자'는 전략을 추구한 결과는 고립과 외로움이다. 혼자 성공을 거두는 것은 성공한 인생을 만드는 것보다 훨씬 쉽다. 모든 면에서 A학점을 거두던 사람은 인생 그 자체에서는 낙방할 수도 있다.

유태인 속담에서 말하는 "술 없이도 당신을 취하게 만드는" 그런 혼자만의 성공을 좇는 와중에도 절대 돌이킬 수 없는 중요한 순간이 있다는 사실을 기억할 필요가 있다. 우리는 그냥 지나쳐가는 이 순간을 소중히 여겨야 한다. 인생에 리허설은 없다. 인생을 즐기고 싶다면 오늘 즐겨야 한다. 내일이나 머나먼 미래에 즐길 수는 없다. 그래서 진정으로 원하는 것이 무엇인지 스스로에게 늘 물어야 한다. 우리는 온전한 삶을 원하는가, 유예된 삶을 원하는가?

수많은 투자은행가들과 컨설턴트들은 이러한 선택을 두고 고군분투하고 있다. 이들 중 일부는 외부적인 환경에 휘둘릴 어린 나이에 고생한 경험 때문에 다시는 가난해지지 않기 위해 신속하고도 의도적으로 커리어를 결정했다. 이들 인생의 주요 목표는 경제적 독립이다. 극도로 힘든 노동을 통해 이들은 그 목표를 달성했으며 때로는 상상 이상의 돈을 벌기도 했다. 어떤 사람은 "우리 아버지가 평생 번 돈보다 많은 돈을 일 년 동안 벌어들였죠."라고 자랑스럽게 말하기도 했다.

이러한 상황에 갇힌 사람들은 쳇바퀴를 도는 쥐와 같다. 그들은 이 쳇바퀴에서 쉽게 나갈 수 없다. 경제적 안정이라는 첫 번째 욕구를 충족하자 새로운 욕구(추측했겠지만 2부에서 논의했던 그 돈에 대한 욕구다)가 생기기 시작한다. 이들은 더 큰 집과 더 희귀한 스포츠 카, 그리고 특별한 별장을 원한다. 이들의 '장난감' 역시 점점 비싸진다. 더 많이 가질수록 더 많이 원한다. 그리고 행복은 돈으로 살 수 있는 것이 아니라는 것을 깨닫지 못한다. 이들은 곧 일을 그만두겠다고 투덜거린다. 그리고 해보길 원했던 일들을 할 것이라고 한다. 언젠가 미래에, 시간이 많아진다면 다시 피아노 레슨을 받을 것이다. 언젠가 미래에, 대학으로 들어가 미술사를 공부할 것이고, 그림을 계속 그릴 것이다. 그러나 그 '언젠가'는 올 것 같지 않다. 그 와중에 인생은 그저 그들을 지나쳐 흘러간다. 일이 아무리 재미있어도 이들은 일차원적인 삶을 살 뿐이다. 일 외에는 다른 일을 할 시간이 없다. 미래를 위해 현재를 저당잡히는 것이다(또는 그러길 바라는 것이다).

때로 우리는 오늘을 살고 싶지만 그런 사치를 누릴 수 없다고 느낀다. 아마도 승진을 하려면 절대로 빼먹을 수 없는 해외출장이 있을 수 있다. 아들의 생일을 놓치게 되더라도 어쩔 수 없다. 또는 하락세의 매출을 다시 끌어올리기 위해 해야만 하는(그리고 잘 해야 하는) 발표가 있는데 딸의 테니스 시합과 날짜가 겹친다. 분명 어려운 선택이다. 특히나 커리어나 돈이 달려 있을 때는 더 그렇다. 그러나 가족 역시 중요하다. 아이들은 금방 자라고 집을 떠난다. 우리가 깨닫기 전에 우리는 더 이상 아이들의 인생에 관여할 수 없게 된다. 이들은 우리에게 의논하지 않고 결정을 내려버린다. 아이들이 어렸을 때 함께 하지 못한다면 나는 아이들에게 무엇을 남길 수 있을까? 아이들은 나를 어떻게 기억할까? 나의 장례식에서 아이들은 뭐라고 말할까(그리고 아이들이 뭐라고 말해주길 원하는가)?

현재를 살지 않는다면 인생은 아무런 의미가 없다. 우리가 미래에 도달하기 위해 모든 에너지를 쏟아 넣는 와중에 지금 우리 손이 닿는 곳에 있는 것들은 사라져버릴 것이다. 거의 아무것도 남지 않은 때에 이르러서야 그 모든 것의 중요성을 깨달아봐야 고통스러울 뿐이다.

어떤 아이든 인생에서 가장 중요한 영향력을 미치는 요소는 부모다. 부모의 가르침과 무심결에 드러내는 의견들은 아이의 성격과 가치를 형성한다. 항상 사무실에만 머문다면, 함께 있지 않다면 아이들이 균형

잡힌 성인으로 자랄 수 있도록 어떻게 도울 수 있겠는가? 너무 바빠서 아이들과 시간을 보낼 수 없다면 아이들에게 어떻게 소중한 추억을 남겨줄 수 있겠는가?

우리는 인생에서 진정으로 중요한 것을 잃지 않기 위해 경계선을 정하고 이를 확고히 지켜야 한다. 우리가 살고 있는 지식노동의 시대에 많은 사람들이 한 목소리를 낸다면 고용주들은 그에 맞게 바뀌어갈 수밖에 없을 것이다. 혹여 이러한 이슈를 두고 고독한 싸움을 해야 한다 해도 균형 있는 삶을 위한 우리의 노력은 미래에 대한 투자가 된다. 그 누구도 죽음을 앞두고 "사무실에서 더 긴 시간을 보냈어야 했어."라고 말하지 않는다. 가족과 보내는 특별한 시간은 행복을 얻기 위해 필수적이다. 게다가 행복으로 가득한 순간을 추억하는 것은 몇 배의 기쁨을 준다.

외형적인 성공 대 내적인 성공

앨버트 아인슈타인은 균형과 성공에 대한 공식을 만들어냈다. 그가 창안한 'A=X+Y+Z'라는 공식에서 A는 성공을, X는 일을, Y는 놀이를, Z는 입을 다무는 것을 의미한다. 프로이트가 사랑과 일의 공식을 제시한 것처럼 아인슈타인은 행복에 영향을 미치는 본질적 요소들을 짚어냈다.

어느 정도 자신만의 성공을 거둬본 적 없다면 그 누구도 진정한 행복이 무엇인지 알 수 없을 것이다. 성공은 그 어떤 상황에 처한다 해도 창의적으로 대처할 수 있다는 자신감을 안겨준다. 그런데 성공은 개인이나 집단이 정한 기준을 충족시켰는지 여부에 달려있다. 다시 말해 노골적이거나 암시적인 목표와 나의 과업을 비교하는 것에서 나온다. 그러나 특정 목표를 성공적으로 달성하는 것이 행복을 보장하지는 않는다. 몇 달 혹은 몇 년간의 노력 후에 닿은 목적지가 실망스러울 수도 있다. 그러한 발견은 아무런 손을 쓰지 않는다면 우리를 절망의 나락으로 떨어지게 만들 수도 있다. 아니면 진정한 의미와 행복을 위한 새로운 여정을 떠날 수 있게 우리를 유도할 수도 있다.

우리가 있는 곳과 우리가 있고 싶은 곳 사이의 간극을 스스로 인식할 때면 누구나 내적인 불안과 동요를 겪는다. 진정한 행복은 여기에 맞서 싸울 수 있는가에 달려 있다. 우리 대부분은 자신의 기대와 실질적인 성취를 비교하면서 그 차이를 크게 받아들인다. 사실 우리가 모두 CEO가 될 것도 아니고 암 치료약을 개발할 수 있는 것도 아니다. 우리는 그 사실을 받아들여야 한다. 우리의 성공은 성취한 것이 아닌 극복한 장애물을 통해 평가돼야 한다. 우리는 그 과정에서 거두는 작은 승리들을 모두 축하해야 한다.

2부에서 이미 강조했듯, 돈과 관련해 우리 다수는 외형적인 성공에 초점을 맞춘다. 그리고 그 성공을 부, 지위, 권력, 명성과 동일시한다. 우리는 행복이 소유와 획득의 문제라고 본다. 그러나 이러한 목표만을 좇는 것은 무지개를 좇는 것과 같다. 그곳에 도착했을 때 우리 눈에 보이는 것은 그저 회색 안개다. 행복을 만드는 것은 내적인 성공이다. 그리고 내적인 성공은 우리가 최고로 충만한 삶을 살 때 얻어지는 것이다. 노는 것과 듣는 것(아인슈타인의 공식 상에서는 입을 다무는 것)은 내면의 성공을 위해 필수적이다. 이는 우정, 사랑, 선량함, 걱정, 다정함, 지혜와 같은 소중한 보물을 얻을 수 있게 도와준다. 진정으로 만족스럽고 행복의 순간을 만들어주는 성공은 가끔 그러한 성공을 추구하지 않는 사람에게 찾아온다. 진정한 성공으로 향하는 길은 사람들이 잘 다니지 않은 곳에 있기 때문이다.

보통의 방법으로 얻게 되는 외형적인 성공은 덧없을 뿐 아니라 위험하다. 나는 오늘날 사람들이 끊임없이 외형적인 성공만을 추구하기 때문에 불행하다고 굳게 믿는다. 성공에 대한 집착은 심각한 역기능을 낳을 수 있다. 집착은 눈덩어리처럼 커져 만족할 수 없게 만든다. 자신들이 얼마나 높은 곳까지 올랐는지와는 상관없다. 그 어떤 성취도 오래도록 만족을 주지 않는다. 이들은 일정 수준의 성공에 도달하면 또 다른, 더 높은 수준의 성공을 바란다. 한때 꿈의 소득이었지만 지금은 그 돈만 가지고는 굶어죽을 것처럼 보인다. 행복과 성공을 동일시하는 사람들은 결코 행복해질 만큼 충분히 성공할 수 없다. 끝없이 돌을 밀며 언덕을 오르는 시시포스와 같다. 역설적으로 시시포스가 유일하게 행복을 느끼는 때는 아마도 돌이 굴러 떨어지는 그 짧은 순간일 것이다. 그가 돌을 밀지 않아도 되는 때, 그가 스스로를 되돌아볼 수 있는 바로 그 순간 말이다. 그러나 자기반성은 결국 우울한 결론만 재확인시킬 뿐 아무것도 바꾸지 못한다. 그러나 우리는 다르다.

외형적인 성공을 추구할 때 동반되는 내적인 동요와 불만은 많은 사람을 망쳐왔다. 모순되지만 행복하기 위해서는 우리가 가진 것과 가지지 않은 것 모두에 만족해야 한다. 이러한 이중적인 만족은 안녕감을 느끼기 위한 견고한 기반이 된다. 가장 행복한 사람은 현재의 상태에 만족하는 사람, 그리고 가지지 못한 것을 원하지 않는 사람이다.

18장

시야 넓히기

그는 죽고서야 사랑받을 것이다.
그는 살아있는 동안 질투를 받던 사람이다.
호라티우스

질투는 쉬는 날이 없다.
프랜시스 베이컨

바보들은 우리에게 질투가 아니라 경멸을 일으킨다.
질투란 일종의 찬사니까.
존 게이

이웃집 음식에서 언제나 더 맛있는 냄새가 난다.
몰타 속담

행복을 주는 레시피에서 중요한 재료는 '비교'다. 물론 이 필수 재료를 너무 많이 썼다가는 음식을 망칠 수도 있다. 비교가 우리의 행복을 발전시켜주거나 저해하는 방식을 한 번 살펴보자. 여기서 부러움은 한 번 더 중요한 역할을 한다.

시야를 넓게 가지면서 때로는 우리 인생이 그다지 나쁘지 않다고 스스로 되뇌는 것은 불행이 생겨나지 않도록 막는 데에 도움이 된다. 이러한 건강한 방법에는 정신 내적인 비교intrapsychic comparison(우리가 우리의 현재를 과거의 덜 바람직한 상태에 비교하는 것)와 대인적 비교 모두를 포함한다. 예를 들어 차가 고장 났을 때 우리는 이를 고칠 돈을 있다는 것에 감사드릴 수 있다(10년 전 우리는 고물차를 고칠 돈이 없어 폐차했어야 했지). 또는 우리는 수술을 앞두고 손을 잡아줄 누군가가 있다는 것에 감사할 수도 있다(옆집 독거노인과는 다르게 말이지). 다시 말해, 우리는 기운이 없을 때 과거의 나 또는 다른 사람들의 스트레스적인 상황을 떠올리면서 지금 이 자리에서 기분이 좋아질 수도 있다. 비교적 나은 현재와 비교해 얼마나 상황이 나빠질 수 있었는지 스스로 떠올려보는 것은 사기를 북돋는 보편적이고도 건설적인 방식이며 기운을 내게 해준다.

사회적 비교

물론 비교에도 상향비교가 있고 하향비교가 있다 사물은 언제나 과거보다 나아진 것은 아니고 우리는 언제나 우리 이웃보다 건강하거나 돈을 더 잘 벌거나 똑똑한 것은 아니다. 그러나 일반적으로 행복한 사람들은 상향비교보다 하향비교를 더 많이 한다. 상황이 어찌되건 간에 이들은 더 안좋은 상황의 사람들을 본다. 그리고 자신이 얼마나 복 받았는지를 깨닫는다. 이들은 다른 사람들이 가진 것에 집착하기 보다는 자신이 가진 것에 감사하는 법을 배웠다. 아마도 ABC를 처음 배우던 때부터 알았던 사실일 것이다. 아마도 어린 시절 어떤 면에서 불리하다는 느낌에 대해 불평했을 때 부모님은 과거보다 더 안 좋은 상황에 처한 다른 사람들의 예를 들었을 것이다.

불행한 사람들은 인생을 평가하려고 상향비교와 하향비교를 할 수 있을 때 당연하게도 상향비교를 선호한다. 이들은 자기들이 뽑는 패는 항상 최악이라는 증거를 찾느라 시간을 보낸다. 또한 이들은 자기 자신과 비교할 대상을 편향적으로 선택한다. 불행한 사람들은 주로 상향비교를 하면서 자기보다 다른 이들이 더 나은 삶의 조건을 가졌다는 사실에 초점을 둔다. "왜 이웃집 차가 내 것보다 좋지?" 이들은 묻는다. "어떻게 내 여동생은 그렇게 비싼 휴가를 갈 수 있는 거야?" 때로는 자신보다 나쁜 상황에 있는 누군가에게 초점을 맞추면서 즐거워 하지만 그 기쁨은 곧 자기보다 나은 삶을 사는 것처럼 보이는 다른 사람들에 대한 질투 때문에 신속히 사라져버린다.

자신이 불운하다는 생각에 사로잡혀 있는 사람들은 한 사람의 성과를 다른 사람의 손실로 생각한다. 이들은 모든 것을 제로섬 게임으로 본다. 자신이 좇는 것이 사랑이든 권력이든 돈이든 간에 이들은 언제나 자기보다 형편이 나은 것처럼 보이는 누군가를 찾고 그 사람이 본래 자신들의 몫이어야 했던 것을 가져갔다고 본다.

우리는 누구나 가끔 불리하다는 느낌을 얻는다. 특히 지위, 외모, 수입, 또는 권력의 사다리에서 누군가가 자기보다 몇 계단 높은 곳에 있다는 것을 발견할 때 더욱 그렇다. 우리의 도전과제는 자신의 복잡한 심경을 다스리는 것이다. 정신 건강을 위해 부정적인 비교는 하지 말아야 한다. 또한 인생이 잘못됐다는 느낌에 집착하지 않는 것이 중요하다. 그렇지 않으면 질투는 우리를 집어삼키겠다며 그 추악한 얼굴을 한 번 더 들이밀 것이다.

사회적 비교와 질투는 연속선상에 있다. 전자는 점차 후자에 그림자를 드리우다가 마침내 가장 최악의 상황을 만들어낸다. 버트런드 러셀은 이에 관해 "다른 사람이나 국가, 교리를 증오하지 않고서도 행복할 수 있는 사람은 거의 없다."고 말했다.

행복은 비교를 통해서만 증명될 수 있는가? 러셀은 "당신이 영예를 욕망한다면 나폴레옹을 부러워할 수도 있다. 그러나 나폴레옹은 카이사르를, 카이사르는 알렉산더 대왕을 부러워했다. 그리고 알렉산더 대왕은 내가 장담컨대 애초에 실존하지도 않은 헤라클레스를 부러워했을 것이다."라고 말을 이었다.

앞서 지적했듯 어떤 사람들은 다른 사람들의 불행에서 즐거움을 찾는다. 이러한 사람들은 상향비교를 선호한다. 그리고 점차 적대적이고 질투 섞인 반응을 보이게 된다. 그러나 이러한 반응이 늘 다른 사람을 향하는 것은 아니다. 작가 헤르만 헤세Hermann Hesse는 "누군가를 미워할 때 우리는 그에 대해서 가진 우리의 이미지를 미워하는 것이다. 우리가 생각할 수 없는 것은 우리를 화나게 하지 않는다."라고 말했다. 헤세가 명료하게 이해하고 있듯 질투하는 사람들은 자존감에 심각한 문제를 가지고 있다. 이들은 다른 사람들을 조롱하지만 사실은 자기 자신에 대해 매우 불만족스럽다. 이들은 박리剝離와 투사의 달인이다. 그리고 스스로에 관해 받아들일 수 없는 부분을 제대로 다루지 못하고 어려워한다.

세상에 질투 때문에 힘들어하지 않는 사람이 있을 수 있을까 의구심이 들기는 한다. 타인의 장점(재산, 권력, 지위, 사랑, 미모 등)을 고통스러워하거나 분하게 인식하는 것은 그 장점을 소유하고 싶다는 욕망과 결합된다. 앞서 돈에 대해 썼던 것처럼 질투는 보편적인 감정이며 좌절감, 분노, 자기연민, 탐욕, 앙심, 변명과 같은 동일한 고통의 감정으로 이어진다. 질투에서 나온 행동은 일시적으로 안도를 줄지 모르지만 그 부정적인 감정에서 상당히 주관적인 고통이 생긴다. 질투와 여기서 파생된 모든 감정들은 위험하다. 그 감정들은 질투에 빠진 사람들을 옭아맨다. 질투는 공개적으로 소비하는 감정이 아니다. 우리는 이를 감추거나 적어도 고귀한 감정으로 포장한다.

이런 질투에도 긍정적인 면이 있다. 질투는 사람과의 관계에서 차이를 줄이고 공평함을 강화하는 훌륭한 균형 장치가 된다. 그러나 사람들은 질투에 '눈에는 눈'으로 대응하는 경우가 너무 많다. 그 결과는? 이미 고통으로 가득 찬 세상에 눈 먼 장님이 한 명 더 추가되는 것이다.

우리가 알고 있듯 질투는 일곱 가지 대죄 중 하나다. 성경은 질투에 관한 이야기로 빼곡하다. 구약성서 10계명의 마지막 항목은 '탐내지 마라.'다. 문학을 통해 우리는 수많은 질투의 예를 보게 된다. 가장 잘 알려진 예 가운데 하나는 존 밀턴의 〈실낙원〉에 나오는 사탄의 초상이다. 타락한 천사이자 질투로 불타오르는 복수의 화신인 사탄은 인간이 천국에서 추방당하도록 조작한다. 질투의 보편적인 본질은 다양한 사회의 속담에서도 입증된다. 불가리아에는 "다른 사람들의 달걀에는 노른자가 두 개다.", 덴마크에는 "질투가 열熱이라면 전 세계 사람들은 모두 아플 것이다."라는 속담이 있다. 스웨덴 사람들은 '스웨덴 왕립 질투 Royal Swedish Envy'라는 표현으로 너무 눈에 띄면 질투를 자극할 수도 있다는 경고를 했다. 또한 다양한 국가에서 '키 큰 양귀비 신드롬tall poppy syndrom'이라는 표현을 쓰면서 사람들은 '키 큰 양귀비 꽃'이 먼저 시드는 모습에 즐거워한다는 점을 강조한다.

내가 아는 한 질투에 관한 가장 극적인 이야기는 러시아에서 나왔다. 하느님이 어떤 소원이든 들어주겠다고 약속한 한 소작농이 있다. 그러나 여기에는 한 가지 조건이 있었다. 소작농이 무엇을 택하든 신은 그 두 배를 이웃에게 주는 것이다. 뭘 하든 이웃이 자신보다 더 많이 얻는다는 생각은 소작농을 괴롭혔다. 그 제안에 대해 고심하던 소작농은 마침내 이렇게 말했다. "내 눈 하나를 가져가세요." 소설가 고어 비달Gore Vidal은 그와 똑같은 공식을 파악하고 있었다. "성공하는 것만으로는 부족하다. 다른 누군가가 실패해야 한다.”

때로는 질투가 도덕적 분개라는 탈을 쓰고 완벽히 변장할 때도 있다. 우리는 어떤 사람이 윤리 규범을 위반했다고 주장하면서 매우 정의로운 척하기도 한다. 예를 들어 빈곤으로 고통 받는 세상에서 어떤 동료만 호사스럽게 산다고 비난하는 것이다. 그러나 이러한 정의감은 그 위반자의 상황에 있고 싶다는 욕망을 감추고 있는 경우가 많다. 사람들이 누군가의 ‘야비한’ 행동에 집착할 때 분명 이들은 그 행동을 하고 싶은 것이다. 이들이 보이는 분노의 대상이 사실은 자기 자신에 대해 가장 두려워하는 부분을 나타낼 수도 있다. 가끔 이러한 모욕은 성과 관련한다. 예를 들어 동성애 혐오자는 스스로의 성 정체성에 대한 걱정을 감추기 위해 동성애자들을 비난하는 것일 수도 있다.

미국 텔레비전에 등장하는 목회자들의 무분별한 행동 중 다수는 여기에서 나온다. 이들은 죄와 악, 탐욕과 욕심에 대해 연설하지만 동시에 매춘을 하고 신도들이 바친 돈을 유용한다. 싱클레어 루이스Sinclair Lewis가 쓴 소설 〈엘머 갠트리Elmer Gantry〉는 사기꾼인 한 목회자의 이야기다. 프로테스탄트 교회에 잠복해 있는 무지하고 역겹고 약탈적인 지도자들에 대한 공격이기도 하다. 이 소설에서 ‘경건한 남자’ 엘머 갠트리는 낮에는 죄와 저주에 대해 설교하지만 밤에는 자신이 낮에 비난했던 바로 그 행동에 임한다. 도덕적 분개는 가끔 성인의 탈을 쓴 질투일 때가 있다. 앰브로즈 비어스는 〈악마의 사전〉에서 행복에 대해 ‘다른 사람의 절망을 떠올릴 때 생기는 기분 좋은 느낌’이라고 묘사하면서 질투의 해로움을 극적으로 묘사했다. 독일어로 ‘Schadenfreude’는 다른 사람의 불행에 대해 느끼는 기쁨을 의미한다.

그러나 다른 사람의 절망을 즐기는 것에서 행복을 찾는다면 그 인생의 전반적인 수준은 어떻게 봐야 할 것인가? 다른 사람의 절망이 기분 좋게 느껴지는 순간은 있을 수 있다. 그러나 진정한 행복은 질투, 앙심, 복수심과 공존해서는 안 된다. 질투에 사로잡힐 때 인간은 잠재력을 발휘할 수도, 원활하게 소통할 수도 없다. 결국 질투는 즐길 수 있는 능력을 억누르고 우리를 불행하게 만든다.

19장

스트레스에 대한 대처

의존적이고 순응적인 환자로 남지 말라.
당신 영혼의 주치의가 돼라.
에픽테토스

다람쥐 쳇바퀴 도는 것 같은 생존 경쟁에서의 문제점은
그 경쟁에서 이겨도 여전히 당신은 다람쥐라는 것.
릴리 톰린

사람들은 스트레스를 받으면 생각하기 싫어한다.
그러나 그때가 바로 생각이 가장 중요한 때다.
빌 클린턴

심장마비는 자연이 우리에게 속도를 낮추라 말하는 것이다.
속담

알베르트 슈바이처Albert Schweitzer는 행복은 그저 건강한 몸과 나쁜 기억력에 불과하다고 말했다. 그가 나쁜 기억력을 언급한 것에 반론을 제기하는 사람이 있을지도 모른다. 그 누가 과거를 부인했다는 이유로 비난받고 싶겠는가? 그러나 건강을 살피는 것은 분명 중요하다. 건강하지 않으면 행복할 수 없다. 결국 우리의 신체적 상태는 우리의 정신 상태에 강력한 영향을 미치며 어떤 경우는 아예 결정짓기도 한다. 다양한 스트레스 연구가들에 따르면 신체적 건강은 행복의 강력한 예측변수다. 건강이 좋지 않을 때 올바른 생각을 하기 어렵다. 나쁜 건강 때문에 위협을 느낄 때 우리의 생각과 대화는 다양한 신체적 질병에 관한 내용으로만 제한된다.

건강하다는 것은 촛불을 현명하게 태우는 것에 비교할 수 있다. 우리가 초에 특별히 신경을 쓴다면 오래도록 빛을 낼 수 있다. 그러나 제대로 신경쓰지 못하면 촛불은 금세 연기로 변해버린다. 불행히도 내가 만나본 경영자들 가운데에는 일 때문에 몸을 불사르는 습관이 있는 사람들이 꽤 있었다. 화를 쉽게 내는 A타입의 사람들이었다. 이들은 늘 급박하다는 느낌을 줬다. 차분하지 못했고 참을성이 없었으며 극도로 경쟁적이었다. 이들은 높은 수준의 공격성과 걷잡을 수 없는 적대감을 드러냈다. 이러한 행동 유형은 관동맥성 심장질환의 주요인이기도 하다.

아마 내가 말하는 유형의 사람을 어디선가 봤을 것이다. 이들은 마치 쳇바퀴를 도는 다람쥐나 〈이상한 나라의 앨리스〉에 나오는 하얀 토끼 같다. 언제나 분주하지만 절대 목적지에 도달하지 못한다. 어쩌면 당신 자신이 떠오르지는 않는가? 이 사람들은 식당에 갈 때면 빨리 먹고 빨리 얘기하고 빨리 돈을 낸다. 식사를 즐길 틈이 없다. 분명 와인이나 커피 한 잔도 즐기지 못할 것이다. 말소리는 크고 때로는 격정적이다. 얼굴 근육은 경직됐다. 잘 들을 줄 모르고 언제나 대화를 지배하려 한다. (자초한 것이든 외부적인 문제든) 끊임없는 압박감을 느끼며 살기 때문에 이들은 쉬려고 할 때면 죄책감을 느낀다. 실제로 가능한 한 번에 하나 이상의 일을 하려고 하며, 밤사이에도 평화를 찾지 못한다. 심지어 꿈속에서도 스트레스를 받으며 이를 득득 간다. 아마도 많은 치과의사들에게 반가운 취미일 것이다.

은행 통장 같은 건강

신체적 건강은 은행 통장에 비할 수 있다. 이는 그러나 평범하지 않은 통장이다. 오직 인출만 할 수 있으며 예금을 허용치 않기 때문이다. 어떤 사람들에게는 낭비벽이 있다. 저축도 할 수 없는 건강을 가지고 이들은 마치 돈 쓰듯 선뜻 건강을 낭비한다. 서서히 자살을 하는 셈이다. 이들은 건강이 거의 남아나지 않을 때쯤에야 건강의 소중함을 깨닫는다.

스트레스 연구가들은 때로 생리적 연령과 생활 연령을 구분한다. 어떤 사람들, 그러니까 불사르는 유형과 계좌를 탈탈 터는 유형은 생리적 연령이 생활 연령을 앞지른다. 생리적 연령은 어느 정도 통제 가능한 범위 내에 있기 때문에 세심히 관찰하고 주의하며 관리할 수 있다. 규칙적으로 운동하고 식사를 하며 음주는 적당히 해야 한다. 그리고 담배와 약물이 미치는 영향에 유의해야 한다.

흔히 말하는 인생 황금기는 스트레스를 낮추고 긍정적인 마음가짐을 유지할 수 있다면 더욱 빛날 것이다. 스트레스를 많이 받는 사람들은 질병에 걸리기 더욱 쉽다. 정신신경면역학 연구에 따르면 즐거운 경험과 긍정적인 마음가짐은 면역체계를 강화시킨다. 우리 몸의 면역체계는 우리가 행복할 때 질병과 더 효율적으로 싸우는 것으로 나타났다. 그 결과 행복한 사람은 오래 산다. 반대로 걱정, 신체적·정서적 접촉의 부족, 분노, 적대감 등은 우리 건강에 해롭다. 부정적인 감정은 질병을 부추긴다.

물론 신체적 건강은 실질적으로 건강관리를 하는 것만으로는 충분치 않다. 예를 들어 어떤 사람들은 유전적으로 운이 좋지 않을 수 있다. 어떤 사람들은 조심하는 것만으로는 예방할 수 없는 병에 걸리는 불운을 겪기도 한다. 그래도 여전히 너무 많은 사람들이 미래를 담보로 잡았다가 후회한다.

미국의 유머작가 P.J.오루크P. J. O'Rourke는 이렇게 말했다. "남성이 여성을 이길 수 없는 점이 하나 있다. 바로 우리가 먼저 죽는다는 점이다.”
우리는 이 유머에 깔린 교훈을 깨달아야 한다. 남성은 특정한 ‘여성적인’ 특성을 수용해야만 한다는 것이다. 그 중에서도 감정적 친밀감은 대부분의 사람들이 남성보다 여성이 낫다고 인정하는 부분이다. 다시 한 번 말하지만 사회적 지지, 즉 친구나 가족들이 자신을 좋아하고 인정한다는 느낌, 그리고 친구들 간의 편안한 교류 등은 스트레스에 대한 완충지대가 되며 행복을 증진시킨다. 누군가와 사적인 문제에 대해 이야기할 수 있는 사람은 스트레스적인 상황을 보다 수월하게 견딜 수 있다. 남녀 상관없이 나쁜 건강 상태와 불행 때문에 위험에 처해 있는 사람들은 자신들의 문제를 홀로 참고 무엇 때문에 힘든지 이야기할 의욕도, 능력도 없는 사람들이다. 다행히도 고백은 고백을 낳는다. 공포를 다른 사람들에게 표현했을 때 이들은 그에 맞춰 자신들의 걱정을 나눈다. 그렇게 혼자가 아님을 이해하게 된다. 다른 사람들 역시 비슷한 문제로 투쟁하고 있는 것이다. 대부분의 사람들에게 이는 마음의 평화로 이어진다.

통계에 따르면 친밀한 인간관계를 가진 사람들은 건강관리에도 더 적극적인 것으로 나타났다. 다른 사람들과 친밀한 관계에 있는 사람들은 서로의 건강을 관리하기 위해 노력했고, 술과 담배를 덜 하고 약물을 피하며 더 나은 식습관을 가지고 의사의 지시에 잘 따르는 경향이 있었다.

1부에서 묘사했던 성적 활동 역시 스트레스에 대응하는 방식이 될 수 있다. 이는 관계에 긍정적인 영향을 미치고 신체적인 건강을 강화해준다. 섹스가 상호 만족스럽다면 이는 자존감을 강화시켜주고 항우울제로 작용하기도 한다. 또한 면역체계를 강화함으로써 스트레스에 대응할 수 있게 해준다. 반면에 사랑 없는 섹스는 한 사람의 건강과 행복에 부정적인 영향을 미친다. 철학자 에픽테토스Epiktetos는 "헌신적인 관계라는 테두리 안에서의 적극적인 성생활은 여기에 속한 사람들의 진정성을 강화시켜주며 번성하는 삶의 일부가 된다."라고 말했다.

앞에서 말했듯이 낙관적인 마음가짐 역시 스트레스에 대응하는 완충제 역할을 한다. 이는 오랫동안 잘 알려진 사실이다. 격언으로 가득 찬 구약성서에서 솔로몬 왕은 "즐거운 마음은 좋은 약과 같다."라고 말했다. 스트레스 연구가들은 이에 동의한다. 웃음은 정신적인 건강과 육체적인 건강 모두에서 필수적인 요소다. 자주 웃는 사람들은 진짜로 더 길게 산다. 저널리스트 노먼 커즌스Norman Cousins는 자신의 책 〈웃음의 치유력The anatomy of an illness〉에서 자신이 잠정적으로 사망할 수도 있었던 병에서 회복할 수 있었던 것은 웃음을 적극적으로 사용한 덕이라고 설명했다. 점차 많은 연구들이 유머에는 치유 능력이 있다는 것을 보여준다. 웃음이 혈중 스트레스 호르몬(아드레날린, 에피네프린, 노르에피네프린 등)을 감소시켜주기 때문이다. 웃음은 긴장이 풀리고 더 차분해지며 항상성을 유지할 수 있게 돕는다. 또 몸을 어리고 생기 있게 만들어준다. 그리고 다양한 장기를 움직이게 하며 (긍정적인 기분 상태가 그러하듯) 면역반응을 증가시켜준다.

웃을 줄 모르는 사람들은 심리적으로 불완전하다. 순간적인 행복의 청각적 신호인 웃음은 불안과 우울의 해결책이 된다. 그리고 어려운 시간을 잘 견디게 해준다. 잘 웃는 것은 특별한 능력이다. 오만함과 거드름으로부터 우리를 지켜준다. 사실 이는 정신적 건강에 대한 좋은 시험이 된다.

규칙적인 운동은 신체적 건강과 행복을 위해서 필수적이다. 우리는 운동을 한 후 육체적으로나 정신적으로 더 기분이 좋아진다. 또한 몸과 마음이 더 느긋해진다. 규칙적으로 운동을 하면 스트레스 수준이 감소되며 더 많은 에너지를 얻는다. 심장 강화, 혈액순환 개선, 혈압을 낮추고 신진대사를 촉진하며 생명을 위협하는 질병에 대한 저항력을 키워주는 등 운동의 효과는 무궁무진하다. 게다가 규칙적인 운동은 우울해지거나 번아웃 될 가능성을 낮춰준다. 로마 시인 유베날리스Juvenalis의 격언 '멘스 사나 인 코그포레Mens sana in corpore sano', 즉 건강한 몸에 건강한 정신이 깃든다는 말은 여전히 진실이다.

20장

호모 루덴스

언젠가 나는 법을 배우기 위해서는
우선 일어서는 법을, 걷는 법을, 뛰는 법을,
그리고 오르고 춤추는 법을 배워야한다.
그 누구도 갑자기 날 수는 없다.

프리드리히 니체

놀지 않고 일만 하면 바보가 된다.

속담

남자는 놀이하는 아이들처럼 인생을 다룬다.
장난감을 처음에 잘못 사용했다면 그 다음엔 내동댕이친다.

윌리엄 쿠퍼

왜 나뭇가지 끝까지 가보려하지 않는가?
열매는 가지 끝에 열려있지 않은가?

프랭크 스컬리

어느 햇살 좋은 오후, 나는 파리에서 센 강을 가로지르는 퐁 데 자르Pont des Arts 다리 위를 걷고 있었다. 뭔가 특별한 기운이 느껴졌다. 흥분과 열기가 부근을 가득 채우고 있었다. 젊고 나이든 사람들이 다리로 모여들어 앉았거나 서 있거나 심지어 누워 있었다. 이들은 모두 그림을 그리거나 서로의 그림을 평하고 있었다. 전형적인 프랑스식 말장난에 따라 이 행사는 '페트 드 라 페튀르Faites de la peinture' 라고 불렸다. 더도 덜도 아닌 '그림을 그리다'라는 뜻이었다. 그러나 이 행사의 이름은 '페트 드 라 페튀르Fête de la peinture'에 대한 말장난이기도 했다. 똑같은 발음이지만 '그림 축제'라는 뜻이었다. 그 장면을 바라보며 나는 행사에 참여한 모든 사람들이 인지적으로, 정서적으로, 그리고 감각적으로 완전히 빠져들었다는 것을 알 수 있었다. 놀이란 바로 그런 것이다. 놀면서 우리는 자기 자신을 잃는다. 내면세계와 외적세계가 합쳐지고, 우리는 새로운 한 인간이 된다. 일상의 짐은 내려놓는다. 그리고 유년기와 성인기가 뒤섞여버린다. 그 길 위에서 어린 아이와 어른을 갈라놓던 일상적인 벽은 사라져버렸다. 이들은 모두 함께 '놀이'를 즐기고 있었다.

놀이의 역할

아인슈타인은 행복의 방정식에서 우리 인생에서 놀이가 갖는 중요성을 정확히 짚어냈다. 놀이는 창의력과 긴밀히 연결되어 있고 재생의 기능을 한다. 우리는 평범한 일상에서 벗어난 일들을 하면서 관심사를 넓힐 수 있다. "놀지 않고 일만 하면 바보가 된다."는 말이 있다. 우리는 다양한 관심을 가짐으로써 행복한 인생경험(그리고 그 추억들)을 모은다. 여가활동은 새로운 활력을 주는 기능을 한다. 여가활동은 익숙한 상황을 새로운 방식으로 바라보게 도와준다. 레크리에이션Recreation을 '리-크리에이션Re-Creation('재창조'라는 의미 – 옮긴이)'이라고 해석하는 이유가 여기에 있다. 진정한 레크리에이션은 열망을 자극하고 우리의 직장과 인간관계를 혁신적이고 효과적으로 만들어준다.

많은 사람들이 여가 시간을 보내는 방법을 모른다. 노는 법을 모르기 때문이다. 내가 열었던 리더십 세미나에 참여했던 한 경영자가 그런 사람이었다. 그의 얘기에 귀 기울이며 나는 17세기 중요한 화가 가운데 하나였던 디에고 벨라스케스Diego Belazquez의 그림을 떠올렸다. 스페인 왕족의 아이들이 섬뜩한 어른 같은 얼굴을 하고 등장하는 그림이다. 이 경영자(잰이라고 부르겠다)는 그런 그림에서 튀어나온 것 같았다. 그는 이른 나이에 어른의 역할을 맡아야만 했다. 우울증에 걸린 어머니와 두 살 때 사라져버린 아버지 때문이었다. 주변에서 아무런 도움을 받지 못하던 잰은 어린 나이에 가족을 책임져야만 했다. 그 역할 속에서 잰은 어머니의 가장 친한 친구가 되어 어머니가 암울한 순간을 극복하도록 돕고, 어머니의 감정적인 짐을 나누었다. 나이가 들면서 잰은 점차 일까지 도맡아 했다. 그러는 동안 어린 시절은 사라졌다. 벨라스케스 그림 속의 아이들처럼 그는 놀거나 상상력을 펼칠 기회를 갖지 못했다.

어른이 된 잰은 일에 초점을 맞췄고 매우 성공한 사업가가 됐다. 그의 동료들과 부하직원들은 그를 꽤나 사려 깊지만 지나치게 진지하다고 평했다. 불행히도 그는 자신의 배려심을 엄격히 구분지어 회사를 위해 썼다. 집에서 그는 아내와 아들로부터 거리를 두었다. 아마도 과거에 자신의 어머니에게 지나치게 관여했던 것에 대한 반작용 때문일 것이었다. 자녀 양육을 아내에게 미뤄놓은 채 잰은 아들과 소원한 관계를 유지했다. 어린 소년은 그에게 낯선 사람이나 다름없이 돼버렸다. 아들과 단둘이 있을 때면 그는 어색하고 불편했다. 무엇을 말할지, 어떻게 행동할지 몰랐다. 내가 잰을 처음 만났을 때 그는 꽤 나이가 있었다. 그는 산산조각 난 자신의 어린 시절을 그러모으려 노력했고 뒤늦게 놀이를 하기 위해 애쓰고 있었다.

잰을 비롯한 어떤 사람들은 노는 법을 모르고 모든 에너지를 일에 쏟는다. 어떤 이들은 너무 지나치게 열심히 논다. 인생은 모 아니면 도인가? 그렇지 않다. 일하면서 놀고, 놀면서 일하는 법을 배워 행복을 얻을 가능성을 높일 수 있다. 균형이 잘 잡힌 성격의 사람들은 항상 일하지 않는다. 이들은 웃는 법을 알고 노는 법을 알며 다른 사람들과 재미있는 일을 하는 법을 안다.

우리는 놀이를 통해 어린 아이의 세계를 구성하는 즐거움과 놀라움, 그리고 기대의 감정을 한 번 더 경험한다. 놀 때는 어렸을 적 그랬던 것처럼 살아있음을 강렬하게 느끼며 판타지와 몽상, 꿈의 세계로 들어선다. 이곳에서는 시간이 중요치 않다. 창조적인 과정이 일어나는 이곳은 환상과 현실, 곰인형과 어른의 책임 사이를 표류하는 영역, 즉 놀이의 과도기적 세계다. 이곳은 직관과 자유연상, 은유와 이미지, 그리고 제한 없는 상상력의 세계다. 다시 말해, 무한한 가능성의 세계이며 일탈적인 생각의 세계이다. 그렇게 놀이는 새로운 통찰력을 얻기 위한 결합과 연계로 이어진다. 어른들이 놀이의 세계에 머무는 동안 개인적이고 창조적인 내면의 일을 하는 시간은 현실검증reality testing(욕구의 대상이 현실적으로 존재하는지 검증하는 자아의 기능 – 옮긴이)과 깨달음, 그리고 재건을 경험하는 시간과 번갈아가며 나타난다. 마음은 낙하산과 같다. 열려 있을 때 제대로 작동한다. 우리는 활짝 열린 마음가짐으로 질문, 감정, 그리고 우리를 얼떨떨하게 만드는 문제들을 다루는 새로운 방법을 찾을 수 있다. 우리가 노는 동안, 그리고 일상에서 벗어난 일들을 하는 동안 전통적인 접근방식에서 벗어난 해결책이 드러난다. 이런 이유로 창의적인 통찰력은 강렬한 행복의 순간에 나오는 경우가 많다.

자아를 돕기 위한 퇴행

놀이와 창작의 과정에 깔려 있는 근본적인 역학을 이해하기 위해 정신분석가들은 1차적 처리사고와 2차적 처리사고를 구분지었다. 이들은 1차적 처리사고와 창의성 간의 연관성에 주목했다. 여기서 1차적 처리사고는 무의식적인 정신적 활동과 직접적으로 연관된 원시적인 심리작용을 일컫는다. 1차적 처리사고는 조직화됐거나 논리적이지 않은 사고, 그리고 본능적(즉, 성적) 충동을 즉각적으로 배출하고 만족하려는 특징이 있다. 예를 들어 꿈 작업Dream work(심리학에서 꿈을 분석하는 작업-옮긴이)은 1차적 처리과정의 작동을 생생하게 그려내는 것이다. 반면 2차적 처리사고는 의식적인 정신적 활동과 전의식前意識(어떤 시점에서 의식되어 있지는 않으나 비교적 쉽게 의식화되는 상태-옮긴이)적인 특징을 모두 지닌 정신적 활동이다. 그리고 논리적 사고와 함께 본능적 욕구를 규제하며 만족을 미루는 경향이 뚜렷하게 드러난다.

정신분석가들은 '자아를 돕기 위한 퇴행regression in the service of the ego(나이에 맞는 자아의 기능을 잠시 내려놓고 아이처럼 놀며 본능적인 욕구를 해소하는 능력 – 옮긴이)'이라는 개념을 소개했다. 이는 사고가 즐겁고 원시적이며 무의식적인 모드로 퇴행하는 모습을 의미하는 것으로, 여기에는 이차적인 처리과정이 관여한다. 창작품은 이러한 퇴행의 결과다. 또한 충돌하는 소재들을 처리하는 매우 건설적인 과정이기도 하다. 창의적인 사람들은 상상, 판타지, 그리고 현실에 뿌리를 둔 감각 사이에서 왔다갔다한다. 창작의 과정은 어린이의 상상력이, 이와 정반대이자 적이라 할 수 있는 훈련된 어른의 지성이 지닌 질서 감각과 함께 기적처럼 찾아오는 것을 의미한다.

이러한 표현의 형태는 '미친' 사람들에게 벌어지는 일과는 사뭇 다르다. 이들의 창의력은 좀 더 마법 같은 성격을 지녔다. 이들의 '작품'은 은밀한 의미를 지녔고 관객들과 연결되지 못한다. '미친' 사람들이 창의성을 표현하는 방식은 실패한 퇴행의 예다. 창작품의 결과가 어떠하든 이들은 사회적 맥락에서 울림을 주지 못한다. 그렇게 만들어진 상징적인 작품들은 지나치게 은밀하고 난해해질 수 있다.

　창작의 과정을 자세히 살펴보면 인간이 하는 창작의 대부분이 해결되지 않은 기억들이자 내면세계의 '유령'으로부터 힘을 얻는다는 것을 발견할 수 있다. 우리를 호기심과 욕망으로 채워주는 이 유령은 상상력을 풍부하게 해준다. 아이들의 놀이는 이 내면의 유령을 내쫓고 다른 물질로 교체하는 데에 중요한 역할을 맡는다. 부모와 양육자는 아이의 놀이에 흥미와 관심을 보임으로써 이러한 '유령들'을 다스리는 중요한 역할을 하게 된다. 놀이의 참여를 통해 부모와 양육자는 아이의 과도기적 공간, 즉 판타지와 현실 사이에 존재하는 놀랍고도 환상적인 장소에 함께 있는다. 제한받지 않는 상상의 놀이는 창의력 발달의 중심이 된다. 그리고 앞으로 맞이하게 될 수많은 문제를 창의적으로 해결할 수 있는 소재를 마련해준다. 이렇게 자유로웠던 아이들은 사회적으로 받는 제약들로 인해 너무 많은 것이 달라진다. 피카소는 "모든 아이들은 예술가다. 문제는 자라면서 언제까지 예술가로 남을 수 있는 지다."라고 말하기도 했다.

　창의적인 사람들을 만나면서 우리는 이들이 보통 사람들에 비해 좀 더 원시적이거나 교양 있을 수도, 좀 더 파괴적이거나 건설적일 수도, 엄청나게 미쳤거나 엄청나게 정상일 수도 있다는 것을 발견한다. 이들은 남들이 감히 시도하지 않는 길로 기꺼이 떠난다. 즉 일상을 넘어서 새로운 현실을 만들어낸다. 다른 사람이 보지 못하는 것을 보는 것도 능력이다. 미켈란젤로Michelangelo는 "나는 대리석에 갇힌 천사를 보았고 그가 풀려날 때까지 조각했다."라고 말했다. 창의적인 사람들은 구름뿐 아니라 구름 무리에 숨겨진 모양들을 알아볼 수 있다.

새로운 아이디어가 처음에는 비정상으로 보이는 것은 당연하다. 천재성이란 사물을 다른 방식으로 인식하는 능력보다 조금 더 나아간 것이다. 창의적인 사람들은 다른 사람들이 당연히 여기는 것들을 새로운 시각으로 본다. 이는 습관이 아닌 독창성의 승리다. 그리고 분절된 것들을 연결하는 능력이다. 창의성은 판타지와 현실 사이에서 어느 정도 유동성을 보이지만 동시에 어느 정도의 질서도 필요로 한다는 것을 기억해야 한다. 쾌활한 성격은 창의적인 사람들의 전형적인 태도다. 그러나 진정으로 창의적인 사람은 쾌활함과 원칙, 책임감과 무책임을 결합시킨다. 고집, 인내, 끈기와 같은 대립물 없는 쾌활함은 결과물을 내놓을 가능성이 낮다. 창조적인 과정에서는 생각이 먼저 나온다. 그러고 나서 계획으로, 현실로 변환된다. 아이디어의 싹은 현실이 되기 위해 끈기와 결합돼야 한다. 화가 프란시스코 고야Francisco Goya는 "이성에 의해 억눌린 판타지는 존재할 수 없는 괴물을 만들어낸다. 이성과 결탁할 때 그것은 경이로운 결과물이 된다."라고 말했다.

패배에 대한 대처

에드바르 뭉크Edvard Munch는 "질병과 광기, 죽음은 내 요람을 둘러싸고 있던 천사들이다. 그리고 사는 동안 내내 나를 따라다녔다."라고 말했다. 뭉크는 이러한 패배적인 경험과 가족의 죽음을 창의적으로 활용했다. 어린 시절 상처를 대할 때 어떤 이는 어린 아이로서 이에 잘 대처하고 어떤 이는 큰 어려움을 겪는다. 이러한 어려움은 흔히 정신적으로 손상을 안기면서 삶의 한계가 될 수도 있다. 또한 창의성과 일부 정신병, 이를테면 우울증, 조현병, ADHD 등과도 가끔 연관된다. 많은 연구들에 따르면 탁월할 정도로 창의적인 사람은 일반 사람들에 비해 조울증이나 조현병이 발병할 가능성이 훨씬 높다.

광기의 중요성

행복 추구의 중요성을 두고 우리 모두는 놀이에 참여할 수 있는 능력을 평가해봐야 한다. 직장에서 그동안 당연히 여겨왔던 것들에 대해 의문을 표해본 적 있는가? 사무실에는 우리에게 열의를 불어 넣는 것들이 있는가? 일 외에 다른 열정을 지녔는가? 뇌의 다른 영역을 자극하는 활동을 하고 있는가? 미쳤다고 생각할 때가 있는가? 낮에는 몽상을 하고 밤에 꾸는 꿈에도 관심을 기울이는가? 이러한 질문들에 '그렇다'라고 답하게 될수록 우리는 더욱 발전하게 된다. 직장에서의 업무에 즐겁게 접근하면 창의성이 증진된다. 일이 끝난 후의 취미와 일상은 우리의 인생관을 개선시키고 우리의 영혼이 다시 되살아나게 해준다. 낚시, 새 관찰, 정원 가꾸기와 같이 상대적으로 잔잔한 활동이나 사냥, 스카이다

이빙, 스키 같이 좀 더 위험한 모험 그 어떤 취미이든 상관없다.

만약 우리가 여가활동의 다양성을 확보하지 못한 채 은퇴를 맞는다면, 신체적이고 상황적인 변화 때문에 우리의 선택지가 줄어들었다는 사실에 놀랄 수밖에 없을 것이다. 나는 오직 일과 관련한 것들에만 관심을 가지다가 은퇴 후 완벽한 상실감을 느끼게 된 외골수를 많이 만나 봤다. 일하는 동안 이들은 직장 바깥에서 즐거움을 찾을 생각이 없었다. 오직 커리어와 연관된 자기계발 활동에만 매진했다. 이들은 장년기에 일터를 떠나게 되자 버림받고 고립된 느낌을 받았다. 그리고 갈피를 잃고 우울해지면서 다양한 스트레스 징후를 경험하게 됐다. 일부는 조기에 사망하기도 했다. 여가활동을 위한 시간을 내지 못했던 이들은 질병을 치료할 시간도 내지 못했다.

탐색의 욕구

인간이 놀이를 통해 경험하는 성장은 탐색의 욕구와 긴밀하게 연결되어 있다. 인지와 학습은 탐색의 욕구를 기반으로 한다. 발달심리학자 로버트 화이트Robert White는 이러한 욕구를 '역량적 동기competence motivation'라고 불렀다. 어린 아이들은 분명 아무런 능력 없이 태어났다. 그러나 주변 환경으로부터 스스로 중요한 것들을 배울 뿐 아니라 영향을 주고 조작하는 방법을 찾을 수 있도록 프로그램 되어 있기에 생존할 수 있다. 화이트와 다른 발달심리학자들은 탐색활동이란 환경에 대처하는 능력을 습득하기 위한 기본적인 동기 욕구라고 보았다. 습득 과정에서 경험하는 성공은 효능감에 기여한다. 그리고 한 사람의 자존감을 확실히 강화시켜준다.

이러한 탐색적 동기 욕구는 출생 직후 볼 수 있다. 아동 관찰 연구들에 따르면 새로움과 특정 행동의 효과를 발견하는 것은 아기의 뇌세포를 자극하고 장기적으로 주의력의 각성을 일으킨다. 인간은 탐색의 기회를 두고 성인기까지 계속 유사한 반응을 보인다. 탐색의 욕구는 자기주장의 욕구, 즉 무엇을 할지 결정하려는 욕구와 밀접하게 연결되어 있다. 탐색적-적극적 동기에서 나오는 즐거운 탐색과 환경조작은 효능감과 역량, 자율성, 진취성, 그리고 근면성 등을 만들어낸다.

이러한 기본적인 동기적 욕구를 이해할 때 우리는 학습을 성인의 인생을 준비하기 위해서만 필요한 활동으로 보아서는 안 된다는 것을 깨닫게 된다. 때문에 인간은 학습 과정을 절대 멈춰서는 안 된다. 우리는 잠재성을 개발하고 성장시키며 발전할 필요가 있으며, 인생의 다양한 시점에서 새로운 도전과 과업에 마음을 열어야 한다.

우리는 끊임없는 변화 속에서 항상 새로운 일이 벌어지는 세상을 본다. 이 모든 변화 속에는 발견해야할 수많은 것들이 존재한다. 지속적인 학습은 열정적으로 인생에 임한다는 의미다. 인생의 움직임과 소리, 색채에 관심을 가지고 후각과 미각, 촉각, 청각, 시각을 이용하며 심미안을 개발하고 세상을 탐험해야 한다.

공식적인 학습 환경에서 배우는 것들은 중요하다. 그러나 학교가 끝난 후에 이뤄지는 학습이 더욱 큰 영향력을 발휘하는 경우가 많다. 사실 우리가 배워야 할 많은 것들은 학교에서 가르쳐주지 않는다. 우리는 행동으로 이러한 것들을 배운다. 경험을 통한 학습은 교실에서 배운 것들보다 훨씬 쉽게 되살릴 수 있다. 중요한 인생 사건에 대한 기억은 뚜렷이 남기 때문이다.

우리는 많이 배울수록 얼마나 무지한지 더욱 깨닫게 된다. 이는 나쁜 일이 아니다. 우리가 얼마나 아는 것이 없는지 아는 것이 중요하다. 사실 우리는 무지를 소중히 여겨야 한다. 더 멀리 탐색할 수 있도록 이끌어주기 때문이다. 충만한 인생을 살고 행복을 얻는 비밀 중 하나는 지적인 호기심을 유지하는 것이다. 그러나 호기심을 가지고 배워나가는 와중에 배웠던 것을 고의적으로 잊는 방법도 알아야 한다. 다시 말해 우리는 위험을 무릅쓰고 나뭇가지 끝까지 다가갈 수 있는 준비를 해야 한다. 케인스는 "세상에서 가장 어려운 것은 사람들이 새로운 아이디어를 받아들이도록 하는 것이 아니라 오랜 아이디어를 잊게 만드는 것이다."라고 했다.

모든 생명은 성장과 행동을 반복한다. 인간 역시 예외가 아니다. 우리는 스스로를 개조하기 위해 부단한 노력을 해야 한다. 그리고 실험해야 한다. 한계와 환경을 살필수록 우리는 발전하게 된다. 때로는 시도를 하다 실패할 수도 있다. 당연한 일이다. 그러나 일시적인 장애물은 새로운 학습의 경험으로 이어진다.

더 이상 배울 것이 없다고 생각하는 사람은 외롭다. 그러한 오만한 자세는 재앙으로 이어진다. 우리가 계속 배우면서 젊음을 유지하는 것처럼 배우는 것을 멈출 때 노화는 빨라진다. 사실 생각하지 않고 두뇌를 훈련시키지 않는 것만큼 사람을 나이들게 하는 것은 없다. 마음은 닳아 없어지는 것이 아니라 차츰 부식되는 것이다. 우리는 생존을 위해 지적으로 호기심을 유지하고 개인적인 성장을 위해 노력해야만 한다.

학습에 대해 계속 수용적인 자세를 유지하려는 노력은 우리가 어린 아이 같은 모습을 간직할 때 훨씬 쉬워진다. 즐거움은 새로운 환경을 모험처럼 볼 수 있도록 도와준다. 상상력은 우리 내면의 광대하고 아무도 가지 않은 나라를 탐색할 수 있도록 해준다. 그곳은 어른들이 다가가기 어려운 약속과 잠재력의 비밀 저장고다. 창의성은 우리가 상상력을 건설적으로 사용하는 한편 의식적으로 떠올린 어린 시절의 경험을 잘 활용할 수 있도록 해준다. 마침내 우리는 호기심을 통해 새로운 것을 발견하는 행복을 느끼게 된다. 대개 도전이란 새로운 답을 주는 것이 아니라 새로운 질문을 제시하는 것이다. 질문하지 않으면 새로운 것을 발견할 수 없다. 우리는 늘 '왜'와 '어떻게'라는 단어를 써야 한다.

학습의 즐거움은 우리를 때로 스승이 되도록 도와준다. 누군가를 가르치는 과정에서 우리는 스스로에 대해 배우게 된다. 그러나 우리는 다른 사람들에게 무엇을 생각할지가 아닌 어떻게 생각할지를 가르치는 것이 중요하다. 다른 사람의 멘토이자 스승이 되고 싶고 그들을 돌보고 싶은 욕구인 생식성生殖性은 나이가 들면서 더욱 중요해진다. 자신의 보살핌 아래 있는 젊은이들을 보는 것은 행복한 일이다.

프랑수아 드 라 로슈푸코는 "변화한다는 사실만이 유일하게 변하지 않는다."라고 말했다. 우리가 학습에 마음을 열고 있을 때 도처에 존재하는 변화는 우리의 스승이 될 수 있다. 실제로 오랜 습관의 굴레에 갇혀 있는 것은 불통과 침체로 이어진다. 따라서 우리는 변화를 받아들일 뿐 아니라 이를 적극적으로 수용하고 일상을 타파해야 한다. 우리는 과거를 떠나보내야 한다. 새로운 것을 시도하고 우리를 위협하는 단조로움을 깨부술 수 있는 방법을 찾아낸 스스로를 축하해야 한다. 그리고 인생이라는 경기에서 관중이 아닌 선수가 되어야 한다. 30대의 늙은이보다 80대의 젊은이가 낫다. 우리는 살면서 늙는 것이 아니라 삶에 대한 흥미를 잃으면서 늙는다.

우리 대다수는 한 욕망에서 다음 욕망으로 끊임없이 뛰어넘는다. 그러면서 인생 전체를 바라보는 법을 잊고 만다. 시인 T.S.엘리엇은 "우리는 탐색을 그만두어서는 안 된다. 우리가 하는 모든 탐색의 마지막은 우리가 처음에 떠나온 곳에 도착해 그곳에 대해 처음으로 알게 되는 것이다."라고 말했다.

행복의 본질이 얼마나 덧없는지 묘사하는 한 불교우화로 이 장을 끝맺으려 한다.

옛날 옛적에 한 석공이 있었다. 그가 살고 있는 나라에서 영광스러운 삶이란 강한 것을 의미했다. 그는 자신의 삶이 불만족스럽다고 생각했다. 따라서 그 나라에서 가장 강한 사람이 되어야겠다고 결정했다.

어느 날 이 석공은 한 부유한 상인의 집 앞을 지났다. 열린 문 사이로 그는 고급스러운 물건들과 중요한 손님들을 볼 수 있었다. "저 상인은 얼마나 강한가! 나도 저 사람처럼 되면 좋겠다." 그는 생각했다.

놀랍게도 그는 갑자기 상인이 됐고 그가 상상했던 것보다 훨씬 더 많은 사치와 권력을 누릴 수 있었다. 그러나 그보다 부유하지 못한 사람들로부터 질투와 시기를 받았다. 얼마 지나지 않아 한 고관대작이 가마를 타고 지나갔다. 하인들이 뒤를 따르고 군인들은 징을 울리며 그를 수행하고 있었다. 아무리 돈 많은 사람도 그 행렬 앞에서 고개 숙여 인사해야 했다. "저 관리는 얼마나 강한가! 나도 저런 고관대작이 되고 싶다!" 상인은 생각했다.

그렇게 그는 고관대작이 됐다. 자수가 놓인 가마를 타고 모든 곳을 누비며 주변 사람들이 두려워하고 시기하는 대상이 됐다. 어느 더운 여름날, 이 관리는 끈적끈적한 가마 속에서 매우 불편하다고 느꼈다. 그는 태양을 올려다봤다. 태양은 그의 존재와는 전혀 상관없이 저 하늘 높은 곳에서 위풍당당하게 빛나고 있었다. "태양은 얼마나 강한가! 나도 태양이 되고 싶다!" 그는 생각했다.

그렇게 그는 태양이 됐다. 그리고 모든 이들의 머리 위에서 강렬하게 빛나고 들판을 누렇게 마르게 만들었다. 농부와 노동자들은 태양을 비난했다. 그러나 커다란 먹구름이 그와 땅 사이를 가로막았다. 더 이상 그는 세상을 비출 수 없었다. "먹구름은 얼마나 강한가! 나도 구름이 되고 싶다!" 그는 생각했다.

그리고 나서 그는 구름이 됐다. 들판과 마을을 비로 휩쓸고 모든 사람의 원망을 받았다. 그러나 곧 자신이 어떤 강한 힘에 떠밀려 간다는 것을 알았다. 그리고 그것이 바람이라는 것을 깨달았다. "바람은 얼마나 강한가! 나도 바람이 되고 싶다!" 그는 생각했다.

그 후 그는 바람이 됐다. 지붕 위 기와를 날리고 나무를 뿌리째 뽑았으며 모든 이들로부터 공포와 미움을 자아냈다. 그러나 얼마 후 그는 아무리 강하게 몰아쳐도 절대 움직이지 않는 무엇인가와 마주치게 됐다. 바로 커다랗게 우뚝 솟은 바위였다. "바위는 얼마나 강한가! 나도 바위가 되고 싶다!"

그러고 나서 그는 바위가 됐다. 이 세상 무엇보다도 강한 존재였다. 그러나 그곳에 서 있자니 딱딱한 표면에 끌을 쳐 넣는 망치소리가 들려왔다. 그리고 자신의 모습이 변하고 있다는 것을 깨달았다. "나 자신, 바위보다 더 강한 건 도대체 무엇이란 말인가?" 그는 생각했다.

그는 아래를 내려다 봤다. 그리고 저 멀리 석공의 모습을 보았다.

제 4 부

죽음에 대한 고찰

21장
살아서 빠져나가지 못할 거야

죽음은 우리가 모두 지불해야할 부채다.
에우리피데스

깊이 있는 삶을 사는 사람들은 죽음을 두려워하지 않는다.
아나이스 닌

죽음은 아무것도 아니다.
그러나 수치스럽게 패배적인 삶을 사는 것은 매일 죽는 것이다.
나폴레옹 보나파르트

옛날 옛적 히말라야 산자락에 자리한 한 작은 나라에 슈도다나 고타마 Suddhodana Gautama 라는 왕이 살았다. 그리고 왕비가 첫 아이를 임신했다. 아이가 태어나기 전에 왕비는 아기 코끼리가 코로 그녀를 축복하는 이상한 꿈을 꾸었다. 이 꿈에 대해 들은 신하들은 매우 상서로운 징조라고 받아들였다. 아이가 태어났고 싯다르타라는 이름을 가지게 됐다. '목적을 이룬 자'라는 뜻이었다. 싯다르타가 태어나자 아버지는 유명한 예언가를 찾아가 아들의 미래에 대해 물었다. 예언가는 그의 아들이 훌륭한 황제나 인류를 구하는 훌륭한 현자 둘 중 하나가 될 것이라고 장담했다. 싯다르타는 유일한 왕손이었기 때문에 싯다르타의 아버지는 아들이 왕국을 내버리길 원치 않았다. 왕은 아들이 반드시 자신과 같은 왕이 되길 열렬히 바랐다. 따라서 종교적인 삶을 택하게 할 수 있는 모든 것, 즉 종교적인 가르침이나 인간의 고뇌에 대한 지식들로부터 아들을 보호하기로 결정했다. 슈도다나 왕은 신하들에게 아들이 나이든 자, 병든 자, 죽은 자 혹은 영적 수행에 전념하는 자를 보지 못하게 하라고 명령했다. 그는 싯다르타가 오직 아름답고 건강한 것으로만 둘러싸여 자라길 바랐다.

싯다르타는 유명한 학자들 밑에서 과학과 기술, 예술, 철학, 그리고 종교를 공부했다. 게다가 승마와 궁술, 칼싸움에도 능했다. 그러나 호화스러운 궁에서 살면서 싯다르타는 점차 안절부절못하고 불만스러운 마음을 가지게 되었다. 그는 왕궁 밖 세상에 대해 궁금해했다. 마침내 그는 아버지에게 세상을 알기 위해 왕궁을 떠나겠다는 허락을 구했다. 왕은 싯다르타를 종교적인 삶으로 이끌 가능성이 있는 그런 종류의 고통스러운 삶을 보지 못하도록 주의 깊게 계획을 세웠다. 신하들에게는 오직 젊고 건강한 사람만이 싯다르타를 환영하도록 허하라고 명했다. 그러나 왕의 노력에도 불구하고 싯다르타는 우연히 행렬이 지나가는 길 주변을 방황하는 노인들을 보고 말았다. 놀랍고도 혼란스러웠던 싯다르타는 그들이 누구인지 알기 위해 뒤를 쫓았다. 그러는 도중 심각한 병을 앓고 있는 사람들을 보았고, 강가에서 장례식을 보게 됐다. 인생을 살면서 처음으로 죽음을 마주한 순간이었다. 이러한 광경에 매우 우울해진 그는 금욕의 삶을 통해 고령과 질병, 죽음을 초월하기로 결심했다. 싯다르타는 자신이 물려받을 모든 것을 버리고 왕궁을 떠났다. 그리고 방황하는 수행자로서의 외로운 삶을 선택해 어떻게 해야 고통을 극복할 수 있는지 배우는 데에 인생을 바쳤다. 서른다섯의 나이부터 싯다르타는 '붓다'로 이름을 알렸다. '깨달은 자' 또는 '모든 것을 아는 자'라는 의미였다.

비극적인 인간

우리는 산 채로 인생을 끝낼 수 없다. 존 메이너드 케인스는 "결국에 우리는 모두 죽는다."라는 유명한 말을 남기기도 했다. 인간은 누구나 살면서 끔찍하고 괴로운 경험을 하게 된다. 어디에나 존재하지만 결코 모습을 다 드러내지 않는 이 공포. 평범하고 흔하지만 그 누구도 피할 수 없는 '죽음'이다. 전두엽은 인간의 뇌에서 가장 늦게 발달하는 부위지만 그 전두엽 덕에 호모 사피엔스는 미래를 내다볼 수 있는 능력을 가질 수 있었다. 다른 동물들에게는 인간과 같은 전두엽이 없다. 미래에 대해 생각하는 것은 즐거울 수도 있지만 그 미래에는 반드시 죽음이 포함되어 있기에 늘 행복하지만은 않다. 죽음에 대한 공포는 우리가 고도로 진화한 생물로서 치러야 하는 높은 대가다.

인간은 결국 죽게 된다는 것을 알면서 평생을 산다. 우리 인생의 매 순간은 죽음을 향한 또 다른 한 걸음이다. 인간이 느끼는 모든 종류의 절망은 죽음에 대한 불안에서부터 나왔다 해도 과언이 아니다. 심리학자 윌리엄 제임스 William James 는 이것을 '인간이라는 존재의 핵심에 자리한 벌레'라고 보았다.

우리가 내쉬는 첫 숨은 마지막 숨을 예고한다. 이러한 죽음에 대한 인식은 누군가에게는 두려워 살 수도 없게 하는 난제를 만들어낸다. 또 안전하게 죽음에 도달하기 위해 조심스레 살금살금 인생을 살게 한다. 이들은 "탐색되지 않은 인생은 살 가치가 없다."라고 한 소크라테스의 경고를 전혀 이해하지 못한다.

죽음에 대해 걱정하며 사는 인생은 결코 즐거울 수 없다. 죽음과 소멸, 그리고 최종적 분리에 대한 두려움을 억누르기 위해 노력해야만 하는 것은 모든 인간들의 필연적인 과제다. 이러한 불안은 살고 싶은 욕망에서 비롯되지만 결국 충만한 삶을 살기 어렵게 만든다.

죽음에 대한 불안은 우리가 죽을 수밖에 없는 운명이라는 인식이 우리의 생존본능과 부딪히기 때문에 증가한다. 어떻게 하면 우리는 이러한 실존적 갈등을 다룰 수 있을까?

죽음에 대한 인식을 다루는 방식은 다양하다. 어떤 이들은 죽음에 대한 불안을 억누를 수 있는 방법을 찾기 위해 열과 성을 다한다. 어떤 이는 체념과 우울의 상태에 빠져버린다. 이 사람들은 스스로에게 다음과 같이 묻는다. "우리는 모두 죽을 것이기 때문에 인생의 모든 노력이 허사가 된다. 그렇다면 무엇 때문에 살려고 애써야 하는가? 왜 에너지를 낭비하는가? 왜 그저 포기하지 않는가?" 어떤 사람들은 끝없는 희망을 보고, 어떤 사람들은 절망적인 마지막을 본다. 두 선택 가운데 첫 번째 선택이 훨씬 건설적이다. 어떤 길을 택하든 우리는 죽음에 대한 괴로운 인식을 또 다른 식으로 바꾸거나 억눌러야 한다. 이러한 시도는 인간의 창의성과 지략을 자극해 풍부한 결과물을 낼 수도 있다. 이때 (소멸과 죽음의 공포를 거스르려 하는)자기 보호의 충동은 학습의 기초가 된다. 또한 우리가 어떻게 생각하고 무엇을 할 것인지를 형성하고, 생각과 감정, 동기에 영향을 미친다. 그러나 부정적인 측면에서는 인종차별과 광적인 신앙, 정치적 비관용, 폭력, 그리고 기타 수많은 문제 행동을 부추길 수도 있다.

22장

죽음의 부정

내가 지금까지 들었던 모든 경이로운 것들 가운데
사람들이 두려워한다는 것이 내게는 가장 이상해 보인다네.
저 죽음을 보라. 반드시 필요한 그 끝을.
와야 할 때 오게 되리니.

윌리엄 셰익스피어

사람은 어린아이가 어둠 속에 들어가길 두려워하듯 죽음을 두려워한다.
어린아이의 그 자연스러운 공포는
여러 이야기를 들으며 점차 커지듯 죽음의 공포도 마찬가지다.

프랜시스 베이컨

나는 죽음을 두려워하지 않는다.
이는 인생이라는 게임을 하기 위해 걸어야 하는 돈이다.

장 지로두

사람의 삶에서 가장 확실한 단 한 가지는 그 삶을 잃을 것이라는 점이다.

오언 메레디스

동물들은 인간이 마주해야만 하는 실존적 갈등을 겪지 않는다. 호모 사피엔스는 그렇게까지 운이 좋지 않다. 일반적으로 우리는 동물들이 본능적인 방식으로 즐겁게 생을 살아간다고 추측하고, 그런 동물들의 상황을 부러워한다.

역설적이지만 죽음과의 조우가 그토록 두려운 이유는 인간의 진화적 발전, 지식을 습득할 수 있는 능력, 그리고 반성할 수 있는 능력 때문이다. 이는 우리의 방어 장치를 경계 태세로 바꿔놓는다. 그리고 죽음에 대한 생각을 저 멀리 미뤄놓기 위해 초인적인 힘을 발휘하게 한다. 그럼에도 불구하고 임박한 죽음이라는 두려운 현실은 계속 침범해온다. 사신死神이 우리를 기다리고 있다는 경고는 사랑하는 사람의 죽음, 전쟁, 자연 질병 등을 통해 우리에게 주기적으로 전달된다. 그러나 인간이 진정으로 죽음의 진실을 이해하는 순간은 마음 깊이 사랑하는 이가 죽음을 맞이할 때다.

비이성의 승리

합리적인 관점에서 우리는 죽음이 인생의 불가피한 결과라는 것을 안다. 그러나 실제로 우리는 모든 것을 꽤 비합리적으로 바라본다. 죽음을 통해 자신이 완전한 공허 속에 삼켜지는 한편 몸이 분해되고 부패하는 모습을 마주하게 될 것이라는 생각은 받아들이거나 수용하기 쉽지 않다. 그래서 우리는 마치 죽음이 나를 제외한 모든 이들에게 찾아올 듯 행동한다.

인도의 유명한 서사시 '마하바라다Mahabharata'에 등장하는 한 영웅은 "세상에서 가장 당혹스러운 일은 무엇인가?"라는 수수께끼가 주어지자 "불멸에 대한 사람의 굳건한 믿음이지. 죽음은 불가피하며 어느 곳에나 찾아온다는 사실을 무시하는 믿음."이라고 대답한다. 이러한 수수께끼는 죽음에 대한 우리의 양가적인 태도를 떠올리게 한다. 프로이트는 죽음과 연계된 심리적 상상력에 대해 〈전쟁과 죽음에 대한 고찰 Thoughts for the Times on War and Death〉에서 다음과 같이 묘사하고 있다. "자신의 죽음에 대해 상상해보는 것은 사실 불가능하다. 우리가 그렇게 해보려 할 때마다 우리는 스스로가 여전히 구경꾼의 입장에 있다는 것을 깨닫게 된다." 이런 이유로 많은 정신분석가들은 사람들이 그 누구도 마음속 깊이 자기 자신의 죽음을 믿지 않으며, 마찬가지로 무의식적으로 우리 모두는 스스로의 불멸을 확신한다고 주장한다. 스페인의 철학자인 미겔 데 우나무노Miguel de Unamuno는 〈생의 비극적 의미The Tragic Sense of Life〉에서 "사람을 다른 동물과 구분 짓는 것은 어떤 형태로든 자신의 죽음을 경계하려 한다는 것이다. 사람은 무엇으로부터 자신을 보호하려 애쓰는가? 불쌍한 의식은 그 자신의 소멸로부터 도망가려 한다."라고 썼다.

죽음은 우리 안에서 소멸, 고독, 포기, 거부, 분리 등의 기본적 공포를 일깨운다. 이런 감정은 생존이라는 인간의 본능과 배치되면서 폭발적인 공황을 일으킬 수 있다.

어린 시절 네덜란드의 한 마을인 하우젠Huizen에서 살던 때, 나는 죽음이 얼마나 심각한 것인지 갑자기 깨닫게 됐다. 나는 욕조에 앉아 있었고 할머니는 노래를 부르며 목욕 스펀지로 나를 닦아주셨다. 갑자기 할머니가 내게 물으셨다. "내가 더 이상 세상에 없을 때에도, 우리 손자는 할머니를 기억해 줄 거지?"라고. 나는 할머니의 질문을 듣고 갑자기 공포에 질렸다. 어떻게 할머니가 내 인생에서 없어지지? 어떻게 더 이상 이 세상에 없을 수 있지? 할머니는 내 세상의 중요한 부분이었다. 끔찍하고 무섭고 상상도 할 수 없는 일이었다. 나는 뭐라고 대답할지 몰랐다. 그냥 할머니가 죽을 수도 있다는 것을 믿고 싶지 않았던 것 같다. 그러나 내가 할 수 있는 말은 아무것도 없었다. 할머니의 질문은 계속 내 머리를 맴돌았다. 이 글을 쓰면서 그때를 되돌아보니, 할머니의 질문과 당시 느꼈던 감정이 마치 어제 있었던 일처럼 생생하게 되살아난다. 나는 싯다르타처럼 낙원 바깥으로 내던져진 것 같았다. 내 순수함을 잃은 것 같았다. 물론 그동안 길가에 놓은 죽은 새나 벌레, 동물들을 보며 죽음에 대해 알고 있었다. 그러나 이번에는 달랐다. 무척 개인적인 문제였다. 죽음의 개념은 이제 나와 함께 있었고, 그에 대한 공포는 내 내면을 갉아먹었다. 때로는 스스로에게 물었다. '어떻게 죽음에 대처할 수 있을까? 심판의 날은 언제 올까?'

몇 년 후, 생각보다 너무 빨리 할머니가 폐렴으로 돌아가셨다. 사랑하는 사람의 죽음을 경험한 것은 처음이었다. 나는 할아버지와 할머니가 사시던 전원주택의 안방 한가운데 모든 사람이 보는 앞에서 할머니가 어떻게 누워계셨는지 매우 선명하게 기억하고 있다. 조문객들이 줄지어 들어와 마지막 인사를 전했다. 장례식 행렬이 마을을 지나면서 수백 명의 사람들이 영구차 뒤를 따르던 모습도 생생히 기억한다.

할머니의 죽음을 떠올릴 때마다 나는 어머니의 슬픔과 내가 어떻게 해야 할지 몰랐던 그 무력한 기분을 기억한다. 당시 나는 어느 정도 책임감도 느꼈다. 나는 충분히 좋은 손자였던가? 내가 잘못한 부분이 있었던가? 많은 불안에도 불구하고 어머니가 나를 돌보기 위해 함께 계시다는 점에 어느 정도 안심이 됐다. 나는 가족들이 분주히 움직이는 동안 한 발 물러서 있었다. 나는 슬픔에 압도당한 작은 아이였고, 내가 할 수 있는 일은 할머니와 보냈던 모든 좋은 추억들을 다시 떠올리는 것뿐이었다. 할머니가 더 이상 이곳에 있지 않다는, 할머니가 돌아가셨다는, 아무것도 돌이킬 수 없다는 사실을 받아들이기까지는 시간이 걸렸다. 가끔 나는 할머니가 다시 돌아오시는 마법 같은 생각까지 했다. 내가 마지막으로 할머니를 보러 갔을 때 할머니가 사탕을 사 먹으라며 동전을 하나 주셨던 기억이 났다. 그 동전은 어디에 있더라? 할머니와의 추억이 담긴 그 기억은? 나는 마치 그 동전을 찾으면 마법처럼 할머니가 돌아올 것처럼 집착했다. 그러나 결국에는 죽음을 받아들여야만 했다. 나는 인생에서 확실한 단 한 가지 존재인 죽음이 인생에서 가장 커다란 불확실성이 된다는 점을 배웠다.

비탄의 우여곡절

그러나 이야기는 끝나지 않았다. 55년 후 내가 몇 년간 가장 두려워하던 일이 벌어지고 말았다. 어머니가 돌아가신 것이다. 어머니의 나이와 건강 상태를 고려했을 때 어머니의 죽음은 놀랍지 않은 일이었다. 그러나 그 충격은 내가 기대했던 것보다 훨씬 크고 파괴적이었다. 나는 고통이 덜할 거라 믿으며 미리 슬픔을 준비해 왔지만, 어머니가 정말로 돌아가셨을 때 경험한 느낌에 비하니 아무것도 아니었다. 나는 어머니의 죽음을 준비하고 있다고 스스로 속여 왔던 것이다.

"어머니의 죽음은 어머니 없이 겪게 된 첫 슬픔이었다." 나는 내 감정적 반응이 너무나 강렬해 스스로 놀랄 수밖에 없었다. 또한 어머니가 돌아가시기 전에 더 많은 것을 함께 했어야만 했다고 마음 깊이 생각했다. 이러한 기분을 느끼는 사람은 나 혼자만이 아니었다. 나는 죄책감을 느꼈다. 너무 많은 것들이 표현도 못한 채 묻혔다. 너무 많은 질문이 하지도 못한 채 사라졌다. 어머니에게 끝내 하지 못한 말과 질문을 나는 이제 절대 할 수 없게 되어버렸다. 어머니의 죽음을 겪으며 나는 죽음에 대한 공포에는 큰 대가가 따른다는 것을 절실히 느꼈다. 죽음은 우리가 진심으로 작별인사를 할 수 있는 기회를 앗아가 버린다. 그리고 의미 있고 보람되게 마무리 지으려는 기본적인 인간의 욕구를 충족할 수 없게 되어버린다.

　어머니의 죽음에 대해 들었을 때 나는 만화경처럼 다양한 반응을 경험했다. 슬픔과 우울, 죄책감, 외로움, 그리고 돌아가신 어머니에 대한 강렬한 그리움에 압도당했다. 무엇보다 어머니의 죽음은 바뀔 수 없는 최후의 결말이라는 사실이 나를 무기력하게 했다. 나는 한참이나 이 사실을 믿을 수 없었다. 더 이상 어머니와 이야기를 나눌 수 있는 방법이 없다는 사실도 받아들일 수 없었다. 동시에 나는 모든 감각이 사라졌다. 거의 아무것도 느끼지 못하는 와중에 그저 사는 시늉만 내는 것 같았다. 평생을 바쁘게 살아왔지만 외부세계에 대한 모든 흥미를 잃었다. 모든 것이 어색했고, 한없는 무력감을 느꼈다. 오직 나의 내적인 세계만이 중요했다.

　지나고 나니 당시 나는 비탄이라는 감정을 통해 내 자신을 모든 외부적 자극으로부터 보호함으로써 일종의 심리적 회복을 위해 발버둥치고 있었다. 다시는 모든 상황을 이전처럼 돌이킬 수 없음을 부정하며 어머니와의 관계를 계속해서 반추하고 있었다. 이런 나의 행동은 어머니가 돌아가셨다는 것을 믿지 않으려는 것처럼 보일 수도 있었다. 혼란스러웠다. 이런 일이 내게 벌어졌다는 것이 믿기지 않았다. 나는 이 일이 그저 악몽이었으면 하고 바랐다. 나는 계속 어머니를 찾아 헤맸다. 어머니를 떠올렸고, 어머니에 관한 꿈을 꿨다. 꿈 속에서는 장례식장에 누워 있는 어머니의 모습을 보았다. 내 마음은 다시 한 번 두려움과 공포, 슬픔으로 넘쳐났다. 익숙함과 미지의 느낌이 결합된, 한때 나의 어머니였던 죽은 물체에 끌리면서도 역겨워지는 느낌이 결합된 묘한 존재에서 비롯되는 것들이었다. 독일어 표현을 빌리자면 'Unheimlich(섬뜩한, 엄청난 등의 의미 – 옮긴이)'의 느낌이었다. 가끔은 어머니의 말소리가 들리는 것도 같았다. 하지만 그저 상상일 뿐이라는 것을 금방 깨달았다. 어머니가 했던 질책들이 내 마음속을 떠다녔다. 물건, 사건, 만남. 내게 생기는 모든 일들에서 나는 어머니의 존재를 떠올렸다. 그리고 다른 죽음들을 떠올렸다. 특히 할머니와 가까운 사촌, 그리고 친구두 명의 죽음이었다.

얄궂게도 어머니의 상실에 대처하고 애도의 과정에서 극심한 고통을 느끼는 것은 어머니가 나의 내면세계에서 영원히 존재할 것이라는 의미가 됐다. 애도란 '한 사람의 절대적 죽음을 받아들이려고 애쓰기 위해 그 사람에 대해 과도한 관심을 기울이는 것'이라고 정의 내릴 수 있다. 어머니의 죽음을 통해 나는 인간이 살아남기 위해 필요한 것은 공기와 음식, 물, 옷과 쉴 곳만이 아니라는 사실을 깨달았다. 인간은 사람과의 관계가 없으면 살 수 없다. 타인, 장소, 물건에 대한 친밀한 관계없이 성공할 수 있는 사람은 거의 없다. 어머니를 당연하게 생각했었던 나는 어머니가 내 삶에서 사라지고 난 뒤에야 어머니가 내 정신적 평정에 얼마나 많은 영향을 미쳤는지 깨달았다.

애도의 과정에서 나는 정서적인 롤러코스터를 타고 있었다. 눈물은 쉽게 터져나왔다. 울지 않는 것이 너무 어려웠다. 내 감정을 자제하는 것이 쉽지 않았다. 내가 통제할 수 없는 상황에 처한 것을 받아들이기 어려웠다. 돌이켜보니 이 시절 나는 상실이라는 현실을 경험하면서도 동시에 어머니와의 감정적 유대를 유지하기 위해 투쟁하고 있었다. 애도의 목표는 어머니 없이 살아가는 법을 배우는 것이었다. 나는 이성적으로나 감정적으로 죽음이 인생의 일부라는 것을 받아들여야만 했다. 깊이 사랑하는 사람을 잃었을 때, 우리는 그를 잊거나 마음에서 밀어내지 않는다. 추억과 감정은 그대로 남기 때문이다. 우리는 죽음과 그에 대한 감정을 받아들이면서 성장하고, 인생을 계속 살아간다.

흥미롭게도 나는 내 슬픔에 대처하려 노력하면서 에드바르 뭉크의 그림을 떠올렸다. 〈죽은 어머니와 아이The Dead mother and child〉란 작품이었다. 내게 이 작품은 언제나 매력적이면서도 충격적이다. 죽음은 뭉크의 인생에서 되풀이되는 주제였고 질병 역시 자주 등장했다. 어린 시절 그는 어린 남동생과 여동생을 병 때문에 잃었고 여동생 가운데 한 명은 정신병 진단을 받았다. 또 다른 형제는 뭉크가 결혼한 지 몇 달 후 죽었다. 뭉크의 부모는 둘 다 일찍 돌아가셨다. 어머니는 뭉크가 고작 다섯 살 때 결핵으로 세상을 떠났다. 뭉크 자신도 자주 아팠다.

이 그림은 한 어린 소녀의 초상화다. 이 소녀는 임종에 든 어머니로부터 등을 돌리고 있다. 이 소녀는 고립되어 있다. 소녀는 믿을 수 없어서 두 눈을 크게 뜨고 있다. 얼굴은 슬픔으로 뒤틀렸으며, 마치 현실을 외면하듯 두 손으로 귀를 막고 있다. 마치 소녀는 소리를 지르기 직전처럼 보인다. 그러면서 이 그림은 뭉크의 가장 유명한 작품인 〈절규The Scream〉를 연상시킨다. 〈죽은 어머니와 아이〉는 내가 어머니의 죽음을 두고 경험한 그 감정들을 그대로 그려내고 있다.

나는 압도적인 고통과 상실의 감각으로 규정되는 미지의 영역에 들어서 있었다. 머릿속은 어머니에 대한 생각으로 가득 차 있었고, 하루에 한 번 이상 어머니가 함께 있다고 느꼈으며 늘 분노, 죄책감, 후회와 같은 감정에 휩싸여 있었다. 그리고 어머니가 살아계시던 동안 내가 했던 혹은 하지 않았던 일들 때문에 스스로에게 화가 났다. "더 많이 했어야 했는데."라는 말이 뇌리에서 떠나지 않았다. "그때 알기만 했더라면" 많은 일들을 다르게 할 수 있었을 것이다. 내 합리적인 자아는 일상을 다시 시작할 수 있기 위해 '비탄의 작업'이 필요하다고 말했지만 그러기 위해서는 어머니와의 분리, 어머니가 없는 세상에의 적응, 그리고 새로운 관계의 형성 등이 필요했다. 나는 아직 그럴 준비가 되어 있지 않았다.

나는 '애도'가 사별이라는 경험에 따라오는 내적인 의미라는 것을 깨달았다. 죽음을 경험하면서 겪는 감정적, 인지적, 행동적, 그리고 신체적 변화다. 장례를 치르는 것은 이러한 내적 경험을 꺼내와 외적으로 표현하는 것이다. 즉, 죽음에 응하는 공식화된 과정인 셈이다. 여기에는 장례식과 밤샘, 드레스코드, 그리고 기타 형식적인 관례 등이 포함된다. 그렇게 우리는 장례를 '공개적인 애도'로 여긴다. 장례식은 살아 있는 사람들을 다독이는 의례적 방식이자 죽은 이에 대한 생각을 나누려는 공동의 노력이다.

어머니의 죽음은 비탄과 애도가 인간의 조건을 이루는 일부라는 사실을 깨닫게 했다. 이러한 고통스러운 과정을 통해 세상을 떠난 사람의 의미를 깨닫고, 그 사람을 잃기 전과 후에 그 사람이 누군가의 인생에 어떤 영향을 미쳤는지 헤아릴 수 있다. 이는 사랑하는 사람을 떠나보낸

후 느끼는 슬픔과 불공평함에서 촉발되는 강렬한 기분을 존중하는 방식이다.

우리 사회는 애도를 권하기보다 멀리하는 경향이 있다. 따라서 나는 때로 어머니의 죽음을 애도하는 것이 어려웠다. 내 주변 사람들의 반응을 보면 애도는 오늘날의 사회에서 환영받지 못하는 행동처럼 느껴졌다. 사람들, 특히 남자들은 입을 굳게 다물어야만 했다. 우는 것은 수치스러운 일이었다. 결국 남자는 울면 안 되는 것이었다. 많은 사람들이 우는 것을 나약함의 상징으로 보았다. 반면에 침묵 속에서 고통받는 것은 존경받을 만한 행동으로 여겨졌다. 내가 이 시기 가장 많이 들은 조언은 '인생을 계속 살고, 바쁘게 지내라는 것'이었다. 나는 홀로 그 슬픔을 삭히거나 여기에서 벗어날 방법을 찾거나 억제해야만 했다. 내 슬픔을 공개적으로 표현하는 것은 '약하고', '정신 나가고', '자기연민에 빠진' 것으로 비쳤다. 슬퍼하는 일도 능률적으로 해야만 했다. 그러나 나는 슬픔을 감추거나 그로부터 도망치려는 내 시도가 더 큰 내면의 불안과 혼란으로 이어진다는 것을 깨달았다. '굳게 다문 입'을 유지하는 것은 어려울 뿐 아니라 스스로의 감정을 억누르는 일이다. 또한 감정을 가둬두면 어느 날 생각지 못한 시간과 장소에서 결국 폭발하고 만다. 그러나 나는 머릿속을 뒤흔드는 수많은 생각과 감정, 추억들을 소리쳐 표현하기 위해 허락을 받아야만 했다.

신체적 부상을 치료하는 데에 실패할 때 더 큰 신체 손상을 낳게 되는 것처럼, 감정적 상처를 돌보는 것에 실패할 때 지속적인 비탄, 우울함 등을 겪는다. 슬픔을 숨기고 억누를 것이 아니라, 고통스러운 감정을 마주하고, 받아들이고, 표출해야 한다. 모든 상실은 한 가지 이상의 방식으로 애도되어야 한다. 슬픔을 인지하고 그 고통을 건강하게 표현하는 방식을 배운 이들은 앞으로 살아갈 인생과 다가올 도전 과제를 해결하는 데에 집중할 수 있다. 당시 나는 고통을 가족과 친구들과 나누는 시간을 중요하게 생각했다.

나는 되도록 울지 않으려 했지만 우는 것이 신체 내적인 긴장을 푸는 데에 정말 좋은 방법이라는 것을 알았다. 울면 기분이 더 좋아졌다. 나는 스스로를 비난하는 '독이 되는' 생각을 내 몸에서 없애려면 울어야 한다고 보았다. 또 울음은 위안을 받고 싶다고 요청하는 도구이기도 했다. 나는 이를 통해 다른 사람들과 어머니에 관한 이야기를 시작할 수 있었다. 우는 행동은 때로 혼란스러움을 주기도 했다. 나는 울음을 통해 어머니로부터 버림받았다는 느낌을 표현하고 있는 것이 아닌가 생각했다. 그리고 잃어버린 어머니와 재결합될 수 있다는 마법 같은 상상을 하며 위로받았다. 울 수 있다는 것은 애도의 과정에서도 큰 도움이 됐다. 우는 동안 나는 과거의 즐거움과 슬픔에 대해 생각하고, 다음 차례에는 무슨 일을 할 것인지 결정했다. 또 내가 느끼던 죄책감을 받아들이고 어머니를 살리지 못한 병원에 대한 적대감과 분노를 삭일 수 있었다.

시간이 지나면서 나는 아무것도 달라지지 않음을 깨달았다. 나는 어머니라는 존재 없이도 내 인생을 살아가야 하는 새로운 현실을 받아들였다. 비로소 어머니의 죽음이라는 현실을 인식하고, 고통과 슬픔은 인간의 삶에서 뗄 수 없는 요소라는 것을 깨달았다. 상실감은 사라지지 않더라도 어느 정도 무뎌졌다. 그리고 갑자기 비탄에 빠지는 일은 점차 드물어졌다. 나는 내가 어머니를 되살릴 수 없음을 알았다. 그러나 어머니가 내 안에 계시며 절대 잊히지 않을 것임을 알았다. 가장 사랑하는 사람의 죽음으로 인해 나는 스스로의 인생을 살아야만 하고, 내 인생을 살기 위한 활동에 다시 집중해야 한다는 사실을 더욱 인식하게 됐다. 그렇게 상실과 현실의 조화를 이뤄나갔다.

어머니의 사진들을 훑어보는 행동을 통해 큰 도움을 받았다. 내 안에서 어머니의 행동을 닮은 부분을 깨달았고 이는 내적으로 어머니를 대신하게 됐다. 그리고 어머니의 태도, 행동, 가치를 어느 정도까지 내면화할 수 있는지 봤다. 거울을 볼 때 나는 내 모습에서 어머니의 얼굴을 찾아낼 수 있다. 나는 점차 내가 얼마나 어머니를 많이 닮았는지를 깨닫고 내가 어머니의 살아있는 유산임을 훨씬 더 많이 인지하게 됐다. 나는 나와 어머니가 얼마나 상호의존적이었는지 깨달았다. 어머니에 대해 내가 싫어했던 많은 부분들이 사실은 나 자신의 일부였다. 나는 그렇게 내 안에서 어머니의 흔적을 찾기 위해 엄청난 노력을 했다. 오래된 사진을 보며 나는 과거의 기억과 현재의 사건 간에 존재하는 연속성을 깨달았다. 그리고 추억들이 의미 있는 인생을 구성한다는 것을 알게 됐다. 죽은 사람이든 살아 있는 사람이든 나와 다른 이들과의 관계가 자아의식을 깨우고, 내가 사는 방식을 결정하는 데에 영향을 미친다는 것도 알게 됐다.

이러한 화해의 과정이 진행되는 동안 나는 어머니에게 말을 걸었다. 영안실에서 어머니와 단둘이 있게 됐을 때 시작된 과정이었다. 나는 꿈에서 어머니에게 말을 했고 특정 장소에서 어머니의 존재를 느꼈다. 어머니는 언제나 존재하되 부재했다. 게다가 나는 어머니에 대해서 이야기해야 했다. 홀로 있고 싶을 때에도 비탄의 과정에서 나를 도와줄 누군가가 필요했기 때문이다. 터키 속담에 "슬픔을 감추려는 자는 이를 치유할 방법을 찾지 못하게 될 것이다."라는 말이 있다. 비탄에 대처하지 않으면 훗날 몇 배는 강한 충격으로 마주하게 된다. 슬픔을 소화하기 위해서는 시간이 필요하다. 이는 인간에게 필수적인 과정이다.

어머니의 상실을 극복하기 위한 단순한 공식이란 없었다. 그저 느리고 힘겨운 시간을 치열하게 보내는 것만이 내가 할 수 있는 일이었다. 상실감을 소화하기 위해 내 안에서 일어나는 모든 감정을 스스로가 그대로 느끼도록 하는 것이 필수적이었다. 고통스럽겠지만 인내가 필요했다. 셰익스피어의 〈리처드 2세Richard II〉에 나오는 대사가 내 안에서 공명했다. "내 슬픔은 모두 내 안에 있으니/그리고 그 모든 외적인 애도의 방법들/애도는 그저 보이지 않는 슬픔에 그늘을 드리우니/고통받는 영혼 안에서 조용히 부풀어 오르리." 애도에는 시간표가 없다. 완료해야 하는 마감 같은 것도 없다. 애도의 감정들은 몇 주, 몇 달, 심지어 몇 년 동안 계속될 수도 있다. 개념적 관점에서 나는 내가 이러한 감정들을 숨겨서는 안 된다는 것을 알았지만 감정적으로 그다지 한결같지도 않았다. 내 감정에 대해 이야기하는 것의 중요성을 깨달았지만 때로는 그러길 꺼려했다. 해결되지 못한 슬픔은 우리의 심장을 쥐어짠다. 동시에 다른 사람들이 나를 위로하려 애썼지만 그 누구도 다른 사람의 슬픔을 진짜로 느낄 수는 없다는 것을 깨달았다.

애도의 단계

학자들은 애도의 과정에는 4가지 단계가 있음을 찾아냈다.

1. 충격과 망연자실: 이 단계는 보통 죽음 직후에 즉각적으로 일어난다. 내 예에서 보듯 비탄에 빠진 사람들은 그 죽음이 진짜로 일어났는지 믿기 어려워한다. 사람들은 이 시기에 아득하고도 망연자실해진다.

2. 그리움과 찾기: 충격과 망연자실의 감정이 지나고 나면 그 사람이 죽었다는 것을 '잊어버리는' 경향이 나타난다. 애도하는 사람은 이 모든 것이 악몽이라는 환상에 머물고 싶어 한다.

3. 혼란과 절망: 죽은 사람의 부재라는 것을 인지하게 된다. 이는 상실이라는 현실을 점차 받아들이면서 비탄에 빠지는 시기다. 고통스러운 과정에는 넓은 범위의 감정, 생각, 행동과 함께 인생의 의미 상실 등이 보통 포함된다. 우울해지고 미래에 대해 생각하기 어려워진다. 외부세계에 대한 관심이 약화되고 미래에 대한 계획이 중단되는 시기다.

4. 재편성: 현실을 받아들이고, 상실 때문에 인생이 극적으로 바뀌었다고 깨닫는다. 이제는 다음 단계로 나아가고 좀 더 평범한 일상을 꾸려가야만 한다고 생각하며, 재편성과 재개의 감각이 발달하기 시작한다. 죽은 사람을 기억하되, 상실을 안고 살아가는 법을 배우기 시작한다.

시인 헨리 워즈워스 롱펠로우Henry Wodsworth Longfellow는 이렇게 썼다. "입 밖으로 표현하지 않은 슬픔 만한 슬픔은 없다." 우리는 대개 죽은 이와 관련해 말하지 못하고 함께 하지 못했던 것들 때문에 운다. 우리 모두는 슬픔에 다르게 대처해야 한다. 슬픔은 우리가 홀로 겪어야 하는 과정이자 모든 이들이 각자의 방식으로 겪는 과정이다. 눈물은 영혼의 피에 비할 수 있다. 상처를 치유하는 방법이기 때문이다. 그러나 에피쿠로스는 "다른 이의 질병으로부터 안전을 보장하는 것은 가능하다. 그러나 죽음과 연관되어 있는 한 우리 인간은 무방비의 도시에 살고 있다."고 말했다. 그렇다, 비탄은 결코 사라지지 않으며 이를 다시 일깨우는 것도 그다지 어렵지 않다.

23장

죽음과 인간의 생애주기

나는 살아가는 방법을 배우고 있었다고 생각했지만
사실은 죽는 법을 배우고 있었다.
_레오나르도 다 빈치

이반 일리치의 일생은 가장 단순했고 가장 평범했으며
그래서 가장 끔찍했다.
_레오 톨스토리

내가 태어난 그날부터 내 죽음은 걷기 시작했다.
죽음은 서두르는 일 없이 나를 향해 걸어오고 있다.
_장 콕토

죽음은 심리적으로 출산만큼이나 중요하다.
죽음으로부터 움츠려드는 것은 건강치 못하고 비정상적이다.
그렇게 되면 죽음이 노리는 바대로 인생의 후반부를 도둑맞아 버린다.
_칼 구스타프 융

죽음은 인생에서 벌어지는 일 가운데 가장 대처하기 힘든 사건이지만, 사람들이 가장 적게 대비하는 사건이다. 우리는 상실과 비탄이 자연스러운 인생의 일부라는 것을 이해해야만 한다. 불행히도 이성과 감성은 죽음에 대해 밀접하게 작동하지 않는다. 대신 죽음에 대한 부정은 인간 행동의 흔한 패턴이며 인간의 생애 주기 전반을 지배한다. 다행히 억압과 억제, 그리고 정신을 멍하게 만드는 연습은 죽음에 대한 집착을 감소시켜주고 정상적으로 기능하는 능력을 개발하는 데에 도움을 준다. 그러나 우리가 어떻게 하든 슬픔의 감정은 언제까지나 남아 있다. 이러한 기분에 대해 일본인들은 '모노노 아와레もののあわれ', 즉 '사물에 대한 비애'를 경험한다고 묘사했다.

인간 행동 연구는 죽음에 대한 어른들의 관점은 아이들과 그다지 다르지 않다는 것을 보여준다. 여기서 주목할 점은, 어린이들이 어른들의 관점을 습득하는 것이 아니라, 어른들이 미약하게나마 붙잡고 있던 아이 시절의 믿음을 빠르게 회복한다는 점이다. 죽음과 죽어감에 대한 관점은 인생 초반부에 습득하게 된다.

아동발달연구에 따르면 주목과 보호의 최초의 대상, 즉 어머니나 다른 양육자로부터의 분리에 연관된 절망과 죽음에 대한 불안은 많은 공통점을 가지고 있다. 행동학적 관점에서 이러한 행동패턴의 근원은 종의 생존과 연관 있는 기본적인 애착행동이다. 1부에서 다뤘듯 (울기와 탐색 등과 같은)어린이들의 애착행동은 지지와 보호, 돌봄을 제공하는 주요 애착 대상으로부터 분리되는 것에 대한 적응 반응으로 볼 수 있다. 어린아이들은 다른 포유류의 새끼들처럼 스스로 먹거나 몸을 보호할 수 없기 때문에 처음에는 다른 이의 돌봄과 보호에 완전히 의존해야 한다. 진화적인 역사의 과정에서 애착 대상에 대한 접근성을 유지할 수 있는 유아들은 생식 가능 연령까지 생존할 수 있는 확률이 훨씬 높았다. 애착행동이 인간의 기본적인 특징이며 애착행동의 패턴이 요람에서 무덤까지 인간의 경험을 지배한다는 것은 인간이라는 종의 생존을 설명해준다. 엄마와 아이 간의 관계가 더 안정적일수록 어른이 되어서 분리와 유기遺棄의 문제에 관한 어려움을 겪지 않게 된다. 죽음에 대한 불안에서도 마찬가지다. 한 성인이 성인으로서의 인간관계에서 분리를 다루는 방식은, 그리고 추정컨대 죽음에 대한 불안은 유아기 애착경험의 질을 반영하는 것으로 여겨진다.

죽음에 대한 공포는 나이가 들면서 변한다. 사람은 나이가 들고 죽음의 시점에 가까워지면서 태도의 변화를 일으킨다. 40세 미만에는 영원히 살 수 있을 것만 같고 지금까지 살아온 시간으로 우리 인생을 평가한다. 40세가 지나고 몸이 점차 노쇠해감을 느끼게 되면 살아갈 날이 얼마나 남았는지에 따라 인생을 평가한다. 젊은이들에게 죽음이란 그저 머나먼 헛소문처럼 여겨진다. 젊은이들은 자신이 죽을 수도 있다는 것을 진심으로 믿지 않는다. 그러나 죽음에 대한 우리의 인식은 나이가 들고 병에 자주 노출되면서 좀 더 또렷해진다.

청소년들은 불멸에 관한 감각으로 무장하고 있으면서도 동시에 처음으로 죽음에 대해 생각하기 시작한다. 그러면서 취약하다는 느낌과 급작스러운 공포를 경험한다. 청소년기는 죽음에 대한 억눌린 불안을 죽음에 저항하는 무모한 행동으로 드러내는 인생의 시기이기도 하다. 이 어린 어른들은 가끔 인생이 주는 희망을 모두 경험할 수 있는 기회를 가지기도 전에 죽을 수 있다는 점을 걱정한다. 어른인 부모는 자신이 죽을 경우 다른 가족들에게 미칠 영향에 대해 걱정할 가능성이 더 높다. 노인들은 너무 오래 사는 것과 다른 이들에게 짐이 되는 것, 그리고 스스로 쓸모없어짐에 대해 걱정한다.

생애 주기의 여러 시점에서 달라지는 죽음에 대한 인식들은 한 이야기를 떠올리게 한다.

하루는 부유한 상인이 선사에게 가족의 번영과 행복을 지키는 데에 도움이 될 좋은 가르침을 달라고 부탁했다. 선사는 붓과 먹을 꺼내 이렇게 썼다. "할아버지가 죽고 아버지가 죽고 아들이 죽는다."

상인은 매우 화가 났다. "내 가족에 대해 저런 악마 같은 저주를 내리다니!" "악마의 저주가 아니오." 선사가 말했다. "당신이 누릴 수 있는 가장 큰 행운을 희망하는 거요. 나는 당신 가족들이 할아버지가 될 때까지 살길 바라오. 그리고 어느 아들도 아버지 전에 죽지 않길 바라오. 이렇게 삶과 죽음이 순서대로 이뤄지는 것 말고 어느 가족이 더한 행복을 바랄 수 있겠소?"

자아통합성 대 절망감

인간 발달에 대한 정확한 관찰자인 심리학자 에릭 에릭슨Eric Erikson 은 인생의 마지막 단계를 두고, 두 가지 반대되는 자세나 태도(또는 기질 또는 정서적 힘)가 갈등을 일으키는 시기라고 묘사했다. 여기에서 갈등 을 일으키는 양 극단은 자아통합성 대 절망감이다. 에릭슨에 따르면 자 아통합성은 인생의 질서와 의미를 창조하는 능력이자 자기 자신과 세 상을 향해 평온함을 느끼고 아무런 후회나 비난을 하지 않는 것을 의미 한다. 이러한 기질을 지닌 사람들은 지나간 인생에 대해 긍정적으로 되 돌아보고 자신이 태어났을 때보다 더 나아진 세상을 살다 떠난다고 느 낄 가능성이 더 높다. 절망감은 그 반대의 기질을 대표한다. 인생이 어 땠어야 했는지 '신 포도'적인 태도―여우가 높이 매달려 있는 포도를 먹 을 수 없자 '저 포도는 분명히 시고 맛이 없을 거야.'라고 자위했다는 이 솝우화에서 비롯된 말로 '인지 부조화'를 뜻하는 비유(편집자 주)―를 갖 추고 자신이 낭비한 기회에 대해 후회를 느낀다. 또 시곗바늘을 되돌려 다시 한 번 인생을 살고 싶다고 갈망한다. 이러한 기질을 가진 사람들 은 자존감이 낮고 자기 자신의 죽음에 대한 강렬한 공포를 느낀다.

에릭슨은 각 세대가 서로에게 어떠한 영향을 미치는지 짚어낸다. 부 모와 조부모의 행동은 분명 아이의 심리사회적 발달(여기에는 죽음과 죽 어감에 대한 태도가 포함된다)에 영향을 미친다. 반대로 부모 또는 조부모 의 심리사회적 발달 역시 아이를 돌보는 경험으로부터 영향을 받는다.

톨스토이의 유명한 소설 〈이반 일리치의 죽음The death of Ivan Illich〉은 불치병, 죽음의 의식, 그리고 정신적 부활과 관련한 심리를 탐구하는 감동적인 작품 가운데 하나로 뽑힌다.

이반 일리치의 죽음

1886년에 쓰인 이 소설은 필연적인 섬뜩한 죽음 앞에서 의미를 찾으려는 작가의 개인적인 투쟁을 담고 있다. 톨스토이의 작품들은 부와 안정성, 명성, 그리고 가족 현대 문화가 우리에게 중요하다고 강조하는 모든 것들을 담고 있지만, 특히 이 소설은 죽음의 과정에 다른 이들이 어떻게 반응하는지 풍부하고 다채롭게 표현하고 있다. 이반 일리치의 이야기는 잘 죽고 싶은 이들, 우리가 지구에서 보내는 그 찰나의 시간을 최대한 활용하고 싶은 이들, 지각 있는 삶을 만들고 싶은 이들, 그리고 진정성 있는 인생을 살고 싶은 이들에게 던져지는 도전 과제이기도 하다.

이반 일리치는 아주 평범한 가정적인 남자이면서 높은 사회적 지위를 지닌 판사다. 그는 모든 것을 다 가진 것처럼 보였다. 좋은 직업, 아내, 아이들, 친구들, 그리고 취미까지. 그는 아름다운 여성과 결혼했다. 그러나 이들은 서로의 매력에 끌렸다기보다는 외적인 조건들에 맞춰 결혼한 것이었다. 그는 매우 잘나가는 판사였다. 그리고 커리어에 날개를 달 만한 정치적 감각도 갖추고 있었다.

시간이 흐를수록 그는 점차 가족에게 무관심해졌다. 그는 아내에게

저녁을 차리거나 아내라는 자리를 지키거나 혹은 잠자리를 하는 것 같은, 오직 자기 편의적인 역할만을 요구했다. 아이들과의 관계 역시 다를 것이 없었다. 그는 아이들에게 매우 피상적으로 대했다. 게다가 판사로서의 활동 역시 형식적이었다. 수많은 현대인들과 마찬가지로 이반에겐 돈과 일이 모든 행복의 뿌리였다. 그리고 피상적인 결혼생활로부터의 탈출구이기도 했다. 그는 그저 기계적으로 인생을 살았다. 반성도 없고 발전도 없었다. 역설적이게도 그는 매일 죽음을 다루는 판사임에도 자신의 인생에 대해서는 그다지 깊이 생각하지 않았던 것 같다.

어느 날 아침, 이반은 평생 사라지지 않을 고통을 느끼며 잠에서 깬다. 고통은 점차 극심해지고 이반은 어쩔 수 없이 의사들을 만난다. 그 누구도 그에게 정확한 진단을 내리지 못했지만 그가 불치병에 걸렸다는 것은 확실해졌다. 이반은 자신이 죽음을 피할 수 없다는 사실에 직면하게 된다. 당황스러운 과정이었다. 그때까지도 죽음과 죽어감은 그에게는 완전히 추상적인 개념이었기 때문이다.

그가 한때 친구라고 불렀던 이들은 자기들이 취급받던 모습 그대로, 완전한 무관심으로 그를 대했다. 아내조차 그의 병을 성가신 존재로 취급했다. 그가 원했던 것은 연민이 전부였지만 그 누구도 그를 동정하려 하지 않았다. 이 충격적인 경험을 통해 이반은 점차 자신이 그저 로봇 같은 삶을 살아왔으며 업무를 수행하거나 행동하는 방식에 감정을 불어넣어 본 적이 없다는 것을 깨닫는다. 그는 진실되고 의미 있는 관계를 맺어본 적이 없었다. 그렇게 이반은 죽어가면서 인생을 반추한다.

임종의 순간까지 이반은 여전히 기적과도 같은 회복을 바란다. 동시에 그는 죽음이라는 불운한 사건에도 불구하고 아내와 아이들이 자신이 떠난 자리를 잘 돌봐줄 것이라고 스스로를 위로했다. 그러고 나자 그는 갑자기 그동안 모은 재산, 큰 저택, 정치적 힘, 그리고 아름다운 아내 모두 의미 없고 무익할 뿐이라는 것을 깨닫는다. 공포스럽게도 그는 다음의 질문에 맞닥뜨렸다. "내 인생 전부가 잘못된 것이라면 어쩌지?" 이는 죽음을 목전에 둔 사람을 가장 섬뜩하게 만드는 결론이었으며, 병보다 이반을 더 고통스럽게 만들었다. 의미와 실체를 지닐 수도 있었던 자신의 인생을 아무 가치 없도록 만든 자신을 향한 뼈저린 후회였다. 무엇인가를 하기에 너무 늦어버렸을 때 그는 가장 중요한 사실을 깨달았다.

이반 일리치처럼 우리 대다수는 자포자기하며 피상적인 삶을 살아간다. 우리 대다수는 무엇을 발견하게 될지가 두려워서 내면 깊은 곳에 있는 감정을 감히 자세히 들여다보려 하지 않는다. 다른 이들의 감정과 고통을 무시하고, 적정한 선을 넘는 것을 두려워한다. 그리고 의미 있는 인간관계를 맺지 않는다. 이반 일리치의 인생이 이 모든 것을 보여준다.

톨스토이는 소설을 통해 인생에서 정말로 중요한 것은 의미 있는 인간관계를 맺고 나를 걱정해주는 사람들을 주변에 두는 것임을 알려준다. 또한 죽음은 인생의 불가피한 부분이며, 이러한 단순한 사실을 적극적으로 받아들이는 것이 의미 있는 인생을 살 수 있는 전제조건임을 깨닫게 한다. 그러나 이반을 둘러싼 인물 가운데 단 한 명도(그의 부하를 제외하고) 이러한 교훈을 이해하지 못한 것처럼 보였다. 이들은 모두 죽어가는 이반을 자신들의 평화로운 세계에 침입한 불쾌하고 낯선 존재로 취급했다. 그리고 그의 성가신 존재가 그저 사라져버리길 바랐다.

톨스토이는 이반이 두렵고 이해할 수 없는 죽음을 기다리며 절망감과 희망 사이에서 갈피를 잡지 못하는 모습을 묘사한다. 이야기의 마지막에서 이반의 고통은 그의 존재를 증명하는 중심적인 사실이자 구원의 방법이 된다. 고통은 그의 모든 의식을 날카롭게 고조시킴으로써 그를 구한다. 죽음의 과정에 동반되는 고통은 이반이 자신을 이해하고 정신적으로 부활할 수 있게 해주는 촉매가 됐다. 얄궂게도 죽음의 고통을 받아들이고 나서야 이반은 상징적으로 인생을 재발견하게 된다. 이러한 개안開眼의 과정은 인생을 기계적으로 살아왔을 때 맞게 되는 심각한 결과를 보여준다.

한편, 톨스토이는 사람은 인생의 마지막 순간에도 바뀔 수 있다고 말한다. 고통과 괴로움을 겪어야 할망정 우리는 구원받을 수 있다. 죽음을 목전에 두고서야 무감각했던 인생의 진정한 의미를 찾기 위해 애썼던 이반처럼 말이다. 이반은 인생의 의미를 알게 되자 제대로 된 삶의 궤적이 무엇인지를 볼 수 있었다. 마지막에 눈을 감기 직전, 이반은 자신이 빛이라고 말하는 존재를 본다. 그리고 과거의 삶은 그 자체로 죽음이었으며 진짜 삶은 이제부터라는 것을 깨닫는다.

〈이반 일리치의 죽음〉은 19세기 한 남자의 삶을 그린 소설이다. 그러나 21세기인 지금도 이 이야기는 유효하다. 주변 사람들로부터 외면당한 한 남자는 죽음에 임박해서야 진정한 의미를 찾고 발견하게 된다. 인생을 통틀어 죽음을 부정해왔던 이반은 죽음을 목전에 두고서야 죽음은 자기 자신뿐 아니라 다른 사람들에게도 벌어질 수 있는 일이라는 것을 기쁜 마음으로 믿게 된다.

 톨스토이는 언젠가 죽을 수밖에 없는 운명을 손아귀에 움켜쥐려 하는 이반의 계속되는 투쟁을 이야기로 풀어나가고 있다. 그러는 동안 우리는 우리의 인생, 그리고 우리가 인생을 살아가는 방식에 대해 되짚어보게 된다. 이반의 운명이자 모든 이들의 운명인 '죽음'은 우리에게 인생을 어떻게 살아야 하는지에 대해 끊임없이 질문하라고 말한다.

24장

궁극적인
자기도취적 상처를
초월하는 법

자기 자신을 믿어라.
그렇다면 어떻게 살아야 하는지를 알게 될 것이다.
요한 볼프강 폰 괴테

내가 당신을 위해 한 가장 큰일은
당신보다 오래 사는 것이었다.
그러나 그건 너무 큰일이다.
에드나 세인트 빈센트 밀레이

당신의 외로움에게 당신이 무엇을 위해 살 것인지,
목숨을 바칠 정도로 위대한 것을 찾게 해달라고 기도하라.
다그 함마르셸드

티베트 불교에서 전해오는 말이 있다. "당신은 태어나면서 울지만 세상은 기뻐한다. 당신은 죽으면서 기뻐하지만 세상은 운다." 죽음에 대한 불안은 분리불안이라는 전조를 가지고 있다. 생명으로부터 완전히 단절된다는 것은 상징적으로 분리의 궁극적인 형태로 볼 수 있다.

이반 일리치처럼 우리는 부정과 의식儀式을 통해 죽음에 대한 오랜 두려움을 극복하고 기본적인 불안을 통제하려 한다. 우리는 생애 주기를 거치며 아주 미약한 통제력이라도 발휘하고 싶어 한다. 여기에서 의식은 죽음에 수반되는 고통에 대처할 수 있도록 도와준다.

상징적으로 죽음은 오랜 작별인사고 최종적인 분리이며 최후의 거부다. 죽음은 사랑하는 사람을 완전히 유기劉基하는 것이며 완벽한 외로움을 만들어낸다. 죽음을 마주한 우리의 무력함은 자아를 위축되게 만든다. 그리고 이것이 바로 궁극적인 자기애적 손상Narcissistic injury이 된다.

죽음의 의식

죽음에 대한 생각뿐 아니라 죽음과의 조우 역시 우리를 괴롭힌다. 죽음과 대면하는 것은 우리의 사고방식과 행동에 엄청난 영향을 미친다. 이러한 절망적인 조우에 대처하기 위해 우리는 죽음이 선사하는 공포를 해결하기 위한 수많은 의식을 고안해 냈다. 모든 죽음에 있어 사람들이 가장 처음 묻는 질문은 바로 이것이다. 다음은 누구 차례인가? 내 차례는 언제인가? 인간은 늘 이러한 불안을 극복하기 위한 방법들을 찾아 헤맸다. 이는 왜 모든 사회가 죽음과 관련한 특별한 의식을 치르는지 설명해준다. 우리는 죽은 이들을 적절히 애도해야 한다. 그리고 죽은 이들을 그리 쉽게 놓아줘서는 안 된다. 죽음에 대한 우리의 공포에 대처하기 위해 우리는 소멸 혹은 자아의 완전한 상실에 대한 공포를 경감할 수 있는 방법들을 개발해왔다.

원시적인 사회는 개인과 공동체를 죽음과 악으로부터 보호하기 위해 과할 정도의 절차를 치른다. 살아남은 이들을 달래기 위한 이 모든 정교한 의식은 연속성을 지키기 위한 것이다. 이러한 의식들은 생애 주기와 연결되며, 고통과 삶의 끝에서 우주적인 의미를 찾게 한다. 또한 죽음의 두려움을 완화시키는 방식이자, 사람들이 용기와 존엄을 가지고 죽을 수 있게 해주는 방식, 산 자들이 사랑하는 이들을 애도하며 그들의 삶을 계속 살아갈 수 있게 해주는 방식이기도 하다.

죽음에 대한 견해는 다양하다. 어떤 문화는 죽음이란 다른 형태의 존재가 되는 것이라고 본다. 어떤 문화에서는 여러 차례 반복되는 죽음과 부활의 순환을 상상하고, 어떤 문화에서는 죽음이 공허함만 남는 최후의 끝이라고 본다. 어떤 문화에서는 죽은 자와 산 자 사이에 연속적인 접점이 있다고 주장한다.

죽음과 관련해 어떤 형식의 의식을 치르든 간에, 살아 있는 이들에게 애도의 과정은 매우 중요하다. 이 모든 의식들의 주요 목표는 죽음과의 피할 수 없는 조우에 대한 우리의 불안을 완화하고, 삶을 계속할 수 있도록 돕는 것이다. 이 의식들은 우리가 (죽음에 대한 불안으로 부가되는) 실존적인 딜레마에 대처하고 우리가 여전히 살아 있음을 느끼도록 한다. 이러한 의식들이 없다면 죽음의 공포는 삶에서 그 존재감을 뚜렷이 드러낼 것이다. 우리가 일상 생활에 집중하지 못하도록 만들 수도 있다. 그러나 제의적인 문화 행사의 도움으로 우리는 죽음의 공포를 헤쳐나갈 수 있다. 또한 의미와 체계성, 연속성 등을 만들어내며 우리 삶에 희망을 불어넣을 수 있다. 삶과 죽음, 산 자와 죽은 자의 이행 의식은 죽음이라는 개인적 경험에 대한 의혹과 미지의 부분을 다독이는 역할을 한다. 이러한 의식들은 죽은 이와 뒤에 남은 이들 모두에게 위안이 된다.

살아 있음을 느끼기 위해

유아의 원시적이고 타고난 나르시시즘부터 어른의 나르시시즘까지, 상당한 수준의 자기 존중감을 내포하는 나르시시즘은 인간이 기능하고 생존하기 위해 어느 정도 필수적이다. 스스로에 대해 긍정적인 감정을 가지고 자기애적 투자를 하면 자기주장, 창의성, 리더십의 기반을 다질 수 있다. 견고한 자존감은 죽음에 대해 알고 있을지라도 나는 중요한 존재이며 스스로 변화를 만들어낼 수 있다고 믿게 해준다(나르시시스트들은 늙음과 죽음을 받아들이지 못한다—옮긴이). 다른 이들에게 나의 기량을 보여주는 것은 존재감을 강조하기 위한 방법이다. 그리고 내가 죽지 않고 살아 있음을 스스로 확인하는 방법이기도 하다. 인생에서 내리는 가장 중요한 판단은 스스로에 대한 판단이다. 긍정적인 자존감을 가지기 위해 우리는 스스로 거둔 성공을 인정해야 한다. 그리고 부정적인 면을 곱씹어서는 안 된다.

죽음에 대한 병적인 집착은 마치 사이드브레이크를 건 채 인생이라는 차를 운전하는 것과 같다. 언젠가 사신과 조우할 시간에 대한 집착은 자존감을 세우고 유지하는 데에 아무런 도움이 되지 않는다. 내가 이 세상을 사는 동안 할 일이 있다는 것을 늘 기억하기 위해서는 살아 있는 이들과 머물러야 한다. 그러면서도 우리의 역할은 일시적이라는 사실을 모른 체해서도 안 된다.

자존감을 유지하면서 죽음에 대한 공포를 다루기는 쉽지 않다. 이때 사회적인 인정은 긍정적인 자존감을 수립하고 유지하는 데에 큰 역할을 한다. 우리는 자신이 속한 집단과 내가 중요하다고 생각하는 사람들이 가진 기준에 입각해 스스로를 판단하고 평가한다. 나의 문화적 세계관이 다른 이들로부터 인정받기를 바라며, 때로는 집단의 문화적 가치를 따름으로써 소속감과 자존감을 형성한다. 우리는 가족부터 시작해서 사회적 집단, 그리고 전체 사회에 이르기까지 더 큰 체제의 일부가 될 때 존재감을 느끼고 행복해진다. 나와 타인의 인정은 죽음의 불안에 대한 뛰어난 해결책도 된다. 다른 사람들에게 칭송받는 것만큼 개인의 자존감을 높여줄 수 있는 일은 없기 때문이다.

자존감은 문화적 구성체로 봐야 한다. 그리고 이는 우리가 부모님과 함께했던 어떤 발달적 경험에서 시작된다. 가족은 개인이 경험하는 최초의 사회다. 가족 구성원들은 우리에게 사회적 신념체계에 견줄만한 의미체계를 소개한다. 여기에는 죽음의 본질에 대한 믿음도 포함된다. 인간은 자신이 속한 사회의 세계관에 맞춰 살고 있다고 믿을 때 긍정적인 자존감을 얻을 수 있다. 이러한 기준에 맞춰 사는 것에 실패했을 때는 불안정함을 느낀다. 자기가치 확인self-affirmation의 이유로 우리는 다른 사람들이 우리가 세상을 바라보는 방식을 지지해주길 바란다. 그렇지 않을 경우, 자아에 대한 공격이자 우리 존재에 대한 위협으로 해석한다.

우리는 스스로의 자존감을 재차 확인하기 위해, 그리고 존재를 드러내고 자아에 대한 궁극적인 공격, 즉 죽음의 불가피성을 물리치기 위해 '의미'와 '영생'의 체계를 고안해내려는 엄청난 노력을 기울인다. 이러한 '영생'의 체계는 우리가 더 큰 체제 속에서 무의미해지는 것에 대한 내적 공포를 억누르고 극복하려는 독창적인 방법이다. 우리는 연속성을 만들기 위해 어쩔 수 없이 정신적 구조를 만들어내야만 한다. 자존감을 강화하려는 체계를 만드는 것은 나체를 감추기 위한 옷을 지어내는 것과 같다. 의미체계를 만드는 것은 우리에게 죽음보다는 삶이 더 중요하다는 뜻이다. 우리 모두의 인생은 의미가 있으며, 각자는 특별한 임무를 타고났다는 희망에 매달린다. 우리가 죽기 위해 산다는 결정론적인 개념을 부정하기 위해서다.

이 부분을 설명하기 위해 나는 다시 한 번 잉마르 베리만의 영화 〈산딸기〉를 언급하고 싶다. 영화의 첫 장면에서 이작 보르그는 죽음의 상징으로 가득한 악몽에 시달린다. 이 꿈에는 장례 행렬, 도망치는 시계와 시간의 이미지, 그리고 관에 누워있는 이작 보르그 본인이 등장한다. 공포에 질려 잠에서 깬 그는 소리 내어 말한다. "내 이름은 이작 보르그. 나는 아직 살아있어. 나는 일흔여섯 살이야. 나는 정말 기분이 좋지." 그는 깨어있는 동안 그의 꿈이 밤마다 하려는 이야기, 즉 자신이 죽음에 매우 가까워졌다는 생각을 애써 밀쳐낸다. 그는 자신이 여전히 살아 있고, 자신이 누구인지를 거듭 확인한다. 악몽으로 끌려 들어가 또다시 죽음과 조우하고 싶지 않은 불안감에 그는 점차 제대로 잠들지 못하게 된다. 그는 온 집안을 깨워 스톡홀름부터 룬트까지 운전해서 가기로 결정한다. 룬트의 한 대학에서 명예박사라는 형식을 통해 자기 가치를 인정받는 대단한 행사가 열릴 것이었다. 이러한 도피를 실행에 옮김으로써 자신이 여전히 살아있음을 다시 확인받고 싶었다. 그는 자존감을 강화하고 점차 커지는 죽음에 대한 불안을 잠재울 필요가 있었다. 죽음에 관한 악몽은 자아 가치 확인에 대한 욕구를 증가시켰던 것으로 보인다. 그는 너무 늦기 전에 갈등으로 점철된 자신의 인간관계를 바로잡고, 특히나 아들과의 관계를 재건하고 싶어 한다. 영화 속 이 짧막한 이야기는 우리가 왜 지금 이 일을 하는지, 자아 가치의 확인과 자존감, 죽음에 대한 불안이 얼마나 긴밀히 연결되어 있는지를 묘사한다.

인생 대부분에서 우리는 죽음을 단순히 추상적인 가능성으로 본다. 이에 대해 프로이트는 "우리는 스스로의 죽음을 생각할 때조차 관찰자의 역할을 고수하려 한다"고 말했다. 이반 일리치가 발견했듯 죽음은 우리가 실제로 죽을 때, 우리 몸이 심각하게 사그라져간다는 것을 경험하거나 누군가가 죽는 모습을 보게 될 때에야 현실이 된다. 그러나 우리가 관찰자이든 아니든 간에 외로움과 최종적인 분리에 관한 불안한 감정은 여전히 남는다. 이러한 생각은 나르시시스트로서의 핵심을 건드린다. 외로움은 너무 공포스럽다. 이는 우리의 영혼을 망가뜨릴 수도 있는 감정이다.

자존감이 불안을 방지하는 기능을 하기 위해서는 특정한 문화적 세계관에 대한 신뢰가 지속되어야 한다. 특정한 문화적 세계관에 대한 신뢰는 세속적이고 종교적인 가르침, 그와 관련된 문화적 의식, 그리고 인간이나 집단 간 맥락에서의 지속적인 사회적 인정 등을 통해 유지될 수 있다. 문화적 세계관에 대한 신뢰는 다른 사람들이 합의를 통해 지속적으로 이를 인정해줄 것인지에 달려 있다. 따라서 누군가가 이 세계관에 의문을 품거나 다른 세계관을 지지할 때 우리의 평형상태는 위협을 받는다. 의심은 자아에 대한 공격으로 인식되며 실존주의적 불안을 만들어낸다. 역사를 통해 인간이 자존감에 대한 위협을 막기 위해 무엇이든 할 준비가 되어있다는 것을 배울 수 있다. 사람들이 가끔 다른 정치 이념이나 종교적 관점을 가진 이들에게 공격적인 반응을 보이는 이유다.

내가 누구인지에 대한 감각을 유지하고 자아의 기초를 단단하게 쌓기 위해서는 내가 살고 있는 사회의 규범에 따라야 한다. 이때 무엇이 맞고 무엇이 틀리는지에 대한 기준은 문화마다 다르기에 때로는 분쟁도 일어난다. 내가 속한 사회와 다른 규범을 가졌다는 것은 내가 경배하는 신뢰 체계에 대한 거부로 해석되며, 이것은 곧 나의 자아를 부정하는 것과 마찬가지기에 공격적인 태도를 보이게 된다. 한편, 널리 퍼진 의미 체계에 불응하는 것은 엄청난 불안을 불러일으킬 수 있다. 그렇게 되면 너무나 자주 공격이 이어진다.

불행히도 인간들은 죽을 수밖에 없는 운명을 부정하는 방식으로 사고해왔다. 호모 사피엔스는 원하는 것을 가질 수 없다면 가진 것을 원해야 한다는 규칙을 따르기 싫어한다. 대신 우리는 다른 사람들이 믿는 것이 틀리다는 것을 증명하기 위해 폭력적인 행위에 의존한다.

역설적으로, 의미를 만드는 생물종이 된다는 것은 자신과 다른 의미 체계를 가진 사회를 배타적으로 바라보게 한다. 아랍 격언에 "당신이 다른 의견을 가지고 있다는 것을 확실히 밝혀라. 그러면 사람들이 당신에 대해 이야기할 테니까."라는 말이 있다. 그러나 살아오면서 나는 논쟁을 해봤자 사람들은 자기 자신의 의견을 다시 한 번 확인할 뿐이라는 것을 배웠다. 볼테르는 이에 대해 "개인의 견해는 이 작은 지구에서 전염병이나 지진보다 더 많은 골칫거리를 자아낼 뿐이다."라고 말했다.

25장
영생의 체계

모든 것은 하나의 보편적인 창조적 노력의 산물이다.
자연에는 죽은 것이란 없다.
세네카

인생에서 무엇을 하든 마지막처럼 행동하라.
마르쿠스 아우렐리우스

따라서 중요한 것은 일반적인 인생의 의미가 아니라
정해진 시점에서 한 사람 인생의 구체적인 의미다.
빅토르 프랑클

사람은 게으른 원형질로 된 눈 먼 덩어리가 아니라
상징과 꿈과 단순치 않은 문제들로 이뤄진 세계에서 살아가는 이름 있는 생명체다.
그의 자부심은 상징적으로 구성된다.
그리고 소중한 자기애는 상징과 소리와 언어와 심상으로 구성된
자기 자신에 대한 추상적인 생각을 가지고 자라난다.
어니스트 베커

'의미'는 '무가치함'과 '소외'라는 개념과 대척점에 있다. 의미를 창조하는 것은 희망을 창조하는 일이며, 희망은 신체에 숨을 불어넣는다. 우리가 삶의 목표를 찾게 된다면, 우리 인생의 중심에 놓을 수 있는 어떤 의미를 찾는다면, 최악의 고통조차도 달게 견딜 수 있을 것이다. 많은 성인들의 핍박받은 삶은 이러한 맥락에서 읽힐 수 있다. 의미, 자아 가치 확인, 그리고 자존감은 밀접하게 얽혀 있다. 우리가 하는 일이 무엇이든 그 안에서 의미를 찾는 것은 우리의 존재감을 확인해줄 뿐 아니라 우리의 자존감을 강화시켜준다.

우리는 어디로 가는가?

　이미 언급했듯, 우리는 체제 안에서 자신의 위치를 인지하기 위해 스스로에게 "나는 누구인가?", "나는 어디서 왔는가?", "무엇을 해야 하는가?", "그리고 내가 죽으면 무슨 일이 벌어지는가?"와 같은 실존주의적인 질문을 던진다. 이러한 질문들을 반추하는 것은 의미와 영속성, 안정성을 구성하는 것에 도움이 된다. 이는 자존감을 발전시키는 한편 상징적이고 심지어는 문자 그대로 불멸에 대한 희망을 전한다.

종교적 신념 체계를 통한 영생

구성원들이 수호하는 기준을 가지고 있는 모든 문화는 우리가 의미를 찾고 영원히 살 수 있는 기회를 제공한다. 즉, 상징적으로는 걸작의 탄생을 통해 개인의 일생을 넘어 지속되는 제도를 만들거나 정치적 이념과 철학체계, 과학적 이론을 통해서, 또는 말 그대로 천국에서의 내세 또는 환생에 대한 종교적 신념을 통해서 영원히 살 수 있다는 뜻이다. 우리의 자존감은 영구적이거나 지속적인 의미를 주는 무엇인가를 바탕으로 한다. 여기에는 국가, 민족, 인종, 새로운 세계관, 예술의 영원함, 과학의 진리, 자연의 변화, 또는 종교적 믿음 등이 있다. 자신을 종교적, 정치적, 문화적 영생의 체계와 동일시하는 것은 스스로의 연속성과 영속성을 확인하는 방법이다.

각각의 신념 체계는 소멸되지 않는 의미와 우리의 인생을 연계해주겠다고 약속한다. 영생을 향한 약속은 우리가 비록 사소하고 약한, 죽음을 피할 수 없는 존재일지라도 최종적으로 특별한 의미를 지닌다고 믿도록 도와준다. 우리는 어떠한 거대한 힘에 의해 설계되고 창조된, 영원하고 무한한 세계 구조 속에서 존재하기 때문이다.

인간은 '무의미'라는 공포와 싸우려는 욕구를 가지고 있다. 우리는 인정받고 싶어 한다. 우리는 가치를 평가받고 싶어 한다. 우리의 자기애적 성향, 즉 중요하게 인식되고 싶은 욕구와 더 큰 세상의 일부가 되고 싶은 소망은 집요한 죽음의 공포에 대처하기 위한 투쟁의 중요한 일부다. 인간은 스스로를 우주에서 중요한 가치를 지닌 존재라 여기고 싶어 한다. 그래서 두드러지고 싶고, 영웅이 되고 싶고, 중요하다고 믿는 것을 세상에 보이고 싶다. 우리는 말하고 싶고 이 세상이 끝나는 날 변화를 가져왔다는 이야기를 듣고 싶다. 그러나 우리가 자화자찬과 우상화라는 자기애적 늪에 빠질수록 피할 수 없는 운명, 즉 죽음을 받아들이는 것은 점차 어려워진다. 더불어 일상적인 생활 속에서 죽음이라는 사실을 받아들이려 하지 않는다. 그러나 인간은 모두 죽고 영원히 살 수 없다는 것은 누구도 피할 수 없는 진실이다. 그래서 이 진실을 받아들이면서 죽지 않는 것, 나보다 오래 지속되는 무엇인가를 찾으려는 노력을 계속 한다.

종교는 자아에 대한 위협이자 자존감을 위험하게 만드는 생각이라 할 수 있는 소멸, 무력감, 이별, 버림받음 등의 느낌을 완화시켜 주는 훌륭한 동맹군이다. 성서는 "파괴되어야 할 마지막 적은 죽음이다."라고 말하면서 약속의 땅에서의 영원을 약속한다. 복잡한 신념 체계이자 일련의 의식이라 할 수 있는 종교는 죽음의 공포를 다루기 위한 인류의 가장 독창적인 해결책 가운데 하나다. 종교는 내세의 삶에 대한 믿음을 강조하면서 위안의 기능과 함께 사회 내에서 통합의 역할을 해왔다. 게다가 최후의 목적지인 천국을 두고 기독교와 같은 종교들은 참된 삶을 살아야만 하는 당위성을 주장한다. 설사 그 삶이 더 우울하고 지루해도 상관없다. 또한 종교는 특별한 제안을 한다. 우리가 천국에서 얻게 될 보상은 우리가 현세에서 견뎌야 하는 고통에 비례할 수도 있다는 것이다. 만약 천국이 있다면 당연히 우리는 훗날에 찾아오는 더 크고 오래 지속되는 보상을 위해 세상의 고통을 기꺼이 받아들일 것이다. 또한 종교는 머리가 천국에 누워 있는 진정한 신도는 무덤에 발이 묻혀 있어도 두려워할 필요가 없다고 주장해왔다.

따라서 우리는 영생의 체계를 추구하면서 스스로를 종교적 이념, 심지어는 정치적 이념과 동일시한다(특히나 공산주의는 영생의 체계가 가지는 여러 특징을 포함한다). 그리고 그 문화에 동참하게 된다. 대부분의 종교가 현세에서 고결한 삶을 사는 것을 강조한다. 그러나 현실에서 종교적 확신은 자주 폭력의 악순환을 가져왔다. 종교는 아무도 도전할 수 없는 정의를 내세워 스스로를 돋보이게 만드는 경향이 있다. 특정한 영생의 체계를 하나 선택한다면, 다른 가짜 체계들로부터 그것을 보호해야만 한다. 그래서 우리는 다른 절대적 진실과 다른 영생의 체계는 모두 잘못된 것이라고 주장한다. 종교 지도자들과 추종자들이 공격성과 광신적 행위, 혐오 등을 선동하는 한편 폭력적인 피의 갈등을 격려하고 합리화하는 것도 같은 맥락이다. 이러한 행동의 중심에는 신도들에게만 영생을 누릴 자격을 제한하는 보수적인 사고방식이 깔려 있다. 프랑스의 수학자 겸 철학자인 블레즈 파스칼Blais Pascal은 "사람은 종교적 신념에 따라 움직일 때만큼 완벽하고 즐겁게 악을 행할 수 없다."라고 말했다. 그래서 어떤 종교인들은 다른 영생의 체계를 따르는 신도들을 공격하고 모욕하며 살해하기까지 하는 것이다. 기독교인들은 유대인과 무슬림들을 죽이고 프로테스탄트 교도들은 가톨릭 신도들을 죽인다. 무슬림은 기독교를 비방하고 죽이며 불교도들은 힌두교도들을 죽인다. 살인적인 신념체계의 충돌은 계속된다. 이는 마치 한 국가나 특정한 민족 집단이 신의 이름으로 차마 언급할 수도 없는 일을 행하도록 천국으로부터 명받았다는 사실을 절실히 믿으라고 요구하는 것처럼 보인다.

출산을 통한 영생

우리가 사회에서 종교의 역할에 대해 선한 힘으로 보든 악한 힘으로 보든 간에 종교는 영생의 체계에 있어서 가장 눈에 두드러지는 존재다. 그러나 죽음의 현실을 부정하고 영원한 삶의 개념을 추구하는 다른 다양한 방법들이 존재한다. 우리는 '정상적인' 개인은 '사랑하고 일하는' 능력을 반드시 가져야 한다는 프로이트의 격언을 기억해야 한다.

프로이트가 한 말의 앞부분을 해체해보면 우리는 출산의 행위에 도달하게 된다. 죽음이라는 수용할 수 없는 개념에 대응할 수 있는 한 가지 방식은 아이를 출산하는 것이다. 철학자 존 화이트헤드 John Whitehead 는 "어린이는 우리가 보지 못할 미래에 보내는 살아 있는 메시지다."라고 말했다. 어린이는 어른이 자신의 염원과 업적을 투사할 수 있는 대상이다. 어린이는 부모 혹은 어른의 신념과 가치를 흡수하고, 영구화한다. 우리의 염원과 업적이 소멸될 것이라는 사실을 받아들일 수 없을 때 어린이는 우리의 탈출구가 되어줄 것이다. 한 어린이를 통해 살아가는 것, 어린이를 이 '불가능한 미션'에 특파하는 것은, 죽음에 대한 불안을 극복하고 인생의 의미와 연속성에 중심을 둔 새로운 심리적 평형 상태에 도달하는 방식이 된다.

출산은 자연적인 영생의 체계다. 앨버트 아인슈타인은 "죽음은 우리가 우리 아이들과 젊은 세대 안에 살아 있는 한 끝이 아니다. 그들이 곧 우리이기 때문에 우리의 몸은 그저 인생이란 나무 위의 시든 잎사귀일 뿐이다."라고 말했다. 영생의 신화에 집착하는 방식 가운데 하나인 '출산'은 다양한 사회에서 중요한 변수가 된다. 모로코의 속담은 다음과 같이 명쾌하게 이야기한다. "사람이 후대에 아이를 남겨둔다면 그 사람은 죽지 않는 것이나 마찬가지다." 지금으로부터 100년 후에는 우리가 어떤 차를 몰았는지, 어떤 집에서 살았는지, 얼마나 많은 돈을 벌었는지, 우리의 옷이 어땠는지는 중요치 않을 것이다. 중요한 것은 우리가 우리 아이들에게 남긴 우리에 대한 기억들이다.

일을 통한 영생

일은 죽음의 불안에 대처하는 또 다른 방식이다. 일은 다양한 방식에서 효율적인 영생의 체계가 될 수 있다. 어떤 사람들, 즉 일에 완전히 집착하는 과민한 개인인 일중독자들은 과도하게 일한다. 이들은 일하고 있을 때만 살아 있음을 느낀다. 이들은 반드시 바빠야 하고 뭔가를 성취해야만 한다. 이러한 행동은 죽음의 불안을 다루는 또 다른 방법이다.

어떤 이들은 또한 '거대건축지향edifice complex' 때문에 고통받는다. 거대건축지향은 기업이나 빌딩, 또는 다른 실재적인 성취의 형태로 업적을 남기려는 욕구다. 이들은 건물 위에 자신들의 이름이 새겨진 것을 보기 좋아하는 사람들이다. 다른 가족들에 의해 지속될 회사를 만드는 것은 일종의 영생을 이루기 위한 이들의 방식이다. 많은 가족 기업들은 특히나 가족 가운데서 그 사업을 지키도록 명받은 이들은 그 핵심에 영생에 대한 추구를 담고 있다.

어떤 이들에게 일은 마약과 같다. 이들은 긴장을 풀 줄 모른다. 그리고 사신의 망령을 지워버리기 위해 지속적으로 성과에 집착하고 책임에 책임을 더하며 끊임없이 일한다. 이들에게 계속적인 일의 압박이 없는 인생은 상상할 수도 없다. 이 사람들은 오직 구체적인 목표를 달성하는 일을 통해서만 우울한 생각(그 핵심에는 죽음에 대한 불안이 존재한다)을 물리치고 자존감에 대한 부서질 것 같은 감각을 분산시킬 수 있다. 이들의 모토는 "나는 일한다. 고로 존재한다."다. 일은 자기가치 확인의 방식이자 고결함을 느낄 수 있는 방식이다. 이 사람들은 고독함, 분리, 그리고 죽음의 불안이라는 악마를 물리치기 위해 '일'이라는 구조물을 필요로 한다. 불행히도 이러한 공포를 피하기 위한 광적인 행동은 역효과를 낸다. 불안의 증가는 활동의 증가를 가져온다. 일이 불안을 감소시키는 효과를 가지는 대신 더 많은 활동으로 이어지면서 사람들은 특정 지표의 노예가 된다. 여기에서 의문은, 이들이 언제까지 그 속도를 유지할 수 있을지, 그리고 인생의 종말에 대한 우리의 인식을 괴롭히던 우울을 언제까지 멀리 쫓아낼 수 있을 지다.

나는 일중독 증세를 보이는 전형적인 경영자를 알고 있다. 그를 아먼드라고 부르겠다. 아먼드는 한 건설사의 CEO이자 소유자였다. 나는 그와 이야기를 나누면서 그가 노화에 대한 두려움과 싸우기 위해 광적인 행동을 보인다는 것을 깨달았다. 그는 '열심히는 하지만 똑똑한 방식으로 일하지는 않았고' 일을 위해 점점 더 많은 일을 하고 있었다. 그가 이렇게 일의 굴레에 빠진 것은 현생 다음의 삶에 관한 어려운 질문 때문이었다. 나는 자연스럽게 이 주제를 꺼내보려 노력했지만 그는 경영 승계에 대해 생각하거나 이야기하는 것을 싫어했다. 아니, 그저 이 주제를 건드리기만 해도 불안해했다. 아먼드는 경영 승계를 자신의 영생에 대한 위협으로 느끼고 있었다.

추측건대 아먼드는 언제나 어느 정도 과잉행동을 보여 왔을 것이다. 이런 증상은 최근 관상동맥 우회술을 받은 후 더욱 심해졌다. 그가 보이는 고조된 기분, 과장스러운 말, 그리고 더욱 활발해진 활동 등은 흥미로우면서도 그 회사의 다른 임원들을 걱정하게 만들었다. 아먼드는 깊이 생각하지 않고 새롭게 사업다각화를 하고 있었다. 특히나 최근 그가 영화 회사에 투자한 일은 너무 위험해 보였다. 아먼드는 영화회사에 투자를 했을 뿐 아니라 회사에 관한 매우 비싼 영상물을 제작하자고 제안했다. 회사의 브랜드 정체성을 더욱 정확하게 표현할 수 있도록 돕기 위해서라는 주장이었다. 그 영상물은 결국 아먼드의 커리어를 칭송하는 내용인 것으로 드러났다. 마치 후대에 남길 기념비를 세우고 싶었던 것 같았다. 이는 일종의 '반反 부고 기사적 행동', 즉 죽음에 대한 불안에 대처하는 중요한 방어 행위가 되어버렸다(그는 나와 더 이야기를 나눈 후에 이를 인정했다). 영화사 직원들과 일하면서 아먼드는 영화 사업에 더더욱 큰 매력을 느끼게 됐고 회사 임원들의 불안을 가중시켰다. 작은 규모의 투자는 상관없었지만, 본격적으로 영화 산업에 뛰어드는 것은 또 다른 문제였다. 그는 영화에 관한 어떤 전문 지식도 없었다. 다음은 무엇일까? 또 다른 영화 프로젝트가 이어질까? 임원들은 아먼드의 광적인 업무 속도가 그에게 또 다른 관상동맥질환을 가져올까봐 걱정했을 뿐 아니라 그의 판단력에 의문을 가지기 시작했다. 이들은 향후 회사의 생존에 대해 두려움을 가지게 됐다. 경영 승계 문제는 여전히 미결인 채였다.

아먼드의 사례는 일을 통해 죽음의 두려움을 떨치려는 사례 가운데 하나일 뿐이다. 광적이면서 심지어 의미도 없는 사업 활동, 의미를 잃은 수단과 목표. 그 모든 행동의 끝에는 '창작 활동'이 있다. 창작은 예술가나 과학자들만의 영역은 아니다. 혁신적이고 틀에 박힌 활동에서 벗어난 것을 추구한다면 누구나 시도할 수 있다. 좋은 창작물은 영속적인 가치와 의미를 가지고, 죽음을 넘어 오래토록 빛난다. 아마도 후세들에게는 창작의 예술이 역사적 연속성을 제공하는 또 다른 영생의 체계가 될 지도 모르겠다. 그러나 얼마나 많은 이들이 진정으로 창의적이거나 그런 기회를 누릴 수 있는지는 미지수다. 우디 앨런이 "나는 내 일을 통해 영생을 누리고 싶지 않다. 나는 죽지 않음으로써 영생을 누리고 싶다."라고 말한 이유가 여기에 있을지 모른다.

자연을 통한 영생

　창세기에서는 "너는 흙이니 흙으로 돌아갈 것이니라."라고 한다. 대자연에서 솟아난 모든 생명은 그 품으로 돌아간다. 우리의 조상들은 이러한 진실을 절대 잊지 않았다. 수많은 원시문화에서 존재의 순회, 삶과 죽음, 신체와 영혼, 지구와 지하세계는 계절의 순환과 얽혀있었다. 이러한 문화들은 대개 다산의 부양자를 숭배했다. 그리고 위대한 대자연의 어머니, 가이아Gaia를 상상해냈다. 어머니 대지는 농작물을 보호해주면서도 지진, 홍수, 화산폭발 같은 끔찍한 힘을 발휘할 수도 있다. 따라서 대자연의 어머니를 달래야만 했다. 매 계절 첫 수확의 곡물들을 그녀에게 바쳤다. 우유, 포도주, 또는 동물의 피와 같은 영양가 있는 선물들은 감사의 표시로 땅에 직접 부었다. 이러한 전통의 일부는 선진국에도 여전히 살아 있다.

　지구는 죽은 이들의 집이기도 하다. 전 세계 농민들은 죽은 이들을 마치 씨앗을 심듯 땅에 묻을 는다. 죽은 이들이 땅으로부터 하나 혹은 다른 모습으로 다시 태어나길 바라는 것이다. 다른 여성의 자궁에서 새로이 태어나거나 혹은 동물의 몸을 통해 태어나거나.

　단테는 "자연은 신의 예술이다."라고 말했고 렘브란트Rembrandt는 "오직 한 명의 주인만을 택해야 한다. 그는 바로 자연이다."라고 말했다. 그리스에는 "사회는 노인들이 자신들이 앉을 일 없는 그늘을 드려줄 나무를 심을 때 발전한다."라는 말이 전해 내려온다. 이러한 명언들은 자연이 또 다른 영생의 체계임을 보여준다. 우리는 조상으로부터 지구를 물려받지 않는다. 우리 아이들로부터 빌리는 것이다.

나는 수많은 강과 숲, 초원, 산들을 건너며 이러한 자연과의 통합된 느낌, 그리고 지구를 하나의 완전한 유기체로 보는 시각에 완전히 빠져 있다. 산꼭대기에 올라 하늘, 바다, 들, 강, 건너편 산의 풍경을 바라봤을 때 그 이미지들은 언제나 내게 더 큰 전체의 일부가 되는 느낌을 안겨준다.

많은 사람들이 이에 동의하는 듯하다. 르네상스 시대의 철학자 미셸 몽테뉴Michel de Montaigne는 이렇게 말했다. "죽는 방법을 몰라도 걱정하지 마라. 그 시점에서 무엇을 해야 할지 자연이 충분하고도 적절히 이야기해줄 테니. 자연은 너를 위해 완벽히 준비해줄 것이다. 그러니 그것 때문에 골머리 썩지 마라." 앨버트 아인슈타인은 "나에게 자연은 거대한 구조다. 우리는 이것을 지극히 불완전하게 이해할 수밖에 없으며, 사고하는 인간은 그 앞에서 겸손해질 수밖에 없다."라고 말했다.

어떤 이들에게 자연은 의미로 가득 차 있다. 어떤 이들에게는 의미가 거의 없다. 그러나 상징적으로 자연에 대한 우리의 인식과 영생에 대한 우리의 연상은 밀접하게 관련되어 있다. 개인의 내면세계가 어떻건 간에 자연은 두려운 동시에 매혹적인 형상을 보여준다. 여기에는 폭풍, 홍수, 천둥, 번개 등의 요소에 대한 경의와 두려움이 존재한다.

자연에 대한 경외 말고도 우리는 자연의 법칙이 존재함으로써 만들어지는 따스함과 연속성을 경험한다. 매일 어둠과 빛이 교차하고 계절은 지나가며 식물은 자라고 낙엽이 떨어진다. 산과 계곡, 숲, 강물, 그리고 바다에 둘러싸였을 때 사람들은 삶과 죽음의 교감을 느낀다. 죽음과 동시에 자연으로 돌아가는 것은 곧 나와 타인들의 삶이 영원히 순환함을 의미한다. 그리고 여기에서 부활이 이뤄진다. 우리를 어둠 속에 가두는 매일의 밤은 죽음과 연계될 수 있지만 첫 동이 틀 때 인생은 다시 시작된다. 모든 쇠락은 부활과 생명을 위한 가면일 뿐이다.

자연에 대해 이러한 특별한 관점을 지닌 사람들은 죽음을 끝이 아닌 전환으로 본다. 그리고 '유니카 미스티카unica mystica('단 하나의 신비'라는 의미-옮긴이)' 혹은 개인이 우주와 통합되는 듯 무한한 상태인 '대양감oceanic feeling'을 경험하기도 한다. 비행조종사 찰스 린드버그Charles Lindbergh는 "야생에서 나는 생명의 기적을 느낀다. 그리고 그 뒤에 우리의 과학적 업적은 그저 하찮게 빛이 바랜다."라고 말했다. 지구온난화와 자연의 파괴가 경고하는 메시지에 귀를 기울여야 하는 이유다.

이러한 다양한 영생의 체계들은 지금도 유효한가? 이러한 자기가치 확인적인 체계가 탈산업 사회에서도 여전히 효과적으로 작동하는가? 이는 대답하기에 쉽지 않은 질문들이다. 분명 많은 사람들이 여전히 영생의 체계에 의지한다. 인간의 본능인 실존적인 불안을 극복하기 위해서다. 분명 이런 체계 없이 살아가는 것은 재앙이 될 수도 있다. 그러나 다른 이들은 좀 더 실용적인 관점을 가지고 이 세상에서 삶이 종료된다는 것으로 인식한다. 이들에게 삶은 그저 짧은 방문일 뿐이다. 이들에게 내가 앞서 이 책에서 언급했던 구절을 들려주고자 한다. "중요한 것은 여정일 뿐, 그 끝은 아무것도 아니다." 이들은 한 로마의 비석에 새겨진 글귀를 마음에 담아야 할 것이다.

내 묘비를 그냥 지나치지 말게, 여행자여.

잠시 멈춰서 귀를 기울이고 배우고, 그리고 나서 다시 길을 떠나게.

하데스의 배도 없고, 배를 젓는 사공 카론도 없고,

심판관 아이아코스도 없고, 지옥을 지키는 개 케르베로스도 없다네.

저 아래 죽는 우리 모두는

뼈와 재가 되지만 오직 그것 뿐.

솔직히 말하건대 그저 계속 나아가게, 여행자여.

죽은 와중에까지 내가 그대에게 수다를 떨면 안 되니까.

   마침내 우리는 죽게 될 것이라는 사실을 마주할 수 있을 때 다른 사람들과 마찬가지로 우리는 인생의 허무함과 함께 매 순간의 소중함을 깨닫게 될 것이다. 그리고 사물의 덧없음을 깨달으면서 인류에 대한 깊은 연민이 자라게 될 것이다. 이는 우리가 죽음에 대해 기계적 관점을 가져야 한다는 의미가 아니다. 우리는 애도의 과정을 존중해야 한다. 우리가 어떤 사회에 살고 있든지 살아남은 자들을 돕기 위한 의식들과 구체적인 통과의례가 필요하다. 의식은 전환의 과정에서 매우 중요하다. 마음의 평화와 안심을 자아내기 때문이다.

26장

탈산업 시대의 죽음

오랜 친구는 사라지고 새로운 친구가 나타난다. 이는 마치 날과 같다.
옛날은 지나가고 새날이 나타난다.
중요한 것은 이를 의미 있게 만드는 것이다.
의미 있는 친구든, 의미 있는 날이든.

_달라이 라마

나는 훌륭한 의사가 훌륭한 장군보다
더 많은 사람을 죽인다고 종종 말한다.

고트프리트 라이프니츠

더 이상 자랑스레 살 수 없을 때 자랑스레 죽어라.
아이들과 목격자들 가운데에서 완벽해지는,
냉철한 두뇌와 즐거움을 곁들인 자유 선택에 의한 죽음,
적기(適期)의 죽음.
그리하여 떠나는 자가 아직 그곳에 있는 동안 진짜 작별이 가능해진다.

프리드리히 니체

우리는 모두 죽는다.
목표는 영원히 사는 것이 아니라
영원할 수 있는 무엇인가를 만드는 것이다.

척 팔라닉

그러나 이러한 의식들은 탈산업 사회에서도 유효한가? 이 의식들은 좀 미화되고 퀴퀴해지지 않았는가?

나르시시즘의 시대에 우리는 개인의 안녕에 집착한다. 이와 함께 쾌락주의가 득세하고 있다. 수면제, 항우울제, 그리고 프로작은 인기 있는 버팀목이 됐다. 왜 사람들은 무의식적으로 약에 취하려 하는가? 이러한 현상은 우리에게 어떤 메시지를 주는가?

공허함, 아노미, 그리고 소외는 현대인의 삶에서 큰 고통이 됐다. 산업화 이전의 사회에서 흔히 볼 수 있던 공동체 의식을 우리는 거의 잃어버렸다. 한때 사회 구성원들을 이어주었던 수많은 의미 있는 의식들은 사라져버렸다. 이기적인 물질주의, 과학과 기술이 약속하는 구원은 우리의 일상에 영향을 미치는 지배적인 힘이 됐다.

이러한 환경에서 고통, 죽어감, 죽음 등은 주변부로 밀려났다. 그러면서 우리는 가장 신성한 무엇인가를 침해당하고 있다. 대중문화는 인간의 죽음을 부정하고, 우리의 일상에서 죽음과 죽어감에 대한 생각을 축출하고 있다. 이렇게 인식에서 밀려난 죽음의 이미지는 꿈, 몽상, 판타지 등의 형태로 좀 더 은밀한 세계에서 재출현한다. 부정의 문화를 창조하는 것은 안정적인 마음가짐을 만들어내지 못한다. 부정을 통해 스스로를 달래는 것은 일시적인 미봉책일 뿐이다.

특히 의학 기술은 죽음에 대한 공포를 지하세계로 밀어내는 중요한 역할을 하고 있다. 더불어 죽음의 경험에 대한 비인격화까지 촉진한다. 죽음은 이미 그 자체로 많은 사람들에게 공포스럽다. 그런데 여기에 '죽는 법'에 대한 공포가 더해졌다. 현대 사회에서 죽는 것은 극도로 품위 없고 비인격적이며 비인간적인 일이 됐다. 스위스의 극작가이자 소설가인 막스 프리쉬Max Frisch는 "기술은 우주를 인간이 경험하지 못하도록 조직하는 방법이다."라고 말했다. 의학 기술은 우리를 강압적으로 밀어내고 있다. 어떤 사람에게 가장 두려운 부분은 인생이 끝나는 것이 아니라 인생이 어떻게 끝나는가다. 미국의 건축가 버크민스터 풀러Buckminster Fuller는 "인간은 모든 틀린 이유를 찾기 위해 모든 올바른 기술을 습득하고 있다."고 말하기도 했다.

기술은 의미 있는 의식을 기계화로 대체하고 있다. 죽어가는 사람들은 더럽혀지고, 오명을 쓰고선 이등 시민의 자리로 좌천당한다. 아무도 이들의 말을 듣거나 심각하게 받아들이지 않는다. 모든 것이 끝난 사람들이기 때문이다. 우리는 이들의 경험을 가두고 삭제함으로써 우리가 보고 싶지 않은 종류의 현실을 이들 때문에 보는 일이 없도록 만든다. 기술 발전은 무심함과 분리, 비인격화의 문화를 조성하여 이러한 상황을 지원하고 사주한다.

일상에서 죽음을 숨기고 배제하는 경향은 죽음의 장소가 집에서 병원으로 옮겨지면서 강화되고 있다. 사회 혁신가 플로렌스 나이팅게일

Florence Nightingale은 이러한 경향과 죽어가는 이들이 받게 되는 영향에 대해 걱정했다. 그녀는 "병원은 환자들에게 해를 끼쳐서는 안 된다. 그러나 현실에서 이것은 언급하기 이상한 원칙으로 여겨진다."라고 말했다. 산업화 이전 사회에서는 우리 할머니가 그랬듯 집에서 죽어가는 이들을 돌보는 것이 당연했다. 이는 생애 주기의 일부였다. 그러나 산업화 사회에서 돌봄의 의무는 의료 전문가들에게 위임됐다. 죽음의 과정은 병원과 장기요양시설로 한정된다. 죽어가는 이의 마지막 여정에 함께 하던 가족과 친구들은 오늘날 그 공식에서 제외됐다. 영화계의 거물 새뮤얼 골드윈Samuel Goldwin은 "병원은 아플 곳이 아니다."라고 말했다. 그는 정확히 핵심을 꿰뚫고 있다. 병원에서 죽는 것은 매우 거북스럽고 부자연스러운 일이다.

죽음의 과정을 '전문적인' 자원과 세련된 의료 장비를 갖춘 의료 전문가에게 위임하는 것은 이제 관례가 되었다. 병원은 자신들이 죽어가는 사람들을 더 잘 돌볼 수 있다고 주장한다. 그러나 이러한 합리적 설명 뒤에는 또 다른 이유가 숨겨져 있다. 죽음의 과정에 수반되는 불쾌하고 충격적인 장면을 우리의 일상에서 배제하려는 욕구다. 죽음을 감추고 제도적으로 국한시킬 수 있는 이러한 위임은 꽤 매력적인 선택이다. 죽음과 죽어가는 것에 대한 우리의 불안을 완화시킬 수 있는 매우 효과적인 방식이기 때문이다. 싯다르타의 아버지 고타마 왕이 떠오르는 대목이다.

죽음의 처리

병원에서 죽음은 전문적이고도 관료주의적으로 관리되어야 할 기술적 과정으로 재정의된다. 죽음이 주는 끔찍함과 엄청난 고통은 공적인 시야에서 사라지고 전문적이고 기술적인 의료 시설의 한계 안에 고립된다. 그러나 죽음의 과정이 공적인 시야에서 사라졌다 하더라도 전문적 관리인들에게는 더욱 크게 존재하게 됐다. 병원 인력들은 죽음을 처리할 때마다 되살아나는 자신들의 죽음의 불안에 대처해야만 한다. 이들은 이러한 공포를 어떻게든 관리해야 한다.

심리학자 이사벨 멘지스Isable Menzies는 중환자나 임종환자를 다루는 간호사들에 대한 연구에서 이들의 업무는 불안감을 억제하고 다른 감정으로 대체되도록 조직됐다는 것을 발견했다. 의료시설 내에서는 간호사와 환자 간의 관계가 지나치게 가까우면 그 환자가 죽었을 때 간호사가 지나친 괴로움을 겪게 된다는 인식이 팽배하다. 그 결과 간호사들은 대규모 환자들과 일부 특정 업무를 수행하고 개개인과의 접촉은 제한하도록 요구받는다. 이러한 접근은 냉담함과 분리, 비인격화의 문화를 강화시켰다. 멘지스의 관찰에 따르면 죽음에 대한 공포를 다루고 간호사들이 좀 더 심리적으로 건강한 방식으로 불안에 반응할 수 있는 능력을 개발하려는 시도는 이루어지지 않고 있었다. 멘지스의 연구 사례는 의료 시설이 죽음에 대한 부정적인 이미지를 형성하는 데 일조하고 있음을 보여줬다. 그리고 그녀의 충격적인 관찰은 여전히 유효하다.

죽음을 앞두고 병원에서 자주 이루어지는 일 가운데 하나는 의료진

이 당신이 늙고 아플 때 정신도 함께 나간다고 추측하는 것이다. 이러한 문제는 많은 의료 전문가들이 죽음을 개인적으로나 직업적으로 패배이자 실패로 보는 경향으로 인해 강화되고 있다. 이들은 죽음을 무능의 상징으로 본다. 이들은 생명을 연장하기 위해 훈련받은 사람들이다. 죽음을 다루는 법에 대해 이들은 교육받지 않는다. 따라서 간호사뿐 아니라 대부분의 의사들도 임종이 가까운 환자들을 어떻게 대해야 하는지 거의 알지 못한다. 이 마지막 생명의 수호자들은 자신들의 불편함 때문에 무심함과 부정, 비인격화라는 전문가스러운 가면을 쓴다. 이쯤에서 통찰력 넘치는 감동적인 책 〈나도 이별이 서툴다final exam〉를 한번 펼쳐 보는 것이 좋겠다. 이 책의 저자이자 간 이식 전문의인 폴린 첸 Paulin Chen은 "거의 15년간 학교와 훈련을 거치면서 나는 여러 차례 죽음을 마주했다. 그리고 나는 스승과 동료들로부터 죽어가는 환자들에 대한 인간적인 감정을 유예하거나 억눌러야 한다고 배웠다. 우리는 그래야 더 훌륭한 의사가 될 수 있다고 여긴다."라고 썼다. 그녀는 환자의 마지막 순간에 의사가 병실 침대 주변의 커튼을 닫고 그 가족들을 죽어가는 환자 곁에 남겨두고 재빨리 사라지는 모습을 그려냈다.

현재 의료진들이 받는 훈련은 높은 수준의 전문 지식을 공급할지는 몰라도 인간이 가진 죽음에 대한 공포에 공감을 표하거나 대처하기에는 매우 미흡하다. 죽음은 의료인들에게 이중고를 안겨준다. 개인적으로 죽음에 대한 취약성을 상기시키는 한편 직업적으로 실패했음을 의미하는 것이다. 의료인들이 죽음과 관련한 모든 것에 강렬한 혐오감을 형성하는 것은 당연한 일이었다. 역설적이게도 죽음의 과정에서 죽어가는 이에게 많은 일들이 벌어지지만 그 사람은 벌어지고 있는 일에 대해 할 수 있는 말이 거의 없다. 현대 의학에서 죽음은 도처에 있지만 동시에 그 어디에도 있지 않다.

죽어가는 이의 주변인과 의료 전문가들이 죽음을 부정할 때, 회복 가능성이 거의 없는 아주 나이 든 사람들이 자연스럽게 죽음에 도달하는 것을 이해할 수 없게 된다. 대신 병원 의료진들은 환자의 바람과는 상관없이 가족들의 불안을 다스리기 위해 생명을 연장하기 위한 지나치게 복잡한 기술적 해결책에 의지하게 된다. 자신이 하고 있는 일이 진짜 무엇인지, 그리고 환자가 이를 어떻게 느끼는지에 대해 부정하는 채로 말이다. 남을 돕는 직업에 종사하는 사람들은 자기 자신의 공포에 반응해 이런 방식으로 행동하는 경우가 있다. 그러나 이러한 실행은 죽음의 과정을 비하하는 것이다. 그리고 존엄한 죽음에 아무런 도움이 되지 않는다.

한때 죽음의 과정에 있는 사람들을 지지하고 이끌어주고 편안히 해주던 규범과 의식의 대부분이 사라지거나 그 가치를 잃어가고 있다. 죽음은 일반적인 인식에서 떨어져 나와 기술적 · 의학적 모델 안에서 포함되어 관리되고 있다. 죽음과 죽어가는 것에 대한 인간의 기본적인 권리는 이제 주변부로 밀려났다.

되돌아보니 나는 내가 인생에서 많은 중요한 것들을 배우지 못했다는 것을 깨닫는다. 학교에 있는 동안 나는 죽음에 대해 이야기하지 못했다. 인생의 다음 단계에 도달한 지금의 내가 돌이켜보건대, 차마 입 밖으로 내기 힘든 이런 것들이야말로 우리가 젊은 시절에 배워야 할 가장 중요한 것들일 지도 모른다. 그러나 많은 이들이 그랬듯 누구도 내게 이런 사실들을 알려주지 않았고, 나 스스로 이를 배워야만 했다. 왜 이런 중요한 이슈들을 가르치지 않는가? 학교가 존재하는 이유에 대해 의구심을 가지게 될 정도다.

학교에서는 우리에게 어떻게 사랑하는지 가르쳐주지 않는다. 어떻게 돈을 다루는지 가르쳐주지 않는다. 어떻게 다른 사람이 될 수 있는지, 어떻게 이혼해야 하는지를 가르쳐주지 않는다. 어떻게 비탄해야 하는지, 그리고 무엇보다도 어떻게 죽어야 하는지 가르쳐주지 않는다. 사실 그 어떤 가르침도 부족할 수 있다. 가르침으로는 알 수 없고 경험해야만 하는 일들이 있기 때문이다. 미국의 시인이자 가수인 짐 모리슨Jim Morrison은 "나는 비행기 사고로 죽는 것은 상관없다. 죽기에 좋은 방법일 수도 있다. 나는 자다가, 아니면 늙어서, 아니면 마약 때문에 죽고 싶지 않다. 나는 죽음이 어떤 것인지 느끼고 싶다. 맛보고 듣고 냄새 맡고 싶다. 죽음은 나에게 오직 한 번만 일어나는 일이다. 나는 이를 놓치고 싶지 않다."라고 말했다.

우리가 죽음의 문턱에 도달했을 때 가장 중요한 일은 후회가 없어야 한다는 것이다. 그래서 하고 싶은 일을 해야 하고, 지금 해야 한다. 죽음의 문턱에서 사람은 자신이 해본 일에 대해서는 거의 후회하지 않는다고 한다. 그보다는 하지 않은 일, 하지 못한 일들을 후회한다. 아마도 인간이 죽음을 두려워하는 이유는 그런 후회들을 바로잡을 기회를 영원히 잃기 때문일 것이다.

27장
순순히 작별인사를 고하며

잘 사는 비법과 잘 죽는 비법은 하나다.
에피쿠로스

오직 겁쟁이들만이 죽어가는 왕을 조롱한다.
이솝

죽음에 있어 영광스러울 것은 전혀 없다.
모두가 죽을 수 있다.
자니 로튼

죽음은 매우 지루하고 음울한 사건이다.
당신에게 줄 수 있는 조언은 '죽음을 두고 아무것도 하지 말라'는 것이다.
윌리엄 서머셋 모음

나는 최근 〈소피 숄의 마지막 날들Sophie Scholl〉이
라는 영화를 보았다. 나치 독일에서, 용감한 스물한 살의 대학생이 나
치 정권에 항거하고 나치가 저지른 만행이 잘못되었다고 목소리를 높
이는 실화를 담은 영화다. 이 영화는 백장미 저항 운동의 이야기를 다
루고 있다. 영화는 소피 숄이 1943년 2월 22일 오후 나치에 의해 사형
당하기 전까지 그녀의 마지막 나날들을 그려내고 있다. 본래 소피와 그
녀의 남동생 한스는 히틀러가 독일을 위대한 국가로 이끌 수 있다고 믿
었고, 히틀러 유겐트Hitler Youth(히틀러 소년단 – 옮긴이)에 가입하기까지
했다. 그러나 이들은 점차 환상에서 깨어나게 된다. 포르히텐베르크의
시장이었던 아버지는 히틀러가 독일을 파멸로 가는 길로 끌고 가고 있
다고 느꼈고 이는 아이들의 시각에 영향을 미쳤다.

소피의 부모님은 마음이 말하는 대로 따르는 것이 중요하다고 강조
했다. 부모님은 소피가 하고 싶은 일이라면 무엇이든 할 수 있다고 격
려했다. 교육에서도 마찬가지였다. 유치원 선생님으로 근무한 후 1942
년 5월 소피는 생물학과 철학을 공부하기 위해 뮌헨대학교에 입학했
다. 이 시기에 소피는 점차 히틀러 체제에 염증을 느끼게 됐다.

백장미단의 단원들은 공개적으로 논의하는 것이 불가능하다는 것을 알면서도 나치 체제에 저항하는 것이 시민의 의무라고 느꼈다. 이들이 배포한 전단지에는 나치 체계가 서서히 독일 국민들을 옥죄고 있으며 결국은 독일 사회를 파괴할 것이라고 쓰여 있었다. 체제는 악마처럼 변했다. 마치 신화 속에 나오는, 자신의 아이들을 먹어버린 크로노스처럼 되어갔다. 어느 글에서 나오듯 이제는 독일인들이 일어서서 독일 정부의 독재자에 저항할 시간이었다.

이 전단지들은 학생사회에 큰 반향을 일으켰다. 독일 내에서 일어난 최초의 나치 체제 반대 운동이었다. 그러나 숄과 친구들은 게슈타포에 잡혔다가는 무슨 일이 벌어질지 알았기 때문에 조심해야만 했다. 그러나 백장미 단원들은 여러 장소에 '히틀러를 타도하라', '대량학살자 히틀러', '자유' 등의 낙서를 하는 등 눈에 잘 띄는 행동을 서슴지 않았다. 게슈타포는 단원들을 색출해내느라 혈안이 됐다.

2월 18일 소피와 한스, 그리고 크리스토프 프롭스트는 뮌헨대학교에 팸플릿을 놓다가 체포됐다. 체포 직후 소피의 인격에 대한 진정한 시험이 시작됐다. 소피는 형벌을 감면받을 수 있는 진술서에 끝까지 서명하지 않았다. 소피를 심문한 게슈타포 경찰은 죽음의 위협이 그녀를 꺾을 수 없다는 것을 깨달았다. 소피는 도덕적으로 우위에 있었고 경찰들은 그 사실을 알았다.

체포된 지 나흘 후 백장미단의 세 단원은 재판장 앞에 섰다. 이 재판장은 특별히 베를린에서 파견된, 대 독일제국 인민재판소의 수석재판관이었다. 재판장은 피고가 스스로를 변호하는 것이 불가능한 이 우스

꽝스러운 재판에서 대심문관의 역할을 맡았다. 그는 판사이자 배심원단이었고 피고를 변호하기 위해 아무것도 하지 않는 변호사로도 역할했다.

판사는 왜 학생들의 마음이 비뚤어졌는지 알 수 없다며 소피에게 고함을 질렀다. 소피는 "결국 누군가가 시작을 해야 했습니다. 우리가 쓰고 말한 내용은 다른 사람들도 믿고 있던 바였습니다. 다른 사람들은 그저 우리가 했듯 자기 자신을 감히 표현하지 못했을 뿐입니다."라고 말했다. 그리고 "재판장님은 이미 전쟁에서 졌다는 것을 알고 계십니다. 용기를 가지고 그 사실을 마주하시죠."라고 말을 이었다. 나치의 권위 앞에 겁쟁이가 되는 것을 거부하는 그녀의 용기가 빛나는 대목이다. 한스와 소피의 부모님은 법정에 들어오려 했으나 거부당한다. 법정 전체로 그들의 아버지가 소리치는 소리가 들려왔다. "언젠가 또 다른 정의가 존재할 것이오. 언젠가 당신들은 역사 속으로 침몰할 것이오!"

예상대로 판사는 셋 모두에게 사형을 선고했다. 그러나 이 섬뜩한 결론 앞에서도 한스와 소피의 저항은 엄청난 감탄을 자아냈다. 소피는 게슈타포와 그녀에게 형을 선고한 나치 인민재판을 마주하고서도 꿋꿋하고 변함없으며 희망을 잃지 않았다. 재판 참관인들조차 재판이 진행되는 과정에 극도로 불편함을 느끼며 어디에 시선을 둘지 몰라 했다. 그들은 마음속 깊이 소피의 용기에 감탄했다.

감옥에서 한스와 소피는 죽기 전에 마지막으로 부모님과 만날 수 있었다. 부모는 두 아이가 곧 맞이하게 될 운명에 절망했지만 한스와 소피가 자랑스러웠다. 그러한 용기와 확신을 행동으로 옮길 수 있었다는 것에, 탄압에 맞섰다는 것에, 정부가 말하는 대로 받아들이는 대신 그 진실에 관한 호기심을 좇았다는 것에 긍지를 느꼈다. 침착한 모습으로 미소를 띠며 부모를 떠나는 소피의 모습에 그 어머니는 예수를 떠올렸다. 소피는 감방으로 들어가자마자 쓰러졌다. 그녀는 부모님을 슬프게 만들고 싶지 않아 그 앞에서는 버텼던 것이다. 소피를 체포한 게슈타포 경찰은 그녀가 우는 모습을 보았다. 소피는 이에 대해 사과를 했다. 그녀는 심문을 받으면서도 단 한 번도 울지 않았었다.

교도관들은 한스와 소피, 크리스토프가 마지막으로 단 한 번 짧은 만남을 가질 수 있도록 해주었다. 곧 소피는 평범한 장례식 복장과 똑같은 실크해트를 쓴 두 명의 남자에게 끌려 단두대로 향한다. 한 참관인은 "머리를 돌리지도, 움찔하지도 않은 채" 그녀가 사형당하러 갔다고 묘사했다.

단두대에 누워 소피는 마지막으로 "Die Sonne scheint noch."라고 말한다. "태양은 여전히 빛난다."라는 뜻이다. 다음은 크리스토프 포롭스트의 차례였고 마지막은 한스 숄이었다. 한스가 단두대의 이슬로 사라지기 전에 그는 이렇게 소리친다. "자유여, 영원하라!" 훗날 더 많은 단원들이 사형을 당하거나 강제수용소로 보내진다. 소피의 죽음 이후 여섯 번째 전단이 독일 밖으로 몰래 반출됐고 연합군에 의해 독일 상공에 수만 장이 뿌려졌다. "뮌헨 대학생 선언문"이라는 새로운 제목이었다.

무엇이 소피를 그토록 용감하게 만들었는가? 어떻게 그녀는 심문 과정에서 냉정함을 유지할 수 있었는가? 소피 숄의 신념은 그녀에게 올바른 일을 해야 한다는 확고한 의식을 부여했고 그녀가 죽음을 초월하도록 도왔다. 물론 그녀가 세상을 보는 방식은 갑자기 생겨난 것이 아니다. 그녀의 부모님은 아이들에게 가치가 스밀 수 있도록 하는 중요한 역할을 했다. 히틀러에 대한 아버지의 태도가 이를 잘 말해준다.

오늘날 모든 독일인들은 백장미 저항 운동의 이야기를 안다. 뮌헨대학교에는 한스와 소피 숄의 이름을 딴 광장이 있다. 그리고 독일 전역에는 백장미단 단원들의 이름을 딴 거리와 광장과 학교가 존재한다. 지금도 사람들은 뮌헨대학교 근처에 있는 광장에 흰 장미들을 놓아두며 이들의 행동을 기념한다. 2005년 공영방송인 ZDF의 시청자들은 역사상 가장 위대한 독일인 가운데 4위로 한스와 소피를 뽑았다. 이에 대해 소피 숄의 여동생인 잉게는 이렇게 썼다. "진정한 영웅은 평범하고도 가까운 일상을 완고하게 지키겠다고 결심하는 사람이다."

단두대에 머리를 대기 직전, 소피의 마음속에는 어떤 생각이 스쳐지나갔을까? 그녀는 어떻게 자신의 죽음을 그토록 용감하게 받아들일 수 있었을까? 그녀의 마지막 말 "태양은 여전히 빛난다."는 무슨 의미를 담고 있을까? 소피에게 죽음을 선고한 사람들, 게슈타포 경찰과 판사는 정의감을 느꼈을까 아니면 반성했을까? 이들은 세상을 떠날 때 마음속으로 무슨 생각을 가장 먼저 떠올릴 까? 소피의 마지막 순간은 우리 모두에게 중요한 질문을 던진다.

"당신은 이러한 상황에서 어떻게 행동했을 것인가?"

마지막 말들

사실이든 아니든 간에 시간이 지나도 회자되는 인상적인 유언들이 있다. 프랑스의 철학자이자 작가 볼테르Voltaire는 임종의 순간에 사탄을 부정하라는 신부에게 이렇게 말했다. "이제, 이제는 말이오, 더이상 적을 만들 시간이 없소." 프랑스 왕 루이 14세Louis XIV는 신하들에게 최후에 "왜 우는가? 내가 영원히 살 것이라 생각했는가?"라고 말했다. 시인 하인리히 하이네Heinrich Heine는 "신은 날 용서할 것이다. 그게 그의 일이니까."라고 말했다. 괴테는 "더 많은 빛을!"이라고 말했다. "내 벽지와 나는 죽음을 향해 함께 싸우고 있어. 둘 중 하나는 가야만 하지."는 출처는 불명확하지만 오스카 와일드Oscar Wilde의 마지막 말로 알려져 있다. 프랑스 혁명 초기의 지도자 중 하나인 조르주 당통Georges Danton은 사형집행인들에게 "내 머리를 사람들에게 보여주시오. 볼만할 거요."라고 지시했다. 세실 로즈Cecile Rhodes는 "한 일은 별로 없고 해야 할 일은 많구나."라고 한탄했으나 윈스턴 처칠Winston Churchill은 "이제 난 이 모든 것에 질렸어."라고 단언했다. "걱정 마! 총알이 안 들어있거든."은 록 뮤지션 테리 캐스Terry Kath가 러시안 룰렛 게임을 하며 남긴 마지막 말이다. 그리고 이스트먼 코닥의 설립자인 조지 이스트먼George Eastman은 자살하기 직전 "여기서 내가 할 일은 모두 끝났다. 왜 기다리는가?"라고 말했다.

마지막 말은 우리 모두를 매혹시킨다. 이는 종결의 필요성, 영생에 대한 욕망, 그리고 죽음의 순간이 주는 신비감에 대한 끌림에서 나온 것이기 때문이다. 마지막 말은 세대에서 세대로 전해지고 우리 공통의 기억 속에서 살아남는다. 그리고 그 말을 한 사람에게 일종의 영생을 부여한다. 그 내용은 인생의 완벽한 예시를 보여주거나 역설적인 느낌을 전달한다. 때로는 관객 앞에서 선보이는 마지막 공연을 대신하기까지 한다.

"Die Sonne scheint noch(태양은 여전히 빛난다)." 이 세상과 죽음 사이에서 내뱉어진 이 말은 소피 숄에게 어떤 의미가 되는가? 그녀가 정반대로 보게 된 그 모든 징후들에도 불구하고 여전히 인류의 선함을 믿는다는 의미인가? 영원한 희망이 있다는 의미인가? 백장미단의 활동이 잊혀지지 않을 것이라고 믿는다는 의미인가? 혹은 백장미단이 한 일은 미래 세대에게 본보기가 될 것을 믿는다는 의미인가? 우리는 절대 알 수 없다. 그러나 이 젊은 여성의 간단한 말은 그녀의 죽음을 지켜본 사람들과 함께 남았다.

소피 숄의 놀라운 이야기는 우리에게 추상적으로 죽음을 대하는 것과 이를 직접적으로 마주하는 것은 아주 다른 일이라고 말해준다. 유죄 선고를 받거나 시한부를 선고받은 환자를 대면하는 일은 쉽지 않다. 그들이 견디는 시간을, 그리고 우리가 마침내 마주할 상황을 투사하게 되기 때문이다. 그럼에도 불구하고 우리는 언제나 병적으로 죽음의 장면에 끌린다. 우리가 느끼는 흥미는 자기 자신의 죽음이라는 현실을 받아들일 수 없는 것과 다른 누군가에게 벌어진 모습을 보는 현실 사이의 긴장을 기반으로 한다.

전문적인 지위를 가지고 근접한 거리에서 죽음을 바라보는 것에 익숙한 사람들을 비롯해 대부분의 사람들은 죽음을 부정한다. 그리고 죽음이 목전에 다가왔을 때 깜짝 놀라고야 만다. 압도당하고 혼란스러운 상태에서 사람들은 죽음의 과정에 내재해 있는 평화와 해답을 놓쳐버린다. 죽음에서 배우는 대신 도망치고 싶어 한다.

변화의 단계

우리의 과제는 죽음에 대한 부정의 단계를 넘어서 이를 자연스러운 과정으로 받아들이는 것이다. 한 사람의 죽음은 자연의 생물학적 리듬에 속하는 정상적인 단계로만 보아서는 안 된다. 영국의 철학자 조나단 밀러Jonathan Miller는 "반드시 지켜져야 할 자연과의 약속"이라고 말했지만 죽음은 거대한 우주의 일부로도 보아야 한다. 출생과 마찬가지로 죽음은 인생의 필수 요소이자 변화 또는 다른 형태의 분리다. 그리고 모든 분리의 형태와 마찬가지로 일정한 패턴을 따른다.

분리라는 주제는 다시 존 볼비의 연구를 꺼내 들게 한다. 엄마와 아이 간의 분리에 대한 존 볼비의 중요한 연구는 분리에 대한 세 가지 반응에 관한 유명한 논제를 제시한다. 저항, 절망, 그리고 거리 두기다. 저항의 첫 단계에서 아이는 엄마를 잃은 것에 대해 극도로 괴로워하며 있는 힘을 다해 엄마를 다시 찾으려 한다. 처음의 저항 이후 절망의 단계로 돌입한다. 아이는 잃어버린 엄마에 대한 집착이 분명히 남아 있음에도 불구하고 재결합의 희망을 모두 잃는 듯 보인다. 아이의 행동은 점차 절망적이 되어간다. 양육자에 대해 아무런 요구도 하지 않은 채 행동은 퇴보하고 소극적이 된다. 아이는 깊은 애도의 상태에 들어간다. 마지막 단계인 거리 두기에서 아이는 상실을 극복한다. 그리고 반응적이고 사교적이며 심지어 명랑해진다. 아이들이 주변 환경에 더 큰 흥미를 보일수록 이 단계는 회복의 신호로서 환영받는다. 그러나 이를 이런 식으로 바라보는 것은 지나치게 단순화한 것이다. 아이의 사교성은 피상적이다. 사실상 아이들은 "상관없어"라는 태도를 취하는 것이다. 심지어 "나는 엄마가 필요 없어."라는 말까지 할 수 있다.

사실 거리 두기 반응은 사랑하는 감정을 폐쇄하는 것으로, 아이가 다양한 방식으로 상실에 대처하도록 돕는 전략이다. 거리 두기는 분노의 감춰진 표현이다. 강렬하고 폭력적인 증오는 유기에 대한 흔한 반응이다. 또한 사랑의 고통과 다시 한 번 잃을 수도 있다는 가능성에 대한 방어다. 오래된 격언처럼 "곁에 없으면 애틋해지는 것"이 아니라 냉담해지는 것이다. 이 시점에서 아이는 더 이상 엄마를 찾지 않고 엄마가 돌아오더라도 무시하게 된다. 볼비의 이론은 우리가 인생에서 그 어떠한 상실이나 변화에 대처하는 방식에 대해 보편적으로 적용할 수 있다. 여기에는 우리가 인생의 마지막 단계에 접어들었을 때 통과해야 하는 과정도 포함된다.

볼비가 포괄적인 방식으로 애착과 분리를 다뤘다면 심리학자 엘리자베스 퀴블러 로스Elizabeth Kubler Ross는 그 누구보다도 인생의 마지막 단계를 문화적 논의의 주류로 끌어왔다. 그녀는 죽어가는 이들의 욕구를 대변했고 존엄한 죽음의 선구적인 지지자가 됐다. 다른 보건전문가들과는 달리 퀴블러 로스는 말기 환자와 함께 시간을 보내야 한다고 주장했다. 그녀는 말기 환자들이 받는 표준적 치료에 경악했다. 이들의 욕구는 묵살되고 학대당했으며 그 누구도 이들을 정직하게 대하지 않았다. 그녀는 현대 의술이 죽음을 다루는 방식에 따른 폐착(외로움, 기계화, 비인격화)을 비판했다. 그녀는 죽음의 공포를 묘사하고 죽어가는 환자들이 받는 의학적 치료에 연민과 세심함이 결여되었다고 지적했다. 죽어가는 환자들은 평화와 함께 자신들의 고통을 인정받길 바라고 존엄성을 지키길 원하지만 투입, 수혈, 그리고 기타 외과적인 치료만이 이루어질 뿐이다. 이와 함께 퀴블러 로스는 비탄의 단계 모형을 소개했다. 대부분의 사람들이 죽음에 임박했음을 알게 됐을 때 겪게 되는 다섯 단계 감정을 구별한 모형으로 부정과 고립, 분노, 타협, 침체, 그리고 수용으로 구성된다.

첫 단계인 부정과 고립은 나쁜 소식에 대한 일시적인 충격의 반응을 의미한다. 고립은 가족을 비롯해 다른 사람들이 자신들의 불편한 감정 때문에 죽어가는 사람을 피하기 시작할 때 일어난다. 이 단계 뒤에는 다양한 방식으로 표현되는 분노가 따라온다. "왜 하필 내가?"라는 반응이 있을 수도 있다. 자기 자신이 아닌 다른 사람이 죽어 마땅하다는 느낌이다. 이러한 반응은 질투와 불공평한 느낌을 수반한다. 다른 사람들은 상관없어 보이고 여전히 인생을 즐기고 있기 때문이다. 다음 단계는 타협이다. 이 단계는 보통 환자와 시간 또는 운명 간에 벌어지는 짧은 과정이기 때문에 관찰하기 어렵다. 그 다음 단계는 우울이다. 잃게 될 것들을 애도하는 것이다. 마지막 단계는 수용이다. 이 단계는 어느 정도 저항을 거친 후에야 도달할 수 있다. 이 단계에 도달하기까지는 시간이 걸리며, 근본적으로 포기하고 죽음의 불가피성을 인식하는 것을 포함하는 단계다.

어떤 비평가는 이러한 단계 이론을 적용하는 것에 따르는 위험성을 지적한다. 이 모형이 사람들이 거치는 죽음의 과정을 간단하게 묘사하는 것이 아니라 그 과정을 형태화하고 규정한다는 것이다. 이 단계들을 체계적으로 거치지 못하는 사람들은 스스로를 부족하다고 생각할 수도 있다. 이 다섯 단계는 우리가 비극적인 소식을 다루고 트라우마에 대처하는 데에 도움을 줄 수 있는 방법으로 생각하는 것이 더욱 적절하다.

퀴블러 로스는 또한 죽음은 끔찍하거나 비극적일 필요가 없으며 용기와 성장, 강화를 위한 도약판이 될 수 있다고 주장했다. 이반 일리치 이야기의 마지막에서 제시되듯 말이다. 그러한 면에서 그녀의 관점은 신선하다. 기계적으로 관리되는 죽음이라는 수모를 점차 두려워하게 된 사회에서는 품위 있는 죽음에 대한 퀴블러 로스의 생각을 선호한다. 그녀의 연구는 일반적인 대중들에게 환영받았을 뿐 아니라 이를 진심으로 받아들이는 의학계에 영향을 미치고 있다.

호스피스 케어 시스템

퀴블러 로스는 고통과 죽어감, 죽음에 대한 오랜 문화적 금기를 없애기 위한 움직임을 개발하는 데에 기여했다. 그녀의 이론은 죽음에 대처하는 대안적인 방식을 제안하고 있으며 죽음은 성장과 존엄의 기회로 변화하고 있다.

퀴블러 로스는 또한 호스피스 케어 시스템에도 강력한 영향을 미치고 있다. 호스피스 케어 시스템은 죽어가는 환자들과 가족들의 정서적·사회적·정신적 욕구에 대해 인간적이고 힘을 주는 방식으로 보살핌을 제공하는 프로그램이다. 호스피스 업무는 보살핌의 철학을 기반으로 하고 있으며 죽음을 인생의 마지막 단계로 인식하고 죽어가는 이들의 고통을 줄이기 위해 노력한다. 그리하여 환자들이 존엄하고 질 높은 마지막 나날들을 보내고, 사랑하는 이들과 이 시간을 보낼 수 있는 기회를 안겨준다. 호스피스는 케어는 환자가 더 이상 집에서 보살핌을 받지 못하게 될 때, 일시적 위탁 간호가 가능한 환경을 제공한다. 직원들은 개인 상담과 가족 상담을 제공한다. 이러한 철학에 동의하는 보건 관리 전문가들은 말기 환자들에게 정확하고 안심이 되는 정보를 제공하고 긴장 완화술과 항불안제, 항우울제 등을 사용하면서 이들의 불안을 감소시키기 위한 노력을 기울이고 있다. 호스피스 케어는 죽음을 인간 경험의 중요한 부분으로 여기고, 이를 반기기 위해 준비하는 데에 초점을 둔다. 여기서 우리는 그러한 호스피스의 철학이 진짜 엄청난 태도 변화를 가져온 것인지, 아니면 그저 새로운 형태로 부정의 문화를 변경하고 지속해나가는 것일 뿐인지 생각해봐야 한다.

인생의 마지막 수용 단계는 유아기에 볼 수 있는 자기애적 행복의 단계와 견줄 만한가도 생각해봐야 할 문제다. 인생의 마지막 순간, 우리는 아무것도 요구되지 않고 우리가 원하는 것들이 모두 주어진 상태에 들어선다. 우리가 일하고 베풀고 즐기고 고통받던 삶의 마지막에 우리는 우리가 출발했던 곳으로 돌아간다. 우리는 오래 잠을 자게 되고, 탈脫 태아의 상태로 물러서게 된다. 어머니의 인생에서 마지막 2년 동안 어머니는 점차 외부 세상에 대한 관심을 껐다. 어머니는 몸이 지쳤고 삶이 끝날 때가 왔다고 느꼈고, 점차 내면세계에 틀어박혔다. 그러나 마음은 온전히 존재했다. 어머니는 아기처럼 점차 내면의 세계에서 더 많은 시간을 보냈다. 꿈의 세상이 현실의 세상을 앗아갔다. 어머니가 잠들어 있는 시간은 점점 길어졌다. 그리고 깨셨을 때는 당신이 꾸셨던 선명한 꿈을 세세하게 묘사했다. 이러한 꿈들은 어머니의 과거에서 온 중요한 인물들로 가득차 있었다. 어머니의 부모님, 먼저 세상을 떠난 옛 친구들, 전쟁의 기억들. 어머니가 점차 꿈을 많이 꾸시게 되자 나는 이를 어머니의 임종이 가까워졌다는 신호로 받아들였다. 깨어 있는 시간과 잠든 시간, 꿈꾸는 시간과 죽어가는 것 간의 중간 지대는 마지막 순간이 오기까지 모든 순간을 놀라움으로 채우게 만들었다.

이러한 수용의 단계에 도달할 때 인생은 원점으로 돌아간다. 여기에는 물러남의 감정이 동반된다. 그러나 수용적이고 현실적인 환자들조차 삶에 대한 희망을 쉬이 놓지 않는다. 죽음의 순간까지 기적의 약을 발견하는 것과 같은 부활의 가능성을 버리고 싶지 않아 한다. 죽음의 부정은 극도로 강인한 생명력을 갖게 한다. 새뮤얼 존슨은 "인간의 가장 자연스러운 도피는 기쁨에서 기쁨으로가 아니라 희망에서 희망으로다."라고 말했다.

28장

빛의 죽음

꿈은 출생과 죽음 사이의 여명을 건넜다.
T.S.엘리엇

한 사람의 죽음은 그 자신보다 살아남은 자의 문제가 된다.
토머스 만

우리가 남겨진 사람들의 마음속에 영원히 살아 있을 때
영생을 얻는다.
토머스 캠벨

인생은 내게 짧은 초가 아니다.
인생은 내가 지금 이 순간 손에 쥔 눈부신 횃불이며
이 횃불을 미래 세대에 건네주기 전에 가능한 밝게 태우고 싶다.
조지 버나드 쇼

겨자씨에 관한 불교우화는 아들의 죽음을 두고 감당하기 어려울 정도로 슬퍼하는 한 여성의 이야기다. 그녀는 '끝'이라는 죽음의 특성을 이해하지 못했고 아들의 '병'을 치료할 수 있는 방법을 찾아 헤맸다. 그리고 붓다에게 아들을 치료해달라고 부탁했다. 붓다는 그녀에게 마을로 나가 아무 집에서나 겨자씨 몇 알을 찾아오라고 명했다. 이 겨자씨들은 '병'에 대한 해독제가 될 것이었다. 단, 한 가지 조건이 있었다. 아무도 죽은 적 없는 집에서 나온 겨자씨여야 한다는 것이었다. 오랜 시간을 찾아 헤매다 기진맥진해진 그녀는 드디어 진실을 깨달았다. 죽음은 피할 수 없는 운명이라는 진실이었다. 이러한 깨달음은 그녀에게 평온함을 안겨주었고, 그제서야 아들의 시체를 화장하기 위한 장작더미 위에 올려놓을 수 있었다.

이 이야기에서 또 다시 이야기되듯 죽음은 모두에게 찾아온다. 우리는 죽어야만 하는 우리의 운명을 잊기 위해 다양한 탈출을 감행할 수 있다. 어딘가에 몰두하거나, 술에 취하거나 아슬아슬한 모험에 참가하거나 하는 것들이다. 또는 종교 활동에 참여할 수도 있고 이념을 지지할 수 있으며 자선단체를 만들어 우리의 이름을 올리거나 사업을 시작하거나 아이를 많이 낳거나 또는 길이 남을 작품을 만들 수도 있다. 그러나 우리의 영생을 확인하려는 이 모든 시도는 소용없다. 죽음은 우리가 현실을 오래 외면하도록 내버려 두지 않는다.

우리는 죽음에 의해 구조화된 인생에 딸려오는 신비감과 책임감을 받아들여야 한다. 부정으로의 회피는 만족스러운 해결책이 아니다. 죽음과은 인간의 힘으로 밀어낼 수 없다. 그러므로 우리는 죽음과 죽는 것에 대한 우리의 태도를 바꿔야만 한다. 그리고 부정에서 수용으로, 우리의 생명력과 살고자 하는 의지를 잃지 않고 변화해야 한다.

당신은 어떠한가?

우리 모두는 인간인 덕분에 스스로가 살아 있음을 알고 스스로를 개별적인 실체이자 존재로 인식한다. 또한 우리는 삶을 중단하고 더 이상 기능할 수 없는 때가 오게 된다는 것을 안다. 그러나 죽음이 무엇을 수반하거나 의미하는지 제대로 이해하지 못한다. 이는 가장 큰 미스터리다.

산다는 것은 또한 죽음을 포함한다. 그러나 앞서 논의했듯 자기 자신의 죽음이라는 현실을 다루는 것은 여전히 매우 불편한 일이다. 우리는 이에 대해 이야기하는 것을 피한다. 그러나 죽음의 두려움에 직면해 똑바로 바라볼 수 있는 용기를 가져야만 한다. 우리는 죽음을 준비하고, 죽음을 인지하면서도 용감하게 살 수 있는 방법을 배워야만 한다.

대단치 않은 불편한 과제

다음의 질문들은 우리가 이 불안한 진실을 어떻게 다룰지의 문제를 마주하고 그 과정에서 스스로에 대해 더 많은 것을 배우도록 도와줄 것이다.

- 죽음에 대해 자주 생각하는가, 아니면 거의 생각하지 않는가?
- 당신이 죽음에 대해 생각하게 만드는 특별한 환경이 있는가?
- 죽음을 두려워하는가? 그 이유를 알고 있는가?
- 죽음은 어떤 것이라고 상상하는가? 이러한 문제를 다른 사람들과 논의하는가?
- 가까운 누군가를 잃은 적 있는가? 그렇다면 이를 어떻게 경험했는가?
- 그 사람이 죽음에 이르는 고통을 보고, 기다릴 때 어떤 생각이 떠올랐는가?
- 그가 사라지는 것에 대해 어떻게 준비했는가?
- 그가 죽기 전에 당신은 무슨 말을 건넸는가?
- 이것이 헤쳐나가기 어려운 과정이라고 느꼈는가?

당신에게 살아갈 날이 5년밖에 남지 않았다면 무엇을 할지에 대해 시간을 들여 써내려가 보자. 그리고 오직 1년, 6개월, 1개월, 그리고 단 하루만 남았을 때 어떻게 할 지 생각해보자. 가능한 한 정확하게 써보자. 이 과정을 통해 당신이 인생에서 가장 중요시하는 것이 무엇인지,

당신이 죽기 전에 성취하고 싶은 것이 무엇인지 알 수 있다. 그리고 인생에서 평화로움과 충만함을 찾을 수 있다.

죽기 전에 작별 인사를 하고 싶은 친구와 가족이 있는가? 당신이 너무 늦기 전에 바로잡고 싶은 인간관계가 있는가? 예를 들어 당신이 곧 죽게 되고 단 한 사람하고만 이야기를 할 수 있다고 상상해보자. 누구와 이야기를 하고 싶고 무슨 말을 하고 싶은가? 그렇다면 왜 지금 그 사람에게 말을 걸지 않는가? 왜 머뭇거리는가?

이러한 질문들에 대한 당신의 답을 되짚어보자. 바로 이 순간까지 당신은 당신의 인생과 그 즐거움과 기쁨을 어떻게 감사히 여겼는지 생각해보자. 장미의 향을 맡기 위해, 스스로에게 너그러워지기 위해 걸음을 멈춘 적 있는가? 당신이 하고 싶은 일을 하기 위해 충분히 '이기적'이 되어봤는가? 아니면 언제나 돌을 굴리며 언덕을 올라가야만 하는 시시포스와 같은가? 인생에서 당신이 놓친 가장 큰 것은 무엇인가? 그리고 지금 현재 무엇이 당신을 충만한 인생을 살지 못하도록 방해하는가?

어떻게 죽고 싶은가? '완벽한' 죽음이란 무엇이라고 생각하는가? 빠르고 쉬운 죽음이길 바라는가? 아니면 아주 다르게 죽음을 맞길 바라는가? 자는 동안 죽음을 맞고 싶은가? 특별한 장소에서 죽고 싶은가? 그리고 이 세상에서의 마지막 순간에 누구와 함께 있고 싶은가? 당신의 죽음을 어떻게 구성하고 싶은가? 당신의 유해가 어떻게 처리됐으면 좋겠는가? 당신의 유해를 매장하거나 처리하고 싶은 특별한 장소가 있는가?

불멸의 체계가 당신에게 중요한가? 당신의 영혼이 내세에서 삶을 이

어갈 것이라 믿는가 아니면 일단 죽으면 그것으로 끝이라고 생각하는가? 이에 대해 생각하며 시간을 보내봤는가? 다른 사람에게 그에 대해 말해본 적 있는가?

다음 단계는 당신 자신에 대한 추도 연설을 써보는 것이다. 당신의 장례식이나 추도식에서 사람들이 당신에 대해 무엇이라고 말하길 바라는가? 당신의 묘비에 무슨 글이 쓰이길 바라는가? 아이들이 당신의 죽음 후에 당신에 대해 어떻게 기억하길 바라는가? 다른 사람들은 당신을 기억할 것인가? 이러한 질문들은 당신이 인생의 '임무'에 관해 더 정확히 쓸 수 있도록 도와줄 것이다. 자아실현과 사랑, 깨달음을 최대한으로 얻기 위해 무엇을 해야 하는가? 당신의 독특한 잠재능력은 무엇인가? 당신은 그 능력을 어떻게 수행하는가? 이러한 기본적인 질문에 대한 답을 찾기 위해 이야기를 나눌 수 있는 누군가가 있는가?

마지막으로 당신의 유서를 써보자. 우리는 너무 늦어버릴 때까지 유서 쓰는 일을 미루는 경향이 있다. 그러나 유서를 쓰는 일은 가치 있는 연습이다. 죽음의 불가피성에 대해 더욱 잘 인식하게 될 뿐 아니라 당신 인생에서 중요한 것들을 평가할 수 있는 기회를 가질 수 있다. 또한 당신의 개인적인 소유물을 어떻게, 누구에게 나눠줄 것인지 결정할 기회도 된다.

이러한 연습을 거친 대부분의 사람들은 인생의 가능성을 더욱 풍부히 이해하게 됐고 인생을 좀 더 충만하게 살 수 있는 방법을 다시 생각해볼 준비를 하게 됐다. 이러한 질문들은 또한 지금부터 살게 될 인생의 여정에서 변화가 필요한 부분에 빛을 비출 것이다. 이는 인생을 살면서 중요한 부분이다. 오랜 스코틀랜드의 속담은 말한다.

"당신은 죽은 지 오래예요. 인생을 즐기세요."

이러한 이슈에 관해 개방적이고 솔직해질 때 죽음을 더 심도 있게 이해하고 받아들일 수 있게 될 것이다. 게다가 이러한 정보를 당신의 가족, 친구, 또는 당신이 신경 쓰는 사람들과 나눌 때 더욱 의미 있는 인간관계를 쌓아갈 수 있다. 개방성은 당신이 충만한 인생을 살고 죽음에 가까워진 사람들로부터 배움으로써 죽음을 받아들일 수 있도록 만들어줄 것이다. 당신에게 진정으로 의미 있는 것들을 다른 사람들과 나눌 때, 다른 사람들 역시 자기 자신을 내보이고 더 친밀한 관계를 구축할 수 있을 것이다.

인생을 확인하는 방식으로 죽음을 대면하는 것은 인간 생명에 대한 숭배를 낳게 된다. 죽을 수밖에 없는 우리의 운명을 부정하는 것은 종종 우리가 인간생명을 평가절하하게 되는 원인이 된다. 인간임을 이해한다는 것은 우리의 동물적인 측면을 마주하는 것이다. 즉, 우리는 약해지고 언젠가는 죽게 될 몸에 머문다는 사실 말이다. 우리가 그러한 몸을 가진 한 인간의 여정에 관해 숭배할 부분이 많이 있다. 우리는 우리의 공포를 정복하고 오늘을 즐기며 우리가 살고 있는 이 순간들을 가장 잘 활용해야만 한다. 인생과 아름다움, 인간의 성취를 탐구해야만 하는 많은 이유들이 있으며 후회 없이 인생을 사는 것이 중요하다.

그 다음의 멋진 모험은?

이러한 과제를 진지하게 수행하더라도 가장 깊은 약점을 정복하기란 쉽지 않은 일이다. 우리는 심리적으로 자기 자신의 붕괴와 쇠퇴라는 아픈 진실을 받아들이려 하지 않는다. 소크라테스의 통찰력은 여전히 도발적이다. "신사들이여, 죽음의 공포는 그저 다른 사람과는 달리 스스로가 현명하다고 생각하는 것에 지나지 않는다네. 그리고 다른 사람이 모르는 것을 안다고 생각하는 것이지. 그 누구도 죽음이 인간에 대한 최고의 축복이 아닌 것으로 드러날 수도 있음을 확신할 수 없지."

죽음 없는 세상을 상상해보는 것은 흥미로운 일이다. 그 세상은 얼마나 매력적인가? 나쁜 점은 무엇일까? 이 문제를 반만 진지하게 생각해본다면 죽음은 인생의 필수적인 조건이며 반드시 악이 아니라는 것을 깨닫게 된다. 마크 트웨인Mark Twain은 "인생이 무엇인지 알 만큼 오래 산 사람이라면 우리가 우리 종족 최초의 위대한 은인인 아담에게 진 감사의 빚이 얼마나 큰지 알 것이다. 그는 죽음을 이 세상에 데려왔다."라고 말했다.

〈사마라 거리의 약속Appointment in Samarra〉라고 불리는 옛 아랍의 이야기가 있다. 바그다드에 사는 한 상인이 식량을 사오라고 자신의 하인을 시장에 보냈다. 얼마 후 하인이 허옇게 질린 얼굴로 헐레벌떡 돌아와 이렇게 말했다. "주인님, 바로 지금 시장에서 사람들 사이에 껴있던 한 여인이 저를 밀쳤습니다. 그리고 고개를 돌리자 저를 밀친 사람이 죽음이라는 것을 봤죠. 그 여인은 저를 보더니 위협적인 몸짓을 보였습니다. 이제, 주인님, 제게 말을 한 필 빌려주십시오. 그러면 제 운명을 피하기 위해 이 도시에서 멀리 도망갈 겁니다. 저는 사마라로 가겠습니다. 그곳이라면 죽음이 저를 찾지 못하겠죠."

상인은 그에게 말을 빌려줬다. 하인이 말 위에 올라타 말 옆구리를 힘껏 차더니 말이 달릴 수 있는 한 빠르게 질주해 사라졌다. 그 후 상인은 시장으로 가서 사람들 사이에 서 있던 죽음을 보았다. 상인이 죽음에게 다가가 말했다. "왜 오늘 아침 제 하인을 만났을 때 그놈에게 위협적인 몸짓을 했나요?"

"그건 위협적인 몸짓이 아니었네. 나는 뜻밖이라 놀랐을 뿐이야. 나는 그를 바그다드에서 볼지 몰랐어. 나는 오늘 밤에 사마라에서 그 사람을 만나기로 약속했거든."

우리는 운명을 통제할 수 없다. 오직 지금, 오직 이곳에만 있을 뿐이다. 우리는 가끔 우리가 운명을 피하려 택한 길 위에서 운명을 만나게 된다. 다음과 같은 유대인 속담이 있다. "어떤 사람이 익사할 운명이라면, 그 사람은 한 숟가락의 물에도 빠져 죽게 되어 있다." 미국의 소설가 나다니엘 호손Nathaniel Hawthorne은 이렇게 썼다. "우리는 때로는 불안한 꿈에서 깨어났다는 것에 기뻐한다. 죽음 이후의 시간에도 그럴 것이다."

죽음에 있어 분명한 것은 불확실성 덕분에 어느 정도는 변할 수 있다는 것이다. 우리 모두가 알 듯 죽음은 다음 차례의 훌륭한 모험이 될 것이다.

진정성의 추구

인생의 행복은 생각의 수준에 달려 있다.
마르쿠스 아우렐리우스

열망의 땅, 아름다움이 흘러나가지도, 들지도 않는 곳.
그러나 즐거움이 지혜고 시간은 끝없는 노래가 된다.
윌리엄 예이츠

현명함의 기술은
눈 감아야 할 것이 무엇인지 아는 기술이다.
윌리엄 제임스

어딘가에 기여하는 것을 멈출 때
죽기 시작하는 것이다.
엘리노어 루즈벨트

무엇보다도, 네 자신에게 진실해라.
그러면 마치 밤이 낮의 뒤를 따르듯
그 누구에게도 거짓되지 않게 할 수 있다.
셰익스피어

이 글은 경험에서 배운 결과이자 이러한 경험을 이해할 수 있는 능력의 결과다. 내 학생들과 클라이언트들의 기여 없이는 이러한 글을 쓰는 것이 불가능했을 것이다. '프랙시스Praxis'는 성찰이 수반되는 행동 또는 우리가 하는 일로부터 배우는 것을 의미한다. 교육자들은 프랙시스라는 단어를 경험적 학습이 순환하는 과정을 묘사하는 데에 사용한다. 프랙시스에 의해 이론과 교훈, 기술은 규정되거나 실행된다. 프랙시스는 암묵적인 지식의 습득을 암시한다. 이는 개인에게 내재되어 있었지만 상호작용 없이는 효율적으로 전달될 수 없는 그러한 종류의 지식이다.

내게는 프랙시스가 중요하다. 내 경험을 성찰하면서 배우기 때문이다. 경영자들을 성찰하는 실무자로 바꿔놓기 위해 질문은 대답보다 훨씬 중요하다. 경영자들과 교류할 때 나는 질문과 문제, 딜레마, 또는 도전 과제에 대응함으로써 배운다. 그러나 선생으로서 나는 가끔 과감한 주장이나 자신감 있는 발언을 해달라는 기대를 받기도 한다. 그런 주장이나 발언들은 우리를 둘러싼 세상에 대해 지배력과 통제력(그리고 확실성)을 부여해주기 때문이다. 불행히도 그런 이야기를 하면 영웅이 될 수는 있을 지 몰라도, 내 학생들이나 내 자신이 더 심도 있게 배울 수는 없다. 나는 얽히고설킨 질문들과 내가 아직 답을 가지지 못한 이슈들을 다루면서 가장 많이 배운다. 질문은 우리를 깊이 생각하고 반성하게 만든다. 질문은 대화로의 초대다. 질문은 통찰력과 더 깊은 배움에 이르는 가장 빠른 길이다. 반면에 오직 답에만 집중하는 것은 학습 과정을 멈추겠다는 서곡이 된다.

진정성 갖추기

이 책을 쓰면서 나는 진정성의 중요성을 깨달았다. 나는 자기 기만과 환상으로 향한 길을 따르는 것이 얼마나 쉬운지 알고 있다. 그러나 스스로를 속이는 것은 장기적으로 불가능하다. 우리는 자기 자신을 속일 때 가장 큰 소리로 거짓말을 한다. 그러나 스스로에게 진실을 말하지 않는다면 다른 이들에게 어떻게 진실할 수 있겠는가? 어떻게 이 책에서 논의된 중요한 실존적 질문들을 다룰 수 있겠는가?

나다니엘 호손의 말을 다시 한 번 인용하고 싶다. "오랫동안 자기 자신을 위한 얼굴과 다른 사람들을 위한 얼굴을 가진 사람은 결국 어떤 것이 진짜인지 헷갈리게 되어 있다." 진실되지 않은 가면을 쓰는 것은 큰 대가를 가져온다. 진정성이 없을 때 우리가 무엇을 말하든, 무엇을 하든 간에 계속 문제를 겪게 된다. 진정성이 없을 때 우리는 배신을 당한다. 미국의 소설가 마크 트웨인은 "진실을 말할 때 당신은 아무것도 기억할 필요가 없다."라고 말했다. 우리 스스로에게 정직하지 않을 때 어떻게 우리가 다른 이들에게 정직할 수 있겠는가?

내게 진정성을 갖추는 일이란 나 자신과 남들에게 솔직하고 정직하며 나만의 가치와 원칙에 일관성 있게 사는 것이다. 또한 내가 하는 행동의 의미를 느끼는 것이다. 진정성은 내가 누구인지를 받아들이고 다른 사물이나 사람처럼 보이려는 시도를 하지 않는 것이다. 진정성은 내 장점을 믿을 뿐 아니라 내 약점을 마주하고 내 불완전성을 인내하는 것이다. 상황에 대해 이야기하고, '아니다'라고 말하고, 진실을 마주하고, 옳은 일이기 때문에 옳은 일을 하려면 용기가 필요하다. 진정성이 있다는 것은 경계선을 정한다는 의미이기도 한다. 다른 사람을 기쁘게 하거나 내게 화를 내지 않게 막기 위해 무엇이든 하는 것은 진정성 있는 것이 아니다. 진정성은 다른 사람을 내 자아의 연장으로 보지 않고 그 자체의 개인으로 보는 것을 뜻한다. 진정성은 또한 내 인생에서 거짓인 것들, 아무 의미 없는 것들을 떠나보내는 것이다. 배우가 되거나 가면을 쓰지 않고 진실해야 하는 문제다.

소피 숄과 백장미단 운동을 그토록 잊지 못하게 만드는 것이 바로 진정성이다. 독일의 많은 사람들이 나치 체제의 실체가 무엇인지 인식하고 있었다. 전쟁에서 패배했으며 히틀러는 스스로를 속이고 있다는 것을 알았다. 그러나 침묵을 지켰다. 소피와 그녀의 조력자들은 그렇지 않았다. 이들은 행동함으로써 자신들이 치러야 할 끔찍한 대가를 완전히 알고 있었지만 행동할 용기를 지녔다. 이들은 침묵을 지켜야 하는 때와 행동해야 하는 때를 알았다. 이들은 행동 없는 말은 그저 환각에 지나지 않다는 것을 알았다.

진정성은 다이아몬드가 다른 돌에 흠집을 내듯 우리의 모든 상호작용에 영향을 미친다. 우리가 진정성을 가질 때 다른 이들에게 자신감을 불러일으킬 수 있고, 주위 사람들을 고취시킨다. 다른 이들에게 진심 어린 관심을 보여줌으로써 우리는 '용전containment(아이가 추구하는 욕구를 양육자가 완벽하게 이해하고 주어진 시간 안에 정확하고 충분하게 충족시켜주는 행동-옮긴이)'을 제공할 수 있고, 다른 사람들이 갈등과 불안에 대처할 수 있도록 도와주는 안전한 장소인 '안아주는 장소holding environment'를 만들어낼 수 있다. 우리는 다른 사람들에게 친절하게 대하고 너그러운 정신을 키우며 우리의 노력에 대해 겸손해야 한다. 우리가 스스로에게 평온하지 못한다면 그 어느 곳에서 평화를 찾고 나눌 수 있겠는가? 스스로에게 자신감이 없다면 어떻게 다른 이들에게 영감을 줄 수 있는가?

진정성의 핵심은 진실됨이다. 진정성이 있다면 다른 이들로부터 신뢰를 얻을 수 있으며, 위선을 혐오하게 된다. 스스로를 믿는 사람은 다른 사람을 믿고 의미 있는 관계를 형성할 수 있다. 신뢰는 또한 어려운 상황에서 신념을 가질 수 있는 용기를 준다. 그리고 우리의 가치와 믿음을 철저히 따를 수 있도록 도와준다. 진정성을 가질 때 우리는 인내와 투지의 화신이 될 수 있다. 바다가 잔잔할 때는 누구나 배를 조종할 수 있다. 진정한 키잡이, 즉 진정성 있는 개인이 빛을 발하는 것은 거친 바다에서다. 역경이 훌륭한 스승이라면 위험은 자립성을 키울 수 있는 토대가 된다. 어려움을 극복하는 것은 우리가 미래의 어려움에 강하게 대처할 수 있도록 해준다. 진정성은 차별화된 용기를 준다. 내가 믿는 것이 너무나 명백하게 잘못임이 밝혀졌을 때에는 잘못을 알고, 인정하며, 사죄하는 용기를 낼 수 있다.

용기에 대한 진정한 시험은 우리가 소수에 속할 때 이뤄진다. 우리는 사회적 동물이기 때문에 우리의 의견을 홀로 고수하는 데에 어려움을 느낀다. 극작가 헨리크 입센Henrik Ibsen은 "세상에서 가장 강한 사람은 완전히 홀로 설 수 있는 사람이다."라고 말했다. 우리 모두가 소피 숄과 같은 용기를 낼 수는 없을지 몰라도 때로는 당당히 홀로 설 수 있다.

진정성은 우리에게 의미가 있고 우리가 유능하다고 느낄 수 있는 일을 한다는 것을 의미한다. 불행히도 너무 많은 사람들이 어떤 의미를 찾거나 유능감을 느끼지 못하고 인생을 살아간다. 이들은 마치 몽유병 환자와 같다. 중요하다고 생각하는 일을 하느라 바쁠 때도 마찬가지다. 추구하는 대상이 무의미하기 때문이다. 우리는 명분을 가질 때에만 진심으로 살 수 있다. 칼 융은 "의미를 지닌 최소한의 것들은 의미가 없는 최대한의 것들보다 인생에서 훨씬 가치 있다."라고 말했다. 영생의 체계에서 논했듯 우리는 믿을 수 있고 전적으로 열광할 수 있는 무엇인가를 필요로 한다. 우리는 이 세상이 우리를 필요로 하며 스스로 가치 있는 존재라는 것을 느낄 필요가 있다.

의미를 찾아서

의미 없이 살아가는 것은 공허할 뿐이다. 우리는 이 풍요롭고도 편리한 세상에 흔한 지루함과 단절, 소외의 느낌을 초월해야 한다. 우리는 우리 자신보다 큰 무엇인가에 대해 애착을 형성함으로써 그러한 초월을 성취해야 한다.

소설가이자 정치운동가인 엘리 비젤Elie Wiesel은 "우리의 의무는 인생에 의미를 부여하고 그렇게 함으로써 수동적이고 그저 그런 인생을 극복하는 것이다."라고 말했다. 스페인의 시인 페드로 칼데론 데 라 바르카Pedro Calderon de la Barca는 "꿈에서조차 좋은 일을 하는 것은 낭비가 아니다."라며 이에 동의했다. 선의 추구이자 의미의 탐구는 우리가 계속 나아갈 수 있도록 동기를 부여한다. 내 경험에 따르면 가장 행복한 사람들은 의미 있는 삶을 살기 위해 의식적인 노력을 하는 이들이다. 이들은 늘 축제 같은 삶을 살거나 근본적인 우울을 소비나 파티로 덮으려 하지 않는다. 이러한 행동은 가짜로 충실한 것이다. 진정한 행복은 내면의 평화를 바탕으로 한다. 우리가 다른 이들을 위해 선행을 베풀기 때문에 우리 인생이 의미를 가진다고 믿는 것처럼 말이다. 즐길 수 있는 일에 완전히 몰입하고 스스로 설정한 목표를 두고 일할 때 우리는 최상의 상태에 머물고 가장 행복할 수 있다.

의미는 우리의 인생 안에 구축되는 것이다. 우리가 성장하면서 겪은 중요한 경험들로부터, 시간이 흐름에 따라 우리가 구축하는 관계로 이뤄진 네트워크로부터 의미는 찾을 수 있다. 의미는 우리의 재능과 기량을 바탕으로 우리를 살아 있다고 느끼게 만드는 것들 위에 세워진다. 그러나 이러한 요소들을 잘 섞어서 창의적인 혼합물을 만들어내는 것은 우리의 몫이다. 결국 모든 의미는 해석에 달려 있다.

인생의 의미를 찾기 위해 우리는 모두 살아 있음을 느끼는 것을 목표로 삼아야 한다. 우리는 내면적 현실을 울릴 수 있는 외부적 현실, 즉 경험을 원한다. 우리의 개인적 행동이 우리의 가치, 헌신, 그리고 우리 자아 개념을 구성하는 중요한 요소들과 일치할 때 의미를 얻을 수 있다. 르네상스의 학자 미셸 드 몽테뉴Michel de Montaigne는 "인간의 위대함은 목표를 가지고 사는 법을 아는 것이다."라고 썼다.

르네상스 시대 로마 카톨릭교 수사였던 토마스 아 켐피스Thomas a Kempis는 스승에게 불평을 늘어놓는 한 제자의 이야기를 들려준다. "스승님은 저희에게 이야기를 들려주시지만 그 의미는 절대 알려주지 않으십니다." 스승은 말한다. "누군가 네게 과일을 주겠다고 하더니 너한테 주기 전에 다 씹어서 준다면 어떻겠는가?" 이 이야기에서 말하듯, 우리는 매일의 경험에서 스스로 의미를 추출해내야 한다. 우리는 의미를 가지고 시작하는 것이 아니라 의미를 가지고 끝내야 한다. 인생의 진정한 의미는 우리가 그 그늘에 앉을 일이 절대 없을 것임을 알면서도 나무를 심는 것이다.

진정성과 의미의 탐구는 쌍둥이와 같다. "의미하는 대로 말하고 말하는 대로 의미하라."는 말이 있다. 그 어느 것도 우리가 의미를 부여하기 전까지 의미를 가지지 않는다. 그리고 행복은 의미와 함께일 때 찾을 수 있다. 행복에 관한 글들에서 나는 그리스의 자아실현론인 행복주의eudaimonism에 대해 언급했다. 'Eudaimonism'은 보통 '행복'으로 번역된다. 그러나 '한 사람의 진정한 잠재력과 일치하는 행동을 할 때 갖는 느낌'이라고 번역하는 것이 효율적이지는 못해도 좀 더 적합하다. Eudaimonism에서 '영혼'이라는 의미의 daimon은 우리 인생에서 방향과 의미를 만들기 위해 정진하는 존재가 무엇인지를 보여준다.

교육자 헬렌 켈러Helen Keller는 "많은 사람들이 무엇이 진정한 행복을 구성하는지 잘못 생각한다. 행복은 자기만족을 통해 얻어지는 것이 아니라 선의를 가지고 가치 있는 목표를 추구할 때 얻어진다."라고 말했다. 그녀는 어린 시절 심각한 병을 앓고 난 후 시각장애와 청각장애를 갖고 자라면서 이를 누구보다 잘 알게 됐다. 자기 자신과 앤 설리번 선생님의 영웅적인 노력을 통해 켈러는 점자를 읽고 쓰는 법을 배웠다. 더군다나 앤 설리번 자신도 시력장애가 있었다. 어른이 된 헬렌 켈러는 청각장애인들과 시각장애인들을 돕는 데에 인생을 바쳤다. 그녀의 책은 윌리엄 깁슨 William Gibson의 책 〈기적은 사랑과 함께Miracle Worker〉의 기초가 됐다. 이 책은 퓰리처상을 수상하고 영화로도 만들어졌다. 헬렌 켈러는 세계를 다니며 비슷한 고통을 겪은 사람들의 동기를 고취시켰다. 그녀가 보여준 영성과 이타심, 용기, 그리고 끈기는 그녀의 성숙함과 측은지심, 보살핌과 함께 많은 사람들에게 영감을 주었다. 이러한 특성은 그녀 자신의 자존감과 정서적 건강에도 훌륭히 기여했다.

우리 대부분은 자신이 최선을 다해 다른 이들을 도왔다고 기억되길 바란다. 내 개인적인 경험에서도 마찬가지다. 나는 조직의 리더들과 함께한 작업들을 통해 이들이 온전한 잠재력을 개발하도록 돕고 내면의 여행을 이끄는 가이드가 되면서 기쁨을 느낀다. 또한 이들이 자신의 강점을 깨닫고 한계에 맞설 수 있도록 격려해주는 일에서 의미를 찾는다. 나는 변화의 과정에 있는 이들을 안내하고 싶다. 나는 사람들이 정신건강은 선택의 결과라는 것을 알길 바란다. 정신 건강은 주어지는 것이 아니다.

나는 사람들이 자기 인생을 소유하고 다른 사람들에 의해 움직이지 않길 바란다. 나는 사람들이 인생에서 의미 있는 균형을 찾을 수 있도록 돕고 싶다. 내 희망은 리더의 위치에 있는 사람들이 이러한 목표에 전념할 때 자신들이 운영하는 조직에 긍정적인 영향을 미칠 수 있도록 하는 것이다. 나는 사람들이 목표를 찾고 완전함을 느끼며 스스로가 완전하고 살아 있다고 인식할 수 있는 조직을 만들려 한다. 또한 사람들이 배우고 성장할 기회를 누리면서 스스로 변화를 이끌어낼 수 있다고 믿는 조직을 만들기 위해 조용히 노력 중이다. 때로 나는 모두에게 공평한 반면에 부당함을 혐오하는 그러한 조직들을 만드는 이 노력이 더 나은 사회를 만드는 데에 기여할 수 있길 감히 바란다.

나는 경영자들이 '진정성 있고 생기 넘치는Authentizotic' 조직을 만들 수 있도록 격려한다. 'Authentizotic'이란 단어는 내가 그리스어 'Authenteekos(진정성)'과 'Zoteekos(생명에 필수적인)'를 조합해 만들었다. 진정성은 조직이 그 조직원들에게 비전과 미션, 문화, 구조를 통해 강렬히 연합된 능력을 부여할 수 있음을 암시한다. 다시 말해 그 조직에서 일하는 사람들에게 의미를 부여하는 것이다. 조직적인 상황에서 'Zoteekos'는 사람들이 업무로 인해 활기를 찾는 방식을 의미한다. 자유로운 의견 개진을 허용하고 효율성, 역량, 자율성, 혁신, 창의성, 기업가정신, 그리고 근면성을 만들어내는 조직에서 사람들은 행복을 느낄 수 있다. 이윤 추구가 아닌, 더 고매한 목적을 지닌 회사들은 본질적으로 좀 더 신뢰할 수 있고 지지를 보낼 가치가 있다. 이런 기업에서 일하는 직원들은 자연스럽게 조직에 더욱 헌신하게 된다. 그렇게 의미를 추구하는 기업은 더 많은 이윤을 창출할 수 있다. 의미 있는 삶이 아니라면 훌륭한 삶이 될 수 없다. 그리고 의미 있는 일이 없다면 의미 있는 인생을 살 수 없다.

의미를 추구하는 인류의 활동을 광범위하게 연구한 사람 가운데 하나는 의미 치료ogotherapy의 아버지인 빅터 프랭클Victor Frankl이다. 그는 죽음의 나치 수용소에서 겪은 경험을 바탕으로, 어떤 상황의 결과가 아닌 그 뒤의 이유에 초점을 맞출 때 사람은 가장 끔찍한 상황에서도 살아남을 가능성이 더 높아진다고 주장했다. 수용소에 감금됐을 때 그는 생존자들이 절망적인 상황에서도 자기 안에서 의미를 찾아냄으로써 고통을 초월하는 것을 발견했다. 삶과 죽음에 대한 목표를 유지하는 수용자들 사이에서는 냉소적인 정도와 사망률은 더 낮았다. 극단적인 상황에서 프랭클은 사람들의 행동을 관찰했고 그의 연구 덕에 우리는 의미가 어떻게 자존감을 강화하고 자기 가치를 확인하게 하는지를 이해하게 됐다. 프랭클은 또한 모든 개인이 선천적으로 자기 존재의 의미를 찾는 경향이 있다고 주장했다. 프랭클은 인간의 동기를 유발하는 주요한 힘은 의미와 목적을 추구하는 것이라고 주장하는 필생의 연구를 완성했다. 그는 사실 사람들은 행복을 추구하는 것이 아니며, 단지 행복하기 위한 이유를 찾는 것이라고 말했다.

주어진 상황에서 최선을 다하려고 시도하고 가장 암울한 상황에서도 의미를 찾으려고 노력할 때 만족감을 얻을 수 있다. 프랭클에 따르면 이러한 의미를 찾으려는 욕망을 차단한다면 극단적인 불만과 함께 결국 정신의 붕괴로 이어지게 된다.

프랭클은 또한 '비극의 낙관론' 개념을 주장했다. 비극의 낙관론이란 고통을 성취로 바꿔놓고 상황이 아무리 나쁘게 보여도 개선을 추구하며 (인생의 본질이 변화하는 와중에도) 책임감 있는 행동을 추구하는 동기를 부여받는 능력을 의미한다. 그는 "애정을 담아 자신을 기다리는 이가 있음을 아는 사람, 또는 미결된 업무에 대해 책임감을 가지는 사람은 절대로 인생을 포기하지 않는다. 그는 자기 존재의 '이유'를 알고 그 어떤 '방식'도 견뎌낼 수 있다."고 말한다. 프랭크는 의미가 없다면 우리는 실존적 진공상태에서 생을 끝내게 된다고 보았다. '심연과도 같은 경험'에서 고통받고 간단히 포기하기 때문이다. 정신적으로 건강하기 위해 우리는 인생의 목표를 가져야 하며 우리의 행동은 우리의 가치와 헌신, 그리고 자아정체성의 기타 중요한 요소들과 일치해야 한다. 따라서 어떤 형태로든 방향성과 의도성은 우리의 정신적 평형 상태에 도움이 된다. 내가 죽음을 다룬 부분에서 썼듯 이는 영생을 만들어내는 하나의 방식이 된다.

우리는 주변에서 다양한 의미를 발견할 수 있다. 이는 인간관계, 일, 대의명분, 심지어 종교적 믿음에서도 발견된다. 이러한 의미의 원천들은 모두 협소한 사리사욕을 넘어서고 좀 더 실질적인 수준에서 무엇인가에 헌신할 수 있는 동기를 공통적으로 가지고 있다. 이기적인 사람들이 최고의 것을 추구할 때 이타적인 사람들은 행복을 다른 이들에게 전하려 노력한다. 그리고 그 안에서 자신들의 행복을 찾는다. 이타적인 행동에 참여하는 사람들이 스스로와 세상에 대해 더 좋은 느낌을 가질 때 이타적인 행동은 한 사람의 사리사욕을 위한 행동으로 재구성된다. 이점이 바로 모순이다.

이타적 동기

이타주의Altruism란 무엇인가? 이는 라틴어 'Alter(타인)'에서 파생된 것으로 문자 그대로 '타인을 위한 주의'라고 볼 수 있다. 이 용어를 150년 전에 만들어낸 프랑스 철학자 오귀스트 콩트Auguste Comte는 '이타주의란 완전한 이타심을 바탕으로 다른 이들의 복지에 헌신하는 것'이라고 보았다. 이타주의는 다른 이의 복지를 개선한다는 궁극적인 목표를 지닌 동기적 상태라고 볼 수 있다. 이타주의자들은 다른 사람이 번성할 때 행복하고 고통받을 때 슬프다. 진정한 이타적 행동은 반드시 사익에서 자유로워야 하며 일종의 자기 초월적인 희생이 되어야 한다.

왜 우리는 이타적 행동에 몰두하는가? 왜 우리는 다른 이들을 돕는가? 이러한 질문에는 매우 공리주의적인 답을 내놓을 수 있다. 즉, 우리에겐 선택권이 없기에, 우리에게 기대되는 바이기 때문에, 우리에게 가장 이익이 되기 때문에 다른 사람을 돕는다는 것이다. 아마도 우리는 그 관계 유지를 확실히 하고 싶어서, 아니면 내가 베푼 호의에 화답 받기를 기대하기 때문에 누군가에게 도움을 주는 것일 수 있다. 호혜성의 결합은 모든 형태의 인간사회에서 중요한 역할을 하는 보편적인 행동양식이다.

인간은 오로지 자신의 이익을 위해 남을 돕는 것일까? 물론 그런 이유를 무시할 수는 없다. 예를 들어 친족은 인간 사이에 존재하는 가장 기본적이고 광범위한 연대감이다. 우리 대부분은 우리의 부모, 배우자, 아이, 그리고 친구들에게 친절함을 내보인다. 일반적으로 우리는 가장 가까운 사람들에게 가장 친절하고 가장 이타적인 경향이 있다. 가족의 이익을 우선시하는 것은 진화론적, 생물학적 이유로 오랫동안 이어져왔다. 그러나 자신의 이익과는 상관없이 진정한 걱정에서 우러나와 전혀 상관없는 타인도 도울 수 있을까? 이타적 행동은 인간 조건의 일부가 될 수 있는가? 진심으로 주목받지 않길 바라면서 이타적인 행동을 보이는 것이 가능한가? 아니면 우리가 무엇을 하든 이기적이고 자기중심적인 이유에서 행동하는가?

진정한 이타주의가 존재할 수 있는지에 대한 의문은 중히 다뤄져 왔다. 생물학자와 심리학자 사이의 주요 관점은 우리가 본심으로는 순수하게 자기중심적이며 오직 남들의 복지가 우리 자신에게 영향을 미치는 정도에서만 남을 보살핀다고 보는 것이다. 우리가 하는 모든 일은 다른 이들에게 얼마나 고결하고 유익한 일인지는 상관없이 자신의 이익이라는 궁극적인 목표를 향한다. 한 사람의 행동에서 모든 이기적인 동기가 완전히 배제되었을 경우에만 이타적이라고 부를 수 있다면, 자신들의 이익을 고려하기 시작하자마자 더 이상 이타적으로 행동하지 않는 것이 된다. 보상이 그다지 명백하지 않더라도 우리는 여전히 일정한 이익을 얻는다. 예를 들어 곤경에 빠진 사람을 볼 때 우리는 절망에 빠진다. 순수한 이타적 행동으로 보인다 하더라도 그 사람을 돕는 것은 우리 자신의 불행을 완화하기 위한 중요한 방식으로 볼 수 있다. 게다가 추가적인 '이기적' 동기요인으로서, 우리는 스스로를 아무것도 하지 않는 다른 사람과 비교하며 기분이 좋아지고 우쭐해질 수도 있다. 이타적 행동을 구성하는 요소에 대한 이런 식의 엄격한 해석에 따르면 마더 테레사조차 이기적인 요소가 뒤섞인 행동을 한 셈이다.

무엇이 이기적이고 무엇이 이타적인지에 관한 이런 식의 트집 잡기는 사회과학자들이 열광하는 문제다. 그러나 우리는 진짜로 여기에 신경을 쓰던가? 우리 대부분은 동기를 그다지 선명하게 규정하지 않는다. 우리가 하는 일의 다수는 사익이라는 근본적인 요소를 가지고 있을 것이다. 그러나 그렇다고 해서 다른 사람을 이롭게 하려는 궁극적인 목표를 가진 행동이 비난받을 수는 없다. 인간의 모든 행동에는 이기적 동기와 이타적 동기가 혼재한다.

개인적인 예를 한 번 더 들자면, 제2차 세계대전 동안 나의 조부모와 어머니는 피신자들을 돌봤다. 이들은 나치 강제수용소에 끌려가지 않으려고 오랜 시간 동안 피신해 있는 사람들이었다. 가족들은 이 사람들을 데려오면서 "이 사람들을 지금 도우면 나중에, 전쟁이 끝나고 나면 우리를 위해 뭔가를 해줄 거야."라고 생각했을까? 가족들은 마을 사람들에게 자신들의 용기를 뽐냈던 것일까? 이 행동 덕에 나중에 이스라

엘에서 명예를 얻게 될 가능성이 있었을까? 이제와서 나는 가족들이 이러한 행동을 취하기로 결정했을 때 어떤 생각이 스쳤는지 물을 수는 없다. 그러나 내가 아는 한 그런 생각에서 이루어진 행동은 아니다. 가족들은 '해야만 하는 올바른 일'이라고 느꼈기 때문에 이 사람들을 구했다. 그러한 상황 속에서 다른 사람을 돕는 것이 중요했기 때문에 그 일을 한 것이다. 사실 가족들은 결국 이스라엘로부터 '정의로운 비非 유대인Righteous Gentiles'의 영예를 얻었다. 그러나 그 당시 우리 어머니는 그 시대로부터 생존해있는 유일한 사람이었기 때문에 그런 명예를 얻었을 뿐이다.

분명 인간은 때로는 대가를 기대하며 다른 사람을 돕는다. 긍정적인 자존감이든, 동료들로부터의 인정이든, 고통에 있는 다른 사람들을 보는 고통의 완화이든, 심지어 그들이 돕지 않았을 때 훗날 느끼게 될 죄책감을 피하기 위해서든 상관없다. 그러나 때로는 자기 행동에 대한 분명한 보상이 없더라도 돕는다. 때로는 기분이 좋아지기 때문에 돕는다. 때로는 다른 사람이 행복한 모습을 보는 것이 행복하기 때문에 돕는다. 때로는 이들의 인생에 의미를 주기 때문에 돕는다.

자본가 조지 소로스George Soros는 이타적 행동을 통해 의미를 찾는 기나긴 여정을 떠난 개인의 좋은 예다. 소로스는 헝가리 부다페스트의 부유한 유대인 집안에서 태어났다. 그러나 그의 어린 시절은 나치의 헝가리 침공으로 인해 망가져버렸다. 가족은 강제수용소행을 피해 헝가리를 떠나 런던으로 이주했다. 이 일로 인해 소로스는 싸움으로부터 도망쳤다는 죄책감에 빠진다.

소로스는 철학자가 되고 싶어 했다. 그러나 현실적인 이유로 은행에 취직했고, 시간이 흐른 뒤 자신의 투자 회사를 세웠다. 성공한 기업가가 된 그는 벌어들인 돈을 혼자 쓰는 대신 나누기로 결심한다. 그리고 헝가리를 비롯한 동유럽 국가들을 돕는 '소로스 재단'을 만들었다. 이곳에서는 동유럽 국가 학생들에게 장학금을 수여하고, 학교와 사업의 현대화를 돕는다.

자신의 재산 대부분을 재단에 기부한 소로스는 동유럽 국가들이 안정적으로 민주주의를 수립할 수 있게 돕는 데서 생의 의미를 찾았다.

나는 우리의 안녕감은 적극적인 이타주의를 통해 행복을 전파할 때 증가한다고 강하게 믿는다. 내가 인터뷰했던, 봉사활동에 참여하는 모든 사람은 특정한 봉사 프로젝트를 진행하면서 안녕감이 증가했으며 활기차고 살아 있다는 느낌을 받았다고 말했다. 또한 자신의 활동이 걷잡을 수 없는 개인주의에 대한 대가라 할 수 있는 내면의 공허함을 채워줬다고 대답했다. 우리는 다른 사람에게 손을 내밀고 도울 수 있을 때 가장 행복하다. 이러한 개인주의적 행동은 선량한 시민의식으로 바뀌게 된다.

스토아 철학자 에픽테토스는 "모든 인간은 행복한 삶을 추구하지만 많은 이들이 부와 지위 같은 수단과 인생 자체를 혼동한다. 좋은 인생을 위한 수단에 잘못 초점을 맞춘 이들은 결국 행복한 인생으로부터 더욱 멀어진다. 정말로 가치 있는 일은 행복한 삶을 만드는 도덕적인 행위이지 행복한 삶을 만드는 것처럼 보이는 외적인 수단이 아니다."라고 말했다.

만연한 개인주의를 넘어서 이타적 행동을 통해 의미를 찾는 것은 사람들을 한 데 모으고 인간 공동체의 일부임을 느끼도록 도와주며 자기 자신에 대해 좋은 느낌을 가지도록 해준다. 톨스토이는 "인생의 유일한 의미는 인류에 공헌하는 것이다."라고 말했다. 적십자, 세계경제포럼 또는 국경 없는 의사회를 위해 일하는 이들은 그 누구와도 비할 수 없게 자신의 일에 헌신한다. 이들은 책임감과 애정어린 도움, 성숙함을 내뿜으며 자신들이 더 나은 세상을 만드는 데에 기여할 수 있다고 믿는다. 이들은 업무를 통해 깊은 만족감과 행복을 느낀다. 우리 인생에 진정한 의미를 부여하는 것은 우리가 무엇을 얻는가가 아닌, 어떤 사람이 될 것이며 무엇에 기여할 것인가다.

자기중심주의가 어리석음의 고통을 무디게 만드는 마취제라는 것을 잊어서는 안 된다. 이는 효과적인 진정제일지 모르나 그러한 인생 전략에 매달리는 어리석음을 줄여주지는 않는다. 나르시시스트와 이기주의자들은 외롭고 불행하게 인생을 마감한다. 자기중심적인 성향 때문에 다른 사람들과의 관계에 어려움을 겪는 이들은 세상에서 가장 불행한 사람들이다.

지혜 갖추기

진정성과 지혜는 많은 역경을 통해 배울 수 있다. "실수 없이는 경험도 없다. 경험 없이는 지혜도 없다."라는 말이 있다. 지혜는 어려운 인생 경험을 이겨내고 눈앞에 닥친 장애물을 이겨낸 사람에게서만 찾아볼 수 있다. 프랑스 소설가 마르셀 프루스트Marcel Proust는 "우리는 지혜를 부여받을 수 없다. 남이 대신 선택하거나 떠나줄 수 없는 힘든 여행을 한 후 스스로 지혜를 발견해야 한다."라고 썼다. 실패와 고통은 통찰력으로 통하는 길을 닦아주며 실수는 미숙함과 지혜를 이어주는 다리가 된다. 따라서 패배는 지혜의 토대이자 진정성의 보완이라 할 수 있다. 그리고 패배의 기억은 우리에게 자기 성찰의 훌륭한 기폭제가 된다.

　유명한 선사에 대한 이야기가 있다. 한 젊은 승려가 그의 제자가 되고 싶어 찾아왔다. 이 선사는 젊은 승려에게 차를 한 잔 마시자고 초대했다. 차가 준비됐을 때 선사는 이 승려의 컵에 차를 붓기 시작했다. 그러나 컵이 가득 찬 후에도 선사는 멈추지 않았다. 선사는 컵이 넘칠 때까지 계속 차를 부었다. 승려는 선사에게 왜 그런 행동을 하는지 물었다. 선사는 대답했다. "자네의 마음은 컵과 같네. 넘치도록 가득 차 있지. 더 이상 새로운 것이 들어갈 자리가 없어. 나는 자네에게 아무것도 가르칠 수 없네. 가게나. 그리고 빈자리가 생겼을 때 다시 돌아오게." 나르시시즘과 자기 이해는 함께 갈 수 없다. 자기 이해와 지혜를 얻기 위해 우리는 열린 마음이 필요하다.

　진정성을 갖추고 지혜를 지니기 위해서는 우리 인생의 실존적 여정에 초점을 맞추어야 한다. 그리고 우리 인생에서 무엇이 중요한지 이해하고 싶다면 때로는 즐겁지 않은 사실이더라도 우리 자신에 관한 사실들을 마주해야 한다. 우리 자신을 들여다보는 것은 지혜를 얻기 위한 필요 조건이다. 그리스 극작가 아이스킬로스Aeschylus는 이에 대해 "지혜는 고통을 통해 온다."라고 말했다. 스스로에 대한 불편한 진실을 이해해야만 우리의 어두운 면을 바꾸고 극복할 수 있게 된다. 지혜는 경험뿐 아니라 경험을 토대로 묵상함으로써 얻을 수 있다. 아폴로 신전 입구에 쓰인 "너 자신을 알라" 라는 말은 오늘날까지 울림을 준다.

지혜는 높은 수준의 개인적이고 대인적인 기능을 내재하고 있다. 심리학자 에릭 에릭슨Erik Erikson은 지혜를 통합성과 생식성(다른 이를 돌보고 싶은 욕구)에 연결지었다. 그는 인생을 살면서 점차 더 높은 기능 수준에 도달하기 위해 생애 주기의 각 단계에서 맞이하게 되는 다양한 과제들을 명확하게 구분지었다. 그리고 지혜를 얻기 위해 필요한 다수의 특성들을 발견했다. 에릭슨의 도식에 따르면 지혜는 다른 이의 안녕에 대한 걱정, 차이의 인정, 애매함에 대한 관용, 그리고 우리 세계가 가져오는 불확실성의 수용 등을 내포한다. 나는 공감능력과 심리조절, 듣고 이해할 수 있는 능력, 그리고 판단과 조언의 능력도 여기에 포함된다고 믿는다. 마지막으로 지혜는 인생의 규범과 의미에 관련한 전략, 인생의 의무와 목표에 대한 지식, 인간 조건에 대한 이해도 등의 숙달을 포함하는 개념이다. 때문에 에픽테투스가 이야기하듯 지혜는 말이 아닌 행동으로 드러나게 된다.

자기 자신과 자신의 과거를 받아들이는 것은 언제나 쉽지 않다. 우리 모두는 우리 자신을 속이는 놀라운 능력을 지녔다. 이것은 개인적 발견의 과정에서 우리가 반드시 극복해야 하는 저항이다. 이러한 저항을 극복하고 자신을 이해할 수 있을 때 우리는 진정한 자유를 느낄 수 있다. 우리의 내면세계를 이해하는 것은 외부세계를 정복하기 위한 핵심이다. 다른 사람들을 잘 판단하기 위해 우리는 우리 자신이 어떠한 존재인지 알아야만 한다.

어떻게 우리는 스스로를 이해할 수 있을까? 좀 더 종교적인 시대에는 사람들이 교회에서 많은 시간을 보냈다. 기도는 이들에게 인생을 반추하고 점검할 수 있는 기회를 주었다. 그러나 지금은 구조화된 종교 활동이 좀 더 줄어들었다. 반면에 자기 자신과의 조용한 시간은 예나 지금이나 중요하다. 우리 모두에게는 자기재생과 자기반성을 위한 시간이 필요하다. 개인적 발전을 위해 우리는 우리가 하고 있는 일이 무엇인지를 평가하고 무엇이 옳고 이로운지 생각할 수 있는 혼자만의 시간이 필요하다. 우리의 강점과 약점을 생각할 시간이 필요하고 상상하고 꿈꿀 시간이 필요하다.

홀로 자기반성에 도달하는 것은 쉽지 않다. 역설적이지만 자기반성을 위한 의미 있는 시간을 보내기 위해 우리는 전문적인 도움을 필요로 한다. 나의 생각과 판타지에 귀를 기울여줄 누군가가, 꿈과 몽상을 이해하도록 도와주고 악순환으로부터 구출해주는 꺼내주는 한편 과거와 현재 사이의 중요한 연결 관계를 보고 더 나은 미래로 이끌어줄 누군가가 필요하다. 이러한 종류의 대화는 보통 편하지 않다. 이는 보통 경험해보지 않은 범위까지 다른 사람에게 마음을 열어야 하는 일이기 때문에 무한한 신뢰를 필요로 한다. 그러나 자아발견을 위한 여정에 동반자를 찾는 것은 개인적으로 성장하고 대안을 깨달으며 훗날 우리를 괴롭힐 실수들을 방지한다는 의미에서 큰 도움이 될 것이다.

그러한 개인적 여정에 참여할 용기가 결여된 많은 사람들은 내가 앞서 '조증적인 방어'라고 묘사하는 상태를 받아들이게 된다. 이들은 자아를 발견하려는 여정에서 도망쳐버린다. 그리고 그 행동이 행복과 동일하다고 생각하며 스스로를 속인다. 이들은 도망치는 것을 멈추는 순간 자기 삶의 공허함을 보게 될까 봐 두려워한다. 이러한 사람들은 무의미한 행동에 시간을 낭비한다. 무엇을 위해 도망가는가? 이들은 어디로 도망가는가? 간디는 "인생은 빨리 사는 것이 전부가 아니다."라고 말했다. 조증적인 방어에 의지하는 사람들은 인생이 무엇이고 무슨 의미가 있는지 깨닫기 전에 대부분의 인생을 낭비하고 만다.

행복보다 앞서려고 하는 것이 아니라면 우리는 지혜를 위해 노력해야 하고 조급증의 노예가 되기를 거부해야 한다. 존 레논John Lennon의 말처럼 "인생이란 당신이 다른 계획을 세우느라 바쁠 때 벌어지는 일"임을 깨닫는 불운한 사람이 되어서는 안 된다. 지금 나에게 중요한 것이 무엇인지 알고, 그에 따라 우선순위를 맞추는 노력을 기울여야 한다. 진심으로 즐기는 일을 하고 인생을 충만하게 살기로 결정했다면, 행복을 얻을 수 있을 것이다.

꽃향기를 맡으며

행복은 종착역이 아니다. 우리는 어느 날 어떤 장소에 가서 불현듯 넘치는 행복을 느끼지 않는다. 마지막 도착점에 도착해도 아무런 기적도 일어나지 않는다. 마지막 도착점이라는 것이 없기 때문이다. 언제나 다음 역이 존재한다. 사실 행복은 여행하는 그 과정에 있다.

한 여성이 아름다운 꽃으로 가득 차 있다는 마법의 골짜기에 대한 이야기를 들었다. 이 여성은 그곳을 찾아가 홀로 그 광경을 보기로 결정했다. 열의에 차서 떠난 길이었지만 여정은 너무나 길었고 그녀는 점차 지쳐갔다. 며칠이 몇 주가 되고 몇 주가 몇 달이 됐으며 몇 달은 몇 년이 되어버렸다. 완전히 지쳐버릴 때 즈음 어느 숲 끝자락에 도착했다. 한 노인이 나무에 기대어 있는 것을 보고 그녀가 말했다. "노인이시여, 저는 아름다운 꽃들로 가득한 마법의 골짜기를 찾아 헤맸습니다. 제발 제가 얼마나 더 먼 길을 가야하는지 얘기해주시겠습니까?" 노인이 말했다. "그 골짜기는 바로 당신 뒤에 있소. 몰랐소? 당신은 그 길을 죽 지나쳐 왔다오."

이 우화가 말해주듯 우리는 목적지가 아닌 목적지로 가는 길과 그 광경, 그리고 함께 하는 동반자에 초점을 맞추는 것이 중요하다. 떠나온 거리를 조바심내며 세어보기보다는 여행을 즐길 필요가 있다. 너무 많은 사람들이 그저 사다리에 오르느라 인생을 낭비한다. 그리고 한참을 오르고 나서야 자기들이 애초에 사다리를 잘못된 벽에 걸쳐놨다는 것을 깨닫는다. 소소한 것들을 즐겨야 한다. 그 소소한 존재가 결국에는 중요한 존재였음이 밝혀지는 경우가 많기 때문이다.

소크라테스는 점검하지 않는 삶은 살 가치가 없다고 말했다. 마찬가지로 우리는 살지 않은 삶은 점검할 가치가 없다고 말할 수 있겠다. 행복과 의미, 지혜를 추구하면서 진정성 있는 삶을 살고 싶다면 우리는 매 순간을 소중히 여기며 보람 있는 여행을 떠나야만 한다. 철학자이자 황제인 마르쿠스 아우렐리우스 Marcus Aurelius는 "사람이 두려워해야 하

는 것은 죽음이 아니다. 삶을 시작하지 못했음을 두려워해야 한다."라
고 했다.

로마의 시인 호라티우스 Horatius 는 다음과 같은 헌정시를 썼다.

> 마지막에 신이 당신을 위해, 나를 위해 무엇을 준비하셨는지 묻지 마라.
> 우리는 알 수 없을지니. 제우스가 또 다른 겨울을 우리에게 선사하든, 이것
> 이 우리의 마지막이든, 토스카나 바다에서 벼랑 끝이 닳아 없어지든, 무엇
> 이 오든 그저 견디면 얼마나 좋겠는가! 현명해지라. 포도주를 들이켜라. 그
> 리고 인생은 짧으니 다가갈 수 없는 희망은 버려라! 우리가 지금 이야기하
> 는 사이에도 시샘 많은 시간은 지나가 버리니. 현재를 잡아라. 내일에 대한
> 믿음은 저만치 미뤄놓아라.
>
> (송시 1권, 제4장)

카르페디엠. '오늘을 즐겨라'라는 말은 진부한 표현이지만 호라티우
스가 처음 이 시를 쓴 이후 지금까지 그만한 진실이 없다. 마찬가지로,
당신이 여행하고 싶은 길을 택하라. 어느 날 인생을 돌아보며 후회의
눈물을 흘리고 싶지 않다면 말이다.

나는 가끔 자신의 아이들에게 낚시를 데려가겠다고 늘 약속하는 사
업가의 이야기를 떠올린다. 그러나 그는 언제나 너무 바쁘다. 하루는
시체를 실은 행렬이 그들 집 앞을 지났다. "저 사람들이 어디로 가는 것
같니?" 사업가가 아이들에게 물었다. "낚시요." 아이들이 대답했다.

참고문헌

본문 내에는 가능한 참고 문헌을 밝히지 않았지만, 이 책을 쓸 때 도움을 받은 책과 기사가 있어 여기에 밝힌다.

- Argyle, M. (1987). *The Psychology of Happiness*. London: Methuen.
- Argyle, M. (1997). "Is Happiness a Cause of Health?" *Psychology and Health*, 12, 769–1.
- Batson, C. D. (1991). *The Altruism Question: Toward a Social-psychological Answer*. Hillsdale, NJ: Erlbaum
- Becker, E. (1973). *The Denial of Death*. New York: The Free Press.
- Boothby, R. (2005). *Sex on the Couch*. New York: Routledge.
- Bowlby, J. (1969). *Attachment* [vol. 1 of Attachment and Loss]. New York: Basic Books.
- Bowlby, J. (1973). *Separation: Anxiety & Anger* [vol. 2 of Attachment and Loss]. New York: Basic Books.
- Bowlby, J. (1980). *Loss: Sadness & Depression* [vol. 3 of Attachment and Loss]. New York: Basic Books.
- Buss, D. M. (1994). *The Evolution of Desire*. (Revised edition). New York: Basic Books.

- Chen, P. W. (2007). *Final Exam: A Surgeon's Reflections on Mortality.* New York: Albert A. Knopf.

- Cousins, N. (1991). *Anatomy of an Illness.* New York: W. W. Norton.

- Csikszentmihalyi, M. (1990). *Flow: The Psychology of Optimal Experience.* New York: Harper & Row.

- Dawkins, R. (1976). *The Selfish Gene.* New York: Oxford University Press.

- Dalai Lama (1998). *The Art of Happiness.* New York: Penguin Putnam.

- De Unamuno, M. (1954). *The Tragic Sense of Life.* New York: Dover.

- De Waal, F. (2006). *Our Inner Ape: A Leading Primatologist Explains Why We Are Who We Are.* New York: Riverhead Books.

- Diamond, D., Blatt, S. J., and Lichtenberg, J. D. (2007). *Attachment and Sexuality.* New York: Routledge.

- Ellis, A. (1954). *The American Sexual Tragedy.* New York: Twayne.

- Erikson, E. H. (1963). *Childhood and Society.* New York: W. W. Norton & Society.

- Fenchel, G. H. (2006). *Psychoanalytic Reflections on Love and Sexuality.* New York: University Press of America.

- Fisher, H. (1992). *Anatomy of Love.* New York: Random House.

- Frankl, V. (1962). *Man's Search for Meaning: An Introduction to Logotherapy.* Boston: Beacon Press.

- Freud, S. (1911). Formulations on the Two Principles of Mental Functioning. In J. Strachey (Ed.), *Standard Edition of the Complete Psychological Works of Sigmund Freud* (vol. 12). London: Hogarth Press and the Institute of Psychoanalysis.

- Freud, S. (1915). Thoughts for the Times on War and Death. In J. Strachey (Ed.), *Standard Edition of the Complete Psychological Works of Sigmund Freud* (vol. 14). London: Hogarth Press and the Institute of Psychoanalysis.

- Freud, S. (1929). Civilization and its Discontents. In J. Strachey (Ed.), *Standard*

Edition of the Complete Psychological Works of Sigmund Freud (vol. 21). London: Hogarth Press and the Institute of Psychoanalysis.

- Friedman, M., & Ulmer, D. (1984). *Treating Type A Behavior-and Your Heart.* New York: Knopf.
- Fromm, E. (1956). *The Art of Loving.* New York: Harper & Row. Kahneman, D., Diener, E., and Schwarz, N. (Eds.). (1999). *Well-Being: The Foundations of Hedonistic Psychology.* New York: Russell Sage Foundation.
- Kaplan, H. S. (1979). *Disorders of Sexual Desire and other New Concepts and Techniques in Sex Therapy.* New York: Simon & Schuster.
- Kapleau, P. (1971). *The Wheel of Death.* New York: Harper Colophon Books.
- Kets de Vries, M. F. R. (1995). *Life and Death in the Executive Fast Lane: Essays on Irrational Organizations and their Leaders.* San Francisco: Jossey–Bass.
- Kets de Vries, M. F. R. (2001a). *Struggling with the Demon: Perspectives in Individual and Organizational Irrationality.* Madison, Conn.: Psychosocial Press.
- Kets de Vries, M. F. R. (2001b). *The Leadership Mystique.* London: Financial Times/Prentice Hall.
- Kets de Vries, M. F. R. (2006). *The Leader on the Couch.* New York: Wiley.
- Kets de Vries, Carlock, R, with Florent–Treacy, E. (2007). *The Family Business on the Couch.* London: Wiley.
- Kets de Vries, Korotov, K., and Florent–Treacy, E. (2007). *Coach and Couch.* Basingstoke: Palgrave Macmillan.
- Kinsey, A. C., Pomeroy, W. B., and Martin, C. E. (1948). *Sexual Behavior in the Human Male.* Philadelphia: W. B. Saunders.
- Kinsey, A. C., Pomeroy, W. B., Martin, C. E., and Gebhard, P. H. (1953). *Sexual Behavior in the Human Female.* Philadelphia: W. B. Saunders.
- Klein, M. (1948). *Contributions to Psychoanalysis.* London: The Hogarth press.
- Kuebler–Ross, E. (1969). *On Death and Dying.* London, Macmillan.

- Kubler–Ross, E. (1997). *Living with Death and Dying.* New York: Scribner.

Lichtenberg, J. (1989). Psycho*analy*sis and Motivation. Hillsdale, NJ: Analytic

Press.

- Lorenz, K (2002). *On Aggression.* London: Routledge Classics.

- Masters, W. H. and Johnson, V. E. (1966). *Human Sexual Response.* Boston: Little

Brown.

- Masters, W. H., Johnson, V. E., and Kolodny, R. C. (1982). *Human Sexuality.*

Boston: Little Brown and Co.

- McDougall, J. (1995). *The Many Faces of Eros.* London: Free Associations Books.

- Menzies, I. E. (1960). "A Case Study of the Functioning of Social Systems as a

Defense against Anxiety: A Report on a Study of the Nursing System in a General

Hospital." *Human Relations,* 13: 95 – 21.

- Michael, R. T., Gagnon, J. H., Laumann, E. O., and Kolata, G. (1995). *Sex in

America:A Defi nite Survey.* New York: Warner Books.

- Miller, W. R. and Rollnick, S. (2002). *Motivational Interviewing.* New York: The

Guilford Press.

- Nietzsche, F. (2000). *Basic Writings of Nietzsche.* New York: Modern Library.

- Parson, T. (1967). *Essays in Sociological Theory.* New York: The Free Press.

- Regan, C. P. (1999). *Lust.* Thousand Oaks: Sage.

- Reik, T. (1945). *Psychology of Sex Relations.* New York: Grove Press.

- Russell, B. (1930). *The Conquest of Happiness.* London: George Allen & Unwin.

- Seligman, M. E. P. (1990). *Learned Optimism.* New York: Simon & Schuster.

- Seligman, M. E. P. (2002). *Authentic Happiness.* New York: Free Press.

- Seligman, M. E. P. and Csikszentmihalyi, M. (2000). "Positive Psychology: An

Introduction." *American Psychologist,* 55 (1), 5 – 4.

- Shorter, E. (2006). *Written in the Flesh.* Toronto, University of Toronto Press.

- Sternberg, R. J. and Barnes, M. L. (1988). *The Psychology of Love.* New Haven:

Yale University Press.

- Tatelbaum, J. (1980). *The Courage to Grieve: Creative Living, Recovery and Growth through Grief.* New York: Harper Books.
- White, R. (1966). *Lives in Progress.* New York: Holt, Rinehart and Winston.
- Wolfelt, A. (1997). *The Journey through Grief.* Ft. Collins, CO: Companion Press.